| 让 思 想 流 动 起 来 |

"经典与解释"论丛

刘小枫 主编

卢梭的面具

《论剧院》与启蒙戏剧

贺方婴 著

四川人民出版社

古典教育基金·"传德"资助项目

目录

§ 引言　卢梭是谁或如何读卢梭 / 001

1　加尔文与罗伯斯庇尔之间 / 010
2　阅读卢梭面临的困难 / 032
3　卢梭到中国之后 / 046
4　关于文献的说明 / 056

§ 导论　《论剧院》与"谜团"往事 / 075

1　《日内瓦辞条》的来历 / 081
2　《论剧院》写作动机发微 / 095
3　《论剧院》的公开信外观 / 121
4　《论剧院》的标题 / 128
5　《论剧院》的谋篇 / 140

§一 卢梭面相：公民抑或哲人？/ 145

1 "我"的姿态 / 145
2 卢梭与启蒙教父伏尔泰 / 162
3 哲人在洞穴中的双重姿态 / 195
4 "下降"后的心绪 / 216

§二 日内瓦共和国的宗教问题 / 221

1 启蒙哲人与索齐尼教徒 / 223
2 卢梭对宗教的态度 / 240
3 戏剧与公民教育 / 262

§三 现代戏剧的政治品质 / 269

1 "我们的准则"是什么？/ 274
2 戏剧与启蒙教化 / 285
3 现代悲剧如何败坏人民的品德 / 318
4 卢梭为何批判莫里哀 / 332
5 舞台上的爱情为何是"危险的激情" / 395

§四 剧院与启蒙戏剧 / 421

1 剧院与两种生活方式 / 423
2 隐匿的决斗 / 449
3 启蒙哲学家如何成为时代的"演员" / 481

§ 五　公民社会的道德难题 / 507
　1 商业社会与城邦卫士的"蜕变" / 510
　2 财富不平等与道德秩序的倾覆 / 554
　3 共和时代与未来的年轻人 / 571

§ 余论　卢梭的人民主权论中的立法者 / 609
　1 哲人与民主政制即临的时代 / 615
　2 何谓"人民主权" / 622
　3 主权者权威的来源 / 626
　4 "公意"的悖论 / 633
　5 立法权与立法者 / 637
　6 谁是民主政制的立法者 / 650

　跋 / 657
　附录一　"启蒙戏剧"年表 / 659
　附录二　《论剧院》研究文献编年 / 677

整个时代都像在演戏,因而,庙堂也被证明是个大舞台。这里曾有无数伟大和举足轻重的学者,也有许多值得尊敬的老者,他们来自不那么具有演员效应的时代。人们努力地研究,疯狂地研究。即便在剧院里,人们也要疯狂地研究。

——施米特《柏林1907》(温玉伟译)[①]

[①] 引自刘小枫、温玉伟编,《施米特与破碎时代的诗人》,上海:华东师范大学出版社,2019,页93。

引 言　卢梭是谁或如何读卢梭

卢梭是谁？但凡有一点文史常识的人都会对这个问题感到奇怪：谁不知道卢梭是法国启蒙时期最著名的哲人？

是的，我们都知道卢梭犀利而又深刻的思想是欧洲现代思想的源头之一。18世纪以来，与卢梭的名字联系在一起的既有康德（1724—1804）这样的自由主义哲学大师，又有罗伯斯庇尔（1758—1794）这样声名狼藉的"雅各宾专政"的革命家，还有色彩纷呈的浪漫派思想家。然而，我们真的就认识这个如此多面相的卢梭吗？藏在这些面相背后的卢梭到底有着什么样的灵魂样式呢？

笔者读博士二年级时，在人民大学修完博士阶段的必修课程后回到中山大学哲学系继续攻读专业课。一个暮春的傍晚，中大校园里虫鸣四起，岭南的夏天总是急不可耐，湿热早已到来。那晚的读书会由我带读卢梭与法国著名的"百科全书派"学人的公开决裂信——《致达朗贝尔先生论剧院的信》（简称《论剧院》）。文人之间向来少不了笔墨官司，这封信颇像是魏晋名士嵇康（224—263）那封与司马集团决裂的《与山巨源绝交书》的"法兰西版本"，尽管历史处境截然不同。中国古代文人的书信体写作鲜有公共性，多为文人之间的私下论争，限于士人之间的私信往来。而在卢梭的时代，书信的公共性已经是一种社会结构的特征。

读书会上，我闷头读讲稿，冷不丁地被同学老谭打断。他负笈法国4年，从本科念到硕士，为人沉稳，是我们博士班的老大哥。可能嫌我讲得太闷，他用带有法语口音的"广普"问："在法国著名的先贤祠，你知道卢梭的石棺与谁的石棺安放在一起吗？"我当场愣住了。尔后，老谭才慢条斯理地说："伏尔泰！是伏尔泰的石棺。"

大家原本已经听得昏昏欲睡，这下都活跃起来，似乎睡醒了。我至今感激老谭挽救了那晚的读书会，他提醒我别忘了思想个体之间的张力，理解自己的研究对象需要考虑到独特而具体的政治处境。

伏尔泰（1694—1778）大名鼎鼎，我当然知道。卢梭曾称伏尔泰为"我们的领袖",向他"致以崇高的敬意",①后又与他反目为仇。1778年2月10日,84岁的伏尔泰结束流亡生活回到巴黎,受到巴黎知识界热烈欢迎。3月30日,巴黎的王室剧院上演伏尔泰的悲剧《伊莱娜》,观众在欢呼,法兰西的院士们列队致意……卢梭这时却寂然端坐巴黎的家中贴植物标本,他的视力下降得厉害,前一年的7月就已放下抄乐谱的生计,与妻子戴莱丝靠着微薄的年金生活。

5月20日,因受不了城市喧嚣和众人对伏尔泰的欢呼,卢梭搬到偏远的埃默农山庄(Emernonville),远离与真正的哲人生活毫不相干的大城市——巴黎。

10天后,伏尔泰去世。大约一周后,卢梭才得知消息,他似乎受到极大震动,神色黯然地对友人说:

> 我的一生和他的一生连在一起。他死了,我不久也要随他离开。②

一个月后,即1778年7月2日,卢梭与世长辞,享年

---

① 1755年9月卢梭致伏尔泰的信,见何祚康、曹丽隆编译,《走向澄明之境:卢梭随笔与书信集》,上海:上海三联书店,1989,页257。
② 特鲁松,《卢梭传》,李平沤,何三雅译,北京:商务印书馆,1998,页406。

66岁。戴莱丝与里尔丹侯爵一道把卢梭安葬在幽静的白杨岛。这倒很合卢梭的脾性，他喜欢**孤独**。

法国大革命期间，**路易十五（1710—1774）**在位时开始修建的圣日内维渥（St. Geneviève）教堂竣工（1791），国民公会做出决议，将其改为先贤祠（Le Panthéon），专供纪念国家的grands hommes［伟人们］。

1791年，伏尔泰的骨骸被迎进先贤祠，享受法国革命精神领袖的至高荣誉。1793年5月31日，巴黎市民第三次起义，6月2日推翻吉伦特派的统治，年仅35岁的山岳派领袖罗伯斯庇尔执政，打造出一派"革命崇拜"（cultes revolutionaries）景象，史称"雅各宾派专政"。① 罗伯斯庇尔专政一年后（1794年10月11日），国民公会的代表们将卢梭的骨骸迎进先贤祠，让他与伏尔泰共处一室，尽管此时罗伯斯庇尔已经倒台了几个星期。

历史是不是跟卢梭开了个玩笑？早就分道扬镳的思想宿敌死后共处一室，受到相同的崇拜。生前极力避世的卢梭躲不掉身后革命者的喧闹，先贤祠的夜晚应该不会平静……

伏尔泰和卢梭的崇拜者也许不是同类人：**温和的革**

---

① 莫里斯，《法国大革命与法兰西第一帝国》，北京：华文出版社，2019，页111—146。

命派崇拜伏尔泰，激进的革命派崇拜卢梭。对于被革命派斩首的法王路易十六（1754—1793）来说则没有这种区别，他读了启蒙思想家的书后不禁感叹：伏尔泰和卢梭毁了法兰西！①

笔者感到奇怪：先贤祠为什么没有供奉狄德罗（1713—1784）的石棺，以至于葬在圣罗赫教堂（Église Saint—Roch）的狄德罗骨骸"要么因为随后的入土下葬，要么因为盗贼攫取钱财之故而遗落，全无痕迹"？②就18世纪50年代在巴黎上演的"启蒙戏剧"而言，真正的主角应该是狄德罗。因为，《百科全书》的编撰和出版是这个时代最为著名的政治史事件，而狄德罗则是这一事件的肇始者和组织者，甚至被有的文史家称为"文人共和国的总统、元首"。③

狄德罗是法国人，卢梭则并非法国人，为什么卢梭能进先贤祠，狄德罗却不能进这一圣地？

---

① Will Durant, *The Story of Philosophy: The Lives and Opinions of the World's Greatest Philosophers From Plato To John Dewey,* 2nd ed. Simon & Schuster. Pocket Books, 1991, p. 261.
② 霍布森，《狄德罗与卢梭：启蒙脉络》，胡振明译，上海：华东师范大学出版社，2014，页16。
③ 弗朗斯，《狄德罗》，严捷译，北京：中国社会科学出版社，1992，页11—15；阿基莫娃，《狄德罗传》，赵永穆等译，北京：生活·读书·新知三联书店，1984，页135。

其实，狄德罗移居先贤祠的动议不是没有，而是一再遭到否决，最后一次是在1913年。看来，即便法国的历代政治精英们对这出"启蒙戏剧"的评价也还没有达成共识。

又过了整整一百年（2013），在这位"百科全书派"领袖诞辰300周年之际，时任法国总统的奥朗德宣布将狄德罗"迎进"先贤祠。《纽约时报》专栏作者、美国卫斯里大学人文学院院长柯兰专门撰文庆贺，并呼吁美国人应将狄德罗视为榜样，因为美国的国父们非常熟悉狄德罗和他的"小圈子成员"（达朗贝尔和霍尔巴哈等人）的著作。杰斐逊（1743—1826）在1816年4月8日写给亚当斯（1735—1826）的信中提到，匿名之作《见识》（le Bon Sens）的作者是狄德罗，而非他的亲密战友、有"战斗的无神论者"之称的霍尔巴哈（1723—1789）。杰斐逊甚至宣称，对美国人而言，狄德罗比洛克（1632—1704）更重要。[①]

18世纪美洲殖民地的Insurgents［叛乱者］领袖们和今天美国人文学界的精英显得比法国人更为崇拜狄德

---

① A.S. Curran, "Diderot, an American Exemplar? Bien Sûr!", in New York Times, Jan. 25, 2013.

罗，①这意味着什么呢？

的确，在法国革命党人眼中，狄德罗不如卢梭重要，也没有把他奉为"革命导师"。然而，激进的革命党人若是认真读过狄德罗的作品，他们难免会有错失知音之感。狄德罗远比卢梭激进，1748年，时年35岁的他匿名出版了一部具有现代色情性质的小说《泄密的珠宝》（*Les Bijoux indiscrets*），如今被女权主义学者视为《阴道独白》的先声。

狄德罗仅比卢梭小一岁，卢梭亲昵地称他"弟弟"。关系如此亲密的两位朋友，精神上当有相契之处，难道卢梭骨子里真的是个激进派？

在后人的印象中，卢梭的形象是个革命者，即便他自己不是革命者，也是革命精神导师。据1830年出版的《罗伯斯庇尔回忆录》说，青年罗伯斯庇尔刚从圣路易公学毕业，就虔诚地上门拜访卢梭。尽管这部回忆录被证明是"伪作"，但这一说法反映出当时的人们普遍认为，卢梭的思想影响了罗伯斯庇尔的激进革命行动是

---

① A. S. Curran, *Diderot and the Art of Thinking Freely*, New York: Other Press, 2019, p. 366—369.

不争的史实。① 按法国的思想史学者勒塞克尔的观点，罗伯斯庇尔曾无比崇敬地宣称："以其灵魂的高尚和人品的伟大表现出自己当之无愧为人类之师表者，唯有卢梭。"因此，"卢梭学说中的矛盾，也存在于罗伯斯庇尔派的纲领中。"②

卢梭意识到自己的思想会误导血气旺盛的革命青年吗？1764年7月，也就是在《社会契约论》和《爱弥儿》刊行两年后，卢梭在给友人的信中写道：

> 我知道，如果我的著作起了坏作用，这只是由于它们没有被人理解，如果它们未能使我被人理解，我将永远感到遗憾。③

革命青年看错了卢梭，我们应该怪革命青年，还是

---

① 斯科尔，《罗伯斯庇尔与法国大革命》，张雅楠译，北京：商务印书馆，2015，页29—30；比较瓦尔特，《罗伯斯庇尔》，姜靖藩等译，北京：商务印书馆，1983，页12—13。
② 转引自卢梭，《论人类不平等的起源和基础》，李常山译，"中译本前言"，北京，商务印书馆，1996，页23；比较布拉姆，《卢梭与美德共和国：法国大革命中的政治语言》，启蒙编译所译，北京：商务印书馆，2015，页7—17。
③ 何祚康、曹丽隆编译，《走向澄明之境：卢梭随笔与书信集》，前揭，页272。

怪卢梭自己？卢梭最为激进的著作非《爱弥儿》莫属，罗伯斯庇尔很可能受到这部书的激发，但"传说"中的罗伯斯庇尔拜见卢梭时，他正在写作《孤独漫步者遐思录》，而这两部书虽然出自同一个作者，却判若两人。①

伏尔泰私下称卢梭是"骗子""疯子""小猴子""可怜的傻瓜"，尼采痛斥卢梭是"一只沾满毒液的毒蜘蛛"，20世纪的英国哲学家**罗素**（1872—1970）甚至说卢梭造就了希特勒。法国当代的史学家索雷在反思法国大革命的精神源头时，颇为卢梭身后被人误读而抱屈：

> 让-雅克不可避免地被拖入了大革命，虽然对此他既无意愿也无准备。他的遗产被不同派别轮流利用，既服务于制宪会议（assemble constituante），也被反对无政府主义的热月党人采纳。今天我们仍看到一个模棱两可的卢梭，他有时被描绘成极权主义者，有时则被看作自由的狂热信徒，这些看法都忘记了卢梭的复杂性和他在历史经验上的局限性。幸运的是，他至死都不知道后人会把他的思想变成什么？②

---

① 斯科尔，《罗伯斯庇尔与法国大革命》，前揭，页27—29。
② 索雷，《拷问法国大革命》，王晨译，北京：商务印书馆，2015，页24。

卢梭作为政治哲人引发的历史争议迄今没有停歇。①政治哲学史家施特劳斯（1899—1973）有理由将卢梭视为"18世纪最具争议又无法绕开的思想家"，"推动现代性三次浪潮"中的第二次浪潮的弄潮儿。②在笔者看来，施特劳斯的描述最为中肯，因为对我们来说，卢梭作为思想家的确"最具争议又无法绕开"。由此而来的问题是：我们应该如何认识和理解卢梭？

1　加尔文与罗伯斯庇尔之间

1712年6月28日卢梭出生在日内瓦城（当时尚未加入瑞士联盟）的上街，如今的日内瓦老城区大街（Grand Rue）40号是他的出生地。

卢梭的曾曾祖父是法国人，因信奉"抗议宗"受到迫害，在法兰西爆发30年宗教战争（1562—1594）之前（1549），举家迁居日内瓦。当时，法国人加尔文

---

① 比较徐前进，《一七六六年的卢梭：论制度与人的变形》，北京：北京师范大学出版社，2017，页277—340；威尔森，《被误读的哲学家：从笛卡儿、霍布斯到卢梭》，刘维人译，台北：麦田出版公司，2018，第8章。
② 施特劳斯，《现代性的三次浪潮》，丁耘译，见施特劳斯，《苏格拉底问题与现代性》（增订本），刘小枫编，刘振、彭磊等译，北京：华夏出版社，2016，页323—327。

（1509—1564）正在日内瓦打造"抗议宗"的模范城邦。

日内瓦：自由还是严律的城邦

恺撒征服高卢之前，日内瓦已经是凯尔特人的小镇。蛮族入侵之后，日内瓦一度成为勃艮第部族的首府，后来成为法国、尼德兰和意大利之间的贸易枢纽，商业发达，受当地的教区主教掌控。

13世纪90年代，阿尔卑斯山南麓的萨伏依公国（Savoie，今法国东南部地区的萨瓦省和上萨瓦省）控制了日内瓦城邦，市政官员均由萨伏依公爵委任。一个半世纪后（1444年），萨伏依公爵进一步控制了日内瓦教区主教的职位，激起市民反抗。但直到16世纪初，日内瓦市民才组成**市民大会**，与受萨伏依公爵控制的教区主教和市政官**共治**日内瓦，这就是所谓"日内瓦共和国"的来历。

市民大会每年召开一次（选举4个理事和1个司库），由当年和上年的理事再加上25名市民代表组成**小议会**，负责管理公共事务。1517年，路德（1483—1546）贴出"95条论纲"引发"宗教改革"风潮，1526年，日内瓦的市民大会即与宣布脱离罗马教廷的伯尔尼、弗莱堡城结盟，推翻市政官，逼走日内瓦教区主教。次年，日内瓦市民大会又增设200人的**大议会**，讨论决定重大政治事务，架空了日内瓦教区主教的权力。1530年，日内瓦主教怂恿萨伏依公爵出兵攻打日内瓦，日内瓦市民在**伯尔尼**、**弗莱堡**两城市民的支援下迫使萨伏依公爵退兵。

1532年，教宗克雷芒七世派教士到日内瓦兜售赎罪券。6月8日，反对派市民一夜之间把大标语贴到全城各教堂的大门上。神甫们派人撕标语，双方发生械斗。10月，法国的"抗议宗"领袖**法雷尔**（Guillaume Farel，1489—1565）来到日内瓦宣传宗教改革，据说此人"学识平平，不切实际，但滔滔善辩，言词激烈大胆"。①日内瓦市议会一面禁止市民侮辱罗马教会，一面又宽容宗教改革派的宣传。1534年后，法雷尔组织"抗议宗"教徒举行公开辩论会宣传改革，新教徒人数猛增，他们占领教堂，捣毁圣像，废除弥撒，赶走修士，双方冲突造成流血事件。

1535年，日内瓦主教再次怂恿萨伏依公爵出兵镇压日内瓦的"抗议宗"，但在伯尔尼贵族支援下，日内瓦

---

① 拉夫，《瑞士的宗教改革及其教派》，见埃尔顿编，《新编剑桥世界近代史：宗教改革1520—1559》，中国社会科学院世界历史研究所组译，北京：中国社会科学出版社，2003，页145。

市民再次击败主教的势力（1536年1月）。5月21日，日内瓦市民大会决定建立"抗议宗"教会，改革原有宗教机构和礼仪。这段历史让我们看到，日内瓦出现"抗议宗"组织与其说是为了信仰自由，不如说是为了*城邦的自由*，即摆脱萨伏依公国的控制。①

路德贴出"95条论纲"那年，加尔文才8岁。从中学到大学，加尔文都是个热爱古希腊-罗马文学的人文主义信徒。随着"宗教改革"风潮从德意志地区传来，加尔文经历了他自己称为"出乎意料的信仰转变"，成了"抗议宗"人士，时年24岁（1533）。

法国国王弗朗索瓦一世（Francois I，1494—1547）对"抗议宗"活动采取镇压措施，加尔文逃到瑞士的巴塞尔城，在那里用拉丁文写下了《基督教要义》（*Institution de la religion chrétienne*）。路德和其他"抗议宗"人士的论著都是论战性的，带有强烈的战斗色彩，因此，加尔文的这本书史称为第一部系统性的"抗议宗"*理论著作*，尽管还相当简略，而且明显具有指导"宗教改革"实践的性质。②

---

① 凡赫尔斯玛，《加尔文传》，王兆丰译，北京：华夏出版社，2006，页57—72。
② 马莱特，《加尔文》，林学仪译，上海：上海译文出版社，2001，页14—27。

1536年3月出版《基督教要义》后，加尔文离开巴塞尔前往意大利的费拉拉城。途径日内瓦时，法雷尔希望加尔文留在日内瓦跟他一起组织**宗教改革**活动。

加尔文极有政治天赋，在路德的激发下，他有了新的神权政制理想，法雷尔的邀请给了他实现理想的机会。他为日内瓦的"抗议宗"教会编订了《教会信条》《教理问答》，1537年7月由大议会通过后，强制市民宣誓遵守，规定对信奉旧教或保留圣物者给予处罚，不准妇女穿奇装异服和色彩鲜艳的衣服，否则关押两天，礼拜天禁止娱乐，若有父母不对儿童进行"抗议宗"教育，则一律取消市民资格等等。

加尔文的这套**神权政制**措施激起部分日内瓦市民的不满，处于地下状态的仍效忠罗马教会的反对派趁机活动，势力渐占上风。1538年2月，效忠罗马的政治势力控制了大议会，4月即做出决议，解除法雷尔和加尔文的职务，限二人3天内离境。

政治压力并非仅仅来自效忠罗马的教会势力，还有"抗议宗"打破既有秩序之后出现的**各种激进政治势力**，包括如今所谓的"自由主义者和地方主义者"。[①]

[①] 马莱特，《加尔文》，前揭，页31；比较麦格拉思，《加尔文传：现代西方文化的塑造者》，甘霖译，北京：中国社会科学出版社，2009，页108—127。

小小的日内瓦城陷入内斗，教会分裂与政治动乱交织在一起。一番激烈的政治厮杀之后，反法雷尔和加尔文的政治势力失势，日内瓦的"抗议宗"信徒重新掌握大议会权力，随即做出决议邀请加尔文重返日内瓦（1541）。当时加尔文才30岁出头，但他已经因《基督教要义》一书而声名鹊起。

在随后的23年里，加尔文为了"把日内瓦建成完美的基督教社会模范"，他让日内瓦人的生活"处于教会法庭经常而严密的监督下"，统治措施比罗马教廷有过之而无不及。1542年1月，大议会核准了加尔文编定的《教会宪章》，确立长老制教会体制，除加尔文派外，其他教派均为异端。①

1559年，加尔文创建日内瓦神学院，使之成为培养"抗议宗"传教士的中心，大批毕业生被派往法国、尼德兰、苏格兰、英格兰、德国、意大利等地宣传加尔文派主张，日内瓦由此获得了"新教的罗马"之称。②

---

① 沃尔克，《基督教教会史》，孙善玲等译，北京：中国社会科学出版社，1991，页441，449。据史学家统计："从1542年到1546年，在这有16000居民的小城，出现了不少于58起死刑和76起放逐。"见沃格林，《政治观念史稿·卷四：文艺复兴与宗教改革》，孔新峰译，上海：华东师范大学出版社，2019，页356注1。
② 冈察雷斯，《基督教思想史》，陈泽民等译，南京：金陵神和学院，2002，页937。

卢梭虽然出生在一个半世纪之后的日内瓦,加尔文在日内瓦施政时的种种举措并未完全消失。因此,我们有必要大致了解一下加尔文教如何打造理想的基督教城邦共和国。

加尔文治理日内瓦时,采用了教权至上原则,即建立"抗议宗"的教会法庭,全面监管日内瓦城邦民的生活。1546年,加尔文推行《教会律例》,教会当局开始事无巨细地管制日内瓦人的生活,甚至连女人的帽饰花纹和家中炖锅也不会放过。剧场表演遭到禁止,酒馆被关闭,"代之以高尚的(虽然昙花一现)的修道院"。日内瓦从一座"悠闲自在、放荡不羁"的城市变成了"严厉、僵硬、高尚的社区",去教堂唱赞美诗是人们"唯一的娱乐"。①

加尔文的神权式新政引发了日内瓦人的不满甚至反抗,据说不满者主要有两类:

> 一是那些讨厌任何纪律的人,另一种人则来自日内瓦的某些古老世家。他们感到加尔文以及那些牧师都是移民来的外国人,这些人正把外族统治强

---

① 马莱特,《加尔文》,前揭,页50—51。

加给一座具有英勇独立传统的城市。①

按照教会史学家的这种说法,加尔文的教权"新政"被当地人视为一种"异族"统治,似乎反加尔文的**教权专制**是如今所谓的"排外"现象。其实,一个名为"日内瓦青年"(enfans de Genéve)的团体成为反抗的急先锋表明,情形未必如此。

按照政治史家的看法,加尔文教的"专政"事实上"引起了一般民众广泛但分散的反对情绪,这种情绪与上层阶级的强大抵抗混合起来,导致加尔文第二次治理日内瓦时最严重的危机"。1555年,日内瓦出现效忠罗马和萨伏依公国的武装暴动,加尔文掌控的大议会强力镇压。②

如今信奉加尔文教的自由主义**教士**不会提到这些事情,他们宣称加尔文教只会给人们带来"自由"。③其实,青年加尔文在一开始就看到,没有节制地张扬"基督徒的自由"会带来严重的**政治恶果**,他在《基督教要义》最初的版本中写道:

---

① 沃尔克,《基督教教会史》,前揭,页449。
② 马莱特,《加尔文》,前揭,页51。
③ 参见凯利,《自由的崛起:16—18世纪加尔文主义和五个政府的形成》,王怡、李玉译,南昌:江西人民出版社,2008,页1—48。

因为，每逢提起基督徒的自由这一问题时，立刻就会引起不羁的情欲或暴躁的情绪，除非及时遏制这些放荡的心性，否则，美善之事将以最丑恶的形式被败坏。有些人在自由的借口下抛弃对神的顺从，沉溺于不羁的放荡中；有些人则轻蔑自由，认为它足以败坏一切谦让、秩序和道德的行为。①

为了既肯定基督徒的"属灵自由"又防范由此可能出现的"不羁的情欲"和"放荡的心性"，加尔文不得不寻求一种现世的制度，以解决他所遇到的"抗议宗"的最大难题。我们不得不思考："雅各宾专政"与加尔文的"教会专政"的实质性区别何在？为什么直到今天，新教神学家仍然对茨威格（1881—1942）耿耿于怀，因为他"将加尔文描述成使用铁腕统治不幸的日内瓦人民的专制者"，认为他"更有可能是把自己了解的罗伯斯庇尔"甚至希特勒的形象"与加尔文糅合起

---

① 转引自汉考克，《加尔文与现代政治的基础》，何涛译，北京：华夏出版社，2017，页58。又见加尔文，《基督教要义》（中册），钱曜诚等译，孙毅校，北京：生活·读书·新知三联书店，2010/2011/2012/2013，页839。

来",从而歪曲了加尔文的历史形象?①

"加尔文专政"时期最为臭名昭著的事件是对"异端分子"塞尔维特(1511—1553)处以火刑。看看当今的教会神学家如何为加尔文辩护会十分有趣。据说:

> 现代人对死刑反感,但16世纪的社会并非如此,反而将死刑视为清除不良分子及杜绝仿效者的合法又合宜的方式。……加尔文(及其同时代人)视异端之类罪行为很严重的罪,因此他默认判处异端分子死刑,这多少说明加尔文有其时代性,而不能说明他是悖逆时代标准的残暴的另类人物。②

这位"新教"的史学家自然不会想到,对天主教人士来说,加尔文就是*异端分子*。按照历史的逻辑,天主教当局严厉压制"抗议宗"人士自有其道理。

---

① 麦格拉思,《加尔文传:现代西方文化的塑造者》,前揭,页112;比较茨威格,《异端的权利:卡斯特里奥反对加尔文史实》,赵台安、赵振尧译,北京:生活·读书·新知三联书店,1986,页35—42。
② 麦格拉思,《加尔文传:现代西方文化的塑造者》,前揭,页117;比较 M. Hillar, *The Case of Michael Servetus 1511—1553: The Turning Point in the Struggle for Freedom of Conscience*, Edwin Mellen Press, 1997; M. Hillar / C. S. Allen, *Michael Servetus: Intellectual Giant, Humanist, and Martyr*, University Press of America, 2002。

沃格林评论加尔文的《基督教要义》的一段话值得引用：

> 如果读者持有超然之心，则《基督教要义》一书自有其娱乐价值。然而，一旦读者对此类有能力付出持续不断的努力、并以坚定的信念生产出超过一千页巨著的头脑产生兴趣的话，此种经历将是令人惊恐的。
>
> 我们感受到的是缺乏智识良知的权力欲望；并且在《基督教要义》的加尔文身后，隐约出现了日内瓦的加尔文的可怕身影：那是通过针对轻微罪行设置的间谍与告密者组织执行其纪律的加尔文，是破门而入搜罗证据的加尔文，是在刑架上强行逼人告解的加尔文，是以谴责相威胁敲诈公民进行财政捐纳的加尔文，是将塞维图斯的私人通信对象送入宗教裁判所的加尔文，是在其向日内瓦寻求庇护之时将塞维图斯处以火刑的加尔文，是滥用法庭捏造指控制造合法谋杀的加尔文，是通过屠杀或流放那些不符合其期望的公民而使日内瓦变为一个"清洁"城市的加尔文。（沃格林，《政治观念史·卷四》，前揭，页355—356）

加尔文的势力在日内瓦逐渐取得支配地位之时，法兰西王国压制"抗议宗"的行动也在升级，大量受迫害的"抗议宗"信徒避居日内瓦。日内瓦城邦接纳这些来自法国的"难民"并非是为了捍卫"信仰自由"，因为，移居日内瓦的法国人需要花钱购买"公民权"，这成为日内瓦城的一大收入来源："来自法国的流亡者为日内瓦带来了财富，授予他们公民权的费用也对这个城市的预算有实质性贡献。"①

卢梭的曾曾祖父就是在这样的历史时刻来到日内瓦，他应该目睹过加尔文如何把日内瓦打造成一个"归正宗"（Reformed）政体。

加尔文去世前不久，法国因宗教分裂引发的冲突已经演变为**内战**，日内瓦则成了法国分离分子（胡格诺教派）的堡垒：②

> 毫无疑问，加尔文提供了法国加尔文主义者造反（不管我们视这个"造反"为防御性的还是侵略性的）所需要的神学上的推动力量，而且他继续组织、

---

① 马莱特，《加尔文》，前揭，页58。
② 麦格拉思，《加尔文传：现代西方文化的塑造者》，前揭，页177—192。

支持法国的胡格诺派（即加尔文主义者）的暴动，直到1563年生命将尽之时，他还因认为是背叛了休战协定而深感遗憾。（马莱特，《加尔文》，页76）

1594年，法国的加尔文信徒支持的亨利四世（Henri IV，1553—1610）进兵巴黎，正式加冕为法兰西国王。亨利四世铁腕恢复王国秩序后，他不顾胡格诺派反对，在南特大教堂宣布天主教为国教，同时承认胡格诺教徒的信仰自由，史称"南特敕令"（1598年4月）。

自此以后，日内瓦的政治形势也逐渐发生了变化：加尔文的后继者贝萨（Théodore de Bèza）去世（1603）后，"日内瓦在一定程度上又回复到了加尔文到来之前的状况"。[1]及至卢梭出生的年代，日内瓦已恢复商业化面貌，钟表业和银行业更为发达，但宗教严律主义的气氛并没有烟消云散。[2]

笔者特别提到加尔文，不仅因为他同样是个既"具争议又无法绕开"的人物，更重要的是，他与本书要研究的卢梭作品有关：卢梭的《论剧院》因日内瓦建剧院

---

[1] 马莱特，《加尔文》，前揭，页31。
[2] 特鲁松，《卢梭传》，前揭，页6。

的提议而起，而日内瓦禁止剧院的举措正是始于加尔文治下。

卢梭与巴黎的激进知识人

卢梭刚生下来一周，他母亲就因产褥热去世。卢梭的父亲不善持家，天性懒散，卢梭自幼由小姑姑抚养，少年时代几乎是在流浪中度过的。

15岁那年，有位好心的神父把卢梭介绍给他后来终生感念的华伦夫人（Madame de Warens）做养子。按卢梭在《忏悔录》中的自述，他在华伦夫人身边当管家，同时刻苦自学：不仅学了拉丁文，还读了大量古希腊罗马经典，也看几何、代数、天文学、化学乃至新派哲人如洛克和伏尔泰的书。

值得提到，华伦夫人是天主教徒，受她影响，卢梭这时也皈依了天主教。由于"叛教者是不允许住在城里的"，偶尔回乡的卢梭也只能住在*日内瓦城外*。①对罗马教会来说，加尔文教徒是"叛教者"，如今，卢梭皈

---

① 特鲁松，《卢梭传》，前揭，页73—74；比较凯利，《卢梭的榜样人生：作为政治哲学的〈忏悔录〉》，黄群等译，北京：华夏出版社，2009，页292。

依天主教反倒成了"叛教者"。

如果卢梭在《忏悔录》中讲述的经历属实，那么，卢梭时代的日内瓦显得是一个相当矛盾的城市。一方面，这个城市因摆脱了萨沃依公国的支配而成了一个"独立自主"的城邦；另一方面，这个人口仅两万人（男性成年人5000）的城邦又留下了"加尔文专政"的痕迹。①

卢梭年轻时热衷文学和音乐，用今天的话来说是个不折不扣的文艺青年，不过，好学的卢梭也关注当时的新自然科学。他不时写诗或歌曲寄给《法兰西信使报》，26岁那年（1738）甚至写过一篇显示自己懂新天文学知识的文章投稿报社，可见青年卢梭的内心里充满勃勃的"成名欲"。②

30岁那年（1742），卢梭到巴黎求发展，经一位在荷兰当过军官的瑞士人介绍，在一家咖啡馆结识了狄德罗。狄德罗在巴黎文人圈已经混迹10年，当时正与两位朋友一起勤奋地翻译英国学人斯塔尼安（T. Stanyan）的三卷本

---

① M. Cranston, *Jean-Jacques: The Early Life and Work of Jean-Jacques Rousseau 1712—1754*, University of Chicago Press, 1982, p. 14 – 15.
② 特鲁松，《卢梭传》，前揭，页79。

《希腊史》。①

随后，卢梭与狄德罗按照各自的性情展开人生。卢梭继续沉迷于音乐，他写歌剧，与著名作曲家、和声学大师拉莫（1683—1764）有过一番论战，并发展出自己的一套关于音乐的理论。②狄德罗则不仅应书商之约与人合译了《医学通用词典》，还翻译了英国自然神论派代表人物沙夫茨伯里（3rd Earl of Shaftesbury, 1671—1713）的《道德哲学原理》（1699），从此开始了他的激进写作生涯。

1747年，狄德罗策划编撰《百科全书》（*l'Encyclopédie*），邀请卢梭撰写音乐方面的辞条。这时，卢梭已经进入狄德罗的小圈子，认识了孔狄亚克（1714—1780）和达朗贝尔。1746年春天，狄德罗与两位朋友合作译完洛克的《人类理解论》后，用不到一周时间写下了激进的《哲学随想录》，7月在海牙匿名出版，随即遭查禁。③

狄德罗没有畏惧，年底又花了几天时间，满怀激情

---

① A. M. Wilson, *Diderot: The Testing Years, 1713—1757*, Oxford University Press, 1957, p. 14.
② 霍布森，《狄德罗与卢梭：启蒙脉络》，前揭，页272—283。
③ 见狄德罗，《狄德罗哲学选集》，江天骥、陈修斋、王太庆译，北京：商务印书馆，1959 / 1979 / 1983/2009，页1—35。

地写成了《怀疑论者的漫步或林荫道》(*La Promenade du Sceptique, ou Les Allees*)。①狄德罗似乎受到洛克激发，激进政治热情日益高涨，卢梭则沉浸在自己的歌剧《风流的缪斯》中，相比之下明显缺乏启蒙热情，尽管卢梭并不是没有读过洛克。②

1749年春，狄德罗匿名出版了更为激进的《供明眼人参考的谈盲人的信》(*Lettre sur les aveugles à l'usage de ceux qui voient*)。③由于接连发表带激进思想的作品，这年夏天，巴黎最高法院判处狄德罗监禁100天，囚于樊尚（Vicennes）城堡的地窖（监狱）。

卢梭三天两头去探望狱中的朋友，戏剧性的事件从此开始。有一天，卢梭去探望狄德罗，途中坐在树荫下休息，偶然读到第戎科学院刊登在《法兰西信使报》上的有奖征文启事"论科学和文艺的复兴是否有助于民情日趋纯朴"，他的脑海里突然涌现出一篇论文的内容。蹊跷的是，这篇《论科学和文艺》（1750）的应征文言

---

① 见狄德罗，《怀疑论者的漫步：狄德罗文选》，陈修斋、张冠尧译，上海：上海三联书店，1989，页49—175。
② L. Damrosch, *Jean-Jacques Rousseau: Restless Genius*，前揭，p. 206—207。
③ 北京大学哲学系外国哲学史教研室编译，《十八世纪法国哲学》，北京：商务印书馆，1963，页297—324；比较勒菲弗尔，《狄德罗的思想和著作》，张本译，北京：商务印书馆，1985，页67—85。

辞激烈地抨击启蒙，攻击矛头像是针对自己的友人狄德罗，因为他虽然身陷囹圄，却还在为策划中的《百科全书》撰写辞条。①

狄德罗出狱后全副身心投入《百科全书》第一卷的出版及随后各卷的组稿事务，1752年出版的第二卷（B—C词头条目部分）就有狄德罗撰写的"导言"。此后，狄德罗又写成一篇激进思想作品《对自然的解释》（1753）。②次年，卢梭就写下了第二篇应征文《论人类不平等的起源和基础》（简称《论不平等》），在今天看来不无蹊跷。若与狄德罗的《对自然的解释》对照起来看，这篇论文同样显得有针对意味。

狄德罗似乎没有在意卢梭的作品，他仍然全心投入《百科全书》的编撰，而卢梭对狄德罗的这项事业则显得并不热心，尽管他也写了几个辞条，但都是急就章。1756年，卢梭动笔写作书信体小说《新爱洛绮丝》，直到1758年9月才完成，其间卢梭遇上一场新的爱情，似乎与实际政治仍然离得很远，而狄德罗也在前一年陷入新

---

① 参见刘小枫，《卢梭的敌友划分——纪念卢梭诞辰三百周年》，刊于《兰州大学学报》，2012年第3期，页3；亦见刘小枫，《比较古典学发凡》，上海：复旦大学出版社，2015，页121—131。
② 见狄德罗，《狄德罗哲学选集》，江天骥、陈修斋、王太庆译，北京：商务印书馆，1959/1979/1983/2009，页52—112。

的爱情。

接下来命运剧情出现了突转：1762年，卢梭几乎同时发表了《爱弥儿或论教育》（简称《爱弥儿》，1759年动笔，1760年完成）和作为附录的《社会契约论》。这两部作品大谈时下的政治和宗教问题，振聋发聩。《爱弥儿》随即给卢梭带来政治麻烦：巴黎的索邦神学院发出谴责，高等法院也发出逮捕令，卢梭不得不逃离法国。

究竟怎么回事？什么促使卢梭有如此激情般的政治写作冲动，以至于1762年被称卢梭的"奇迹之年"（anni mirablies）？[①]加尔文是法国人，流亡到日内瓦成名，卢梭是日内瓦人，流浪到巴黎成名。加尔文打造了一个实际的基督教神权政体的城邦，卢梭的政治作品似乎要打造一个言辞中的理想公民政体。

1758年，卢梭放下即将完稿的《新爱洛绮丝》，用三周时间写成《论剧院》，写作时间刚好在《爱弥儿》和《社会契约论》之间。由此出现了让笔者感到好奇的一系列问题：卢梭为什么反对启蒙友人提出在日内瓦建剧院的倡议？《论剧院》在卢梭的政治写作中究竟占有

---

① 艾丁诺，《卢梭与休谟：他们的时代恩怨》，周保巍，杨杰译，上海：上海人民出版社，2013，页41。

怎样的位置？它与卢梭最为重要的政治著作《爱弥儿》和《社会契约论》有怎样的**内在关联**？

卢梭的写作生涯明显分为三个阶段：一，早年的"文青"阶段；二，不断惹起风波的"政治作家"阶段（1750—1764）；三，与休谟（1711—1776）发生争执后（1766）退出"江湖"的阶段。[①]

第三阶段的代表作是《忏悔录》（1769）和《孤独漫步者遐思录》（1770），两书都带**独白**性质，临逝前的封笔之作《让·雅克评卢梭》则采用了**对话体**形式。这一时期的作品基调让人感觉得到，卢梭已经对自己的昔日好友彻底失望，决然地脱离朋友圈，开始自己孑然一身的"孤独漫步者"的遐思。正如迈尔所言：

> 任何一个局外人都无法由此知晓，在孤独的道

[①] 1766年，休谟与卢梭闹翻后，他将事情始末首先告诉了与卢梭为敌的巴黎文人圈子，"巴黎成了休谟反对卢梭的大本营"，而霍尔巴赫和达朗贝尔都是主要参与者，成为休谟"倒卢梭"的顾问。参见艾丁诺，《卢梭与休谟：他们的时代恩怨》，前揭，页219、247。马斯特提醒我们，对于卢梭个人生平与其著作之间的联系不能简单对待，必须要追问这些事件对于理解哲人卢梭有何意义。参见马斯特，《卢梭的政治哲学》，胡兴建、黄涛等译，北京：华夏出版社，2013，页5。

路上打动和充斥着漫步者内心的到底是什么。①

就书名来看,《遐思录》与狄德罗在1747年发表的《怀疑论者的漫步》有一种时间上的呼应关系。难道不可以设想,卢梭与这位启蒙友人的分歧早在差不多30年前就已经萌生?马斯特指出,两人在交好期间,卢梭的博学对于狄德罗影响甚深。《论不平等》和《社会契约论》(初稿)实质上是两人之间的思想对话,"这一对话对于18世纪法国的智识生活产生了广泛的影响。"②

话虽如此,但卢梭是"孤独者",狄德罗是"怀疑论者",这两位朋友在天性上的差异显而易见。③研究启蒙运动的思想史家看到,狄德罗才是地道的激进启蒙分子,他以"怀疑论者"的姿态宣传激进的无神论思想,而卢梭则强调"祖国",主张保守习俗传统,显得像如今所谓的保守主义者。

---

① 迈尔,《论哲学生活的幸福:对卢梭系列遐想的思考两部曲》,陈敏译,北京:华夏出版社,2014,页59;另参见戴维斯,《哲学的自传:卢梭的〈孤独漫步者的遐思〉》,刘振、曹聪译,北京:华夏出版社,2011。
② 马斯特,《卢梭的政治哲学》,胡兴建、黄涛等译,北京:华夏出版社,2013,页6。
③ 参见C.Kelly, "Rousseau's Philosophic Dream", in *Interpretation*, Vol.23/3(Spring 1996)。

正如已经有论者看到的那样，卢梭与狄德罗的根本分歧在于如何理解"人性"、如何理解"哲人"。①即便"哲人"是怀疑论者，他就应该是激进的"公民"吗？在卢梭看来，真正的"哲人"*不应该*，也绝不可能是*激进"公民"*。但卢梭自称"公民"，激进的狄德罗则自称"哲人"，别人也的确称呼他为"山岳哲人"。狄德罗与达朗贝尔在《百科全书》中将"哲人"定义为"摒弃偏见、传统、普世的共识与权威——总之，所有禁锢人们头脑的东西，并敢于*为自己思考*"的人。②在卢梭看来，如果一个社会中的每个公民都成了这样的人，那么，这个社会就可能处于危险的动荡之中，随时酝酿动乱。

罗伯斯庇尔因读卢梭的书而成了道德革命家难道是卢梭的错？仍然是前文已经提出的那个问题：罗伯斯庇尔的"专政"与加尔文的"专政"有什么异同？卢梭刚好置身两者之间，这难道仅仅是*历史的偶然*？

---

① J. Stalnaker, "Rousseau and Diderot", in H. Rosenblatt / P. Schweigert 编, *Thinking with Rousseau: From Machiavelli to Schmitt*, Cambridge University Press, 2017, pp. 172—190.
② 波特，《启蒙运动》，殷宏译，北京：北京大学出版社，2018，页6—7；比较M. S. Cladis, "Lessons from the Garden: Rousseau's Solitaires and the Limits of Liberalism", in *Interpretation*, Vol. 24/2（Winter, 1997）。

2　阅读卢梭面临的困难

狄德罗的头脑显得简单而又富有热情，但我们不能简单地看待同样富有热情的卢梭，这实在是一个罕见的复杂灵魂。他的作品极为讲究写作艺术——并非一般作家致力追求的那种写作技巧，而是与深刻的政治见识结合在一起的写作技艺。同时代的政治作家柏克（1729—1797）说，休谟曾经向他透露过卢梭写作技巧的秘密，似乎当时的文人对卢梭的文章能如此打动和吸引读者都感到好奇，甚至称之为"奇迹"。[①]其实，卢梭对自己的作品向来极为看重，正如马斯特所指出的：

> 卢梭十分严肃地对待自身写作所处理的问题：他的主要论著都试图"超逾"自己的时代，发现"对人类幸福有莫大关切的真理"。[②]

卢梭自己也说过，他的书极为难懂，读者须得小心。确实，他的文字充满激情和张力，单纯从文字表面

[①] 柏克，《法国革命论》，何兆武译，北京：商务印书馆，2010，页222。
[②] 马斯特，《卢梭的政治哲学》，前揭，页7。

进入卢梭思想,很容易会陷入他精心设计的圈套。

在《关于一本书的写作》一文中,卢梭告诫自己的读者:

> 对同一个问题有许多提法,其中大部分彼此都有一种细微的相似之处,有一种若隐若现的联系。头脑平庸的人见不到,而真正有天分的人瞬间就会抓住它。一旦抓住了链条的一端,事情的进行就会非常容易。人们会惊奇地发现:有千百条似乎毫无共同之处的,或者以各种方式互相交叉的蹊径,不断引导你从一条比你自己选择的道路更短和更稳妥的途径达到目标。①

卢梭给自己心目中的理想读者指明了通向其思想圣所的路径:要格外小心不同作品之间的内在关联。因为,作者会将那些想要告诉**特定读者**的智慧包裹起来,散置在不同的作品之中,期待有心人将这些散落的智慧串联起来,直至作者向读者敞开自己隐藏在面具下的真实面相。法国当代结构主义批评的代表人物**托多罗夫**

---

① 卢梭,《卢梭散文选》,李平沤译,天津:百花文艺出版社,1995,页155。

(1939—)并不试图为卢梭思想的整体性做辩护,而是让其思想相互抵牾,内在分裂,但他也不得不承认,正因为卢梭的教育面向两类人,即"公众的和特殊的,或者说是共同的和家庭的,分别针对公民与个体",[①]其文字技巧之高超令人流连忘返:

> 卢梭的思维如此强大,以至于他马上就能发现每个论断的遥远前提以及最终后果;他于是告诉我们,这并不意味着他为所说的一切负责。我正是为其语言的简单外表所欺骗的:我自以为弄懂了他的每一句话本身,而忘记了考察这句话在卢梭整个思想体系中所处的位置。一旦发现这个,所有的藩篱都落下了;我不仅放心大胆地投入其中,而且还借助他的力量来试图帮助自己思考。[②]

不过,尽管有如此的自觉意识去理解卢梭,托罗多夫的结论仍然是:假使卢梭的思想在几经删减后仍是"可用的思想工具",那么,它在今天的现代性后果仍

---

① 托多罗夫,《脆弱的幸福:关于卢梭的随笔》,孙伟红译,上海:华东师范大学出版社,2012,页41。
② 托多罗夫,《脆弱的幸福:关于卢梭的随笔》,前揭,页12。

然是卢梭的错。换言之，卢梭绝无可能洗清自己身上的污名，卢梭仍然要为革命青年罗伯斯庇尔的误读负责，正如苏格拉底仍然要为僭主类型的阿尔喀比亚德负责。

然而，托罗多夫真的读懂了卢梭？

在《论不平等》的"关于附注的说明"中，卢梭殷切地提醒读者，要注意行文中的注释：

> 谁有勇气再读一遍这篇论文，兴许乐于再次从荆棘中搜寻一下猎物（battre les buissons），那就试试浏览一下这些注解。当然，你完全不读这些注解也没有关系，不会妨碍你理解本文。①

把思考所追踪的对象比做"猎物"，是苏格拉底喜欢用的比喻，看来，卢梭熟悉柏拉图的作品。其实，卢梭一直担心被人误读，他反反复复甚至不厌其烦地解释自己的写作方式，这些多少有些絮叨的说明散见在卢梭的不少作品中。正如托多罗夫所看到的，卢梭最重要的提醒

---

① 卢梭，《论人类不平等的起源和基础》，高煜译，南宁：广西师范大学出版社，2009，页40（译文略有改动）；比较迈尔，《卢梭〈论不平等〉的修辞和意图》，见刘小枫、陈少明主编，《柏拉图的哲学戏剧》（《经典与解释》辑刊第2辑），上海：上海三联书店，2004，页189—236。

就是特别强调区分两类不同灵魂类型的读者：普通读者和少数爱智者。这并非是卢梭的首创，而是一种古已有之的"写作艺术"。①

在我们这个时代，这种"写作艺术"的必要性也未必过时了。施特劳斯曾一针见血地指出：

> 思想自由受到的当代威胁……不仅是由参议院麦卡锡这类人引起的，某些坚持荒谬的教条主义的学术"自由主义分子"或"科学的"社会科学家也难辞其咎。②

在卢梭的时代，他的写作受到的威胁仅仅来自法国的王政和天主教会当局吗？他对两类读者的区分足以提醒我们，情形并非如此。在著名的"致马勒塞尔布（C.G. L. de Malesherbes，1721—1794）的信（1762）"中，卢梭写道：

> 我在这个大都市的另一个灾祸是，这群控制着

---

① 施特劳斯，《迫害与写作艺术》，刘锋译，北京：华夏出版社，2012，页26。
② 施特劳斯，《注意一种被遗忘的写作艺术》，见施特劳斯，《什么是政治哲学》，李世祥等译，北京：华夏出版社，2014，页216。

我的所谓朋友以他们的心理判断我的心理，希望完全按他们的方式而不是我自己的方式使我幸福。他们对我的隐居感到失望，对我紧追不舍，要把我从隐居中拽出来。我要坚持下去，就只得和他们一刀两断。只有从这一时刻起，我才真正自由。

自由！我现在还不自由。我晚近的作品尚未刊行，看到我这可怜的身体所处的令人潸然泪下的状况，我对活到全部文字印出来的时候不抱什么希望。但是，如果出乎我的意料，我能活到那个时候，并向公众道别，那么请相信，阁下，那时我就自由了，或者说，任何人都不自由。[①]

可以看到，卢梭感到不"自由"的原因是，他不得不面对"公众"甚至自己的朋友。这意味着，卢梭作为个人的"自由"所受到的威胁来自"公众"甚至自己的朋友。既然卢梭已经意识到这一点，他的修辞想必会有意识地面对"公众"乃至自己的朋友，而"公众"与"朋友"并不是同一群人。我们若要做一个用心的读者，就得按卢梭自己的指引，去关注他的不同作品之间

---

① 卢梭，《卢梭自选书信集》，刘阳译，译林出版社，1998，页65（译文略有改动）。

的联系，细究文本表面的双重修辞，潜心探究修辞背后的写作意图。

出版《论科学和文艺》时，卢梭在扉页用了一幅意味深长的插图。图的左上方，盗火的普罗米修斯从云中降临，右手握着火炬；画面正中间有一位裸身少年向盗火的普罗米修斯伸出手，准备接过火炬，羊人萨图尔正从远处匆匆赶来，他伸出一只臂膀也想拥抱火。

插图底端有一行说明文字："萨图尔，你不懂。参见页31注释。"（Satyre, tu ne le connois pas.Voy. note page31）这话是谁说的？为什么他阻止萨图尔拥抱火，却不阻止裸身少年接过火炬？

按这句话的指引，我们在第31页的注释中看到这样一句话：

> 一个从埃及流传到希腊的古老传说称，一个敌视人的安宁的神是科学的发明者。

现在我们知道，插图中的普罗米修斯是"科学的发明者"，但为什么卢梭说他是"一个敌视人的安宁的神"？

扉页插图上还有一句话：

> 萨图尔,你不认识,不知道、不了解火!

这话显然是对"萨图尔,你不懂"的补充。卢梭区分了裸身少年与萨图尔,如果"火炬"意指"科学",那么,卢梭的意思应该是说:普罗米修斯本来仅仅想把火炬递给裸身少年,萨图尔却要凑上来。卢梭告诫萨图尔不要碰"科学",否则会毁了自己的"安宁"。

卢梭是否在暗示,自己的读者也有两类:一类是裸身少年,另一类是萨图尔。既然他没可能阻止萨图尔们阅读他的书,他就得小心自己的言论。①

可见,卢梭对自己的作品的修辞异常用心,他一再告诉那些有心的读者如何阅读他的著作,这的确不是在卖弄言辞。正如卢梭研究专家迈尔所言:

> 卢梭用修辞手段使人难以接近其哲学,但只要可能,他便努力促使少数人自发感到有能力且无须他人帮助,便能独立地追随大哲和科学家们献身科学或哲学研究。②

---

① 卢梭专家迈尔对这幅插图有非常精彩的解读,《卢梭〈论不平等〉的修辞和意图》,前揭,页215—216。
② 迈尔,《卢梭〈论不平等〉的修辞和意图》,前揭,页215。

确实，卢梭既要将那些对社会"安宁"有害的"科学"包裹起来，又需要将"科学"的真理传达给少数人。对于这类写作方式，启蒙之后的我们不能自以为是地以为卢梭"多此一举"。

如果我们假定《论戏院》是"悉心写成的书，写给悉心阅读的读者"，如果我们假定自己愿意成为"悉心阅读的读者"，那么，我们应如何阅读《论剧院》呢？

要思考这个问题，不妨先想想罗伯斯庇尔如何阅读卢梭，但我们如今无从了解这个问题。好在直到今天，西方学界仍在不断探究卢梭与民主政治和大革命的思想关联。[①]

西方的卢梭研究始于19世纪，但直到20世纪中期，卢梭研究才在基础文献方面有了重大进展：1950年，法国学者瑟涅里尔（J.Sénelier）出版了《卢梭文献》（*Bibliographie*），注重文献考订和文史研究的《卢梭学会年鉴》（*Annales de la Société J.-J. Rousseau*）也在这一年创刊，不时推出研究文集和论著。

卢梭研究更多受到时代的政治风向影响，这既反映

---

① 沃尔佩，《卢梭与马克思》，赵培杰译，重庆：重庆出版社，1993；Bernard Yack, *The Longing for Total Revolution: Philosophic Sources of Social Discontent from Rousseau to Marx and Nietzsche*, University of California Press, 2018。

了卢梭作品具有持久的政治生命力，也表明阅读卢梭本身就是一种政治行为。20世纪60年代，随着欧美出现新一轮大众民主化运动，卢梭学说的激进面相再度发酵：德国的新马克思主义学者费切尔（I. Fetscher）在1960年出版了《卢梭的政治哲学：关于民主的自由概念的历史》（*Rousseaus politische Philosophie: Zur Geschichte des demo-kratischen Freiheitsbegriffs*），作者断然否定卢梭是个保守主义者，该书至1975年印行了10版。1971年，卢梭研究专家劳奈（M. Launay）出版了《政治作家卢梭》（*Jean-Jeacques Rousseau Ecrivain Politique:1712—1762*），似乎要为愈演愈烈的新大众民主运动推波助澜。

无论文史式的还是政治式的卢梭阅读，都算不上是卢梭心目中真正的读者，如他所希望的那样，按他理解自己的方式来理解他。1947年，施特劳斯发表了《论卢梭的意图》，在卢梭思想研究史上具有划时代意义。从关注卢梭的写作手法入手，施特劳斯通过解读《论科学和文艺》致力于像卢梭理解自己那样理解卢梭。[①]

两年后（1949），施特劳斯受聘芝加哥大学政治系

---

① 详参刘小枫，《设计共和：施特劳斯〈论卢梭的意图〉绎读》，北京：华夏出版社，2012，页10。

教授，他开设的第一门课便是卢梭专题课，而"在施特劳斯极为独特的阅读西方思想序列中，柏拉图、卢梭和尼采隐隐居于最高位阶"。①1952年，施特劳斯在《自然权利与历史》一书中专章分析卢梭的《论不平等》和《社会契约论》，从"现代性的三次浪潮"这一思想史大背景来审视卢梭，触摸卢梭的思想脉搏在整个西方思想史上的脉动。②

施特劳斯研读卢梭，无论有多么深入的政治哲学思考，始终关注卢梭作品的*文学特征*——坎特称之为"从卢梭读卢梭"，既为后代学人树立了研究卢梭的路标，也对主流学界的政治思想史研究方向提出了全方位的挑战。③

据闻，施特劳斯最好的学生都首先全心研读古典大书，然后是研读卢梭和尼采，因为这两位思想家"最深刻地暴露了西方现代性的内在危机，从而成为以后所有

---

① 甘阳，《政治哲人施特劳斯：古典保守主义政治哲学的复兴》，收入施特劳斯，《自然权利与历史》，彭刚译，"中译本导言"，北京：生活·读书·新知三联书店，2003/2016，页28。亦参阿纳斯托普罗，《施特劳斯在芝加哥大学》，见刘小枫、陈少明主编，《古典传统与自由教育》（《经典与解释》辑刊第5辑），北京：华夏出版社，2005，页55—75。
② 施特劳斯，《自然权利与历史》，前揭，页257—301。
③ 坎特，《施特劳斯与当代解释学》，见刘小枫/陈少明主编，《古典传统与自由教育》，前揭，页99—168。

现代性批判的源头"。①

施特劳斯的弟子中研究卢梭的名家有**布鲁姆**（1930—1992）和**吉尔丁**（1928—2015）。布鲁姆的博士论文研究古希腊著名演说家、教育家伊索克拉底（公元前436—前338），后因出版抨击美国**大学风气**的《封闭美国精神》一书在公共舆论界引发了一场风波，有如当年卢梭的《论科学和文艺》。②随后，布鲁姆重译卢梭的《爱弥儿》和《论剧院》，并撰写了导言，似乎暗示他的《封闭美国精神》刻意模仿卢梭。③

吉尔丁的博士论文以研读卢梭为题，他把卢梭著作视为西方思想史上的大书，由衷地赞叹"现在恐怕没有哪个作家的辩才能与卢梭媲美"。④吉尔丁研究《社会契约论》的专著是他上施特劳斯开设的"卢梭研读课"的心得，或者说他跟随其师读大书的成果。他细致推敲

---

① 甘阳，《政治哲人施特劳斯：古典保守主义政治哲学的复兴》，见施特劳斯，《自然权利与历史》，前揭，"中译本导言"，页28。
② 布鲁姆，《走向封闭的美国精神》，缪青、宋丽娜译，北京：中国社会科学出版社，1994；比较董成龙编译，《大学与博雅教育》，北京：华夏出版社，2015，页73—157。
③ 比较布鲁姆，《爱的设计：卢梭与浪漫派》，胡辛凯译，北京：华夏出版社，2017，页30—170。
④ 吉尔丁，《设计论证：卢梭的〈社会契约论〉》，尚新建、王凌云译，北京：华夏出版社，2006，页4。

卢梭的言辞，追踪每一个可疑的线索。比如，卢梭在《社会契约论》中以主格的"我"（je）开首，以宾格的"我"（moi）作结。按吉尔丁的解读，这意味着《社会契约论》是一位哲人下降到洞穴之后的作为。要整全地理解卢梭在这部书中提出的**政治权利原则**，就得关注卢梭那些"以他自身为主题的著作"。①凭靠这样的阅读方式，吉尔丁看到了卢梭身上的某种**高贵性**：

> 在卢梭的自然中有某种东西，其尊贵在某种意义上甚至高于社会秩序，也高于他作为一位立法者的活动。这么说意味着什么？（同上）

《论剧院》是卢梭的第一部以他**自身为主题**的著作，这样的著作还有多种，布鲁姆唯独看重这一部并重新翻译，意味着什么？著名的德国卢梭研究大家迈尔提示我们，卢梭一生中有两部公开论及日内瓦的著作，而《论剧院》正是第一部。②

---

① 吉尔丁，《设计论证：卢梭的〈社会契约论〉》，前揭，页207；比较Hilail Gildin, "Revolution and the Formation of Political Society in the *Social Contract*", in *Interpretation*, Vol.5/3, （Spring 1976）。
② 迈尔（Heinrich Meier），《论哲学生活的幸福：对卢梭系列遐想的思考两部曲》，陈敏译，北京：华夏出版社，2014，页26。

3 卢梭到中国之后

再看我们如今阅读卢梭的语境:要说卢梭是百年来中国知识人最为耳熟的西方思想大家之一,应该不会错。但这意味着什么呢?

有一点总归可以肯定,认识卢梭"极具争议又无法绕过"的言辞和思想,对于理解现代中国乃至现代之后的中国,都有着出人意料的意义。

晚清知识人遇到卢梭

一百多年前,卢梭的《社会契约论》以《民约论》这个书名进入中国。且不说卢梭的"民权说"与百年中国风云变幻的政治格局关系重大,颇有推波助澜之力,单说一百多年来对中国学人浮泛而又潦草的影响,就足以另辟专章。

现代中国学人与卢梭思想的首次相遇在异国的日本。1879年,黄遵宪(1848—1905)出使日本,时逢日本学人积极传播卢梭思想:19世纪的最后20年间,日本学界已经出版了卢梭的主要政治著作。1902年,黄遵宪在给梁启超的信中说,他在任驻日使馆参赞期间(1879—1880),"取卢梭、孟德斯鸠之说读之,心志为之一变。"这与罗伯斯庇尔阅读卢梭时的心情也许颇值一比。

当时,留法日人中江兆民(1847—1901)已经将卢梭的《社会契约论》的"前言"至第二卷第6章译成日文(1877)。随后,中江兆民又把日译本译成古汉语在报刊上连载——名为《民约译解》(1883—1884),似乎希望这部书能像当年的宋儒典籍一样对日本起到革故鼎新的作用。

"甲午战争"(1894)之后,严复(1854—1921)和梁启超(1873—1929)相续撰文推介卢梭学说,直到今天,梁启超的推介仍然有文史价值。[①]

1898年,上海同文译书局刻印了中江兆民汉译的《民约通义》第一卷,这是中国知识人读到的最早的《社会契约论》汉译本。[②]两年后,《政法学报》开始连载留日学生杨廷栋(苏州吴县人)据日译本翻译的《民约论》,历时长达4年之久(1900—1904),1906年由文明书局出版单行本《初刻民约论记》。这个译本虽

---

① 梁启超,《梁启超评历史人物合集(西方卷):卢梭传、亚里士多德传、达尔文传》,武汉:华中科技大学出版社,2018。
② 范广欣,《卢梭"革命观"之东传:中江兆民汉译〈民约论〉及其上海重印本的解读》,见思想史编委会编,《卢梭与早期中国共和》(《思想史》辑刊第3辑),台北:联经出版公司,2014。

然流传甚广，是否影响了中国的"共和革命"则很难断言。无论如何，我们必须意识到，杨廷栋的译文与卢梭的原文出入很大。

《政法学报》连载杨廷栋据日译本翻译的《民约论》期间，推介卢梭学说的梁启超却突然转变态度。1903年，他在《新民丛报》（第38—39期合刊）上发表《政治学大家伯伦知理之学说》，以伯伦知理（Bluntchli Johann Caspar，1808—1881）反对卢梭，梁任公疾呼"从卢梭之言，则革命终无个止之时"。

梁任公果然火眼金睛，他看到了卢梭与罗伯斯庇尔的关系。当然，梁任公的话很可能针对的是邹容（1885—1905）在1903年发表的《革命军》中的下面这段文字：

> 夫卢梭诸大哲之微言大义，为起死回生之灵药，返魂还魄之宝方。金丹换骨，刀圭奏效，法、美文明之胚胎，皆基于是。我祖国今日病矣，死矣，岂不欲食灵药投宝方而生乎？苟其欲之，则吾请执卢梭诸大哲之宝幡，以招展于我神州土，不宁惟是，而况又有大儿华盛顿于前，小儿拿破仑欲后，我吾同胞革命独

立之表木。①

1914年,严复应梁启超邀约撰《〈民约〉平议》,由于对"辛亥革命"后的中国现状忧心忡忡,他在文中写道:

> 自卢梭《民约论》风行,社会被其影响不少,不惜喋血捐生以从其法,然实无际于治,盖其本原谬也。刻拟草《民约平议》一通,以药社会之迷信。

六旬老人严复的话说得很重,年轻人则未必听得进。1916年,35岁的**马君武**觉得《民约论》的中江兆民译本"已多错误",而杨廷栋译本又"讹谬不能读",因此,他花了80天时间,对照法文原书和H.J.Tozer的英文译本,重新译出《足本卢骚民约论》由中华书局刊行(1918)。

即便有了信达的译本,我们就能读懂《社会契约论》中的那些晦暗不明的术语和论说吗?何况,卢梭说《社会契约论》不过是《爱弥儿》的**附录**,我们没有研

---

① 邹容,《革命军》,见《邹容文集》,重庆:重庆出版社,1983,页20。

读过《爱弥儿》,能够理解《社会契约论》吗?如今的我们可以很轻松地批评梁启超和严复,说他们没有真正搞懂卢梭的"民主""平等""自由"之类的概念,但我们能自信读得懂卢梭?[1]

卢梭在"改革开放"进程中越来越"热"

在接下来的30年里,中国接连遭遇军阀混战、国共内战、日本入侵,知识界对卢梭学说的译介和评论虽然并未中断,却失去了理解的语境。1928年1月16日,《北新》杂志刊载了中国学人撰写的第一本卢梭评传——郁达夫的《卢骚传》。郁达夫(1896—1945)极为崇拜卢梭,甚至其精神气质都深受卢梭影响,他还翻译了卢梭的《孤独漫步者的遐思》。[2] 万言传记发表后,因与文人梁实秋打笔仗,郁达夫又写下了《卢骚的思想与创作》,为卢梭正名。[3]

---

[1] 参见颜德如,《严复、梁启超对卢梭思想的疏离:以对"民主"、"平等"与"自由"的理解为中心》,见中山大学西学东渐文献馆主编,《西学东渐研究》第4辑,北京:商务印书馆,2013,页351—370。
[2] 卢梭等,《一个孤独漫步者的沉思:法国小品文选》,郁达夫译,南京:江苏凤凰文艺出版社,2017,页211—251。
[3] 杨振,《制造愤世嫉俗者:郁达夫与"卢骚传"》,载《跨文化对话》,天津:百花文艺出版社,2013,页334—360。

新中国成立后,出版了李常山先生从英译本迻译的《论不平等》(1958),何兆武先生从法文版迻译的《论科学与艺术》(1959)。"文化大革命"前夕,《论科学与艺术》修订再版(1963),这一年还出版了苏联学者阿斯穆斯的《卢梭》,篇幅很小(58页)。

"文化大革命"刚结束不久,人们就读到了李平沤先生翻译的《爱弥儿》(1978)和何兆武先生翻译的《社会契约论》(1980)。在"改革开放"的历程中,卢梭作品的中译本不断问世:《新爱洛依丝》(1990)、《走向澄明之境:卢梭随笔与书信集》(1990)、《论戏剧》(1991)、《卢梭散文选》(1995)、《卢梭自选书信集》(2000)、《让·雅克评卢梭对话录》(2007)。及至2016年,《论不平等》有了5个新译本,《遐思录》甚至有了近10个译本(译名不一)。2008年以来,刘小枫先生主持的"卢梭注疏集"不仅翻译卢梭原著,更注重翻译解读卢梭的西人著作。

2012年6月,时逢卢梭诞辰300周年,商务印书馆推出了9卷本《卢梭全集》。这个书名让人误以为我国的卢梭译介已经差不多了,其实,如有学者评论的那样,我国学界的卢梭翻译还差得远,已有的翻译成品质量也参差不齐。①

更重要的问题仍然在于*如何阅读卢梭*。如果卢梭有一张雅努斯式的脸,那么,长期以来或迄今为止,我们的心目中仅有作为激进启蒙智识人的卢梭面相,就算不上认识了真正的卢梭。②

汉学家的视角

著名的犹太裔美国汉学家史华慈(1916—1999)研究现代中国的专著以两篇关于卢梭的附录文结尾意味深长。第一篇专论以《社会契约论》第二卷第七章"论立法者"中的一段话作为开篇题词:③

> 敢于为一国人民进行创制的人,必须自己觉得有把握能够改变人性,能够把每个自身都是一个完整而孤立的整体的个人转化为一个更大的整体的

---

① 参见韩伟华,《中国人的卢梭:卢梭在近现代中国的两张面孔》,见中山大学西学东渐文献馆主编,《西学东渐研究》第4辑,前揭,页349。
② 袁贺、谈火生编,《百年卢梭:卢梭在中国》,长春:吉林出版集团,2009。
③ 参见史华慈,《中国的共产主义与毛泽东的崛起》,陈玮译,北京:中国人民大学出版社,2006,页188(以下简称《崛起》,随文注页码)。

一部分，这个个人就以一定的方式从整体里获得自己的生命与存在；能够改变人的素质，使之得到加强；能够以作为全体一部分的有道德的生命来代替我们人人得之于自然界的生理上的独立的生命。（何兆武译文）

卢梭在这段话之前正好引用了孟德斯鸠《思考罗马帝国盛衰原因》一书的名句："社会诞生时是共和国首领在创设制度，此后便是由制度来塑造共和国首领了。"[①]史华慈在这篇讨论当代中国思想史的文章中引用卢梭和孟德斯鸠的名句，颇有些意味深长。史华慈承认，"卢梭思想本身有些含糊不清"，尽管如此：

> 作为一种把人民组织起来粉碎一切自私自利、结党营私的图谋，建立一个使每个社会成员都充满公共德性的社会概念，而把公共美德灌输给其每一个成员，已经证明是实现这一社会的最有力的途径。（《崛起》，页198）

史华慈紧接着就说到罗伯斯庇尔，在卢梭影响下，

[①] 孟德斯鸠，《罗马盛衰原因论》，北京：商务印书馆，2016年，页2。

他让自己"变成了一个既是'立法者'又是'执政官'的'公意'化身"。不过,史华慈自己的说法同样"有些含糊不清"。因为他又说,就中国革命的许多主导思想而言,"中国传统文化的看法发挥着比西方思想更加有力的作用",以至于可以说,德性政治的观念与其说来自卢梭,不如说来自孟子(《崛起》,页203)。

似乎在史华慈看来,中国革命的理念和实践显得是一种奇妙的混合:表面上是**现代西式**的革命,实质上是**传统中国式**的革命。重要的是,"在一些领域中,特殊的中国视角和特殊的西方视角非但不相互排斥,反而被证明是彼此支持"。(《崛起》,页205)

史华慈所附第二篇论文主要谈他对卢梭思想的理解,题词摘引了《论剧院》中最后一个长注(《崛起》,页207)。[①]在史华慈看来,人类文明传统在一开始就有两种不同的关于"最佳政制"的观念:一种可以称之为"工程—技术取向"。因为:

> 人类对于复杂社会的很多问题都可以归结为技术性问题的朦胧认识,就像文明发展的历史一样古老。从闪族人、古埃及和中国的商朝开始,人类就

---

① 卢梭,《论剧院》,前揭,页180,注1。

对"社会工程"进行了大量的探索,以应对他们在行政管理、军事组织、财政政策、城市管理等方面所面临的问题。(《崛起》,页208)

言下之意,启蒙运动时期出现的"工程—技术取向"不是什么新奇的观念,其实是古已有之的"最佳"政治观念。启蒙知识人的确对过去的历史和现状感到"恼怒",这是因为他们觉得,人类历史耽误了太多时间,"如果将其注意力放在物质技术和社会技术上,人类早已追求到了自己想要的幸福,至少比现在强。"(《崛起》,页211)与之相反的是,卢梭激烈批判"工程—技术取向所代表的功利主义伦理",但卢梭所代表的道德主义取向并非仅仅出自"西方的主流传统",实际上它"更为靠近那些伟大的非西方文明的核心传统"(《崛起》,页212)。总之,工程—技术取向的**功利主义与德性共同体的道德主义是两种永恒对立的人类政治理想**。

工程—技术取向在今天的美国社会达到了它的顶峰,但即使在当代美国文化中,近乎是一种宗教的民族主义和夹杂着试图引导民众道德观念的民族主义也没有完全消失。(《崛起》,页221)

凭靠这一认识，史华慈为自己的现代中国研究画上句号：中国的革命无疑具有道德主义取向，"与中国传统道德观念和政治思想特征之间的声气相通。"但"改革开放"以后，"中国引人注目地转向了"工程—技术取向。因此，人们可以说，两种人类政治理想的永恒对立和冲突"不仅对于中国而言并没有解决"，对于西方而言"亦是如此"（《崛起》，页224—225）。

史华慈所说的两种永恒对立的人类政治理想，实际上都没有触及古典政治哲人所看重的人类灵魂有"大量花样、特性和差别"这一亘古不变的政治现实。如果从这一出发点来看待卢梭与现代中国的政治思想史关联，那么，我们会引出什么样的问题呢？

4 关于文献的说明

1757年12月底，卢梭着手写《论剧院》，历时三周，1758年1月完成，同年10月2日在巴黎印刷出样书，20日由卢梭的好友、出版商雷伊（M. M. Rey）在阿姆斯特丹公开发行。

在写作这封公开信期间，卢梭的身体和精神状况似乎都很糟，他在1758年2月18日写给朋友的信中说：

> 我为病痛折磨……今年冬天，它恶化得很快，我承受着所有类型的疼痛。现在是如此虚弱，以至于开始担心不再有完成任务的力气，而且在病痛中也欠缺应对的方法。①

卢梭甚至想到了自己死期将至：

> 我相信上帝，如果死后我的灵魂不能永生，那么上帝就不公平。
> 人类自出现后就一直承受着痛苦，这样的遭遇既不符合人类脆弱的现实，也不符合上帝的正义，我拒绝接受。（同上）

卢梭没有料到，《论剧院》销路相当好，1759年即再版。1762年出版第三版时，卢梭对原作又做了不少修改。卢梭去世后，他的追慕者随即着手编辑出版《卢梭全集》（1782，Genève），其中收入《论剧院》的第三版，卢梭对前两个版本的改动均保留在注释中。本稿即依据这个版本，笔者给自然段加了序号，引用时用方括号 [ ] 表示。

---

① 转引自徐前进，《一七六六年的卢梭》，前揭，页384。

《论剧院》的笺注本

《论剧院》最早的笺注本是1889年的Leon Fontaine编本（Paris，Garnier版，1921年重版），以1782年的《卢梭全集》所收第三版为底本，自然段落标上了序号，并按主题分为三个部分，附有达朗贝尔的《日内瓦辞条》。

1916年出版的Lucien Brunel编本（J. J. Rousseau, *Lettre à d'Alembert sur les spectacles*, Paris, Libr. Hachette）笺注颇丰，依从Fontaine本把全书分为三部分，并对每一部分的内容做了概述。[①]

1948年出版的Max Fuchs编本（J. J. Rousseau, *Lettre à d'Alembert sur les spectacles*, Lille et Genève）以1758年首版为底本，带注疏，收于Max Fuchs主编的"法国文学读本"丛书。

1967年，Michel Launay出版了一个编本（J. J. Rousseau, *Lettre à d'Alembert sur les spectacles*, Paris, Garnier-Flammarion），带简注，属于袖珍普及本。

1980年，Jean Ehrard出版了《论剧院》与《社会契

---

① Rousseau, J., Brunel, L. (1916). *Lettre à M. d'Alembert sur les spectacles*. 6. éd. revue. Paris: Hachette.

约论》及其他政治论文合刊的编本（J. J. Rousseau, *Du contrat social et autres œuvre politiques*, Paris, Garnier），这表明已经有学者看到，《论剧院》属于政治著作，而非文艺批评著作。

1987年，Jean Varloot出版了与《论科学和文艺》合刊的编本（J. J. Rousseau, *Discours sur les sciences et les arts, Lettre à d'Alembert sur les spectacles*, Paris, Gallimard），采用Fontaine的1889年编本的段落编号，同样将作品分为三部分，附有读解文和相关文献，以及若干研究文章和年表。

2003年出版的Marc Buffat编本（J. J. Rousseau, *Lettre à d'Alembert sur les spectacles*, Paris, GF-Flammrion）以1758年首版为底本，并对勘1762年第三版，笺注偏重晚近的研究成果。

本稿依据的笺注本主要有如下四种：Fontaine本，Brunel本、Varloot本和最为晚近的Buffat本。

Fontaine本的可取之处在于：它是最早的编本，而且给全书的230个自然段加了编号（除"前言"和头10个自然段，正文共220个自然段）。Fontaine注意到，第一部分有82个自然段，第二部分有70个自然段，第三部分有68个自然段，段落数呈逐渐下降之势，各部分篇幅不均衡。

Buffat本采用1758年的首版为底本,编入了1762年第三版的增补和修订,并参考前人的5个校勘本。直到今天,这个版本的校勘和笺释最为详细,尽管因偏重语文学而难免拉杂。"编者导言"长达22页,分"奴隶的法律""享乐的影响""享乐和遁世"三题概述三个部分的内容,附有研究文献和相关历史文献。

1916年的Brunel本和1987年的Varloot本均有可取的语词笺注,对细读文本颇有帮助。

《论剧院》的英译本

《论剧院》出版第二年就有了英译本《日内瓦的卢梭致巴黎达朗贝尔的信:剧场娱乐对人类习俗的影响》(*A Letter from M. Rousseau of Geneva, to M. d'Alembert, of Paris: Concerning the Effects of Theatrical Entertainments on the Manners of Mankind*, J. Nourse, 1759),可见卢梭论著在当时的西欧已经相当受关注。在20世纪60年代的美国民权运动的浪潮中,布鲁姆重译《论剧院》,题为《政治与艺术:卢梭就剧院问题致达朗贝尔先生的信》(*Politics and the Arts:J.-J.Rousseau letter to M.d'Alembert on the Theatre*, CornellUniversity Press, 1968),以1948年的Fuchs本为底本,参照Fontaine本和

Brunel本，同样分三个部分，并加了标题，附有达朗贝尔的《日内瓦辞条》。布鲁姆为这个英译本所拟的标题表明，他与卢梭一样，没有把文艺视为与政治无关的现象，毋宁说，文艺现象是政治本身。

布鲁姆和凯利（C. Kelly）主编的英文版《卢梭作品全集》第十卷中所收的《致达朗贝尔的信与戏剧作品》（University Press of New England, 2004）采用布鲁姆译本，凯利订正了若干词语译法，统一了拼写和术语，调整了《日内瓦辞条》在书中的位置，并按Le Pléiade本《卢梭全集》重新安排段落，附有相关文献（凯利译）。

《论剧院》的中译本

《论剧院》有两个中译本，曾任人民出版社社长的王子野先生译本（《论戏剧》，北京：生活·读书·新知三联书店，1991）在前。这个译本虽依据俄译本迻译，译文未必不牢靠，但段落编排与1758年的初本和1782年版都有较大出入。除卢梭本人的60个注释外，这个译本有俄译者的笺注142条和中译者的译注10条。

李平沤先生译本（《致达朗贝尔的信》，北京：商务印书馆，2011）比"王本"晚出20年，注释不多。

本稿凡引《论剧院》文本均出自笔者的试译，为读者方便，会标注王本位置（随文注页码）。

卢梭其他要著的中译本

本稿涉及的其他卢梭要著大多已有中译，有的不止一个译本。本稿采用如下译本（按原文发表时间先后排序），随文注中译本书名和页码，译文凡依据法文版《卢梭全集》有所改动不一一出注。

1751：《论科学和文艺的复兴是否有助于敦风化俗？》（简称《论科学和文艺》），采用刘小枫译本（《论科学和文艺：附卢梭对批评的回应》，刘小枫编，刘小枫、冬一、龙卓婷译，上海：华东师范大学出版社即出）。

1754：《论人类不平等的起源和基础》（简称《论不平等》），高煜译，桂林：广西师范大学出版社，2009。

1755：《论政治经济》，崇明译，收于卢梭，《政治制度论》，刘小枫编，北京：华夏出版社，2013。

1760：《新爱洛漪丝》，伊信译，北京：商务印书馆，2002。

1762：《社会契约论》，何兆武译，北京：商务印书馆，1980。本文所引用部分均根据Ronald Grimsley编注的《社会契约论》法文版（英文笺注）修订，Oxford University Press, 1972。

1762：《爱弥儿：论教育》（简称《爱弥儿》），李平沤译，北京：商务印书馆，1981。

1763：《山中来信》，李平沤译，北京：商务印书馆，2012。

1764：《科西嘉宪制规划》，崇明译，收于卢梭，《政治制度论》，刘小枫编，前揭。

1769：《忏悔录》，范希衡译，北京：商务印书馆，1997。

1770：《关于波兰政体的思考》，崇明译，收于卢梭，《政治制度论》，刘小枫编，前揭。

1772：《对话录，或卢梭评判让·雅克》（简称《对话录》），袁树仁译，上海：上海人民出版社，2007。

1776：《孤独漫步者遐思录》（简称《遐思录》），徐继增译，北京：人民文学出版社，1985。

未有中译的其他卢梭文本，依据J.-J. Rousseau, Complète des Œuvres, Gallimard, 1995（本稿引用时简称《卢梭全集》，随文标注卷数和页码）。

施特劳斯的学生古热维奇（V. Gourevitch）编译的

两个英文的卢梭读本有可观的注释：

Rousseau, *The Discourses and Other Early Political Writings*, University of Cambridge, 1986/1997, 中国政法大学出版社, 2003。

Rousseau, *The Social Contract and Other Later Political Writings*, University of Cambridge, 1986/1997, 中国政法大学出版社, 2003。

狄德罗的相关要著

按常见的说法，卢梭《论剧院》表面的收信人是达朗贝尔，其实真正收信人是伏尔泰，但这种说法也不无争议。[①]按笔者的考察，从狄德罗与卢梭在1756至1757年间友情破裂来看，收信人更有可能是狄德罗，因此本书会格外关注卢梭与狄德罗写作时间上的内在呼应关系。

新中国建国初期至"文化大革命"前，我国学人已经能够读到狄德罗的作品，比如《修女》（郑兆

---

① 古耶，《卢梭与伏尔泰：两面镜子里的肖像》，斐程译，上海：华东师范大学出版社，2008，页173，181—182（以下简称《卢梭与伏尔泰》，随文注页码）。

璜译，1957）、《定命论者雅克和他的主人》（匡明译，1958）、《论戏剧艺术》（陆达成、许继增译，1958）；《狄德罗哲学选集》（江天骥等译，1959）、《狄德罗文艺论文辑译》（朱光潜译，1962）等。

不过，与对卢梭的译介一样，实际上，"改革开放"后，狄德罗的译介才有了较为系统的推进：《拉摩的侄儿》（江天骥译，1981）、《狄德罗美学论文选》（张冠尧、桂裕芳等译，1984）、《狄德罗文集》（1997）、《狄德罗精选集》（罗芃译，2008）。由此可见，我国读书人对激进的狄德罗同样不乏热情。

狄德罗在政治思想史上的名气远不及卢梭，原因似乎显而易见：狄德罗并没有写过像《论不平等》以及《社会契约论》那样引发极大争议的政治论著。尽管如此，我们不能仅仅把狄德罗视为单纯的文人。《百科全书》中的若干现代政治哲学的关键概念的辞条，都出自狄德罗之手："政治权威""城邦""公民""自然权利""宽容"乃至"霍布斯主义"等等。[①]换言之，狄

---

① 参见Denis Diderot, *Political Writings*, trans. & ed. by J. H. Mason and R. Wokler, Cambridge University Press, 1992 / 北京：中国政法大学出版社，2003，页6—30。

德罗同样是值得重视的政治思想家。①

我国学人对法国启蒙运动时期的经典作家虽然不乏热情,但由于种种历史原因,译介不仅较晚,而且谈不上完备,相关研究也相对薄弱。倘若如此,当我们赞美启蒙时,我们心里清楚自己在赞美什么吗?

即便在西方学界,认识法国启蒙运动的实情和性质,仍然是一道学术难题,已有的要著也需要"评估它们在多大程度上仍然有效"或"需要评估对其进行怎样的修正"。②可见,要理解这场深刻地影响此后三百年人类命运走向的思想运动,在我们前面仍有一段相当漫长的路程。

要认识18世纪法国上演的这场"启蒙戏剧"的复杂面相,研读《论剧院》是颇为值得尝试的路径。这部作品让我们看到,卢梭与自己的启蒙友人——尤其是与他**最亲密的友人狄德罗有严重分歧**,而且远非霍布森描述的那么简单。③

狄德罗有两篇作品与《论剧院》直接相关:一篇是1757年发表的谈论戏剧写作的《和多瓦尔的三次谈

---

① 比较沃尔金,《十八世纪法国社会思想的发展》,杨穆、金颖译,北京:商务印书馆,1983,页106—139。
② 波特,《启蒙运动》,前揭,页4—5。
③ 霍布森,《狄德罗与卢梭:启蒙脉络》,前揭,页18—22。

话》，又名《关于〈私生子〉的谈话》（*Entretiens sur le Fils naturel*），简称《谈话》），另一篇是紧随《论剧院》之后狄德罗发表的《论戏剧诗》（*De la poésie dramatique*）。①

《谈话》通篇在谈具体的戏剧写作问题，伏尔泰虽然也写过这类东西（比如《哲学书简》中的"论悲剧"和"论喜剧"），②但与《论剧院》的相关性明显远不如狄德罗的《谈话》和《论戏剧诗》。卢梭的《论剧院》恰好夹在狄德罗的《谈话》和《论戏剧诗》之间，似乎卢梭的《论剧院》是在回击狄德罗的《谈话》，而狄德罗的《论戏剧诗》则是在回击卢梭的《论剧院》。

狄德罗的《论戏剧诗》明显针对《论剧院》，而《谈话》看似与卢梭无关，其实未必。因为，1756年卢梭避居隐庐以后，狄德罗与卢梭的友情逐渐出现裂痕，原因既与狄德罗对卢梭离开巴黎独处的态度相关，更与卢梭因和索菲的关系而惹出一段绯闻有关。

1755年，狄德罗读到意大利喜剧作家哥尔多尼（Carlo Goldoni，1707—1793）的新作《真正的朋

---

① 见狄德罗，《狄德罗美学论文选》，张冠尧、桂裕芳等译，北京：人民文学出版社，1984 / 2008，页38—118，119—212。
② 伏尔泰，《伏尔泰论文艺》，丁世中译，北京：人民文学出版社，1991，页368—456。

友》，他觉得剧本写得太差，但其中有个剧情让他产生了兴趣：一个老实人爱上了*自己朋友的情妇*。狄德罗决定自己用这个情节来编一部喜剧，这就是他在1756年写成的剧作《私生子》（*Le Fils Naturel*）。①

狄德罗对哥尔多尼剧作中的这个情节感兴趣，很可能是因为当时卢梭恋上了自己朋友的情人**索菲**。这件事情究竟是怎么回事，笔者随后会加以考察，现在仅需指出，狄德罗的《私生子》实际上把卢梭的私事变成了戏剧题材。

《私生子》在1757年2月发表后，狄德罗圈子中的友人一片叫好，称赞狄德罗的第一部剧作出手不凡，唯有卢梭保持沉默，这个春天他正陷入对索菲的爱恋中。《私生子》遭到巴黎戏剧界人士攻击，狄德罗马上发表了《谈话》。这部长篇对话看似是在回击戏剧界人士的攻击（说他剽窃哥尔多尼的剧作《真正的朋友》），其实未必。多瓦尔虽然是《私生子》中的一个戏剧角色，但剧作前面的简短前言已经交代，他并不是*戏剧人物*，而是狄德罗的一位*朋友*。《私生子》的剧情是多瓦尔对狄德罗讲述的"自己的故事"，因此剧情明显来自朋友

---

① 狄德罗，《狄德罗精选集》，罗芃译，北京：燕山出版社，2008，页427—523（以下简称《私生子》，随文注页码）。

讲述的亲身经历，而狄德罗在《谈话》中以第一人称"我"与多瓦尔的三次谈话，实际上延续了《私生子》的剧情。

《谈话》中的第一次谈话开始之前，狄德罗这样写道：

> 这一天，多瓦尔曾试图了结一件使他两家邻居长期不和，并且双方都可能因而倾家荡产的争端，可是他失败了，他为此感到懊丧，我看出他的心情将使我们的谈话蒙上一层阴郁的色彩，但仍然对他说："我读了你的作品，但是我深感失望……"（《谈话》，页40）

狄德罗笔下的这个多瓦尔作为戏剧人物设计颇为巧妙，他很可能就是**狄德罗本人**。因为，狄德罗在《谈话》中与多瓦尔交谈，更像是自己与自己交谈，以便让话题更好地隐射卢梭。狄德罗的传记作者说，《谈话》中出现了"只有坏人才孤独"这样的句子，敏感的卢梭觉得这句话"无疑是针对他的判决"。尽管狄德罗对卢梭做了解释，卢梭仍然不能释怀。[①]

[①] 比利，《狄德罗传》，张本译，北京：商务印书馆，1995，页137—148。

除了《论剧院》，卢梭在接下来的《爱弥儿》第二卷的一个注释中，他不点名地提到狄德罗，毫不客气地说：

> 有一个著名的作家说只有孤独的人是坏人，而我认为只有孤独的人才是好人。这说法虽不很精辟，但是比前面那个说法更真实，更合情理。（《爱弥儿》，页115）

在卢梭晚年（1770年）时，他在给一位朋友的信中还明确写道：

> 他［狄德罗］在一部作品中公开宣扬一句话："只有坏人才孤独。"我好心地给他写信，抱怨他在这句话中没有任何温和的情感。他生硬地答复了我，没有作任何解释。对我来说，尽管这句话有一种我说不出来的震耳意味，但我只发现，这是一句荒唐的话。①

笔者在《谈话》中没有看到"只有坏人才孤独"

---

① 卢梭，《卢梭自选书信集》，前揭，页181。

（Il n'ya que le méchant qui soit seul）这句话，倒是在"谈话"快结尾时看到，狄德罗让他笔下的多瓦尔说："一个生活孤独的人常常会有奇怪的念头。"（《谈话》，页117）

即便是这句话，也足以让敏感的卢梭起疑心。按**托多罗夫**的说法，"只有坏人才孤独"这句话出现在《私生子》的前言中。① 笔者在《私生子》的前言中同样没有看到这句话。实际上，狄德罗把这句说得更重的话放在了剧情之中。

"离群索居"的生活是否道德，是《私生子》的关键主题。第一幕开场不久，狄德罗就让其中的女主角**贡斯丹丝**表达了自己的"孤独"伦理观：

> 长期的苦闷之后，孤独是那么诱人！我在孤独中自由呼吸，自得其乐，享受过去的痛苦。我觉得痛苦似乎净化了我的头脑。白天总是过得很单纯，有时很愉快，不是阅读、散步，就是同弟弟聊天。（《私生子》，页432）

这个贡斯丹丝很像是为卢梭退隐提供帮助的**埃皮内**

---

① 托多罗夫，《脆弱的幸福：关于卢梭的随笔》，前揭，页63—64。

夫人(Mme d'Epinay, 1726—1783),因为卢梭就住在这位贵族妇人的山庄。狄德罗的笔法不可谓不高明,当多瓦尔也打算要成为"离群索居"之人时(第二幕),他又让笔下的贡斯丹丝对多瓦尔说:

> 你,离弃社会!我向你的心求助;扪心自问吧;它会告诉你,正人君子结群而居,唯有坏人才会孤独。(《私生子》,页456)

半年后发表的《谈话》的第二篇谈话专门讨论"孤独"对人的影响。狄德罗在与多瓦尔谈话之前,他记叙了与多瓦尔约好去一个偏远的小山村,到了那里,多瓦尔见到迷人的景色后情不自禁地说了一番白日梦话:

> 一个人有天赋吗?他就会离开城市和人群。他喜欢随着自己的心意,或者把眼泪洒在晶莹的泉水里,或是把鲜花放在坟墓上,或是轻轻踩着草原上的嫩草,或是缓步穿过肥沃的田野,或是静观人们的劳作,或是逃遁到森林深处。他喜爱森林中隐秘的恐怖。他随意漫游。他寻找一个使他产生灵感的洞穴。是谁把自己的声音与山顶泻下的急流融合在一起呢?是谁感到荒郊僻野的崇高境界呢?是谁

在孤独的寂静中倾听自己的心声呢?是他。我们的诗人住在湖边。他眺望湖水,他的天才扩展了。(《谈话》,页53)

狄德罗接下来说,这位朋友突然醒悟到自己在说梦话,"仿佛大梦初醒"。卢梭1756年4月9日搬到埃皮奈夫人提供的隐庐离群索居,当他读到狄德罗的剧作及其半年后发表的《谈话》时,其内心的感受可想而知。①可见,卢梭与狄德罗的友谊产生裂痕与这两部作品的公开发表不无相关。相隔近两年后,卢梭搁下正在写作的书信体小说,一气呵成《论剧院》。

卢梭在1757年至1758年间的病痛也与此有关吗?身体上的病痛完全有可能是精神上的苦楚引发的。是不是这样,我们需要通过阅读文本来确认。

工具书

任何研究都离不了工具书,下面两种工具书对笔者的这项研究颇有帮助:

---

① 罗曼·罗兰编选,《卢梭的生平和著作》,王子野译,北京:生活·读书·新知三联书店,1993年,页16。

1. N. J. H. Dent, *A Rousseau Dictionary*, Black Well Reference, 1992.

2. 赖尔、威尔逊,《启蒙运动百科全书》,刘北城、王皖强译,上海:上海人民出版社,2004。

导　论　《论剧院》与"谜团"往事

1772年，60岁的卢梭开始撰写《对话录》，因为那部历时4年，直到1770年才完成的《忏悔录》不能公开出版。

这两年来，巴黎的旧友们动用各种手段阻挠卢梭公开朗诵这部带有自传外观的书，不能公开说话的卢梭被迫写作《对话录》，尽管他当时对这本《对话录》能否问世同样不抱希望。确实，直至卢梭去世4年后，《忏悔录》（第一部）、《对话录》（1775年）与《遐思录》（1778年）才得以公开出版，11年后才出版《忏悔录》第二部。

晚年的卢梭在贫病交加中回顾15年前一段他称之为"谜团"的往事时，忧愤中写下了这段话：

我看到整个巴黎，整个法兰西，整个欧洲对待我都怀着对一些行为、道德准则极大的自信，而这些准则对我而言又是那样新奇，那样令人难以想象，我又无法设想这种全体一致没有任何合情合理的根据或至少表面看上去合情合理的根据，无法设想整整一代人都一致想要心甘情愿地扼杀全部天生的理性，要侵犯法律的全部准则，侵犯理性的全部规则，而又没有目标，没有利害关系，没有托词，只是为了满足某种心血来潮的念头，我甚至看不透这种心血来潮的目的和时机。

沉默掩盖着谜团。十五年来，人们小心翼翼地向我隐藏着这个谜团，而且神奇地得到了成功，我也不去形容它的性质。这深深的、普遍的、与这谜团一样无法想象的、可怕的、吓人的沉默并没有让我抓住丝毫概念、能使我对这些莫名其妙的安排看个明白。（《对话录》，页2）

所谓15年前的"谜团"往事，从时间上看，正好是1757年卢梭写作《论剧院》的前后。据《忏悔录》的记述，45岁的卢梭在名气正炽时退隐乡下，虽然遇上一段"爱情"，却在这年冬天卷入一桩致使友人反目的纠葛，又撞上"日内瓦辞条"事件。他称这一时期是"我命运的大剧变"（la grande révolution de ma destinée,《忏悔录》，页587）。

《论剧院》与这段"谜团"的往事相关，要读懂《论剧院》就非得先破解这段"谜团"往事不可。它并不仅仅是卢梭生命中的私人事件，同时还是一个重要的思想史事件，与发生在18世纪启蒙时期的一场"启蒙戏剧"有关。以至于卢梭直到残烛晚年还耿耿于怀，晚年的3部著作一再回到这一"我命运的大剧变"事件。

1757年12月底，处于人生艰难时刻的卢梭刚搬到蒙莫朗西的**蒙路易**（Mont-Louisde Montmorency），尚未安顿好新居，卢梭就挥笔写下长达232页的"公开信"《论剧院》。①

开篇的第一句话就让人惊诧：

> 我在犯错，如果这一次本不是出于必要而执笔的话。攻击达朗贝尔先生于我可是既无利可图也不让人愉快。（《论剧院》，序言1，页2）

也许是内容涉及朋友之间的冲突，卢梭对这封公开信极为重视。3月底交稿给出版商雷伊后，直到6月最后

---

① 页数按1762年由M. M. Rey出版的第三版计。

付印这期间,卢梭一直在字斟句酌地修改《论戏院》。他添加了一些段落,重写了序言部分,尽管落款日期仍然是3月20日。换言之,《论剧院》初稿仅花了三周,但修改这封公开信,卢梭至少花费了三个多月时间。①

从卢梭批改过的1758版《论剧院》样书中可以看到,公开信已经出版,卢梭仍然还在不断修订。

[正文删去]我本来没有资格谈到丹古尔;他的剧本固然没有下流话让观众大惊失色,但是,只有那些心里贞洁的耳朵才能忍受得了这些剧。雷尼亚稍微适度些,但更为危险。他唆使别人去勾引堕落的女人,他却负责鼓动这些骗子。

这份卢梭亲笔修改的《论剧院》(1758年首版)样书现藏牛津大学博得利图书馆特藏部(Department of Special Collections, Bodleian Library, Oxford, Arch. H e.146)。原件上的字是卢梭手迹,不仅有改动,还增补了注释。直到1778年卢梭去世,这些改动和注释仍不为

---

① 古耶,《卢梭与伏尔泰》,页158;详参N. Ferrand, "Jean-Jacques Rousseau: le dernier état de la *Lettre à D'Alembert sur les spectacles (1758)*", in *Genesis*, 34, 2012, pp.135—157.

卢梭修订的1758版《论剧院》第73自然段

人知。这意味着，1762年的第三版也未见这些修改。

20世初，这本样书辗转落到爱丁堡古董商布朗（W. Brown）之手，后归藏书家斯托维尔（R. F. Stowell）所有。1968年，斯托维尔的妻子通过牛津布莱克威尔书店（Librairie Blackwell）古籍部给巴黎国家图书馆寄了几张书稿的照片，请求确认这本书上的批改笔迹是否出自卢梭。经专家确认后，巴黎国家图书馆曾有意购买这部有卢梭批改手迹的1758版《论剧院》样书。1986年5月，持有人将书捐赠给了牛津大学的博得利图书馆。

在一封1760年3月2日写给雷伊的信中，卢梭强调，《论剧院》书名中的"先生"一词最好不要用缩写形式（M.），否则这个语词会变得"毫无意义"。[①]由此可见，卢梭对《论剧院》的文辞表达的要求到了极其严苛的地步。考订版本的学者证实，《论剧院》的修订次数之多，居卢梭的全部作品之首，超过了《论不平等》《社会契约论》和《爱弥儿》等要著。有论者说，"卢梭宁愿保持原状，不修改、不重写或不重做"，[②]并不符合实情。

---

① N. Ferrand, "Jean-Jacques Rousseau: le dernier état de la *Lettre à D'Alembert sur les spectacles (1758)*", p. 137.
② 霍布森，《狄德罗与卢梭：启蒙脉络》，前揭，页5。

1 《日内瓦辞条》的来历

促使卢梭写这封信的**表面原因**是,《百科全书》副主编、数学家**达朗贝尔**(1717—1783)在为《百科全书》第七卷撰写的《日内瓦辞条》中提议日内瓦建一座剧院。① 至今仍让卢梭研究者争论不休的是:卢梭为何对这一建议反应如此激烈。

达朗贝尔的《日内瓦辞条》在1757年11月出版的《百科全书》第七卷中发表之后,随即引发日内瓦牧师会的激烈反应:1758年2月10日,日内瓦牧师会发表了一份《抗议书》,谴责《日内瓦辞条》歪曲日内瓦牧师的信仰,把他们说成隐藏的**索齐尼教派分子**。一位年轻牧师气不过,亲自找到卢梭希望他给达朗贝尔带话以示抗议。卢梭在一周后(2月17日)回复说:

> 您托我给达朗贝尔带话,我一直没机会办,因为我们没见过几次面,又没有书信往来,何况我近期独居,与巴黎更少联系,就像是待在地球的角

---

① 中译见《狄德罗的〈百科全书〉》,梁从诫译,广州:花城出版社,2007,页222—231;亦见卢梭,《致达朗贝尔的信》,李平沤译,前揭,页9—11,本稿引用时取李译本(译文据法文原有改动不一一注明)。

落。再说，您提到的文章即使不够严谨，甚至可能会受指责，但它肯定不会是有意攻击。①

这个时候，卢梭的《论戏院》初稿已接近完成，他的写作意图显然与日内瓦牧师会的激烈反应无关。按古耶的说法，卢梭同样已经被达朗贝尔的《日内瓦辞条》所激怒，原因并非因为其中关于宗教的言论，而是关于开设剧院的言论。②情形是否真是如此呢？我们此处且存疑，后文会有进一步考察。

1758年6月25日（按古耶的说法是3月20日），卢梭写信给达朗贝尔，说自己写了一篇批驳《日内瓦辞条》的长文即将发表。卢梭不打算对达朗贝尔搞突然袭击，反倒要让达朗贝尔"第一个知道我写信反驳他"。达朗贝尔接信后当即回信同意，还兴奋地请出鼎鼎大名的**马勒塞尔布**担任《论剧院》的审查官，此人时任法王路易十五的宫廷大臣和图书总监。

---

① 何祚康、曹丽隆编译，《走向澄明之镜：卢梭随笔与书信集》，前揭，页172（译文略有改动）。
② 古耶，《卢梭与伏尔泰》，前揭，页156—157。

《百科全书》产生的历史政治背景

卢梭发表《论科学和文艺》以及《论不平等》时，署名都用的是citoyen de Genève［日内瓦公民］，这个署名有特别的用意。但卢梭对达朗贝尔的建议反应如此激烈，仅仅是因为建议涉及日内瓦？卢梭作为日内瓦公民要捍卫自己的城邦？启蒙知识人不是推崇"世界公民"身份吗？

"公民"在当时是个时髦词汇，按狄德罗在为《百科全书》写的"公民"辞条中的说法，公民"仅仅与法律相关"，而臣民"则与一个君主相关"。虽然两者都得"服从"，但公民"服从一个道德实体"，臣民则"服从一个肉体的个人"。因此，公民与臣民的最大差别在于，他拥有"来自人人都有的那种担任最高官职的权利"，并"有理由保持一些给自己保留下来的、决不能转让的权利"。[①]

这些说法并无新意，不过是重复霍布斯的观点。问题在于，当时的法国还有国王，狄德罗在法理上得算"臣民"，尽管他会把自己视为"公民"，而日内瓦共

---

① 狄德罗，《公民》，见北京大学哲学系外国哲学史教研室编译，《十八世纪法国哲学》，前揭，页423—424。

和国没有君主，卢梭可以称自己是"公民"。

基于这样的背景，对于18世纪的西欧，我们首先能想到什么？这是一个破除迷信和盲从的时代？抑或是开始迷信科学进步能造就新世界的时代？

通过各类历史文献和研究著作回视18世纪时，我们可以看到，这的确是一个激动人心的时代，许多我们耳熟能详的哲人、科学家、诗人生活在这个世纪，他们挟着尚散发着油墨味的新作频频出入巴黎的各式沙龙或哲人聚会的小圈子。但在离那个时代还不算太远的法国史学家泰纳（1828—1893）看来，18世纪的"经验主义理性"使得这个时代对于传统的理解缺乏"必要的态度和证据"。①言下之意，启蒙时代的首要标志是与"传统"决裂。

1751年6月，狄德罗和达朗贝尔主编的《百科全书》第一卷（A字条目）在巴黎问世，为《百科全书》撰写辞条的写手都是当时的新派哲学家（其中不乏教士）和自然科学家。

不论《百科全书》的作者们用什么方式混淆检

---

① 泰纳，《现代法国的起源：旧制度》，黄艳红译，吉林：吉林出版集团，2014，页216。

查人员的耳目，它总是一套关于政治、哲学、宗教之"启蒙"主张集大成的著作。①

达朗贝尔有出色的数学头脑，24岁即当选法兰西科学院的副院士。但从他执笔的《百科全书》"前言"来看，他的兴趣远远超出数学领域。用政治思想史家沃格林（1901—1985）的说法，这篇前言"是看待人类和社会之新观念的革命性宣言"。②

史学家提醒我们，18世纪中期，法国的中产阶级和下层平民的识字率，在男性中已经达到90%至100%，女性中也高达67%至75%。即便在最底层的人群中，男性识字率也有19%至26%，女性则不超过4%。③可以想见，随着《百科全书》的出版，一场人类历史上影响最为深远的思想运动正迅速蔓延开来。④

---

① 汉森，《启蒙运动》，李丰斌译，台北，联经出版事业公司，1984，页78。
② 沃格林，《政治观念史稿（卷八）：危机与人的启示》，刘景联译，上海：华东师范大学出版社，2011，页81。《百科全书》"前言"的中译（节译），见《狄德罗的〈百科全书〉》，梁从诫译，前揭，页55—111。
③ 汉森，《启蒙运动》，前揭，页137；罗什，《启蒙运动中的法国》，杨亚平等译，上海：华东师范大学出版社，2010，页169—199。
④ 盖伊，《启蒙运动（下）：自由的科学》，王皖强译，上海：上海人民出版社，2016，页55—56。

西欧的现代化进程并不平衡,当时最为"先进"的城市是巴黎、伦敦和阿姆斯特丹,据说它们构成了传播启蒙思想的"铁三角"。这与当时整个欧洲的国际政治局势的变动有直接关系:"奥地利王位继承战争"(1740—1748)尤其"七年战争"(1756—1763)成了这个世纪的分水岭,"自此以后,在欧洲大部分地区,社会紧张情势渐次升高,而人们心里也越来越具有一种不安定的感觉。"①

"七年战争"是自17世纪的"德意志三十年战争"(1618—1648)以来最大的一场欧洲混战,虽然历时不算太长,但"昔日权力均衡的局面,已被普鲁士陆军和英国海军的兴起而扰乱"。一个世纪前的"德意志三十年战争"表面看来是天主教与新教之间的战争,实际上是欧洲各王国争夺势力范围的国际战争。威斯特伐利亚和约仅仅暂时抑制了欧洲混战,"天主教和新教的冲突已停顿下来,但是双方均在等待机会一旦来临,可望重新进行一次'三十年战争'"。法国在军事和经济上已经衰退,正是由于意识到这一点,法国知识人才产生了

---

① 汉森,《启蒙运动》,前揭,页80。

强烈的"文化优越感"。①

"七年战争"的爆发表明，欧洲的国际政治格局正在再次经历重新排序。法国的"百科全书"运动以及卢梭作为政治作家的生涯（1751—1762）刚好与这场战争的酝酿和爆发期吻合，这让我们应该意识到，这出法国"启蒙戏剧"的上演有着颇为复杂的历史背景。

卢梭在1750年撰文参加法国第戎科学院的有奖征文赛纯属偶然，但其中对科学和文艺启蒙的猛烈抨击，恐怕并非偶然。他清楚知道，狄德罗和达朗贝尔主编的《百科全书》第一卷正紧锣密鼓地准备出版。卢梭的《论科学和文艺》与《百科全书》第一卷同年面世，恐怕不是巧合。

卢梭的《论科学和文艺》在1751年元月正式发表后，随即引发极大争议，至1753年，卢梭先后发表了7篇文章回应批评（1751年3篇，1752年3篇，1753年1篇）。笔者感到费解：卢梭如此激烈抨击启蒙，他的启蒙友人为何没有因此生气，甚至撰文反驳？

按照一种"说法"，《论科学和文艺》中的主要观点其实来自狄德罗。因为，狄德罗当初曾给卢梭出主

---

① 杜兰特，《世界文明史（卷十）：卢梭与大革命》，幼师文化出版公司译，北京：华夏出版社，2010，页47。

意，建议他最好采取与征文题目相反的立场，以取得出奇制胜的效果，而卢梭本来打算论证科学和文艺如何有益于改善民风。

正如《忏悔录》提到，当时卢梭与狄德罗两人的友情正炽，他去探访狱中的狄德罗时曾与他商量过参赛的事情。卢梭说狄德罗鼓励他参赛，但没有说文章的观点来自狄德罗。既然狄德罗即便与卢梭交恶后也没有说文章的观点是他的，那么，这个"说法"很可能出自狄德罗的崇拜者们的编造。狄德罗反倒在文章中说过，"在卢梭之前，人们已无数次用无知来反对科学和文艺的进步"。言下之意，《论科学和文艺》的观点缺乏原创性，似乎狄德罗对卢梭因征文夺冠后暴得大名有些莫名其妙的酸意。狄德罗与卢梭交恶后对这篇征文评价很低，说它不过是些"诡辩"（sophisms），若他出手"完全会是另外一个样子"云云。[①]

看来，卢梭的启蒙友人们起初并没有把《论科学和文艺》当回事，以为它不过是一篇为了获得征文奖而出怪论的"戏作"。

---

① 沃克勒，《〈论科学和文艺〉及其子嗣：卢梭对批评的回应》，见卢梭，《论科学和文艺》，刘小枫编，前揭。

当时他的文章被视为充满悖论和挑衅,这恰恰展现了哲学家们支持的批判性智慧,而不是对他们激烈的抨击。事实上,这篇文章可以被视为对真理更执着、更充满诚意的追求,他希望以此来揭示欺世盗名之人,而不是去毁坏自由探究的根基。①

《论科学和文艺》的修辞确实显得有些夸张,像是故意与启蒙阵营的主流论调唱反调。②不过,卢梭接二连三的"怪论"至少激怒了伏尔泰,这位声誉正隆的巴黎文坛领袖对卢梭这个外省人嗤之以鼻。

伏尔泰是《日内瓦辞条》的始作俑者

达朗贝尔是《日内瓦辞条》的作者,但这个辞条的始作俑者却是伏尔泰。

1753年,时在普鲁士宫廷的伏尔泰与弗里德里希二世赏识的数学家、柏林科学院院长莫佩尔蒂(P. L.Maupertuis,1698—1759)发生争执,伏尔泰撰文公开

---

① 登特,《卢梭》,戴木茅译,北京:华夏出版社,2019,页224。
② 详参刘小枫,《卢梭与我们:〈论科学和文艺〉绎读》(未刊稿),北京:华夏出版社(即出)。

讽刺莫佩尔蒂，之后与弗里德里希二世关系破裂，被迫离开普鲁士。1754年初，流亡到日内瓦的法国加尔文教牧师韦尔纳（Jacob Vernet）和出版商克拉马（Cramar）兄弟邀请已经接近六旬的伏尔泰到日内瓦定居写作。

1755年2月，伏尔泰在日内瓦城郊莱蒙湖北岸景色秀丽的费尔内（Ferney）小镇购置房产定居下来，由他侄女德·方丹夫人（Mme·de Fontaine）陪伴照顾，开始了他的又一写作高峰期。伏尔泰把自己的宅邸命名为"赏心庐"（Les Délices），据他自己解释，这个名字的来历是"没有比自由和独立更令人快乐了"。①

伏尔泰生性爱热闹，耐不住寂寞，在家里办起巴黎式的社交沙龙，邀请当地青年一同讨论时局和哲学问题。伏尔泰还是个戏迷，不但喜欢看戏，自己也写戏。好戏的伏尔泰在自己家里搞"小剧场"演自己写的启蒙剧，请巴黎的剧团来家中演出。

娱乐引来当地贵族羡慕，也吸引了日内瓦青年来看戏，没过多久，伏尔泰家里就聚集起一批启蒙戏剧的戏迷。伏尔泰十分兴奋，"作为剧作家，他要在自己的居

---

① 塔伦泰尔，《书信中的伏尔泰》，沈占春译，吉林：吉林出版集团，2017，页175；比较波莫，《伏尔泰》，孙桂荣、逸风译，上海：上海人民出版社，2010，页27—29。

所享尽戏剧的'赏心乐事'"。他甚至有些得意地说："日内瓦将会不顾加尔文而建立剧院。"伏尔泰如此高调行事，惹来日内瓦当局关注。正当伏尔泰要上演他的新作《中国孤儿》（*Orphelin de la Chine*）时，当局查封了他的家中戏院，理由是不准聚众演戏。①

伏尔泰和他的青年朋友们为此怨气冲天。正在这个时候（1756年），达朗贝尔为撰写百科全书一事，专程到日内瓦去拜望伏尔泰，并在伏尔泰家里住了5个星期。达朗贝尔对这位法国文坛的领袖甚为崇拜，而伏尔泰也激赏这位比自己小23岁的青年才俊，在一封写给朋友的信中（1754）称赞他在同时代"哲学家中颇富智慧头脑，是一流的哲学家"。②

在伏尔泰家做客的这段日子，达朗贝尔与伏尔泰以及几位小镇来的牧师一起经常议论"小剧场"遭禁的事情。有人提议，不妨先"与日内瓦的上流阶层"（hautétage）联络，怂恿他们"在日内瓦建个剧场"，不理睬日内瓦教会当局的禁令。③1756年的年中，伏尔泰发表了他的世界史大著《论诸民族的道德风习及精

---

① 古耶，《卢梭与伏尔泰》，前揭，页161—171。
② 塔伦泰尔，《书信中的伏尔泰》，前揭，页172。
③ 参见伏尔泰，《关于大百科全书致达朗贝尔先生》（编者导言），塔伦泰尔，《书信中的伏尔泰》，前揭，页193—194。

神》(*Essai sur l'histoire générale et sur les mœurs et l'esprit desnations*,中译本简称《风俗论》),其中有两章(第133—134章)苛评加尔文当年在日内瓦的所作所为,兴许就与自己的家庭"小剧场"遭禁有关。[①]伏尔泰在书中对加尔文大加挞伐,《风俗论》竟然在日内瓦首印。为此,伏尔泰颇感欣慰,他给朋友写信说:

> 这本书说加尔文思想开明,但心灵残忍。日内瓦能出版这样的史书,还得到广大读者认同,这在人类理性进步史上不是一件小事。尽管如此,在今天看来,杀害塞尔维特仍然非常令人憎恶。(转引自古耶,《卢梭与伏尔泰》,页195)

伏尔泰没想到,他的友人将信寄给了《法兰西信使报》发表,随即引发日内瓦教会人士的极大愤怒——时在1757年5月。伏尔泰只好辩称,他根本没说过加尔文"灵魂残忍",而是说"灵魂严厉"。

可以看到,这位侨居日内瓦的"外国人"已经在日内瓦招惹麻烦,现在又要与达朗贝尔一起密谋在日内瓦

---

① 见伏尔泰,《风俗论》,中册,梁守锵译,北京:商务印书馆,1997,页519—527。

建剧院。直到今天,"新教"的史学家也未必会认为伏尔泰对加尔文的鞭挞有道理,他们会这样为加尔文的举措辩护:中世纪的城市都"有干预私生活的法律",通常极其严苛,加尔文式的管制人民生活方式的措施不算什么创新。

> 每个中世纪城镇都颁布了法令,反对衣着奢华,禁止大吃大喝,诅咒、起誓、赌博、跳舞和化装舞会。法律规定了参加婚礼、晚宴以及舞会的人数,规定了风笛手吹风笛的时间、离开的时间以及应付给他们的报酬。①

这种说法似乎要为加尔文在日内瓦采取的"专政"措施辩护,问题在于,"抗议宗"的改革开放了各种"自由精神",启蒙运动是这种精神的结果——伏尔泰也称赞"加尔文思想开明"。因此,伏尔泰和达朗贝尔等聚在一起商议在日内瓦建剧院,未必不符合"抗议宗"精神。毋宁说,他们没有想到,就严律管制的日内瓦民众生活而言,新教与旧教没有差别;而"抗议宗"

---

① 林赛,《宗教改革史》(下),刘林海等译,北京:商务印书馆,2016,页107。

人士则没有想到，他们倡导的"自由精神"现在被自由知识人用来把矛头对准了教会本身。①

当年加尔文反抗罗马教会的"专制"流亡到日内瓦，但实施比罗马教会更为严厉的"专制"统治，如今，法国的启蒙知识人到日内瓦推行戏剧改革，必须反抗加尔文式的教会"专制"。加尔文要是在冥府中醒悟到，启蒙哲人的"自由精神"是跟他学的，不知他会怎么想。

这一年，《百科全书》的编撰刚好进展到G字头（第七卷），达朗贝尔一回到巴黎就马上动笔撰写《日内瓦辞条》。

严格来讲，"日内瓦"作为辞条进入《百科全书》显得有些奇怪，毕竟这不属于"新科学知识"范畴。若要撰写关于"城邦"的辞条，**罗马或佛罗伦萨或汉堡也许更有资格进入《百科全书》**。看来，《百科全书》中出现《日内瓦辞条》的确算得上一个"政治事件"。而"在整个事件中伏尔泰扮演的是他的典型角色"，他参与了这个辞条的撰写工作，而且自始至终都是极为坚定的支持者。②

---

① 比较伏尔泰，《路易十四时代》，吴模信等译，北京：商务印书馆，1982，页518—545。
② 比较盖伊，《启蒙运动（上）：现代异教精神的兴起》，刘北城译，上海：上海人民出版社，2016，页314—317。

2 《论剧院》写作动机发微

回到巴黎后,达朗贝尔把他与伏尔泰商量的《日内瓦辞条》写作计划和内容告诉了狄德罗,大约半年后(1757年12月初),狄德罗去隐庐探望卢梭时把这事告诉了他。卢梭在《忏悔录》中回忆说:

> 这篇文章是与日内瓦的上流社会人士商量好的,目的是要在日内瓦建立一个剧场;人们已经为此做好了准备,剧场的修建不久就会进行。(《忏悔录》,页611)

狄德罗赞成这一计划,卢梭则对此"感到愤慨",但没有当场与狄德罗争执,想等达朗贝尔的文章发表后再说。

> 我对人家在我的祖国所耍的这套诱惑手腕(ce manège séduction)感到愤慨,所以我急待载有这篇文章的那卷《百科全书》出版,看看有无办法写篇答复,好对这不幸的一着(ce malheureux coup)防患于未然。(《忏悔录》,页611)

这段话似乎表明了卢梭写作该信的最初动机。可是，何以卢梭会认为，在日内瓦建造剧院的建议是一套"诱惑手腕"，"不幸的一着"？卢梭自己不也是个戏剧迷么？他从不错过任何一场在法兰西剧场上演的莫里哀（1622—1673）喜剧。既然如此，他"感到愤慨"并愤然出击的真实动机是什么？

卢梭在戏剧方面的天分在启蒙哲人圈子中众所共知。所以，达朗贝尔才在回信中抱怨卢梭：

> 你的戏剧天才在抒情戏剧方面尽情展示，又是音乐家又是诗人，至少，你总还算是戏剧的一员票友吧，可你的滔滔雄辩却要夺走他们的戏剧。①

伏尔泰甚至刻薄地挖苦卢梭：

> 你像吹牛者那样对待作家和哲人，只消举出你自己是个作家的例子就能证明这一点。你像嘉布遣修会的僧侣那样不遗余力地反对戏剧，而你自己却

---

① 《达朗贝尔致卢梭的信》，见 *The Collected Wrting of Rousseau vol.10, Letter to D'Alembert and Writings for Theater*, University Press of New England, 2004, p.373.

写些烂戏。①

达朗贝尔和伏尔泰都没有注意到,问题不在于是否写剧作,而在于**描写什么**。如柏拉图笔下的苏格拉底所说,"诗歌模仿艺术惯于和其发生关系的部分,让我们看看它是低劣还是高贵"(《王制》,旧译"理想国",603c1)。②

为了回应因1750年的获奖论文《论科学与艺术》而引起的轩然大波,卢梭曾于1753年为自己的剧本《纳喀索斯或自恋者》(*Narcisse ou l'Amant de lui-même*,简称《纳喀索斯》)写过序言,在这里他对那些可能的批评一一作出反驳。他辩驳说,对文学艺术的攻击是出于对不同社会风俗的考虑,并非是要拒绝一切科学、艺术,要把人类通通赶回原始社会。在这篇序言中,卢梭不但不反对剧院的存在,甚至还承认音乐或戏剧是重要的敦风化俗手段。

---

① 参伏尔泰,《致万事通博士的信》(*Letter au Doctor Pansophe*),Paris bibliothèque de la Pléiade,1961,p. 850—851,转引自 *The Collected Writing of Rousseau*,前揭。
② 柏拉图,《王制》,王扬译,北京:华夏出版社,2012,页369。"诗艺模仿者的性情高低之分,同样取决于诗艺模仿者的性情德性",见刘小枫,《巫阳招魂》,北京:三联书店,2019,页319。

可见，在这篇写于1751年的长文中，卢梭表达出与《论剧院》截然相反的言论。难怪当达朗贝尔一听说卢梭要讨论《日内瓦辞条》时，立即兴高采烈地同意，并热心地要找人出版该信。看来，我们和启蒙哲人一样，都被卢梭搞糊涂了。卢梭到底反对还是支持戏剧呢？

卢梭和狄德罗的索菲

1756年，卢梭避居蒙莫朗西，过上让他心怡的乡村生活。在这里，卢梭结识了房主埃皮奈夫人的小姑子索菲，即年轻美丽的乌德托夫人（Mme Sophie d' Houdetot，1730—1813）。索菲与丈夫感情不睦，早已分居，她有了自己的情人圣朗贝尔。此人是现役军官，因诗歌在巴黎沙龙圈小有名气，且与卢梭早就相熟，甚为崇拜卢梭。

这时"七年战争"刚刚爆发，英国和普鲁士结盟，与法国、奥地利和俄国联盟在德意志地区爆发战争。圣朗贝尔被派驻前线，行前他建议聪颖好学的索菲抽空去看望避居蒙莫朗西的卢梭。[①]

索菲天性活泼、爽朗，给卢梭的隐居生活带来很多欣喜，两人感觉性情相投。卢梭幻想着与圣朗贝尔、索菲

---

① 特鲁松，《卢梭传》，前揭，页199。

结成志趣共同体，实现一种微型乌托邦的生活理想。卢梭年轻时曾与华伦夫人和她的情人结成过一种基于**德性品质**的家庭共同体，现在卢梭有了更高的期待，即为保全人的纯然天性探索一种更好的生活方式。[①]卢梭在晚年（1770）回顾这件事情时，仍然认为自己当时的想法并无邪念，反倒是被人想歪了：

> 我构想的爱情，我可以感受的爱情，在钟爱对象完美的幻象面前燃烧起来；这种幻象本身将爱情引向对德性的热烈向往，因为这个念头老是进入一个完美女人的幻象中。如果说爱情有时会导致罪行，那要么是由于一种使我们迷途的糟糕选择造成的错误所致，要么是由于嫉妒的强烈情感。可是，这两种情况没有一种属于我，两者加在一起也不能把一颗高尚的心变成阴暗的灵魂。倘若爱情让我犯下罪过，就该惩罚我并抱怨我，可是，它不会还给我正直的人的荣誉。[②]

[①] 凯利，《卢梭的榜样人生》，前揭，页173—175；M.S. Cladis, "Rousseau and the Redemptive Mountain Village: the Way of Family, Work, Community and Love" in *Interpretation*, New York, 29, 1, Fall 2001.
[②] 卢梭，《卢梭自选书信集》，前揭，页181。

卢梭仅对狄德罗私下透露过他个人对索菲的感情，出于保护索菲的考虑，并没有和盘托出两人交往的实情。狄德罗很可能已经猜到几分，并轻率地把卢梭的秘恋当作艳闻传到巴黎的文人圈里，一时謷议四起。

迫于巴黎社交圈的舆论压力，索菲不得不疏远卢梭，圣朗贝尔从前线回到巴黎后，对卢梭也极为冷淡，这对情人最终与卢梭断交。卢梭的乌托邦式生活共同体理想因此破灭，而他本人则陷入各种闲言碎语的泥淖中，甚为痛苦。若卢梭因此而记恨狄德罗，也不是不可理解。何况，恰好在这个时候，狄德罗发表了他的喜剧《私生子》。

在紧接着《论剧院》写作的《爱弥儿》（1759年动笔）中我们看到，爱弥儿的理想女友同样名叫"索菲"（Sophie），想必这是卢梭在回击巴黎友人圈的闲言碎语和恶言中伤。无独有偶，在卢梭遇上自己的索菲的前一年（1755），狄德罗也爱上过一位比他小3岁的女子，她的名字也叫索菲（Sophie Volland）。两人感情相当好，狄德罗为她着迷，但这位索菲的母亲把自己的女儿看得很紧，将她带回乡下，这让狄德罗"留下了一堆难得的情书"。[①]巴黎的朋友们都知道这件事情，可以说

---

① 弗朗斯，《狄德罗》，前揭，页18。

是个公开的秘密。

"索菲"的原文是希腊语的"智慧"一词,卢梭和狄德罗各自爱上自己的"索菲",都与自己心目中的*理想女性*有关。在《私生子》中我们可以看到,女人的*德性品质*是其中的一大主题,而在《论剧院》中同样如此。这进一步让人猜测,《论剧院》与狄德罗的《私生子》和《谈话》有直接的内在关联,尽管狄德罗爱上的索菲是未婚女子,卢梭爱上的索菲不但是有夫之妇,还是他朋友的情人。

狄德罗的《私生子》和《谈话》中的素材很可能来自卢梭的这段经历,这等于直接让现实生活中的事件成为戏剧中的情节。倘若如此,卢梭在《论剧院》中谈论的戏剧问题,实际上也是在谈现实问题。

> 卢梭和狄德罗一样对传统[戏剧]颇不耐烦,期待在剧场真实所见与预期表演相一致。他和狄德罗一样,并不仅仅满足对逼真的坚持,而是更近一步。①

这里的所谓现实问题,就是后来的"女性解放"问题。我们应该记得,正是在巴黎的"启蒙戏剧"时代,

---

① 霍布森,《狄德罗与卢梭:启蒙脉络》,前揭,页275。

出现了一批"才情卓越、思想进步"的女性。这并非启蒙运动本身的结果,而是商业化生活方式的形成带来的结果,"出版文化的迅速发展也给予了女性无论是作为读者还是作家以新的机会"。[1]

埃皮内夫人写过一部"小说化的自传"《蒙特布列昂夫人的故事》(*Histoire de Madame de Montbrillant*)讲述自己的故事,就是一个很好的证明,尽管这不等于我们凭此可以更好地理解卢梭。比如,按照埃皮内夫人的说法,达朗贝尔是卢梭追求乌德托夫人的情敌。[2] 显然,如果有人由此推论,卢梭写《论剧院》是出于打击情敌的目的,那就过于荒谬了。

卢梭与"恨世者"心态

卢梭怀疑狄德罗把他的私人秘密变成了启蒙朋友圈中的谈资,尤其是卢梭并未完全向狄德罗吐露真情,狄德罗的对外说法难免有他自己的猜测或者添油加醋,而且与卢梭的退隐联系起来,这让卢梭十分恼火。

---

[1] 波特,《启蒙运动》,前揭,页77—79;比较罗什,《启蒙运动中的法国》,前揭,页135—168。
[2] 杜兰特,《世界文明史(卷十):卢梭与大革命》,前揭,页32—33。

更让卢梭恼火的是，**格里姆**（F.M.Grimm，1723—1807）也掺和进来。格里姆是德意志人，喜欢音乐和文学，他来到巴黎成了狄德罗的忠实崇拜者，与卢梭也早就认识，两人在音乐和文学方面有共同话题。格里姆到蒙莫朗西探望卢梭时，与**埃皮内**夫人相恋，这层关系使得卢梭与埃皮内夫人的关系起了微妙变化，而狄德罗却让卢梭替格里姆保守秘密。

由此可以理解，当卢梭读到狄德罗在《谈话》中一开始的说法会非常愤慨，因为，狄德罗写道："这一天，多瓦尔曾试图了结一件使他两家邻居长期不和，并且双方都可能因而倾家荡产的争端，可是他失败了……"（《谈话》，页40）狄德罗的笔法让自己显得很超然，而卢梭知道情形并非如此。13年后（1769），卢梭在《忏悔录》中记述这件事时仍然愤懑不已，可见，卢梭一直没有原谅狄德罗的轻率行为。

从《忏悔录》的记叙来看，当时卢梭甚至陷入了阴谋论的猜疑，即把这件事视为狄德罗和格里姆针对自己的阴谋，因为他们妒忌他这个来自日内瓦的乡巴佬凭两篇短论（《论科学和文艺》及《论不平等》）在巴黎获得如此隆重的"国际声誉"。甚至在晚年写就的《对话录》中，他还对那个联手反对他的"巴黎联盟"耿耿于怀，"在他四周布下陷阱"（《对话录》，页33）。直到今天，一些研究者还把卢梭的猜疑视为一种精神病症（被害妄想症），津津乐道。①

在《忏悔录》这段追忆往事的文字中，有一段说法值得注意，它对我们随后析读《论剧院》可能具有重要的引路作用：

> 虽然我在欧洲已经享有盛名，我还是保持了我最初喜好的那种质朴（la simplicité）。我对一切党、派系和阴谋都憎恨至极。这种憎恨维系着我的自由和独立，除了心灵有种种依恋之外，我没有其他锁链。孤身，独处异乡，与世隔绝，既无依靠，又无家庭，只坚持我的原则和义务（mes principes et mes devoirs）。所以，我勇往直前，绝不奉承，但也绝不宽容任何人，持守正义（la justice）与真理（la vérité）。两年来，我退隐孤寂，不通消息，断绝世务，对一切外事既无所闻知，也绝无好奇之心。我住在离巴黎约四里的地方，远离京城，要不是我的疏忽，我本该隔海住在提尼安岛（l'île de Tinian）。（《忏悔录》，页607—608）

---

① Jean Starobinski, *Jean-Jacques Rousseau: La Transparence et l'obstacle suivi de septessais sur Rousseau*, Paris: Gallimard, 1971, pp.430—444.

这段自我告白式的言辞表明，卢梭并不看重自己获得的"盛名"。有人会说，这仅是卢梭的故作姿态。但卢梭的退隐以实际行动证明，他的确不在乎"盛名"。卢梭强调自己看重人格的"自由和独立"，同时也强调了自己"孤身"一人"独处异乡"的感受，这意味着，他时刻意识到自己在巴黎始终是个"异乡人"。

同样重要的是，卢梭表示自己嫉恶如仇，"对一切团伙、派系和阴谋都憎恨至极"。换言之，卢梭对实际政治十分厌恶，同时又有强烈的正义感，对不义的事情"绝不奉承，但也绝不宽容"（ménageant）。卢梭认为，狄德罗和格里姆针对他的"阴谋"在他到隐庐时就开始了。①换言之，在卢梭眼里，这是绝不能宽容的不义行为。

嫉恶如仇、孤独、正直是卢梭自我描述的三个关键词，这三种伦理品质交织在一起，构成了卢梭的个性。无独有偶，莫里哀有一部著名喜剧名为《恨世者》（*Le Misanthrope, ou l'Atrabilaire amoureux* 又名《恼怒的恋人》），其中的主角阿尔采斯特具有类似的性格特征。在狄德罗的《谈话》中，第一次谈话就提到莫里哀的

---

① 卢梭，《卢梭自选书信集》，前揭，页181；参《对话录》中第二篇对话，前揭，页104。

《恨世者》，他借多瓦尔之口说：

> 莫里哀那么善于利用仆人，却在《伪君子》和《恨世者》中排斥了他们。仆人和丫鬟的情节割裂了主要情节，必然使人兴味索然。（《谈话》，页43）

在第三次谈话中，狄德罗还借多瓦尔之口再次提到《恨世者》：

> 笑料和罪恶的变化也是这样，因此，我认为每50年就可以写一部新的《恨世者》。其他很多性格不都是这样的吗？（《谈话》，页100）

今天的我们很难看出这些话的用意，但卢梭在《论剧院》中用大段篇幅讨论莫里哀的《恨世者》和《伪君子》（*Le Tartuffe, ou l'Imposteur*，又译《达尔杜弗或骗子》），未必事出无因。无论卢梭还是狄德罗，都熟稔莫里哀的喜剧，既然狄德罗在《私生子》和《谈话》中指责远离城市生活的孤独者是有道德缺陷的"恨世者"，那么，卢梭写作《论剧院》就很有可能意在通过辨析真假"恨世者"的灵魂样式，驳斥狄德罗对他的指责，以此与自己的"阿里斯塔库斯"分道扬镳。当然，这也与卢梭本人的政治哲学思考,尤其是《社会契约论》中立法者的身位问题相关。

阿里斯塔库斯(Aristarchus of Samos,公元前310—前230)是希腊化时期著名的语文学家,考订荷马史诗文本的先驱,为人正直、作风严谨。卢梭在《论剧院》的序言中把狄德罗比作阿里斯塔库斯,似乎是在夸他为人正直、作风严谨,实则不无反讽。因为卢梭紧接着在注释中引用了《教士书》中的一段经文(《论剧院》,页7),以此方式宣告他与狄德罗以及过去的那个哲人圈子决裂。毕竟,这段引文在巴黎的朋友圈里惹来议论纷纷,卢梭备受朋友们指责,索菲的情人圣朗贝尔趁机寄来绝交信。

狄德罗在1758年发表的《论戏剧诗》无疑是在回应卢梭的《论剧院》,但我们要关注的是卢梭而非狄德罗,因此,狄德罗的喜剧《私生子》以及随后的《与多瓦尔的谈话》比《论戏剧诗》更值得关注,因为这有助于我们理解《论剧院》中的言辞。狄德罗的《谈话》刚好可以对应《论剧院》的主题,我们原来以为,这是纯粹的戏剧艺术观点之争,现在看来,戏剧问题论争的背后其实是**伦理-政治观**的冲突。

《论剧院》与《论科学和文艺》

尽管可以确认卢梭写作《论剧院》的动机带有朋友间私人纠葛的动因,我们却不能把《论剧院》仅仅视为私人纠葛的结果,[①]否则就会忽视《论剧院》中那些"重大的问题"(importantes matières)。[②]

我们必须注意到,《论剧院》与《论科学和文艺》中的观点具有某种内在的一致性与连续性。如果《论科学和文艺》中关于"文艺"的说法具有政治性质,那么,我们就不能把《论剧院》中的讨论视为与政治不相干的所谓"戏剧创作问题"或私人意气的表达。正如他首次参加第戎科学院的征文赛有如参加一场游戏,但这绝不等于卢梭在文中所表达的观点完全是"戏言"。当时巴黎的友人圈没有做出反应,仅仅因为他们没有看懂卢梭的修辞。

卢梭发表《论不平等》,与巴黎友人圈的关系也未

---

① 比较布兰查德,《卢梭与反叛精神:一项心理学研究》(1967),王英译,北京:中央编译出版社,2012,页120—132。
② 卢梭认为就教育而言,最为困难的是,如何引导某个特殊的人(un particulier)将自己的思考与整个政治共同体联系起来,使他"有兴趣讨论并回答"与政治传统相关的两个问题:"它们与我有什么关系?"和"我怎么对待它们?"卢梭称之为"重大的问题"。见《爱弥儿》(下),前揭,页704。

出问题，因为这同样是一篇应征参赛的文章，友人们同样会视之为逢场作戏之作，毕竟为了别出心裁地赢得征文比赛，任何奇谈怪论都不为"怪"。只有伏尔泰在收到卢梭寄给他的书后回了一句怪话："阅读你的书使人渴望四足爬行。"他还讥讽卢梭既享受科学与文艺的好处又抨击科学和文艺，可见伏尔泰也没把卢梭的观点当真。①

卢梭本人非常清楚自己的言辞严肃而认真，尽管他也希望巴黎的朋友们同样能清楚自己的写作意图。有意味的是，卢梭发表《论科学和文艺》和《论不平等》时都署名为"一个日内瓦公民（un Citoyen de Genève）"，很可能是在暗示自己与狄德罗的朋友圈不是一路人。尤其值得一提的是，这部《论剧院》是卢梭第一部以日内瓦为论题的书。②

《论科学和文艺》刊发后的第二年年底（1752年12月），卢梭在巴黎上演了两场自己18岁时写的喜剧《纳喀索斯》。当然，最后公演的这个版本经过了卢梭本人多次

---

① 塔伦泰尔，《书信中的伏尔泰》，前揭，页177。
② 卢梭一生中仅有两部以日内瓦为主题的书，另一部是《山中来信》。后者是卢梭为驳斥日内瓦总检察长特农香的《乡间来信》所写。卢梭在书中针对日内瓦小政府禁毁《爱弥儿》《社会契约论》，并对他本人发出的逮捕令做了一一批驳。

修订。

卢梭因《论科学和文艺》抨击文艺暴得大名,但他却在欧洲文化之都的巴黎公开上演自己的剧作,这一行动明显与他在《论科学和文艺》中的激烈言辞自相矛盾。不过,卢梭本人倒是非常清楚这一点,他在《论剧院》倒数第2个注中,明确承认自己就是个不折不扣的戏迷。换言之,卢梭有意让自己显得自相矛盾,毫不在意外界对他言行不一的批评。但令笔者困惑的是,卢梭为什么要刻意去**招惹**这类攻击呢?

卢梭在《纳喀索斯》的"序言"中进一步深化了《论科学与文艺》中的观点,即他重申科学、学问和文艺都无助于纯化民风。然而,在这篇长篇"序言"临结尾时,卢梭才话锋一转:

> 然而,一旦一个民族不管是不是由于科学而腐败到一定程度,那么,应该摒弃科学让风尚变得更好?还是应把科学储存保护起来,好阻止风尚变得越来越坏呢?这是另一个问题,我已明确反对。因为,首先,既然一个堕落的民族从来不会回归德性,问题就不在于使得那些不再善良的人变好,而是保留那些有幸还善良的人们。其次,败坏了民众的同一个原因,有时会预兆更大的败坏。正是如

此，由于医学的不慎被损坏体质的人，就不得不依然求助医生以保住性命。正是如此，科学和文艺在孵出罪恶之后，必定要阻止罪恶造恶；它们至少为罪恶抹了一层清漆，不允许毒药过分自由地散发出去。它们摧毁了德性，却留下一道总是美妙之物的公然假象。①

可以看到，卢梭认为科学和文艺有两面性：既能"孵出罪恶"也能"阻止罪恶造恶"。最后一句话很有意思，其字面含义是：科学和文艺能制造出一种假象，以免"毒药过分自由地散发出去"。可见，卢梭为自己既抨击文艺又搞文艺提供了解释：既然文艺既能"孵出罪恶"也能"阻止罪恶造恶"，那么，问题就在于拿文艺来做什么。卢梭的意思显然是说，他写戏剧为的是"阻止罪恶造恶"。

> 从而我的看法——我已说过不止一次，就是继续保留且要细心维护科学院、学院、大学、图书馆、戏剧以及所有其他娱乐，只要它们能够遣散人

---

① 卢梭，《〈纳喀索斯〉序言》（冬一译），第35段，见卢梭，《论科学和文艺》，刘小枫编，前揭。

的恶毒并能阻止他们在闲聊时迷上更危险的东西。因为，在一个不再有正直之人和好的风尚的地方，与无赖相伴总比与强盗相伴要好得多。（同上，第36段）

这个说法与随后的《论不平等》中的说法完全一致：文明人在德性上不如自然人，正因为如此，**文明人需要科学和文艺来"阻止罪恶造恶"**。

风尚一旦无存，就只能寄希望于治安（police）。人们很清楚，音乐和戏剧是其中最重要的东西之一。（同上，第37段）

卢梭把文艺当作"治安"工具，"娱乐"也能被用来"遣散人的恶毒并能阻止他们在闲聊时迷上更危险的东西"，显然，前提得是作为"娱乐"的文艺掌握在高贵的立法者手里。与加尔文一味禁止娱乐的管制措施相比，我们不能不承认卢梭要高明得多。

现在我们可以理解，卢梭在《论科学和文艺》中所谈论的文艺问题为何必须被理解为政治制度问题。《论剧院》中谈论的娱乐和戏剧问题为何同样也应视为在谈论政治制度问题。事实上，《论剧院》延续了《论科学和文艺》中文艺败坏风尚的观点,从而,这两个文本有着显而易见的连续性。

《论剧院》的政治哲学性质

在1762年元月写给马勒塞尔布的著名书信中,卢梭说,当年他去樊尚城堡探望被囚的狄德罗时,在路途中突然悟到的想法不仅催生了《论科学和文艺》这篇应征文,还包括后来的《论不平等》和《爱弥儿》。

> 躺在树下的一刻钟内,我悟出了许多伟大的真理,我将还记得的全部精神智慧部分地分散在我的三部主要著作中,即第一篇论文([引按]《论科学和文艺》)、《论不平等》和《论教育》([引按]《爱弥儿》),三部著作有紧密关系,成为一个整体。①

《论剧院》处于这个系列的中间,即《论不平等》之后、《爱弥儿》(及其附录《社会契约论》)之前。换言之,《论剧院》属于卢梭的政治哲学著作序列。对

---

① 卢梭,《卢梭自选书信集》,前揭,页64。

我们来说，虽然要把《论剧院》理解为政治哲学著作的确很难，但若是联想到柏拉图的《王制》中对诗人的那场著名审判，我们可能会少几分困惑。

柏拉图的《法义》与《王制》有连带关系，这是一部立法书，其中的雅典哲人提出，雅典城邦审查异邦诗人合理合法（《法义》817c9—d9）。卢梭的《论剧院》显得在模仿雅典哲人，要审查进入"日内瓦共和国"的诗人：卢梭在《忏悔录》中自豪地宣称，自己"是柏拉图共和国的一分子"（《忏悔录》，页441）。因此，笔者认为，卢梭在《论剧院》中实际上设计了**两场审判**：**立法者卢梭审判启蒙哲人，哲人卢梭审判戏剧诗人**。

这与卢梭在20多岁时就开始关切的两个严肃而重大的问题相关：何谓最佳政体？何谓哲人最好的生活？因而，只有在古典政治思想史的框架中，我们才能理解，《论剧院》中的公民卢梭何以同时批判启蒙哲人和戏剧诗人。

哲人自己写作戏剧作品是一回事，提议建剧院则是另一回事，尤其是卢梭心里清楚：是哪类人提议在日内瓦建设剧院的。提议者自己清楚这一剧院提案意味着什么吗？或者说，达朗贝尔清楚意识到自己做什么吗？

《论剧院》与自由知识人的德性

正当卢梭奋笔疾书《论剧院》的时候,伏尔泰给达朗贝尔写了一封长信。由于内容敏感,谨慎的伏尔泰将信托他的侄女德·方丹夫人转交,他本人仅直接寄了一封短笺通知达朗贝尔去她那儿取信。在这封写于1758年1月29日的短笺里,伏尔泰向达朗贝尔通报了日内瓦牧师对《日内瓦辞条》的激烈反应,并委婉地询问达朗贝尔是否与狄德罗一如既往地紧密团结,还积极鼓励他们要"拧成扯不断的绳",的确是名副其实的"启蒙教父"。①

伏尔泰没有想到,卢梭的《论剧院》出版后,日内瓦的神职人士热情赞扬卢梭的这一捍卫日内瓦伦理秩序之举,乘势反击巴黎的启蒙文人对日内瓦指手画脚的建议。②

一年后,《百科全书》第七卷被公开焚毁,"继续印刷的许可证被吊销,印刷商和出版商都被送上了断头台"。达朗贝尔倍感压力,他退出《百科全书》编撰

---

① 塔伦泰尔,《书信中的伏尔泰》,前揭,页196。
② 古耶,《卢梭与伏尔泰》,前揭,页189—190。

队伍，回头做自己的老本行研究几何学。[①]随后霍尔巴赫、杜尔哥等人都纷纷退出，《百科全书》的编撰队伍只余下狄德罗一人苦苦支撑。伏尔泰为此痛斥卢梭是个"变节分子"，背叛了哲学家群体，这位文坛领袖坚持认为"真正的哲学家应当象共济会那样组织起来，他们应当联合，相互声援，忠诚于自己的组织"[②]显然，卢梭在这个意义成了伏尔泰口中的"变节分子"。老实说，卢梭的启蒙友人们完全没有预料到，这封信有如此巨大的政治效力，甚至卢梭自己也始料未及。[③]由此看来，《论剧院》实实在在也是一个**政治文本**。

通观《日内瓦辞条》事件，我们可以确定，卢梭从狄德罗那里得知达朗贝尔在伏尔泰怂恿下撰写《日内瓦辞条》，仅仅为卢梭撰写《论剧院》提供了一个适时的契机，而"乌德托夫人事件"则显得是卢梭撰写《论剧院》更为深层的动机。

尽管如此，在笔者看来，这一绯闻事件至多促成了卢梭决意与狄德罗公开决裂，而卢梭与狄德罗的思想分歧实际上与"乌德托夫人事件"无关。《私生子》和

---

① 塔伦泰尔，《书信中的伏尔泰》，前揭，页194。
② 古耶，《卢梭与伏尔泰》，前揭，页261。
③ 特鲁松，《卢梭传》，前揭，页218。

《谈话》中对"孤独"生活的伦理批判，显得是针对卢梭自1756年以来退出巴黎启蒙哲人圈隐居乡村，以至于让卢梭愤怒不已，其实也未必如此。《纳喀索斯》上演之前两个月（1752年10月），卢梭已在枫丹白露上演过两场他的轻歌剧《乡村占卜师》，按卢梭在《忏悔录》中的说法，演出非常成功，让他的"风头更劲，巴黎没有谁比他更深受欢迎"（《忏悔录》，页455）。法王路易十五观看了10月18日的首演，十分欣赏，御批给予奖赏。卢梭没有领取赏金，他担心领了这笔王室的奖赏会让他今后不能自由地表达。

在这部轻歌剧中，卢梭已经对远离喧嚣城市的恬静乡村生活大唱颂歌。与狄德罗的《私生子》对照起来看，两者的主题有明显的一致性，因为，《私生子》的爱情故事很像《乡村占卜师》中的爱情故事，尽管后者要简单得多。笔者不禁猜测，卢梭与狄德罗关于"离群索居"作为伦理问题的分歧很可能由来已久，而两人的分歧说到底涉及何谓"哲人"的问题。

如此说来，卢梭在《论剧院》中讨论的问题实际上与伏尔泰在口内瓦搞家庭剧场的事情也没有关系。《论科学和文艺》已经表明，卢梭关切的是重大的政治哲学问题，只有深切理解过古希腊哲人所想过的问题，才会对这样的问题有感觉。

简言之,《论剧院》是卢梭与狄德罗决裂的标志,而非决裂的起因。卢梭出版《忏悔录》后,狄德罗更加不能原谅卢梭,在一本晚期著作中,他把卢梭描绘成"怪物",抹黑他是"惯于诽谤朋友的残忍之人",甚至骂他是"阴险的恶棍,靠坦白内心来骗取信任,以使自己可怕的恶行得逞"。[①]为了叱骂卢梭,狄德罗的措辞不仅严厉,而且极其刻薄。

倘若把这些问题归结于文人间的意气之争,未免会将问题简单化,如果考虑到卢梭与启蒙阵营在戏剧问题上的明显分歧及其背后的哲人意图,问题就会显得更为复杂。可是,要从卢梭的这封公开信中看出他的真实动机并不容易,因为,在重重修辞之下,写作《论剧院》的卢梭既敞开又隐匿自己。

1770年2月26日,卢梭给圣格尔曼(M.de Saint-Germain)写过一封长信。由于卢梭在信中谈到自己的过去,被史家视为具有自传性质,这封信后来很有名。与公开发表的《忏悔录》对比,这封私信显得更为坦白。卢梭在信中隐晦地提到他与"百科全书派"分道扬镳,尤其与狄德罗友情破裂的原因,为我们探知卢梭写作

---

① 弗朗斯,《狄德罗》,前揭,页17—18;比较霍布森,《狄德罗与卢梭:启蒙脉络》,前揭,页18。

《论剧院》的真实动机提供了线索。

卢梭在信中说,

> 一个人可以不真诚,而写出一部好作品;但是,从没有天才的神奇冲动能为一个坏人的灵魂增添光彩,假如我可能尊敬的某个人的怀疑能在这一方面抑制我的怀疑,我就会向他呈献我的《论不平等》作为全部的答复……①

由于这里的语境是在谈与狄德罗的纠葛,可以肯定,所谓"一个坏人的灵魂"指狄德罗,而狄德罗在《私生子》中率先说"只有坏人才孤独"。笔者注意到,卢梭在这里还下了一个注释:

> 假如我向他展示我的《论剧院》,那会怎样呢?这部作品以最仁慈的热情穿透理性力量,并使这一阅读有趣,没有虚妄,人们就设想一些坏蛋对待这样的主题时,没有什么虚妄不可以想象。德谟克利特向阿伯德里特证明,在向他们读他的一个剧本时他并不疯狂,而我敢说,任何一个将读到这封

---

① 卢梭,《卢梭自选书信集》,前揭,页183。

信的明智作家都不会相信作者是个坏蛋。（同上，
页196）

卢梭说的"我向他展示"的"他"指狄德罗，从而证实《论剧院》的书名虽然指向达朗贝尔，实际上指向狄德罗。这段话还透露了卢梭写《论剧院》的动机：让公众知道"一些坏蛋对待这样的主题时，没有什么虚妄不可以想象"。这话听起来像是说，尽管有些人也在谈论同样的主题（关于戏剧），但他们是"坏蛋"。既然哲人圈中的人知道狄德罗的《谈话》谈论过"这样的主题"，那么，这个注释实际上在熟人圈里骂狄德罗是"坏蛋"。狄德罗随即以《论戏剧诗》迎击卢梭，表明他看懂了卢梭在攻击谁。

倘若卢梭与狄德罗的决裂绝非仅仅因为生活中的个人际遇，那么，要读懂《论剧院》的确不容易，因为它所涉及的事件显得相当复杂，私人恩怨与观念之争纠葛在一起。这迫使我们不能轻易地摆脱其中任何一面来追问如下的问题：卢梭在《论剧院》中要表达的真正意图是什么？或者，卢梭真正"感到愤慨"的究竟是什么？

3 《论剧院》的公开信外观

《论剧院》所涉及的政治哲学问题,在卢梭此前的政治作品中都有触及。《论剧院》首先值得我们关注的是:为何卢梭要采用公开信而不是论文形式来呈现他与狄德罗的分歧?

前文提到,卢梭写作《论剧院》纯属意外,当时他正在写作书信体小说《新爱洛依丝》,而且即将杀青。如果说用书信体写小说毫不新奇,用这种文体与朋友论战也算不上新奇。但是,由于《论剧院》表面上直接写给达朗贝尔,实际上的收信人是狄德罗(还有伏尔泰),书信体外观就不是那么简单了。

早在古希腊时代,书信不仅是一种私人或官方沟通和交流的媒介,也是一种文学体裁。柏拉图的书信究竟属于哪一类,迄今仍是个谜。[①]雅典民主时期的演说家们很喜欢编造文学书信,在古罗马时期,拉丁语经典作家贺拉斯(公元前65—前8)、奥维德(公元前42—公元17)还用诗体写书信,大受欢迎。罗马政治家、哲人塞涅卡(前4—公元65)的《道德书信》史称书信文学的

[①] 彭磊,《哲人与僭主:柏拉图书简研究》,上海:华东师范大学出版社,2016,页64。

典范。

自文艺复兴以来,不少作家在写作上模仿古人,书信体作品颇为流行,直到18世纪的启蒙时期仍然盛行不衰:孟德斯鸠的《波斯人信札》、维兰德的《阿里斯提珀》和歌德的《少年维特之烦恼》,皆堪称书信体小说的佳作。可以看到,所谓"书信体"仅仅是一种*名称*,而文体实际上要么是叙述体的论述,要么是小说式的叙事。换言之,"书信体"的基本含义是传达信息。

形式虽旧,内容却是新的。对于18世纪的新派知识人来说,公开信也许是最好不过的传播新思想的表达方式,因为这时已经出现了"公众"。[①]新派知识人急于向"公众"发布自己的新思想,让"公众"分享自己的个人发现,因为他们觉得自己是天才。达朗贝尔在为《百科全书》撰写的"序言"里宣称:18世纪较之过去以往的时代产生了更多天才,而天才不应孤独地生活,不与他人交流思想。

> 人们从读书和社会中所得到的思想几乎是一切发现的胚芽。这种知识恰如空气,人们呼吸着它,

[①] 范迪尔门,《欧洲近代生活:宗教、巫术、启蒙运动》,王亚平译,北京:东方出版社,2005,页261—265。

靠它来维持生命，却没有想到过它。①

卡西尔的这段话可以看作是对狄德罗为《百科全书》（卷七，1757）撰写的"天才"辞条作的注解：

> 广博的才智，丰富的想象力，活跃的心灵，这就是天才。……天才人物的心灵更为浩瀚。对万物的存在深有感受，对自然界的一切兴致勃勃，他接受的每一个概念，必然唤起情感；一切使他激动，一切存在于其身。②

伏尔泰《关于英国的哲学书信》（*Lettres philosophiques sur les Anglais*）1733年在伦敦首版时题为"关于英国的书简"（*Letters concerning the English Nation*），对当时的欧洲影响很大，算得上以书信体方式向西欧各国宣讲新哲学的典范之作。

卢梭以第一人称"我"的书信体来写作《论剧院》，狄德罗则还以同样形式的《论戏剧诗》，副标题是"献给我的朋友格里姆先生"，明显与《论剧院》针

---

① 卡西尔，《启蒙哲学》，前揭，页263。
② 狄德罗，《天才》，《狄德罗美学论文选》，前揭，页505。

锋相对，书信体形式成了新知识人之间冲突的工具。狄德罗开篇就写道：

> 假如一个民族从来只有一种诙谐而愉快的戏剧，却有人向他们建议增添一种严肃而感人的戏剧；朋友，你知道他们会做何感想？（《论戏剧诗》，页119）

卢梭与狄德罗交恶后，格里姆紧跟狄德罗，成了卢梭的死对头。因此，狄德罗的这封信"献给我的朋友格里姆先生"显得意味深长。狄德罗的这封公开信表面上写给卢梭的敌人，实际上仍然是针对卢梭的《论剧院》；正如《论剧院》表面上写给朋友达朗贝尔，实际上直接针对狄德罗。可见，卢梭用公开信形式与狄德罗决裂起到了预期的效果。

布鲁姆在为《论剧院》英译本写的序言中说，《论剧院》有如一出名为"启蒙精神对抗共和德性"的道德戏剧，剧中的角色是卢梭、达朗贝尔，百科全书派的编辑人和规划者，未明确出场的伏尔泰。[①]布鲁姆的观点

---

① 布鲁姆，"《政治与艺术》导言"，林国荣译，崇明校，收入《巨人与侏儒：布鲁姆文集》（增订版），张辉选编，秦露等译，北京：华夏出版社，2007，页292。

忽略了一个重要面相：《论剧院》虽然在标题上写给达朗贝尔，实际上收信人是以狄德罗为首的启蒙知识人圈子，而卢梭则如他自己所说是"孤身一人"。如果《论剧院》是一出戏剧，那么，这出戏的基本情节显得是"孤独"的卢梭对抗巴黎的启蒙知识人圈子。

卢梭仅仅作为哲人才"孤独"，作为"日内瓦公民"他并不孤独。卢梭在《论剧院》中经常看似不经意地转换"我"（je）与"我们"（nous），似乎他与日内瓦公民站在一起，是他们的代表，甚至是"歌队"的队长。同样，卢梭还经常不经意地转换"你"（tu）和"你们"（vous），使得他的攻击对象不仅指向狄德罗，也同时指向狄德罗的启蒙哲人圈子。可以说，在《论剧院》中，卢梭显得是以日内瓦公民代表的身份与"百科全书派"知识人对抗。

如果按布鲁姆的说法，这出对抗的戏剧是"启蒙精神对抗共和德性"，那么，卢梭就是"共和德性"的捍卫者。但是，对于巴黎的启蒙知识人来说，启蒙精神并不"对抗"而是追求"共和德性"，因为，法国当时还不是共和国。① 既然如此，卢梭要捍卫的是什么样的

---

① 比较若古，《政府》，见狄德罗，《狄德罗的〈百科全书〉》，前揭，页240—241。

"共和德性"呢?

如果卢梭刻意带着日内瓦共和国城邦卫士的姿态写公开信,那么,问题的复杂性显然是因为:日内瓦既是城邦共和国,又带有**神权政体**性质。对于启蒙知识人来说,神权政体就是"专制暴政"。如狄德罗和卢梭共同的友人霍尔巴赫(1723—1789)在《百科全书》辞条"神权政体"中所说,神权政体"才是专制暴政的真正根源",

> 也就是那种专横、暴虐的政府的根源;而直到今天,亚洲的人民还呻吟于这种政府的统治之下,连要求得到自然与理性的权利——即要求政府造福于人民——都不敢。①

卢梭若读到这样的言论会怎么想?无独有偶,卢梭与狄德罗圈子第一次决裂,恰好发生在霍尔巴赫家里,那是在1754年的春天。霍尔巴赫在巴黎的家是**自由思想家**定期"聚会"(synagogue)的场所,那一天,聚会由已经启蒙的珀蒂修士(Abbé Petit)朗诵自己写的一部悲剧,格里姆、达朗贝尔等都在场。他们明知道剧作写得

---

① 狄德罗,《狄德罗的〈百科全书〉》,前揭,页419。

很差却故意一个劲儿地夸,熏熏然的珀蒂修士没意识到这些人是在羞辱自己,还显得十分得意。忍无可忍的卢梭对珀蒂大喝道:没看出这几位先生在取笑你吗?滚回老家,去当乡村教士算啦!聚会最终不欢而散,主人家霍尔巴赫因此对卢梭极为不满,卢梭则愤慨不已,从此不再参加聚会。①

这件事情之后,卢梭专程回了一趟日内瓦(1754年6月),当时他刚写完《论不平等》,于是就有了他在尚贝里(Chambéry)的台阶上写下的著名《致日内瓦共和国的献辞》。卢梭对日内瓦教会当局表示,自己愿意回归加尔文教,重获日内瓦公民身份。日内瓦当局当然高兴,为这位巴黎回来的日内瓦浪子举行了隆重的皈依仪式,共和国首脑和宗教议会议长及主要官员悉数出场。

卢梭打算回到日内瓦居住,10月间再去巴黎时,他答应日内瓦当局会尽快回来。卢梭回到巴黎尽管和狄德罗、格里姆等恢复了交谊,却"不如从前那样真诚"(同上)。卢梭前脚离开日内瓦,伏尔泰后脚就到了(10月,一说是1755年2月)。他在日内瓦定居下来,并搞起家庭剧场……

由此来看,卢梭以公开信形式回击达朗贝尔的《日

---

① 杜兰特,《世界文明史(卷十):卢梭与大革命》,前揭,页33—34。

内瓦辞条》，不是没有他的道理。因为，只有以公开信的形式回应巴黎知识人在日内瓦搞剧院的建议，卢梭才能表明自己是在代表日内瓦公民回应巴黎知识人。在与《论剧院》同一时期写作的《新爱洛漪丝》的第二篇序言中，卢梭宣称他不会随便用"日内瓦公民"这一称呼，只会用在"我认为能荣耀它的作品上"（《新爱洛漪丝》，页27）。

问题在于，在"日内瓦公民"的面具下，卢梭还有"孤独"哲人的一面。难道他就不担心巴黎的启蒙"公众"甚至整个欧洲的启蒙"公众"把他说成日内瓦共和国教会当局的卫道士？他不怕"公众"误解甚至谩骂自己吗？

无论如何，我们不能把公开信这种形式仅仅看作是一种写作策略。一个非常有意思的问题浮现出来：作为"孤独"哲人的卢梭为何要让自己与"日内瓦公民"站在一起，并挺身而出，与本来是自己朋友的启蒙知识人为敌？

4 《论剧院》的标题

现在我们来看修辞意味十足的《论剧院》的标题。这封信正式出版时，其标题长得排成了一长串：

《论剧院》1758年版封面

J. J. ROUSSEAU
CITOYEN DE GENÈVE,
À M^R. D'ALEMBERT,

De l'Académie Françoise, de l'Académie Royale des Sciences de Paris, de celle de Prusse, de la Société Royale de Londres, de l'Académie Royale des Belles-Lettre de Suède, et de l'Institut de Bologne

Sur son Article *GENÈVE*

Dans le VIIme. Volume de *l'ENCYCLOPÉDIE*

ET PARTICULIEREMENT

Sur le projet d'établir un

THÉATRE DE COMÉDIE en cette Ville.

Dii mcliora piis, erroremque hostibus illum.

让-雅克·卢梭，日内瓦公民，致达朗贝尔先生，法兰西科学院、巴黎皇家科学院、普鲁士皇家科学院，伦敦皇家协会，瑞典皇家文学科学院和波洛尼亚学院的院士——关于他在《百科全书》第七卷中的《日内瓦辞条》，尤其是关于在这座城市建戏剧剧院的方案。

"神令虔敬者多福，却把疯癫留给我们的敌人。"

如此冗长的书名在今天看来实在拖沓，但这是直到18世纪都还流行的书名形式。现代编本按如今的习惯或为了版式方便，往往将书名简化为"致达朗贝尔先生论演戏的信"（Lettre à d'Alembert sur les spectacles，比较Brunel本和Varloot本）。这里le spectacles是复数，原文既有"剧院"的含义，也有"戏剧演出"的义项。布鲁姆的英译本译作"致达朗贝尔先生论剧院的信"（*Lettre to M.D'Alembert on the Theatre*），因为他认为，卢梭这封公开信的重点在"剧场"，而不是"戏剧演出"。

马沙尔不同意这种看法，理由是卢梭在其他文本中提到自己的这部作品时仅将标题简写为Lettre à d'Alembert sur les spectacles［致达朗贝尔关于演戏的信］，因此英译标题应该是Letter to d'Alembert on Spectacles。[①]这个提议理由充分，但马沙尔关心启蒙时代的所谓"戏剧理论"，从当时热门的所谓"同情心"话题来看待《论剧院》，就没有什么道理了。因为，当时很难说有什么今天意义上的"戏剧理论"。

晚近的单行本倾向进一步简化原标题，成了Lettre

---

① D.Marshall，*The surprising effects of sympathy: Marivaux，Diderot，Rousseau, and Mary Shelly*，The University of Chicago Press，1998.

à d'Alembert［致达朗贝尔的信］。① 在笔者看来，如此简化严重损害了卢梭在标题修辞上的用心。原文标题中 Théatre de Comédie［戏剧剧院］的Comédie一词，在当时的含义泛指戏剧（包括悲剧和喜剧），现代法文才专指喜剧。若删掉这个语词，无异于删除了卢梭让这个语词所负载的丰富意涵。

《论剧院》首版付梓之前，卢梭写信给出版商雷伊说：

> 不仅允许您署我的名，还要将我的名字放在标题中，而且确有必要放在标题中。②

雷伊遵从了卢梭的要求，对标题的设计非常讲究。标题首先突显的是"公民卢梭"与"达朗贝尔先生"的对立，在1862年出版的第三版中，"卢梭"（**J.J.ROUSSEAU**）和"达朗贝尔先生"（**M^R. D'ALEMBERT**）都用了粗体字。此外，唯有"日内瓦辞条"（**Article GENEVE**）和"戏剧剧院"（**THÉATREDE COMÉDIE**）用了粗体，从而突显了卢梭与达朗贝尔在是

---

① 如Buffat本和2004年的凯利重订本。
② D. Marshall, *The surprising effects of sympathy*, p.136.

否应该建"戏剧剧院"这一问题上的对立。

卢梭和达朗贝尔在社会身份上的对比更值得注意：卢梭仅突出自己的日内瓦公民身份，却给达朗贝尔标注了一长串头衔，不仅表明他是自然科学家，还突显他的"国际知名"度。这至少让读者感觉到，科学正在"全球性"传播。如果当时的读者没有忘记《论科学和文艺》对科学传播的痛斥，那么，卢梭罗列如此多的科学院院士的头衔无异于告诉人们：《论科学和文艺》所痛斥的并非是别人，正是圈外人以为的卢梭友人。

卢梭也是《百科全书》的撰稿人，公众自然会将他与主编《百科全书》的狄德罗和达朗贝尔视作一伙。不过，随着《论剧院》这封公开信的发表，卢梭也就与他们划清了界限。马沙尔虽然看到，标题中透露出的身份差异是文本的关键性问题，但他没有提醒读者，这意味着卢梭与启蒙知识人圈子在哲学和政治层面都有着重大分歧。

如前所述，《论科学和文艺》和《论不平等》的作者落款皆署名是"一名日内瓦公民"，而且《论不平等》的献词还特别对此说明。[1]因而，卢梭再次突显自

---

[1] 帕尔默，《公民哲人卢梭》，刘小枫编，《古典诗文绎读西学卷》（现代编），李小均等译，北京：华夏出版社，2010，页627。

己的公民身份，表明他有意识地坚持以"日内瓦公民"的身份面向公众发言，尽管他的著述早已表明他其实是一个博学之人。

随之而来的问题是：一个博学之人在政治共同体中应该是一个怎样的公民。这个问题把我们的注意力引向了"苏格拉底问题"。由于启蒙知识人无不追求成为博学之人，卢梭的标题实际上也就暗中把他的启蒙友人引向了"苏格拉底问题"。

在柏拉图的《苏格拉底申辩》中，苏格拉底以哲人身份直面雅典城邦法庭的指控，在公民代表面前为哲人生活方式辩护；而在《论剧院》中，卢梭则站在了日内瓦共和国的立场，以公民代表的身份抵制以达朗贝尔为首的启蒙知识人圈子；再者，雅典城邦审判苏格拉底的理由是要维护城邦神的权威和保护青年的思想健康。卢梭似乎也是为了捍卫共和国的利益以及争夺日内瓦青年人的教育权，从而发起对达朗贝尔等启蒙知识人的审判。如此一来，难道达朗贝尔们反倒成了苏格拉底式的哲人？

卢梭心里清楚，达朗贝尔的《日内瓦辞条》是在为伏尔泰这样的诗人说话。卢梭同样知道，苏格拉底说过他自己也是诗人，但卢梭也同样清楚，苏格拉底绝无可能是伏尔泰那样的启蒙诗人。换言之，卢梭在《论剧院》中要审判的是以新派哲人的面目出现的启蒙诗人。因此，在卢梭看来，启蒙时代的根本问题之一是：何谓真正的哲人。

1764年，卢梭发表了一篇短文题为《论戏剧性模仿：简论〈柏拉图哲学对话〉》（*De l'imitation théâtrale: essai tiré des dialogues de Platon*，简称《戏剧模仿》）。如果我们把这篇小文仅仅看作是卢梭读《柏拉图对话集》的笔记，或是卢梭为写作《论剧院》所做的准备，就掉以轻心了。毋宁说，这篇写于《论剧院》第二版修订时期的短文表明，卢梭对柏拉图笔下的"模仿"论的政治哲学意味了然于胸：所谓"戏剧模仿"不是文艺问题，而是政治哲学中的立法问题，其含义是，哲人作为秩序的创始者，应模仿造物者创制一个公民模型和城邦典范。①

> 我越想到建造我们想象的共和国（notre République imaginaire），我就越觉得我们已经为它规定了适合人类本性（la nature de l'homme）的有

---

① 梭伦生，《卢梭的苏格拉底主义：〈论戏剧模仿〉的政治意义》，刘小枫、陈少明主编，《卢梭的苏格拉底主义》（《经典与解释》辑刊第6辑），北京：华夏出版社，2006，页101。

用法律。(《全集》,页611)

模仿(mimēsis)是柏拉图《王制》第十卷中重点讨论的问题。[①]在那里,苏格拉底对诗人提出了严厉批判,因为诗人仅仅是真实的第三重模仿者:

> 悲剧诗人既然是模仿者,他就像所有其他的模仿者一样,自然地和王者([译注]比喻,即真理,最高的)隔着两层。(《王制》597e)

诗人撩起灵魂中纯情感的一面,挑动情爱(erōs)和血气(thumos)(《王制》606d)这类情感,与约束人的激情的理性冲突,对城邦有害。既然"我们的最善部分愿意听从理性的指导"(《王制》604d),那么,诗人的"模仿术乃是低贱父母生的低贱的孩子"(《王制》603b)。

基于苏格拉底式的理由,卢梭在《戏剧模仿》中要把模仿艺术家(Artiste)逐出城邦,因为"模仿总是比人们

---

① Babut Daniel, *Sur la Notion d' « Imitation » dans les Doctrines Esthétiques de la Grèce classique*, In: *Revue des Études Grecques*, tome 98, fascicule 465—466, Janvier-juin 1985. pp. 72—92.

想象得更远离真理"。任何从事模仿工作的艺术家（无论建筑师，画家还是诗人）只能拥有*虚假的*知识，然而他们却自以为拥有真理，自命不凡地去传授这类*虚假的*知识。因此，为了共同体的利益，哲人必须把这类人逐出城邦。

随后，卢梭用同样的衡量标准去审视立法者（le Législateur）和智者（le Sage），指出他们与模仿艺术家相同的缺点：由于不具备真正与人有关的知识，他们所传授的只会是虚假的知识，他们制作的法律也与实践行动相抵牾。卢梭的结论是，只有*哲人*（le Philosophe）才能克服这种欠缺，因为哲人才真正具有并且能够传授真正关于人的知识。哲人"获得知识或追求知识，而不是模仿或言说或做事，这才是最高的生活方式"。①

因而，在卢梭的"想象的共和国"里，他要驱逐诗人、画家和立法者，因为他们对哲学构成威胁。可是，卢梭的这一"想象的共和国"该如何安置公民呢？这些共和国的大多数应该选择何种生活方式？在《戏剧模仿》中，卢梭以第一哲人苏格拉底的面相来教化公民，引导他们追求美德，以此抵抗普遍启蒙和专制。②

然而，在《论剧院》中，卢梭的*苏格拉底式哲人*面

---

① 梭伦生，《卢梭的苏格拉底主义》，前揭，页114。
② 同上，页115、121。

相就不那么清晰可辨了,因为这是他以"一个日内瓦公民"的身份写给启蒙哲人的公开信。据史学家说:

> 法国人或说法语的瑞士人,他们的血管里流着凯尔特人的热血,听众是他们的亲友,一旦听众的情绪被煽动起来,就很容易有冲动之举。[①]

倘若此言不虚,我们或可说卢梭以公开信的形式抵制启蒙知识人的启蒙倡议,以《王制》中的苏格拉底对诗人的批判姿态来审视法国绝对王权政制时期的戏剧,是基于卢梭对日内瓦人的了解,这些公民需要苏格拉底式的教导。

因此,《论剧院》的标题还突显了达朗贝尔为《百科全书》写的《日内瓦辞条》,由于这个辞条是创建一个新城邦的政治倡议,所谓"尤其是关于在这座城市建戏剧剧院的方案"就显得有双重含义。一方面,卢梭似乎仅仅要纠弹辞条中建剧院的倡议;另一方面,卢梭很可能在暗示,日内瓦共和国本身就犹如一个公共剧院。换言之,卢梭的修辞隐藏着一个极为高妙的隐喻:公共剧院寓指政治共同体。笔者的这一猜测来自布鲁姆的启

---

① 林赛,《宗教改革史》(下),前揭,页73。

发,他把卢梭的剧场理解为古希腊戏剧,但他未必穷尽了卢梭笔下的"戏剧剧院"的含义,因为它很可能还寓指柏拉图笔下的"洞穴",或者神职人员宣讲教义的教堂。这一推测是笔者的过度诠释吗?

老实说,卢梭是否有此意图,我们仍须依赖阅读正文来证实。就眼下的标题而言,值得关注那句拉丁语引文:"神令虔敬者多福,却把疯癫留给我们的敌人。"这句话来自斯特拉波(公元前64—公元23)的《地理志》(3.513),"虔敬者"应该指日内瓦共和国的公民,因为他们是加尔文教徒。"我们的敌人"是谁?如果"我们"即日内瓦共和国的公民,那么,"我们的敌人"很可能就是达朗贝尔一类启蒙文人、科学家。

达朗贝尔这样的科学家和启蒙文人企图用建剧院的建议让日内瓦共和国陷入"疯癫",卢梭则以共和国卫士的姿态说:把"疯癫"留给达朗贝尔们吧。无论如何,这句引文挑明了卢梭这封公开信的政治性质。

因此,虽然《论剧院》一向被视为文艺理论史上的重要文献,反映的是18世纪启蒙时期的法国戏剧论争,那么我们现在可以说,这一在20世纪卢梭研究学界占主流的看法难免局促。[①]

[①] 比较盖伊,《启蒙运动(下):自由的科学》,前揭,页237—242。

5 《论剧院》的谋篇

为了更好地析读文本，我们有必要先大致了解一下《论剧院》的谋篇。如果说《论剧院》的结构也体现了卢梭的用心，那么它与"剧院"的隐喻必然相关。

按卢梭亲自改定的1762年第三版计算，《论剧院》共230个自然段，没有划分章节，也没有分节标题。这么长的篇幅没有划分章节，给读者把握全书脉络带来很大困难。幸好19世纪末的法国学者Fontaine已经按论述主题将全书划分为三个部分，后人大多遵从这种划分，也就无须另辟蹊径。

置于《论剧院》全文之前的序言部分，共11自然段。这篇序言晚于全书的写作，卢梭直到1758年3月20日才写成序言。

进入正文后的第一自然段直接切入主题，卢梭表明要讨论的是达朗贝尔的《日内瓦辞条》。然而，卢梭随后却用了9个自然段讨论日内瓦的信仰问题，显得离题。

直至第11段，卢梭才开始切入剧院建设的论题。尽管本稿依据传统的划分将正文分为三大部分，但如何把握各部分的主题，却需要重新探索。笔者将在随后的析读过程中，逐步展开对各部分主题的探究。此外，Fontaine已经注意到，这三个部分的自然段落数分别是

80、70和68，呈逐渐递减的趋势。这仅仅是一种巧合吗？再有，卢梭在序言中说，他要用"最少的话说最重要的事"，这是否意味着第三部分才是卢梭要讨论的"最重要的"问题？

从全书结构来看，《论剧院》开篇的头10个自然段非常突兀地谈到与日内瓦建剧院似乎毫不相干的宗教信仰问题，最后全书却以斯巴达式的广场群众欢庆作结，在形式上与开篇构成内在呼应。

然则古代斯巴达的庆典对于加尔文教来说是祭拜异教的神，难道卢梭暗中要以异教的宗教庆典置换日内瓦的加尔文教？倘若这一推测成立，问题就变得非常复杂：卢梭守护日内瓦共和国抵制巴黎知识人的启蒙行动或许仅仅是表面上看来如此？他皈依日内瓦的加尔文教很可能不过是在装样子。

顺着这个观察点，我们不妨大致勾勒一下卢梭反对建剧院的论证理路。

在第一部分，卢梭首先假设，启蒙知识人提议用剧院代替教堂的政改方案可行，这意味着启蒙哲人们要为城邦建立一个科学宗教。

在第二部分，卢梭开始逆向论证：剧院舞台上演的无非是悲剧和喜剧，再不然就是伏尔泰或狄德罗提出的"启蒙悲喜剧"。从行文逻辑上看，卢梭接下来应该分析悲剧和喜剧对于日内瓦共和国有何教益,但他却用大量篇幅谈论路易十四时期的莫里哀喜剧《恨世者》,再次离题。

及至第三部分,卢梭具体分析演员的德性对日内瓦风尚的影响,或者说崇拜舞台上的演员成为世风后,共和国的风尚会是什么样子,他断定,当剧院取代教堂成为日内瓦生活的中心,演员取代牧师成为日内瓦人的追仿榜样,日内瓦人的风尚必然会发生品质变化,最后,卢梭还谈到剧院建设对民众的生活方式和共和国经济的影响,这意味着卢梭意识到,日内瓦的社会状况难免会面临商业化生活方式的蔓延而带来的挑战。

换言之,倘若日内瓦共和国的加尔文教严律主义不能应对商业化生活方式的扩展,共和国的未来实难预料,毕竟日内瓦这个小国恰好处于周边大国的夹逼之中。

如今看来,卢梭从加尔文教出发最后以斯巴达式的庆典结尾,确实意味深长。难道这暗示卢梭要设想用一种**公民宗教**来代替加尔文教和"百科全书派"的科学宗教?①

笔者做出这一推想的理据是:《社会契约论》的第八章"论公民宗教"非常有名。卢梭在写完《论剧院》

---

① 比较登特,《卢梭》,前揭,页172—175。

后，马上就着手写《社会契约论》(1759)。若将两者联系起来对观，笔者有理由推测，**公民宗教问题是整部《论剧院》的最终落脚点**。在当时，"公民社会"的宗教问题已经是个重大的适时话题。①即便在今天，它仍旧是学界热衷讨论的论题。

正是在这一意义上，笔者认为"剧院"这个语词的隐含语义指向柏拉图笔下的"洞穴"，或者说，《论剧院》其实应该属于卢梭的**政治哲学要著**系列。我们甚至可以把"论剧院"理解为"论城邦"或"论政治"。因为，何谓"好政制"这一奥德修斯式的问题，才是卢梭对戏剧问题如此感兴趣、如此关注的根本原因。

由此来看，第二部分关于"现代戏剧政治品质"的讨论居于中心位置也就不难理解了，因为它呈现了卢梭对"剧院-洞穴"的政治哲学思考。开篇讨论宗教问题的9个段落作为引论有如进入时代"洞穴"的入口，第一部分讨论剧院取代教堂，引出的与其说是日内瓦共和国面临的危机，不如说是整个基督教世界面临的重大危机。在卢梭看来，解决这一危机的唯一途径是建立"公民宗教"。

---

① 普芬道夫，《就公民社会论宗教的本质与特性》，俞沂暄译，上海：上海三联书店，2013，页8；比较贝纳，《公民宗教：政治哲学史的对话》，李育书译，北京：人民出版社，2018，页73。

从而，托克维尔在《旧制度与大革命》中说过的这句话足以成为我们阅读《论剧院》的一个时代注脚：

> 没有任何事情比法国大革命的历史更能提醒哲学家、政治家们要谦虚谨慎；因为，从来没有比它更伟大、更源远流长、更酝酿成熟但更无法预料的史事了。①

如果《论剧院》体现了卢梭的"谦虚谨慎"，那么，崇拜卢梭的罗伯斯庇尔在法国大革命之后搞"革命宗教"，是不是试图建立一种"公民宗教"呢？"公民社会"有不同的类型，与此相应，"公民宗教"也有不同的类型。倘若如此，把卢梭与罗伯斯庇尔绑在一起是否对卢梭不公平，的确很难说。

---

① 托克维尔，《旧制度与大革命》，冯棠译，北京：商务印书馆，1992，页40。

一 卢梭面相：公民抑或哲人？

按照卢梭在《忏悔录》中的记述，《论剧院》在1757年12月底动笔，1758年的1月中旬成稿。然而，"序言"的落款时间却是1758年3月20日，明显晚于全文写作。

一本书的序言通常具有引领读者进入正文的作用，在接下来对"序言"的析读中，我们需要格外注意卢梭在此展示的**论述姿态**。

1 "我"的姿态

"序言"开篇第一段就具有非常醒目的修辞效力：卢梭宣称要"**攻击达朗贝尔先生**"。既然卢梭参与了达朗贝尔主编的《百科全书》辞条的撰写，他宣称要"攻击达朗贝尔先生"自然会让人兴味盎然。

> 我错了,如果这次主动提笔原本不是出于必要的话。攻击达朗贝尔先生,我既不能从中谋利,也不讨人喜欢。(序言1,页2)

卢梭首先要让我们看到他的个人感情表达,似乎他喜欢自我表现。第一个语词"我"(Je)看似寻常,其实不然,因为,序言的最后一句话是"我消失了"。据第三版原稿统计,在"序言"中,"我"共计出现了88次,整篇"序言"中似乎在刻意突显"我"。

这意味着什么呢?按照一种解释,卢梭多少有些夸张地突显个人感情,是为了与"百科全书"式的语式形成对照。百科全书派知识人喜欢所谓"工程—技术取向",用貌似客观理性的第三人称句式或无人称抹去作者的感情倾向,以显示自己表达的是客观的真理。这种追求"冷静、超然、自鸣得意的技术话语"(technical discourse)和卢梭的"渴望与义愤交织,犹疑与兴奋并存的伦理话语殊少共同之处"。①

这种说法并无根据,从狄德罗为《百科全书》写

---

① 史华慈,《中国的共产主义与毛泽东的崛起》前揭,页211。

的辞条来看，绝不缺乏"我"的语式。①卢梭接下来引用的达朗贝尔写的《日内瓦辞条》，全文虽然没有出现过一次第一人称，但并不缺乏体现个人"渴望与义愤"的修辞。我们值得想到，卢梭所针对的语式很可能另有所指。

《新爱洛漪丝》第2卷的第17封信是男主角圣·普来写给情人于丽的信，我们在其中看到，这位普通知识人批评当时的法国戏剧有一个毛病，即台词太多动作少，人物喜欢用炫耀华丽的辞藻，以此取悦观众，而不是表达自己的看法。他尤其感到奇怪的是，除了莫里哀和拉辛，时下的剧作家们无不刻意避免第一人称句，"我"在法国时下的戏剧中被排除掉了。普柰讥讽说，这样的戏剧风格如同修道院里的文书，并不是好的戏剧，因为"这样就不能正确地表露感情，也不允许作者体现他的角色并登上舞台"（《新爱洛漪丝》，页289）。最后一句话尤其值得注意：卢梭似乎主张，作者不要隐藏自己，而是成为角色"登上舞台"。

《论剧院》的序言让我们看到，卢梭自己"登上了舞台"。不过，我们如果记得古希腊悲剧起初由一个

---

① 比较狄德罗为《百科全书》写的"美"辞条中出现的"我"语式，见狄德罗，《狄德罗美学论文选》，前揭，页2，22—24，26—31。

演员扮演不同的角色,更换角色仅需要**更换面具**,那么我们就可以说,卢梭显得有些夸张地多用"我"的修辞"正确地表露感情",仅仅是卢梭的一副面相。我们有理由猜测,卢梭的"序言"让《论剧院》显得是一场戏剧演出,而他自己则扮演了不止一个角色,尽管这场演出中还有众多其他角色。

公民抑或哲人

"我错了,如果这次主动提笔原本不是出于必要的话。"这句话首先表明,这封"**致达朗贝尔**"的信要"**攻击达朗贝尔先生**"是出于被迫。被谁所迫?"我既不能从中谋利,也不讨人喜欢"表明,"攻击达朗贝尔先生"是被公共利益或某种政治责任所迫。

接下来,卢梭向达朗贝尔本人表达了敬意,言下之意,他"攻击达朗贝尔先生"并非针对他的人格,更无涉私人恩怨:

> 我敬重他的人格,钦慕他的才智,喜爱他的作品,我知道他曾称赞我的祖国。他的颂扬令我本人深感荣幸,出于社交的公平起见,我有义务向他表达我所有的敬意。(序言1,页2)

据布奈尔的说法，达朗贝尔在《百科全书》第一卷的"前言"（*Discours préliminaire*）中曾攻击卢梭的《论科学和文艺》中的观点，还写了《雄辩的诗人和哲人》一文攻击卢梭。因此，他在这里其实是要回击达朗贝尔的攻击。在笔者看来，情形可能恰好相反：卢梭其实在暗示，他随后"攻击达朗贝尔先生"与达朗贝尔对他的攻击无关，即便达朗贝尔在《百科全书》第一卷"前言"中真的攻击了卢梭。

> 但是，除非是在那些全部道德仅限于表面的人那里，否则敬重不会战胜（l'emportent）责任。因为正义和真理是人的第一责任，人类和祖国是他的首要眷恋。（序言1，页2）

这段话极富修辞意味，卢梭像在**模仿**苏格拉底说话的风格，话虽绕，却绵里藏针。卢梭可谓一笔勾销了前面表达的"敬意"。因为，捍卫"正义和真理"的政治责任远比对某个人的敬重更重要。在有的人那里"全部道德仅限于表面"，这话相当犀利：有的人谈论道德只不过是在做表面文章，其实毫不关心道德问题，这种人当然不值得卢梭敬重。

卢梭还提到了"人类和祖国"，这两个语词与"正义和真理"（justice et vérité））并置。按布奈尔的看法，卢梭在此处区分"第一"（premiers）和"首要"（premierers）相当重要，这个问题我们随后再详细讨论。现在值得想到的是，柏拉图笔下的苏格拉底在攻击诗人荷马之前，同样先恭维了一番荷马，奉其为"所有优秀肃剧诗人的第一位老师和引路人"（595c1）。但他随即话锋一转：

> 然而，任何人都不能超越真理地被人尊敬。可不，这必须说的话，我此刻正在说出。(《王制》，595c3）

如果卢梭化用了《王制》中苏格拉底的修辞，那他就是在**扮演**苏格拉底，而且很可能与狄德罗等人有某种默契。换言之，卢梭是基于**古典政治哲学**的立场来批评他的启蒙友人。

由于《论剧院》的写作时间与巴黎友人圈里早已传得沸沸扬扬的"乌德托夫人事件"隔得很近，而卢梭把对自己生活理想的流言蜚语归罪于狄德罗和格里姆的"阴谋"，卢梭的上述表白很容易让圈内人觉得，他是在撇清自己接下来"攻击达朗贝尔先生"与私人恩怨的关联。其实，卢梭心里清楚，流言一出就绝无再澄清的可能。直到如今，不少解读者不是还喜欢做这类索隐吗？

我们想象得到，这封公开信一经公开，在"公众"眼里与在卢梭的启蒙友人眼里，效果会截然不同。公众可能会对卢梭与启蒙友人为何反目成仇更感兴趣，而卢梭的启蒙友人则未必。换言之，卢梭在这里强调自己与达朗贝尔先生没什么私人恩怨，既是说给公众听，更要说给启蒙友人听。他有意挑了一个与"乌德托夫人事件"毫无干系的达朗贝尔，恰恰因为他写信的真正对象另有其人。

卢梭说，他不仅为了"正义和真理"，也为了"人类和祖国"才写这封公开信。这句修辞显得颇为含混，因为"正义和真理"与"人道和祖国"并不是语义相同的概念，卢梭用"第一责任"和"首要眷恋"区分两者，证明了这一点。如果说为"真理"和"人道"承担责任是哲人的义务，那么，为"正义"和"祖国"承担责任可以说是公民的义务。难道卢梭在这里暗示，自己兼有哲人与公民的双重身份？①

---

① 在《论剧院》中，卢梭首次以真理见证人的身份登场，首次将"终生献身于真理"作为他的座右铭。见迈尔，《论哲学生活的幸福》，前揭，页26，并参见注2。

哲人追问真理，关注人类的普遍问题；公民坚守城邦的正义，捍卫自己所属的政治共同体的利益。这两种义务不会有冲突吗？我们必须注意到，卢梭说的是为了"正义和真理"以及为了"人道和祖国"承担义务，可是"正义和真理"往往并不协调，"人道和祖国"的利益也并不总是一致，卢梭又当如何处理两种身份之间的冲突呢？

哲人喜欢过沉思生活，执意追问生命中恒定永存之真，这种追问必然将哲人带出存在的洞穴，登至思想的高山上自我锻造。至于正义问题，如卢梭在《论不平等》中所说，自然状态中的野蛮人无所谓正义与非正义，只有当出现私有财产后才会出现正义问题："财产权一旦被承认，就必然会产生最初的公正原则（premiéres régles de justice）。"（《论不平等》，页110）

"人道"（humanité）和"祖国"（partrie）这对语词同样张力十足。由于哲人思考的是关乎整个人类的"严肃而重大"的问题，他并没有真正意义上的故乡。法文的"祖国"一词源于拉丁语，字面意思是"父亲的，父系的，祖先的"。可以设想，如果说"祖国"不仅是公民的栖居地，而且规定了公民的含义和性质，即祖国与公民的关系类似父子关系，或卢梭意义上的家长与子女的关系，那么，这种"公民"的含义必然与按某种政治观念来界定的"公民"含义截然不同，前文提到过的狄德罗为《百科全书》所写的"公民"辞条就是例证。

伏尔泰在为《百科全书》写的辞条中曾写道：

> 在一个好国王的统治下会有一个祖国，但在一个坏国王的统治下根本不会有祖国。①

如今很多知识人不正是在**模仿**伏尔泰区分祖国和国家吗？三百年前的卢梭就对伏尔泰的矫情嗤之以鼻，在卢梭看来"祖国"就是"祖国"，是自己出生和生长的地方，是祖辈血脉绵延之地，至于"祖国"应该有何种政治制度与自己对祖国的眷恋不是一回事。

问题的复杂性还在于，卢梭眼下生活的时代，祖国的政治制度一直在经历着变化，以至于"祖国"这个语词的含义也变得模糊不清。

在1764年春写给一位日内瓦友人的信中，卢梭这样写道：

---

① 转引自诺拉，《追寻法兰西》，刘文玲译，北京：社会科学文献出版社，2017，页6—7。

......除了漠不关心的心情外,我再也不去想我原来的祖国了。我甚至在公开宣布这事时也不感到可耻,因为我完全知道我们的感情并不取决于我们自己,而且这种漠不关心的感情是由不知道憎恨的心尚残存的感情,这并不是因为我认为我已经与我的祖国没有关系了,一个人在死亡以前永远不会与祖国脱离关系。我仍然有责任感,但我已经没有对祖国的依恋之情了。[1]

卢梭在这里表达了自己再也不想关心日内瓦事务的无奈心情,但他知道,一个人与"祖国"的关系是*生存性*的,不是由个人的主观意志所决定,正如一个人的意愿或情感都不能改变自己与父母的关系。一个人可以不关心或不热爱自己的祖国,却无法否认这里就是自己的祖国,即使他的头脑已经被某种政治观念所占据。对于伏尔泰那类知识人来说,如果法兰西是一个坏国王在实行统治,那么,他就不认法兰西是自己的祖国。尽管如此,伏尔泰晚年还是难忍思乡之情回到巴黎,三个月后长眠于故土。

卢梭这封信写于《论剧院》出版之后5年,与卢梭

---

[1] 何祚康、曹丽隆编译,《走向澄明之境》,前揭,页274。

在《论剧院》开篇的言辞对照,不免令人嘘唏。他接下来还写道:

> 但这个祖国在哪里?它还存在吗?你的信对这个问题做出了决定。构成祖国的不是城墙,不是人,而是法律、道德、习俗、政府、宪法和由这些事物决定的存在方式。祖国存在于国家与其民众的关系之中。当这些关系发生了变化或者没有了,祖国也就成为子乌虚有了。因此,阁下,让我们为我们的祖国哭泣吧,因为它已经死了,而仍然留下的类似物只能玷污它。(同上,页274—275)

可以看到,随着启蒙时代出现的政治观念的剧烈变动,卢梭清楚意识到,"祖国"的观念或情感已经被政治观念取代了:启蒙知识人爱某种政治观念,而不爱祖国。卢梭则有人们通常所说的保守情怀,他会为"祖国"情感的死亡哭泣。

与1764年表达出来的沮丧情绪不同,在《论剧院》开篇,卢梭显得充满热情,要为"祖国"承担责任。这当然是作为一个城邦公民的责任,但同时也是一个哲人的责任,因为,卢梭不得不考虑自己的祖国所面临的启蒙时代。

总的说来，卢梭如果在一部作品里自称为"公民"，那么这部作品也将与公民制度有关。这些作品首先考虑的问题核心，毫无例外都是：对于一个健康的共同体而言，什么是好的？其他不涉及这一命题的作品则面向别的读者群。①

因此，在卢梭宣称的"第一责任"和"首要眷恋"之间，实际隐含着内在矛盾。换言之，卢梭的这个"我"既是哲人又是公民，"我"既要追问真理，也要担负起追求正义的公民责任，这如何可能？

公民卢梭的责任

这个问题不仅对卢梭有效，对法国的启蒙哲人们同样有效。因此，卢梭提出自己有责任、也有义务关切日内瓦共和国的*道德状况*，其实是在提醒达朗贝尔们应该关切法兰西王国的*道德状况*。卢梭接下来说：

---

① 凯利，《卢梭的榜样人生》，前揭，页55；比较雷森伯格，《西方公民身份传统：从柏拉图至卢梭》，郭台辉译，长春：吉林出版集团，2009。

> 每当私人的谨慎导致他改变这一次序时，他就要受到谴责。那么，我现在所做的该受到谴责吗？回答我的只能是这样的人——他有一个需要效劳的祖国，并且他热爱责任胜过对惹人不快的害怕。（序言1，页2）

第三人称的"他"指"全部道德仅限于表面"的那种人，"他"出于"私人的谨慎"而改变了"次序"。所谓"次序"指什么？

从公民的角度看，正义在真理之前；可是，作为哲人，首要考虑的是整个人类的幸福。在后文具体讨论达朗贝尔的日内瓦建议时，卢梭首先选择了"正义"和"祖国"，而非"真理"和人类，不也是出于"私人的谨慎"吗？

卢梭表面在批评达朗贝尔，实际上却将矛头指向了以伏尔泰和狄德罗为首的整个启蒙阵营。这种人喜欢谈论一种普世性的真理，却没有看到正义问题的具体性，而这种具体性与"一个需要效劳的祖国"相关。不过，我们仍需理解的一个关键问题是，卢梭所谓"全部道德仅限于表面"究竟是什么意思。

热衷启蒙的"达朗贝尔们"无视政治共同体之间的差异，甚至不惜抹平这一差异，最终结果必然是让公民

"失去故乡",失去"祖国",成为无根的游魂……

卢梭婉转表达了自己与巴黎的启蒙友人的区别:"我"虽然追求"真理",同时也承担公民的责任。可是,我们能说,无论伏尔泰或狄德罗还是达朗贝尔,他们没有承担公民责任吗?什么是"公民责任"和需要捍卫的"祖国"的利益?如果卢梭的修辞并非随意而为,那么他将"正义"置于"真理"之前和将"人类"置于"祖国"之前就显得是刻意的自相矛盾。

卢梭预见到他的这封公开信会受到启蒙友人的责难,因此他预先提出这样的问题:"我现在所做的该受到谴责吗?"这个提问是修辞性的,但又不仅仅是修辞性的。因为,如果卢梭作为哲人为捍卫日内瓦的利益而公然与追求"普世价值"的真理作对,那么,他应该受到谴责吗?

卢梭以这个修辞性问句向收信人提出的问题恰恰是:能够审判他的法官必须是那些视祖国利益高于一切的人。这就好像说,当年对苏格拉底提出的指控完全有道理,因为他受到的指控是给雅典城邦引入了"新神"和"败坏青年"。卢梭趁机提醒他的读者——那些正在旁观这出卢梭挑战启蒙哲人的"大戏"的观众,务必关注他言说的语境:眼下并非要讨论一个形而上的真理,而是涉及某个特定政治共同体的立法问题。卢梭巧妙地将论争集中在两个核心问题上：正义和祖国，似乎这才是他在《论剧院》中首要关注的问题。

令人困惑的是，在书信正文里，当卢梭进入共和国政治层面的讨论后，他并没有直接讨论正义问题。对此有两种显而易见的解释是：要么，城邦的正义是不证自明的，或者说日内瓦共和国的**现存秩序**是正义的；要么，按《论不平等》中的观点，在败坏和堕落的文明状态中，正义已变得不可能。

但是，还有一种隐蔽的可能性是，正义问题已经**内**化于整部《论剧院》的具体言辞行动中。换言之，卢梭写作这封书信的行动本身就是一次捍卫正义的具体实践。正义问题总是具体的政治问题，而非抽象的理论问题。卢梭再次暗示读者：出于哲人的审慎，他进入城邦是要讨论政治性问题，并非探讨形而上学的真理。因此，他提醒公众，在判断他的言论时，要考虑作者的具体言说处境和身份。

卢梭在此提出的问题指向了知识人的德性，即所谓"私人的谨慎"（ménagement particuliers）。我们知道，"谨慎"这个语词在苏格拉底的言传中或柏拉图笔下是个极为重要的德性概念，即通常所说的"节制"，这是一种难得的美德。但"私人的谨慎"也是一种美德吗？

> 如果我只考虑我个人的名声的话,我就肯定不会写这篇文章了;但是,这件事情不是什么我们喜欢不喜欢的问题,也不是我个人的荣誉问题;因此,只有履行我的义务,我才对我自己感到满意,才有理由认为我和你更近了一步。(序言1,页2)

可见,在卢梭看来,"私人的谨慎[节制]"应该服从于作为公民的政治责任。倘若出于纯粹私人利益的考虑,卢梭公开"攻击达朗贝尔先生"确实不智,他应该明哲保身,对这一事件不置一词,保持精明的沉默,最好是袖手旁观。公开发声只会给自己惹来不必要的麻烦,让自己陷入如今的"公共事件"之中。然而,卢梭选择公开指责启蒙阵营,选择为神权政体治下的祖国发声,这多少令昔日的友人困惑甚至愤怒。为此,卢梭的辩解是,公民对损害共和国的言行听之任之就是不义。正因为如此,他才会不"谨慎[节制]"地"攻击达朗贝尔先生"。

卢梭的这一修辞实际上区分了两种"不审慎":达朗贝尔或启蒙知识人的"不谨慎[节制]"和他自己出于正义感的"不谨慎[节制]"。卢梭暗示自己在更大的政治问题上谨慎:欲求"真理"当然是哲人心愿和生命存在的目的,但在涉及政治共同体的事务时,哲人有义务考虑到自己的"祖国"的政治状况。

卢梭说,"只有履行我的义务"时,"我才对我自己感到满意,才有理由认为我和你更近了一步"。这里的"你"直接指向达朗贝尔,卢梭似乎已预见到可能会受到启蒙阵营的责难,于是他反诘道:"我现在所做的该受到谴责吗?"由此引出的问题是,谁能审判卢梭?

卢梭提出,能够审判他的法官必须是那些视祖国利益高于一切的人,他们将自己的义务看得高于一切,甚至不惜冒天下之大不韪。

谁是有资格审判卢梭的法官?在日内瓦这个政教合一的共和国,法官当然是加尔文教的宗教议会。然而,卢梭真心相信加尔文的宗教议会是审判这封信的法官吗?如果我们考虑到卢梭心中有那位在雅典城邦饮鸩服法的哲人,他视城邦利益高于自己的生命,那么,对我们来说,卢梭心目中真正的法官究竟是谁就尚有待考察。

卢梭出身于"抗议宗"家庭,少年时改宗信奉天主教,直至与巴黎的朋友圈发生冲突(1754)后,他才重新皈依"抗议宗"。但是,我们很难把卢梭的这一皈依看作信仰上的转变,对他来讲,"抗议宗"或新教与罗马教会的冲突不过是基督教的**家内事**。卢梭少年时改宗天主教,因为华伦夫人是天主教徒,而非因为自己的信仰觉悟。同样，卢梭在1754年重新皈依"抗议宗"也不是出于信仰觉悟，毋宁说，这一行动仅仅表明他从一个离开母邦多年的浪子重新回归城邦，而这个城邦的宗教是加尔文教。

达朗贝尔的《日内瓦辞条》用了近三分之一篇幅介绍日内瓦的宗教，而且在多处暗示，日内瓦的加尔文教徒是不折不扣的**索齐尼信徒**（socinianisme）。诡异的是，在总领全篇精要的序言中，卢梭只字未提此事，好像他全然同意达朗贝尔等人对日内瓦宗教的批判，情形真是如此吗？

单就序言来看，很难看出卢梭对日内瓦的宗教问题到底持何种态度。仅仅翻看序言的"读者"，肯定会错过见识卢梭的真实面目的机会。

2 卢梭与启蒙教父伏尔泰

卢梭对他要"攻击达朗贝尔先生"做过这番颇具修辞的正当性论述之后，随即转向达朗贝尔的《日内瓦辞条》。

> 由于不是每个人眼前都放着《百科全书》，我会将《日内瓦辞条》中的一段促使我提笔写下此信

的文字转录于此。如果我这篇文章为追求由华丽辞藻带来的荣耀，那么，我一早就该扔下这支笔了。不过，我大胆追求的是另一种荣耀——那种不惧怕任何人竞争的荣耀。（序言2，页2）

卢梭在此突兀地提到两种荣誉："华丽辞藻的荣誉"与"另一种荣誉"。他明确说，眼下的这篇作品不会追求所谓的"美文"，而对于文人而言，追求这种荣誉很自然。但卢梭看重"另一种荣耀——那种不惧怕任何人竞争的荣耀"，这意味着，卢梭自认为不是文人。

卢梭要与谁"竞争"？为了什么而"竞争"？卢梭紧接着就说：

单单读以下这段话，不止一个读者会对这种看似经人授意的热情感到惊诧。不过，将这段话置入整篇文章的文脉来看，读者就会发现：这个在日内瓦并不存在的剧院（虽然那里也可能会有）居然占据了《日内瓦辞条》八分之一多，其篇幅与日内瓦事实存在的东西一样多。（序言2，页2）

卢梭挑明，他关注《日内瓦辞条》，是因为关于建剧院的事情占据了这个辞条"八分之一多"的篇幅，可见辞条撰写人对这件事情抱有很大的热情。同时卢梭又说,达朗贝尔对在日内瓦建剧院的"炽情看似经人授意"(zèle qui l'a pu dicter)。卢梭用dicter [授意、听写、支配] 一词直接挑明了达朗贝尔的写作是受某人教唆和指派。换言之,他要与之"竞争"的人不是达朗贝尔,而是"鼓动"达朗贝尔的那个人。卢梭说他要追求"那种不惧怕任何人竞争的荣耀",看来,"鼓动"达朗贝尔的那个人非同一般。

卢梭与巴黎的启蒙友人都知道,伏尔泰在日内瓦的家宅搞"小剧场"遭禁,因此,卢梭一方面说剧院"在日内瓦并不存在",又补充说"虽然那里也可能会有",伏尔泰本人以及巴黎的朋友们都能读出如此说法的意味。

卢梭还知道,达朗贝尔建议日内瓦建剧院与伏尔泰的剧作家身份有关,况且伏尔泰亲笔修改过达朗贝尔的《日内瓦辞条》。卢梭也不可能看不出来,达朗贝尔在辞条中关于戏剧的论述几乎照搬了伏尔泰在《路易十四时代》中关于戏剧的说法。[①]

1751年,时在普鲁士王国宫廷的伏尔泰匿名出版

---

① 伏尔泰,《路易十四时代》,吴模信等译,北京:商务印书馆,1982,页441。

了《路易十四的时代》，几天就卖完，随后欧洲各地出现盗印本。那年伏尔泰57岁，卢梭以及狄德罗的圈子的人都是他的晚辈，或者说都受伏尔泰作品的影响。非常凑巧，卢梭的《论科学和文艺》以及署名"一个文人团体编"的《百科全书》第一卷也在同年出版。这象征着"百科全书派"这帮年轻人与伏尔泰在思想行动上的某种契合：1749年，伏尔泰主动给年轻的狄德罗写信建立联系。

《路易十四时代》写到过17世纪的日内瓦，伏尔泰这样称赞当时的瑞士人：

> 他们生活穷困，对于因衣食丰足而产生的科学、艺术，一无所知。但是他们审慎而幸运。（《路易十四时代》，页24）

这个说法与卢梭在《论科学和文艺》中的观点不谋而合。如今，伏尔泰却改变立场，鼓励达朗贝尔撰文鼓吹日内瓦引进科学和文艺。显然，这与1756年伏尔泰在日内瓦搞家庭剧场遭禁的经历有关。伏尔泰的言行不仅让卢梭看到，这位启蒙教父并非真的替日内瓦民众的利益着想，为了自己的个人喜好，他要改变日内瓦人的"审慎和幸运"。作为日内瓦人，卢梭对伏尔泰"鼓动"达朗贝尔撰写辞条感到愤怒,完全可以理解。

伏尔泰是"美文家"。1758年,64岁的伏尔泰在巴黎社交界乃至整个欧洲都德高望重。卢梭说的"华丽辞藻的荣誉"很可能指伏尔泰的盖世声望:伏尔泰的语言风格温文尔雅,成了文人学士的楷模。卡西尔在《启蒙哲学》中提到,18世纪的欧洲上层社会普遍有改革学术语言的呼声:

> société这个法语词里同时含有社会和社交两层意义。人们不仅需要社会哲学也需要社交科学。不但政治的,而且理论的、伦理的和美学的理想都是在沙龙中形成,且都是为了沙龙才发展起来。温文尔雅成了衡量科学真知灼见的标准。只有那些能够用温文尔雅的语言所表达的观念才会被认为是清楚明白的。(卡西尔,《启蒙哲学》,页262。)

卡西尔所说的"温文尔雅"很可能与卢梭在这里挖苦的"华丽辞藻的荣誉"有关,因为这并非仅仅是文人风气的变化。毋宁说,追求"华丽辞藻的荣誉"其实是一种**政治行动**。狄德罗对此有相当明确的自觉意识,他将哲学语言的**大众化**视为一场思想革命。像伏尔泰的"美文"那样辞藻华丽,为的是**塑造**新的大众。在《关于解释自然的随想》(*Pensées sur l'interprétation de la nature*, 1754)中,狄德罗曾禁不住这样对同道们发出呼吁:

> 让我们赶紧使哲学大众化(de rendre la philosophie populaire)吧!如果我们希望哲学家向前迈进,就让哲学家在他们现在所处的地位接近人民(approchons le peuple),他们会不会说,有些作品是永不能变得为常人的智力所及的?如果他们这样说,只显得他们不知道良好的方法和长久的习惯能做出什么。①

按照著名的法国史学家莫尔内(1878—1954)在1933年出版的声誉卓著的史著中的说法,1750年之前,仅有少数人期待新思想,到了1770年,期待新思想的就不是少数人了。②由此看来,1750至1770年的20年间,是"沙龙文化"向"社会文化"转变的时期,狄德罗的呼吁想必起了富有成效的历史作用。

---

① 狄德罗,《对自然的解释》,见《狄德罗哲学选集》,前揭,页85。
② 莫尔内,《法国革命的思想起源(1715—1787)》,黄艳红译,上海:上海三联书店,2011,第二章。

面对启蒙哲人的如此"热情",卢梭是什么态度呢?在写作《论剧院》之前,卢梭刚写完《新爱洛漪丝》的第一卷(1757),尚未付梓。卢梭在序言中说:

> 我改变了方法,但不改变目的。当我想对成年人说话时,他们根本不听我的;也许我对儿童说话时,我将得到更好的听众;而儿童对于不加修饰的教训并不比伪装不好的药物更爱好。(《新爱洛漪丝》,页15)

与狄德罗的说法对比,我们不难看到一个决定性的差异:卢梭没有笼统地谈"大众"或"人民",而是区分"成年人"和"儿童"。换言之,卢梭似乎将受理性启蒙的民众视为儿童。他建议当面对人民(le peuple)发言时,要尽量用他们听得懂的语言(《新爱洛漪丝》,页15、17)。[①]卢梭看起来同样在搞启蒙,似乎与启蒙哲人并无区别,其实不然,他对"大众"或"人民"德性都心里有数。即便眼下写这封公开信,他依然小心翼翼。

卢梭在《新爱洛漪丝》的第二篇序言中还提到,

---

① 比较卢梭,《论不平等》序言,"关于注释的说明"。

为了替《论剧院》辩护，他曾想过公开发表《新爱洛漪丝》：

> 想为两篇文章中的一篇作辩护也没有使我歪曲另一篇文章的真实，我率先谴责自己也许比任人谴责更厉害。谁爱真理甚于爱荣誉，他便能够希望爱真理胜过爱生命。（《新爱洛漪丝》，页27）

卢梭在这里提到"真理"，而他所说的"不惧怕任何人竞争"即为了追求真理而"竞争"。现在我们知道，卢梭就达朗贝尔的《日内瓦辞条》发表公开信，是要与仅比自己年长18岁但名气大得多的伏尔泰就真理问题"竞争"，因为，他意识到自己的友人狄德罗在模仿伏尔泰。尽管如此，卢梭在这里并没有直接提到伏尔泰的大名。

尼采在《人性，太人性》中曾这样评价卢梭与伏尔泰的"竞争"：

> 战斗开始于1760年前后——日内瓦的公民和费尔奈的爵爷。从此以后，伏尔泰成了他那个世纪所需要的人：哲学家、宽容和不信仰的代表（直到那时，他只是un bel esprit［一个才子］）。他嫉妒和

仇恨卢梭的成功，这将他推向了"高峰"。①

倘若我们认同尼采的说法，将卢梭与伏尔泰之争归结于新老文人的声誉争夺战，未免有些低估两人的思想格局。卢梭可能预见到后世会有这类解读，他才在序言开头第一段就挑明此信的写作动机无关私怨。

无论如何，名重一时的法兰西院士达朗贝尔与费尔奈的爵爷共同合谋的《日内瓦辞条》仍是卢梭发难的导火索。那么，他们到底在这篇短文中说了什么？

卢梭随后在第二小节转录了《日内瓦辞条》中关于剧院建设的段落，好让达朗贝尔院士直接面对"观众"。

"剧院提议"在《日内瓦辞条》中的位置

《日内瓦辞条》共42个自然段，建剧院的提议恰好居中，位于第22段。在此之前，达朗贝尔依次论述了日内瓦城邦的地理位置、历史沿革、宗教传统、政治联盟、加尔文教会的历史、外交事务、军事、税收、政

---

① 见黑塞，《尼采与伏尔泰、卢梭的关系》，弗洛赫蒂编，《尼采与古典传统》，田立年译，上海：华东师范大学出版社，2007，页212。

治制度（议会、政府、法律、官员制度）、严厉的律法制度以及日内瓦人婚姻习俗的俭朴等等。在剧院建议之后，达朗贝尔依次谈到日内瓦的公共教育设施（公共图书馆、学校）、科技发展、自由传统、历史悠久的制表业、慈善事业等等，最后落脚在日内瓦的加尔文教会。可以看到，关于剧院的论述出现在讨论文教制度的开端，剧院与教会刚好置于这一部分的开头和结尾，各执一端。

达朗贝尔的《日内瓦辞条》关于剧院的提议是一个很长的自然段落，为了更好地理解卢梭的公开信，有必要分段来看这个辞条：

> 日内瓦不容许上演戏剧（comédie）。这并不是因为他们反对这些戏剧演出（les spectacles）本身，毋宁说，他们害怕演员行当中——那些爱打扮，挥霍和放荡的风气在青年中散播。然而，难道就不能通过严厉的法律以及良好地执法迫使演员的谨言慎行，以此整治这一缺陷吗？通过这一措施，日内瓦将既拥有戏剧演出又有良俗美德，真是两全其美啊。

达朗贝尔首先承认，戏剧演出可能会给日内瓦带来不良风气,但他同时认为,可以靠订立法律限制戏剧演出的品质来解决这一问题。显然,这话已经质疑日内瓦宗教议会禁止戏剧演出的做法。接下来他就说到戏剧的好处:

> 戏剧的演出将会培养公民们的趣味(goût)并且带给他们一种机智的精细,一种感觉上的敏锐,如不借助戏剧演出,这些极难获得。总之,文学绝不会助长放荡之风,日内瓦将融斯巴达的智慧(la sagesse)和雅典的优雅(la politesse)于一体。尚需考虑的是,要想与如此智慧、开明的共和国相配,就应当尽可能促使共和国允许戏剧演出。

所谓"机智的精细"和"感觉上的敏锐"这类人性品质,直到今天也还用在诗人或艺术家身上。换言之,达朗贝尔的心目中有一种政治理想,把这个政治体的公民培养成为诗人或艺术家,这的确是一种启蒙理想,不过也是卢梭在《论科学和文艺》中痛斥过的理想。达朗贝尔接下来批评道:

> 正是对演员职业的野蛮偏见助长了我们所指责的歪风邪气,而这种卑鄙的观念居然令那些对艺术

进步与存亡至为重要的人们深陷其中。演员们通过找乐子来补偿自己因出身而无法获得的尊重。在我们中间，一个有德性的演员则会受到加倍尊重，但是我们甚少关注他。税吏——公然侮辱穷人以获利的饕餮之徒；阿谀逢迎者，溜须拍马却从不偿还欠债——这些才是我们极为推崇的人。

达朗贝尔抨击对演员的俗见，称这种贬低演员的看法是"野蛮偏见"，他要为演员正名：其实，演员也可以是"一个有德性的演员"。达朗贝尔拿演员与"税吏"对比，似乎王国的官员才是**坏人**，而演员都是**好人**。用今天的话说，这显然是个**政治学**话题而非文艺学话题。

如果不单单容许演员留在日内瓦，而是一开始就用明智的法令（règlements sage）限制他们，接着保护他们，甚至在他们已获得如此多的尊敬时予以尊荣——当然，最终达到对待演员如同对待其他公民那样，绝对地一视同仁，那么，这个城市当然很快就会罕见地拥有一个备受敬重的演员团体（由于我们自己的错误，才这么少见）。

我们看到，达朗贝尔认为，演员应该拥有"公民"权利。言下之意，眼下的日内瓦共和国还没有做到这一点：演员还没有**演出的自由**。这一说法显然与伏尔泰的家庭剧场遭禁有关：当局禁止演出**不合法**。

> 让我们再加上一句：这里的演员团体将是全欧洲最出色的。那些痴迷戏剧且才华横溢的人，那些担心投身戏剧事业会在我们中间有失体面的人，就会潮水般地涌向日内瓦，因为在日内瓦不仅没有羞辱反倒会赢来尊重。他们能在此尽情施展如此迷人和罕见的天才。这个城市居住着许多法国人，他们在这里感到苦闷是因为他们被剥夺了戏剧娱乐。

伏尔泰不能在法国居住却能在日内瓦居住，这已经表明日内瓦在"开明"方面比法国先进。但达朗贝尔认为，日内瓦还做得不够，它应该在各方面都成为欧洲的楷模。读到这里，我们对《百科全书》辞条的品质会有具体的认识：它不是像如今的词典辞条那样，仅仅提供"信息"，而是在宣传一种**政治主张**。因此，我们接下来看到达朗贝尔说：

> 然而，日内瓦该是娱乐的居所正如它现在是

哲学和自由的家园。何况，这些外国人不再诧异这个城市何以会禁止得体、正派的戏剧，反倒让那些粗鄙、愚昧的闹剧大行其道——这些闹剧敌视（contraires）美好的德性如同仇视高雅的品味。非但如此，日内瓦的演员——他们拥有规范的品行，令人愉悦的尊敬，他们会逐渐成为其他国家（des autres nations）的演员们的典范，同时也给那些至今仍用如此严苛、甚至轻率的态度对待演员的人一个教训。这一切都将不再出现了：他们一边领着政府的津贴，一边却备受咒骂；我们的牧师将扔掉动辄逐出教会的陋习，我们的中产阶级（nos bourgeois）则不再蔑视地对待他们。（序言3，页2—3）

这些言辞明显是在公然抨击日内瓦的教会统治，暗中将伏尔泰的家庭剧院遭禁的事情说成一场"闹剧"。吊诡的是，达朗贝尔把加尔文教会治下日内瓦城的戏剧演出禁令说成"野蛮偏见"，并劝教会当局革除这种"陋习"，却又说日内瓦现在已经是"哲学和自由的家园"。似乎日内瓦允许伏尔泰这样的人在此居住体现了日内瓦是"哲学和自由的家园"，但它还应该是"娱乐的居所"。

初读这段关于在日内瓦建剧院的建议，我们不难体会到三点。首先，行文风格的确具有伏尔泰的风格，即闲散而优雅，娓娓动听；第二，强调做演员和演戏本身是一种德行，演戏与"粗鄙、愚昧的闹剧"（指日内瓦曾允许街头艺人或木偶艺人在集市上的露天表演）不是一回事；第三，整个这段言辞与其说是在建议日内瓦建剧院，不如说是在抨击日内瓦的政治秩序。

随后，达朗贝尔以下面这段话结束他的建言：

> 由此，小小共和国就会光荣地成为全欧洲在这一点上改革（réformé l'Europe sur ce point）的先驱，其重要性远甚于人们的想象。

日内瓦真的是"哲学和自由的家园"吗？如果日内瓦是这样的"家园"，怎么还会有许多"野蛮偏见"？也许，伏尔泰想到自己的《风俗史》能在日内瓦首印，他才借达朗贝尔之口如此表达。但是，他的家庭剧院遭禁，又表明日内瓦还残存"野蛮偏见"。不难看出，达朗贝尔和伏尔泰对日内瓦的政治状况既满意又不满意。对启蒙知识人来说，"娱乐的居所"是启蒙知识人心目中的"哲学和自由的家园"的品质特征。

这段关于取消演剧禁令的提议出现在整个辞条的中间，两位启蒙知识人想必考虑到日内瓦当局和教会人士会担心城邦的权威及风习因剧院的出现而受到削弱和冲击，因此，在提出建言之前，他们先歌颂了一番日内瓦的政治制度和法律乃至日内瓦人的婚姻习俗。紧随这段颇具用心的关于演员德性和戏剧演出的议论之后，达朗贝尔又大肆夸赞日内瓦的教育和科技发展，仿佛日内瓦已然是理想之邦了，什么都好，除了没有剧院。

换言之，达朗贝尔把最具挑衅的言辞放在了整个辞条的中间。卢梭说关于取消演戏禁令的提议在《日内瓦辞条》中占了八分之一篇幅，无异于把辞条中这段最具挑衅性的话拈了出来。

事实上，取消演戏禁令的提议虽然在《日内瓦辞条》中仅占了八分之一篇幅，但就篇幅而言，仅次于介绍日内瓦加尔文教会的部分。由此来看，在达朗贝尔和伏尔泰眼里，日内瓦远不是他们心目中的理想城邦，因为加尔文的教会还在管制人民的生活方式。

总起来看，达朗贝尔实际上提出了三条为戏剧辩护的观点：1．戏剧培养的品味不会败坏风尚；2．法律可以规范演员的行为，演员将会成为道德榜样；3．日内瓦应成为全欧洲的文化中心。

巴黎是日内瓦的榜样？

前文曾提到,达朗贝尔在《日内瓦辞条》中关于戏剧的说法与伏尔泰在《路易十四年代》中的说法如出一辙。现在我们值得具体看看是否如此。

在《路易十四时代》中,伏尔泰这样赞美巴黎:

> 一切科学、艺术、趣味爱好和需求在这里都能得到及时的热情支持和大量帮助。大量牢固实用和讨人喜爱的东西在这里汇集,再加上巴黎人特有的坦率性格,这一切都促使大批法国人到这社交生活的祖国来旅行或留居。(《路易十四时代》,页440)①

伏尔泰赞美巴黎的首要理由是,这里鼓励"一切科学、艺术、趣味爱好和需求",因此他将法兰西王国的巴黎比作古希腊的民主城邦雅典:"在所有不涉及凭借武力和威势而具有价值的其他方面,雅典可与罗马帝国相媲美。"但巴黎胜过雅典,因为,巴黎是路易十四

---

① 比较伊戈内,《巴黎神话:从启蒙运动到超现实主义》,喇卫国译,北京:商务印书馆,2013,页32—37。

治下的法兰西王国的中心,从而具有罗马的威力。雅典有科学和文艺但没有威力,罗马有威力但没有科学和文艺,法兰西王国的巴黎兼有两者,从而"在生活美妙甜蜜方面远远超过极盛时期的罗马和雅典"(同上,页440)。

一个政治体若既有强大的经济和军事实力又有繁荣的科学和文艺,那么,它就是人们心目中的伟大政治体,或者说现代化的楷模。即便在今天,史学家或思想史家都会同意,法国的启蒙运动时代是文明进步的标志:

> 在此一世纪绝大多数的时间当中,法国乃是欧陆文化领导者——其次则是英国。宫廷里的人(渐渐地,中产阶级也是一样)都把法国当作是文学、艺术、建筑风尚的典范;同时以凡尔赛宫为中心,加上其附属的家具、衣着、烹饪艺术等所形成的新的高雅之社会行为也成了欧洲人模仿的对象。(卡西尔,《启蒙运动》,页41)

对于伏尔泰的这种"趣味",卢梭早就了然于胸。因为,他在1754年的《论不平等》中推崇另一个古代城邦——厉行节俭、崇尚武力的斯巴达,与伏尔泰唱对台戏：

> 在斯巴达，法律所关切的主要是儿童的教育，吕库古在那里树立了无须法律辅助的道德风气，因为法律一般说来弱于情欲，只能约束人而不能改变人。（《论不平等》，页131）

与伏尔泰的视角对比，我们可以说：伏尔泰看重开放人身上的"一切"趣味爱好和欲求，卢梭则看重约束和规范人的趣味爱好和欲求。[①]

因此，卢梭几乎全文照引《日内瓦辞条》中如此长篇幅的论及剧院的内容，也就不令人困惑了。他仿佛要那些难以接触到《百科全书》的日内瓦公民看清楚，达朗贝尔给他们的祖国提出了一个什么样的建议，促使他们认真思考：日内瓦是否应该与巴黎接轨，巴黎是否应该成为模仿对象？

大多数日内瓦人会不加思索地认为，巴黎的"文化"当然应该是"没文化"的日内瓦共和国效仿的楷模。巴黎仿若舞台上光彩夺目的演员，台下观众情不自禁地群起效之。小小的日内瓦城邦共和国取代巴黎成为

[①] 比较伊戈内，《巴黎神话：从启蒙运动到超现实主义》，前揭，页45。

全欧洲的中心，多么诱人的梦想……

然而卢梭**不合时宜**地认为，伏尔泰和达朗贝尔的言论对日内瓦青年有害无益，他以这样的言辞来表达自己的忧虑：

> 日内瓦的青年人带着怎样强烈的愿望——在如此举足轻重的权威诱导下——深信他们自己对演剧早已如痴如醉啊！自从这卷《百科全书》面世后，多少日内瓦青年同时也是日内瓦的好公民们正盼望着建一座剧院的时刻到来，他们相信正在服务于祖国，甚至全人类呢。而这正是我担心、也是我想要避开的坏事。（序言4，页5）

卢梭的说法带有明显的修辞色彩，像是在公开演说。小小的日内瓦共和国有多少年轻人会想到要"为祖国服务"（rendre un service à la patrie），或者"为全人类"（genre humain）服务呢？换言之，卢梭并非真的是关切日内瓦，他考虑的其实是何谓"好城邦"问题——那个古老的奥德修斯式问题。

卢梭站在城邦一边，显得是在与启蒙知识人**争夺青年的教育权**。现实中的日内瓦对青年人拥有施教权力的是加尔文打造的教会，难道卢梭与严律的加尔文教会是同一个立场?

这个问题接下来很快就会见分晓,但现在卢梭仅仅提出:

> 我会公正地对待达朗贝尔先生的意图(intentions),我希望他待我会同样如此。(序言4,页5)

在这里卢梭再次强调了"我"的姿态,这意味着他正式对台前的达朗贝尔和幕后的伏尔泰发出了挑战书。卢梭的公开信既是写给达朗贝尔和伏尔泰的,同时也是为启蒙时代的公众而写:"意图"一词不仅指达朗贝尔的言辞有隐而不显的地方,毋宁说,卢梭要追究的是启蒙的"意图"。

卢梭像一位愤慨的日内瓦公民,但我们很难说这仅仅是一种"姿态"。毋宁说,**正义感**是他的个体品质。他觉得这些异邦的启蒙友人们为了自己的个人偏好,竟然不顾及他的母邦的德性品质,怂恿日内瓦人去追求对自己有害的生活方式。伏尔泰和达朗贝尔为了自己的个人偏好提议日内瓦**模仿**巴黎的样式,这对日内瓦共和国来说实在是"灾难性的一着":

这段话无疑给我们描绘了最可爱,最迷人的画面。但是,与此同时,也可能是给我们赠予了最危险的建议(conceil)。至少,我的看法是这样的,我的理由都在这封信里。(序言4,页5)

然而,来自巴黎启蒙友人们的压力迫使卢梭不得不站出来自我辩护,为自己的行动做出解释:

难道我不能凭着我的良知(ma conscience)和我的智识(mes lumières)行动、说话吗?(序言4,页5)

这里出现的*良知*(concience)一词值得格外关注,因为在《论剧院》正文中,这个语词频频出现。但是,要把握卢梭所说的"良知"的实际含义并不容易。在《论不平等》中,卢梭针对霍布斯《利维坦》的"自然状态"论提出了著名的反论。与霍布斯对自然人性的理解不同,卢梭所设想的自然人身上有与"善恶无关的自爱的本性"——自然的善。[①]良知是这种自然的善的延

---

① 参普拉特纳等,《卢梭的自然状态:〈论不平等的起源〉释义》,尚新建、余灵灵译,北京:华夏出版社2008,页42。

伸，前提是必须与理智结合。在1762年的《致博蒙书》中，卢梭写道：

> 只有与人类的理智相伴，良知才会得以发展并活跃起来，也只有依赖于理智，人才能企及秩序的知识，只有当人认识到秩序，他的良知才会引领他去热爱秩序。因此，当人还没有比较心，没有认识到他身边的各种关系时，人就毫无良知可言。在这种状态中，人只知道爱自己；他并不把自己的幸福看作与任何他人的幸福相对或一致。他既不会恨也不会爱，只是限于身体的本能，他一片空白，愚昧无知。①

由此看来，卢梭所谓的"良知"指一种共同体意识，或如今所谓的"社会道德意识"，这种意识得以产生的前提依赖于外在和内在两个层面的条件：外在层面依赖于共同体秩序或城邦的政治制度，内在层面依赖于人的理智。这意味着，有什么样的秩序，公民就有什

---

① J.-J.Rousseau, *Lettre à Christophe de Beaumont*, Le Pléiade edition, vol.4, pp.935—936; J.-J.Rousseau, *Letter to Beaumont*, J.R.Bush&C.Kelly trans, University Press of New England, 2001, p.25.

么样的"良知",因而,道德的政治秩序非常重要,否则,人的理智很容易被败坏。

因此我们可以说,卢梭在这里所说的"凭着我的良知"具有双关含义:既表明自己是有"良知"的公民,有不能容忍达朗贝尔的不当言论的权利,又表明自己是日内瓦秩序的捍卫者。

> 要想在这类情况下拥有保持沉默的权利(droit),为了一些微不足道的事,本应永不执笔。宁静而甜蜜啊,这种持续了30年的福气,我本当知道如何一如既往地爱你们。本应无人知晓我和《百科全书》的编辑曾经有过什么关系:我曾为这本书写过多少辞条,我的名字曾列席编者之位。(序言5,页5)

这段话像是在对那些关心日内瓦建设剧院的青年公民讲话,似乎将他本人与《百科全书》扯上关系是一件羞于启齿的事情。但在卢梭的巴黎友人读来,恐怕会有另一种味道:卢梭这是在向他们委婉地表达决裂。他不愿意再含含糊糊,一方面以"日内瓦公民"的名义发表文章反对启蒙行动,另一方面又与巴黎的启蒙智识人搅在一起:1755年才出版的《百科全书》卷五中就有卢梭撰写的辞条《政治经济学》。

所以，卢梭接下来再次提到他对祖国的职责，以此修辞筑成一道无形的"城墙"，犹如城邦外围的防御工事。

> 我那对祖国的热情啊，本应鲜为人知，但是，在别人揣测《日内瓦》一文已躲开了我的眼目时，或他们不能从我的沉默中得到支持其所言的信息时，就显得十分必要了。（序言5，页6）

卢梭的这段话似乎在告诉自己的巴黎友人，以前他总是把"对祖国的热情"仅仅揣在心里。现在，由于达朗贝尔的《日内瓦辞条》已经公之于众，他作为"日内瓦公民"再也藏不住"对祖国的热情"，不得不挺身而出。这个"我"的姿态与其说是"公民"姿态，不如说是"城邦卫士"的姿态：

> 既然这一切都不可能，那么我必须发声；我必须否认那些我根本不同意的观点，免得他人而非自己的观点归咎于我。我的同胞们并不需要我的忠告，我很清楚这点。至于我，出于自己荣誉的需要，必须展示对我们的准则（nos maximes）的思考。（序言5，页6）

这段言辞清楚表明，卢梭的公开信不是为日内瓦公民而写的，因为，"我的同胞们并不需要我的忠告"。为了自己的"荣誉"，卢梭表示"必须展示我对我们的一些准则的思考"。所谓"出于自己荣誉的需要"，指作为日内瓦公民的"荣誉"，甚至日内瓦"城邦卫士"的荣誉。哲人并不看重"荣誉"，按亚里士多德在《尼各马可伦理学》中的说法，政治人才看重"荣誉"。

卢梭参与了《百科全书》辞条的撰写，从而显得与启蒙知识人是同道，尤其重要的是，他显得是参与搞启蒙的政治人。另一方面，他又以《论科学和文艺》以及《〈纳尔喀斯〉序言》和《论不平等》让自己显得是启蒙的批评者，但这同样让他显得是*政治人*。因此，他要捍卫"自己的荣誉"。

但是，卢梭宣称他"必须展示我对我们的准则的思考"，这里的"对我们的准则"（sur nos maximes）中的"我们"指谁，显得颇为含混，什么"准则"同样含混不清。如果"我们"指卢梭与巴黎的友人们，那么，"准则"指启蒙知识人赖以搞启蒙的道理。如果"我们"指日内瓦公民，那么，"准则"当指日内瓦当局禁戏的道理。

无论哪种情形，"思考"（pense）这个语词又透露出卢梭是个哲人，因为，哲人的首要标志是"认识自己"。

卢梭的"公民"身份与他的写作技艺

为了进一步看清卢梭在文本中呈现的"我"的姿态,我们有必要搞清楚"日内瓦公民"的实际含义,因为,卢梭在发表作品时用的这个署名,更多具有宣示含义。至少,在发表《论科学和文艺》时,卢梭并非是实际意义上的日内瓦公民。

严格意义上的"日内瓦公民"指"出生在日内瓦城而且其父亲已经是公民即有财产的人",用今天的话来说,"公民"指纳税的市民,只有"这些人享有公民权和其他政治权利,有权从事各种各样的职业和当选主要官员"。[①]这类公民可以称为"完全的公民",还有另一种公民当称为"一般公民",即他们靠个人财富取得公民投票权这样的政治权利,却不能在政府内担任官职,尽管这些人在日内瓦人口比例中占少数。可见,是否有权选举和被选举为城邦官员是"完全的公民"标志。与雅典城邦一样,日内瓦的青年人和妇女都没有投票权,从而不算"完全的公民"。

按照上述规定,卢梭既非"完全的公民"也不是"一般公民",因为他既不是纳税的市民,他也没有财

---

① 特鲁松,《卢梭传》,前揭,页3。

富让自己成为"一般公民"。然而，写《论剧院》这封公开信时，卢梭是特殊的"完全公民"：1754年，卢梭因回归日内瓦教会并凭靠自己的特殊"财富"即他在欧洲知识界的声誉而获得了"完全公民"身份。自此以后，卢梭即便在个人交往中也显得有了"公民责任感"。卢梭之所以突出"我"与"我们"，一方面要拉近与日内瓦公民的距离；另一方面则意在暗示，达朗贝尔和伏尔泰这些外邦人对日内瓦的政治问题没有说三道四的权利。在1755年9月10日致伏尔泰的信中，卢梭委婉地批评这位启蒙教父缺乏节制：

> 尽管需要有一些哲学家、史学家、学者来启发世界，引导它的盲目的居民，假如聪明的姆农对我说真话，我就不知道还有什么人比一群智者更疯狂了。①

姆农（Memnon）是伏尔泰在1748年发表的小说《姆农或属人的智慧》（*Memnon ou la sagesse humaine*）中的主人公，为人极挑剔，有相当精明的理性，但在生活中却处处碰壁，与伏尔泰在1759年发表的

---

① 卢梭，《卢梭自选书信集》，前揭，页227。

小说《老实人或乐观主义》(*Candide ou l'Optimisme*)中憨直和顺的主人公恰好相反。

《老实人或乐观主义》远比《姆农或属人的智慧》著名，早在我国的新文化运动时期就已经有徐志摩、傅雷等名家的中译本，迄今不断重印。[①]伏尔泰借"老实人"偶遇的学者马丁之口来批评他的祖国："在［法兰西王国］这个荒唐的国内，不论是政府，法院，教堂，舞台，凡是你想象得到的矛盾都应有尽有。"卢梭看出，这个被称为"索齐尼教派"学者的眼光其实是启蒙文人伏尔泰的眼光。换言之，伏尔泰作为一个哲人和作家对自己的国家处处看不顺眼。

卢梭对自己所属的城邦也有看不顺眼的地方，如他在公开信中所说，"至于我，必须展示对我们的一些准则的思考"。但是，卢梭有"对祖国的热爱"，这是他恪守的最为基本的底线。鉴于如今我们的不少知识人更像伏尔泰而非卢梭，我们值得看看卢梭恪守这个底线的理由，因而他说自己有"太多顾虑"：

> 我为我的祖国写作（J'écrivais pour ma patrie）；
> 要是炽热能取代天赋的话，我说不定还会写得更好；

---

① 伏尔泰，《老实人》，傅雷译，上海：上海译文出版社，2017。

> 但是我明白,需要做的事并不一定能付诸于行。我冷酷地说出真理,可又有谁会在乎真理呢?一本让人沮丧的劝谏书!(序言6,页6)

卢梭拒绝用"炽热"(zèle)代替"天赋"(talent),为什么?何谓"炽热",什么样的"炽热"?我们崇拜伏尔泰,却从来没有问过这样的问题,仅仅崇拜"炽热"。尼采也崇拜伏尔泰,他问过这样的问题吗?[1]

> 要想有效果,这本书得写得迷人,而我的笔早就丧失了那种技艺(art),如果有的话,就该恶狠狠地抗议这种丧失。好吧,不管怎么样,我感受到我在下降,降到不能再低了。(同上)

卢梭懂得而伏尔泰也懂得,要想文字有效果,就必须"写得迷人"。卢梭说自己"早就丧失了"这种"技艺"(art),但他又说"该恶狠狠地抗议这种丧失"。按注疏家的说法,卢梭此处实际上的意思是愤然地说:"因为,我并没有丧失这种技艺。"

---

[1] 黑勒,《尼采与伏尔泰及卢梭的关系》,前揭,页219—221。

这段话最让笔者感到惊讶的是,卢梭说:"我感受到我在下降。"熟悉柏拉图《王制》的读者都知道,开篇第一个语词就是"我下到"。[①]如果卢梭的"我感受到我在下降"的"下降"(déchu)是在模仿柏拉图笔下的苏格拉底,那么,我们就应该意识到,卢梭对自己是"谁"有非常自觉的意识。

卢梭还说"我降到不能再低了"(l'on ne tombe pas au-dessous de rien),这话让我们不得不想到《王制》中著名的"洞穴喻"。

我们更应该注意到,关于"下降"的说法紧接关于写书应该"写得迷人"的说法。换言之,这两个说法之间有内在关联:写书应该"写得迷人"是因为"我降到不能再低了"。这意味着,卢梭对写作技艺为何应该追求"写得迷人"有一种**政治哲人式**的自觉意识。与卢梭相比,伏尔泰明显缺乏这种自觉意识。正因为如此,卢梭对伏尔泰的写作——哪怕是小说写作——"技巧"不以为然,哪怕他"写得迷人"。

显然,问题在于,一个有政治责任感的哲人必须

---

① 参见刘小枫,《柏拉图笔下的佩莱坞港》,氏著《王有所成》,上海:上海人民出版社,2015,页35;比较沃格林,《向上的路和向下的路》,刘小枫选编,《〈理想国〉要义》,张映伟译,北京:华夏出版社,2006,页173。

意识到，写作为什么或为了什么而应该追求"写得迷人"。在《论不平等》中卢梭曾明确说过：对于自然状态中相互隔绝的野蛮人而言，"思考的技艺（l'art de penser）"毫无意义。

> 从那一整套无法传达、随个体灰飞烟灭的形而上学中引出的技艺又能获得什么效用？（《论不平等》，页85）

形而上学"无法传达、随个体灰飞烟灭"，这等于说，形而上学的思考是哲人的"私事"，而且因深入幽微或飞升到天外而无法传达。若要表达私人的形而上学之见，即便"写得迷人"，"又能获得什么效用"（utilité）。哲人"冷酷地说出真理"，若还"写得迷人"，不难设想，其"效用"更为可怕。

卢梭在这里宣称自己早已"丧失"了这种"写得迷人"的技艺，但又"该恶狠狠地抗议这种丧失"，很可能是在表达自己的"觉悟"：从前他跟伏尔泰竞赛"写得迷人"的技艺，但他后来领悟到，要以另一种方式与伏尔泰竞赛。在《论科学和文艺》中，卢梭点了伏尔泰的本名"阿鲁厄特"（Arouet）：

> 告诉我们吧，大名鼎鼎的阿鲁厄特，为了迎合我们矫揉造作的精巧，你牺牲了多少强健的男性美！你的谄媚造出多少精巧的小玩意儿，却使你失去了多少伟大的东西！（《论科学和文艺》，第44段）

与《论剧院》序言中关于"写得迷人"的这段含糊其辞的说法对照，我们不难体会到：卢梭作为哲人意识到自己"下降到洞穴"。与此相反，伏尔泰作为新派形而上学（牛顿物理学）的学生，却要凭靠"写得迷人"的"技艺"把人们带出"洞穴"。[①] 为此，伏尔泰弃绝了自己的祖国，而且要让他的公民同胞跟他一起像索齐尼教派的学者一样，对自己的祖国法兰西哪里都看不顺眼。

哲人回到"洞穴"，就与祖国有了生存上的联系。卢梭的这段关于"写得迷人"和"我感受到我在下降"的说法，为我们理解《论剧院》这封公开信提供了决定性的提示。显而易见，这封公开信写得一点儿都不"迷人"：不仅冗长甚至啰唆，还时不时地前后矛盾。这种写作风格与卢梭以往的作品（《论科学和文艺》《论不平等》）迥然有别。即便与同时期创作的《新爱洛漪

---

① 比较盖伊，《启蒙运动（下）：自由的科学》，前揭，页119—122。

丝》也风格迥异。

于是我们看到，在这一部分即将结束时，卢梭语带叹息："这篇写作是如此地远离了初衷。"我们值得问：卢梭的初衷是什么呢？卢梭在序言第五段中曾提到"30年的宁静甜蜜"，我们可以说，卢梭的"初衷"是过自己的"宁静甜蜜"的生活，置身洞穴之外。可是，"洞穴"也是"祖国"：正是"祖国"迫使他"下降"，除非卢梭宣称自己没有"祖国"。

3 哲人在洞穴中的双重姿态

现在我们可以来看整篇序言的内在结构：前面的论说可以分为两个小节，接下来的四个自然段（序言7—10）构成了第三小节。在前一小节中，感受到自己"下降"的卢梭在做最后的辩解性说明，向潜在的读者解释为何重返洞穴，他作为哲人在政治共同体（"洞穴"）中应该如何作为。

卢梭对谁言说？

此时，卢梭的言说对象悄然发生了改变。他不再对启蒙友人说话，而是转向"日内瓦公民"或"公民社

会"的主体。卢梭一改先前的忧伤和愤懑,神情严肃地慨然陈辞:

> 首先,我在这里要处理的不是些空洞的哲学废话,而是对于人民来说至关重要的实践性真理。我在这里并非面对少数人发言,而是面向公众,与其说是强迫他人思考,毋宁说为了清晰地解释我的思想。因此,我不得不改变我的文风。为了让所有人更好地理解我,我就要用更多言辞说更少的东西;渴望清晰和浅白的我却发现自己松散和啰唆。(序言7,页6—7)

如果我们细心的话,就应该注意到这段话里含有**五组对立词语**,形成**两类修辞**,分别对应卢梭的**哲人面具**和**公民面具**。当他对"少数人"说话时,哲人卢梭会说些"空洞的哲学废话",他会用"更多的词语",甚至是显得"松散和啰唆"的话来"强迫他人思考",因为哲人卢梭面对的是哲人共同体的同行。但是,当公民卢梭面对"大众",讲出那些"实践性的真理"时,卢梭就得用"清晰和浅白的"语言风格,以便他能在公众面前,"清晰地解释自己的[意图]"。

这段话意味深长。首先,卢梭宣称要抛弃"空洞的哲学废话"（un vain babil de philosophie），因为这类言辞不符合"人民"（un peuple）的利益。与"人民"有关的"真理"是"实践性真理"（vérité de pratique），这类"真理"属于政治共同体或自己的祖国，因此不能"面对少数人发言，而是面向公众"。这里的"公众"还不能与"公民"画等号，因为他说自己不会"强迫他人思考"（ni de faire penser les autres），而他懂得不可能"强迫"公众思考。

现在我们看到，卢梭在序言中首次明确表示：《论剧院》的言说对象是"公众"，这意味着卢梭清楚意识到，由于是公开信，除了自己的启蒙友人外，自己是在**对谁说话**，从而需要面对什么问题。这让笔者想起《论不平等》的开篇的一段说法：

> 由于这个问题关系到一般的人，因此我要尽力采用能适合所有民族[国家]的语言，或者更确切地说，忽略时间和地点，只考虑听我谈论的那些人。我想象我就坐在亚里士多德的雅典学园里，温习着我的老师们教授的课程，请柏拉图和克塞诺克拉特那样的人作为我的法官，整个的人类就是我的听众。（《论不平等》，页71）

这段说法让我们看到，《论不平等》不是在"洞穴"中说话，而是在"亚里士多德的雅典学园里"讲课，卢梭的听众不是日内瓦的公民，而是"整个的人类"。由于"法官"是柏拉图和**克塞诺克拉特**（Xenocrates，公元前396—前314），卢梭不仅不考虑"一般平庸的（vulgaires）读者"，还务必不要引起他们的关注，遑论引发他们的思考（《论不平等》，页105）。

与《论不平等》不同，《论剧院》是"为我的祖国写作"，从而"下降"到了洞穴的最低处。《论剧院》面对的是一个具体的政治共同体，自有其独特的政治品性、传统习俗和宗教信仰。因此，卢梭就不能使用那种普适性的写作语言，而是以一个日内瓦公民的身份来思考"实践性的真理"。

但是，难道唯有日内瓦共和国才是"洞穴"，其他共和国或王国——法兰西王国也好、普鲁士王国也罢——就不是"洞穴"了吗？如果答案是否定的，那么我们就不能说，卢梭仅仅是"为我的祖国写作"。毋宁说，他是在为每个"公众"的祖国写作。

由此看来，哲人卢梭在"下降"到城邦时划下了两道分界线：既与启蒙阵营划清界限，又与日内瓦公民形成区隔。这意味着，当卢梭使用哲人的修辞面具时，他想要表达的是，哲学从来都只会是**少数人**的志业，启蒙哲人企图打破少数人与多数人的界限，竭力使哲学普及化，其结果必然是强迫大众思考自己本来不关心、天性上也无力关注的问题，因此不仅是"空洞的哲学废话"，而且是"危险的一着"。

当卢梭戴上公民的修辞面具时，他既要面向大众公开宣讲"实践性真理"，就不能使用"松散和啰唆"的推理式语言，而是要用能被大众理解的"清晰和浅白"的叙述向公民们解释自己的观点，以示自己与启蒙哲人的差异。

《论剧院》需要双重修辞，因为卢梭既要与启蒙友人讲理，又要说服"公众"。换言之，卢梭很清楚：《论剧院》这封公开信势必引起整个欧洲的关注。在发表《论科学和文艺》时，卢梭就已经有这样的自觉意识，他说：

> 我预料，人们很难宽宥我敢于持有的一方。既然忤逆人们在今天热衷的一切，我只好等待普遍的非难；何况，为了得到某些个贤哲的赏识而获得荣誉，我也不该指望公众的赏识；因此，我的主意已定；我不会费心去讨美妙才智或者风头人物喜欢。任何时候都会有人天生受自己的时代、国家和社会的意见的支配。在今天，一个自由才智和哲人

的所为，出于同样的原因，兴许不过是在成为同盟时代的狂热分子而已。要想超逾自己的时代而活，就得决不为这号读者写作。（《论科学和文艺》"前言"）

然而，卢梭说他"要用更多言辞说更少的东西"——这是什么意思呢？我们需要继续往下读：

> 开头，我也就打算写一个印张，或者至多两个印张。然而仓促动笔，下笔就收不住，只好信笔而至，由它去吧。我正在生病且心怀悲伤，我多么想散心遣怀啊，我觉得自己无论思考还是写作皆如此贫乏，若非履行责任的信念支撑，我早就上百次地将我的手稿付之一炬了。（序言8，页7）

这段话大概属于卢梭所谓的"松散和啰唆"（lâche et diffus）的修辞，但这段话也在"明晰地解释自己"："我正在生病且心怀悲伤，我多么想散心遣怀啊。"这话并非装腔作势，卢梭后来在《忏悔录》中有详尽交代，写作《论剧院》时，他的健康状况一度恶化。从当时卢梭与友人的信中也能看到,他绝非在无病呻吟。①

尽管如此,对于有古典学养的哲人来说,"病"也是一个隐喻。在《爱弥儿》的扉页,我们可以读到出自塞涅卡《论忿怒》(11.13)的一句话:

> 我们身患一种可以治好的病;我们生来向善,如果我们愿意改正,我们就得到自然的帮助。(《爱弥儿》,页5)

联系到《论科学和文艺》对科学与艺术的攻击以及《论不平等》对"文明状态"的攻击,卢梭是否在暗示,他在《论戏院》中会延续这种攻击?换言之,这是

---

① "卢梭的病"是西方卢梭学界长期研究的一个课题,甚至不少医学专业人士也投身其中,试图借助现代医学手段复原卢梭在其作品及与友人的通信中所描述的身体症状,期望能搞清楚卢梭生前到底患了何种病。但是,正如卢梭专家斯塔罗宾斯基在短论《卢梭的病》(1961)中所言,"他的才华、对病痛的诉说面对死亡的态度,让他的人格成了一个谜:'卢梭的病'是有风险的问题,如果我们要对之有所断言,我们会让历史资料证明我们希望看到的,但这问题不会有实质的进展。"相对于医学专家的兴趣,斯塔罗宾斯基更看重卢梭的文本,他与我国的卢梭研究学者徐前进通信时建议:"一定要回归卢梭谈论其身体和健康的方式上,不是去寻求事实意义上是什么情况。"参见徐前进,《一七六六年的卢梭:论制度与人的变形》(后文简称《一七六六年的卢梭》),北京:北京师范大学出版社,2017,页14—15。

否就是卢梭说"我要用更多言辞说更少的东西"的意思呢?

在笔者看来,卢梭在自嘲得了"文明病"。前文曾提到,卢梭在同一时期创作的《新爱洛漪丝》中批评过法国文人热衷辞藻华丽的漂亮文风。卢梭借朱丽的情人圣·普栾之口批评法国戏剧界盛行的冗长、拖沓的戏剧风格:

> 法国舞台上的台词多而动作少,这也许是因为,实际上法国人说的比做的还要多,或者至少他们对说话看得比做事价值更高。(《新爱洛漪丝》,页288)

看来,政治共同体的道德品质就是卢梭所说的"更少的东西"。换言之,卢梭特别关心戏剧,仅仅因为他认为启蒙戏剧会败坏公民的道德品质。但是,在已经"开化[启蒙]"的时代,谈论公民的道德状况又十分危险,因为,平等已经成为"公民社会"的政治诉求。为了自己在"洞穴"中的安全,卢梭不得不用"松散而啰唆"的言说方式来谈论公民的道德品质问题。

现在我们可以理解,达朗贝尔和伏尔泰策划的《日内瓦辞条》用了八分之一的篇幅谈论建剧院一事,为什么在卢梭看来会导致严重的后果，绝不能置之不理。

"将我的手稿付之一炬吧"

卢梭在这段言辞结尾时还说："若非履行责任的信念支撑，我早就上百次地将我的手稿付之一炬了。"这话明显带有修辞性的夸张，值得一提的是，卢梭在《新爱洛漪丝》的两篇序言里两次重复这一表达式：

> 大城市需要戏剧，败坏了的民族需要小说。我观察了当代风尚，出版了这些书信。我怎么不生活在应当把这些书信付之一炬的时代哩！（《新爱洛漪丝》，页4）

这是第一篇序言中的说法，在第二篇序言中，卢梭虚拟了一段自己与书商雷恩的对话：雷恩指责卢梭不尊敬同时代的人，卢梭回答说：

> 先生，我也是他们的同时代人。啊！我怎么不生长在我必须把这本集子付之一炬的时代哩！（《新爱洛漪丝》，页25）

什么样的时代才需要将书稿"付之一炬"？在《论科学和文艺》中，卢梭抱怨印刷术给欧洲带来了"可怕的混乱"，使得那些危及人类生活基础的意见长存于世。他举阿拉伯国王奥玛一世（Omar，公元634—641在位）的例子，相传是他点燃焚毁亚历山大城图书馆的熊熊大火（《论科学和文艺》，第58段）。可以理解，卢梭紧接着说：

> 在最败坏的时代，人们才喜欢最完善的道德教育：这可以免除他们的践行道德；而且只需花一点儿代价，用闲时的阅读就可以满足他们向善的意愿。（同上）

卢梭似乎在向往不需要这类书籍的时代，这不过是针对启蒙书籍泛滥的修辞而已。自文艺复兴时期起，尤其17世纪以来，伏尔泰和狄德罗这类自由思想家式的文人越来越多，卢梭的写作显得是与这类写作针锋相对。否则，很难解释为何他一边抨击文艺，一边却笔耕不辍。

可见，《论剧院》确实是一部应对城邦政治问题的实践性作品，它与《新爱洛漪丝》异曲同工。接下来，卢梭解释了《论剧院》为何要写得如此"松散和啰唆"：

一　卢梭面相：公民抑或哲人？　205

于是，我对自己就不那么严厉。我从我的工作中找到了一些乐趣，这使得我能忍受这项工作。我让自己投入到所有浮现的旁枝末节（les digressions），可没有预见到，为减轻我的烦恼，却很可能把烦恼带给了某位读者。（序言8，页7）

这些说法像是在为随后讨论《日内瓦辞条》时的"松散和啰唆"辩护。但所谓的"一些乐趣"指什么？amusement［乐趣］也有"消遣、娱乐"的含义，卢梭说它使得"我的工作"（mon travail）变得可以忍受。在《忏悔录》中，卢梭甚至说《论剧院》是他"写作时感到乐趣的第一篇作品"（《忏悔录》，页612）。

其实，卢梭是在暗示，他并非在一般意义上否定生活需要"乐趣"，让自己表现得像个严律的加尔文教教士。他甚为懂得，政治共同体的民众需要娱乐，因为日常的"劳作"非常辛苦。日内瓦共和国当然也需要为民众提供娱乐活动，问题在于什么样的娱乐才是有德性的共和国所需要的，这是卢梭在《论剧院》中着重处理的问题。接下来，卢梭顺势提到，自己在信中时常会有偏离主题的讨论，这些离题话是se sont présentées［自发显现的］。

最容易吸引公众的是卢梭说："为减轻我的烦恼，

却很可能把烦恼带给了某位读者。"这里的"某位读者"（au lecteur）带阳性单数定冠词，明显特指某个人，但在《忏悔录》中，卢梭的说法与此相反：

>　　《论剧院》里洋溢着一种温和气味，谁都能感到这不是伪装的。如果真是在隐居的生活中牢骚满腹的话，我的笔调肯定会受到感染；我在巴黎的作品就满腹牢骚，而我在乡间后写出的第一篇作品就不是这样的……大家都看到，我到了乡下，真是如鱼得水。"（《忏悔录》，页629）。

　　眼下还很难确定卢梭说的"某个读者"是谁。对观《忏悔录》中的说法，卢梭有可能把让达朗贝尔或伏尔泰感到"烦恼"视为"乐趣"，就此而言，这本《论剧院》就是一部**模仿**之作。启蒙哲人为了解决自己生活处境中的难题不惜把"疯癫"带给"人民"，现在卢梭要模仿他们，把"疯癫留给我们的敌人"。此刻，我们值得回忆起《论剧院》标题页的那句拉丁文题词："神令虔敬者多福，却把疯癫留给我们的敌人。"

"我曾拥有一个阿里斯塔克"

卢梭没有接着往下解释这"某位读者"是谁,而是笔势一转说起《论剧院》的文体风格:

> 趣味、讲究(le choix)、得体——都不会出现在这部作品中。我独处,并不曾把这篇东西给任何人看。我曾拥有一个阿里斯塔克(Aristarque)——严厉且有见识。我不再拥有了。我也不想再拥有。但是,我对他的憾意(regre)却不曾停歇,在我内心深处,对他渴求远甚于我的写作。(序言9,页7)

"趣味、讲究(le choix)、得体"显然是在回应《日内瓦辞条》,因为达朗贝尔在辞条中说"戏剧可以提升粗朴的日内瓦人的趣味"(《日内瓦辞条》,页9)。卢梭针锋相对地提出,自己以日内瓦公民身份发言,不可能存在这些巴黎学界流行的文风。我们看到,卢梭再次突显两种文风的对比:自然平实与纤奇弄巧。

随后,卢梭说到自己眼下"独处"(la solitude)乡下,在"公众"看来,这不过是卢梭在简单描述自己的生活处境。但在巴黎的启蒙友人们看来,这会别有意味,因为圈内人都知道狄德罗曾以《私生子》和《谈话》谴责卢梭离开巴黎"独处"。

因此,卢梭所说的"我曾拥有一个阿里斯塔克"以及"我不再拥有了",启蒙友人们心领神会,懂得卢梭的话外之音。在巴黎时,卢梭与狄德罗相交最深,两人在1749年曾一起办《讥讽者》(*Le Persifleur*)报。[①]卢梭很看重狄德罗在文学方面给出的建议,《新爱洛漪丝》的开头部分就曾经过狄德罗的"严厉"审查,仿佛是他的"阿里斯塔克"。

除了狄德罗,对这句话最为敏感的恐怕还有**格里姆**。注疏家布奈尔提到,狄德罗在埃皮奈夫人与格里姆赴日内瓦"治病"一事上十分轻率,令卢梭与他之间产生嫌隙。按卢梭在《忏悔录》中的说法,这件事情促使他下决心搬离埃皮奈夫人的山庄。埃皮奈夫人有孕后,为遮人耳目,想让卢梭陪她和格里姆去日内瓦堕胎,但又不明说。猜到内情的卢梭为了避嫌,婉拒了她的提议。

得知此事后,狄德罗故意托埃皮奈夫人的家庭教师转送一封便函给卢梭,这种从未有过的联系方式让卢梭生疑,认为狄德罗是有意让埃皮奈夫人亲眼看到这封讨好她的便函。狄德罗在信函中苦口婆心地劝卢梭不要

---

① 霍布森,《狄德罗与卢梭:启蒙脉络》,前揭,页20。

忘恩负义，务必陪埃皮奈夫人和格里姆去日内瓦。狄德罗的所为把卢梭推向两难之境，他最终仍然选择拒绝。埃皮奈夫人对卢梭的不满由此变成了误解，加上她的小姑与卢梭之间的感情纠葛，两人的关系彻底破裂。埃皮奈夫人向卢梭下了逐客令，卢梭迅速搬离了她的山庄（《忏悔录》，页587—599）。

即便有这些卢梭自述的私人恩怨，我们也不应该像个"索隐派"那样，以此解释卢梭与狄德罗和格里姆的决裂。事实上，卢梭的"独处"与他和乌德托夫人（索菲）的秘恋以及与埃皮奈夫人和格里姆的事情都没有关系。如前文已经记叙过的那样，卢梭离开巴黎"独处"，与他在霍尔巴赫家里发生的那次事件有关。至于狄德罗在《私生子》和《谈话》中攻击的"孤独"伦理，在1753年的《论不平等》中就已经出现，那个时候，卢梭还在巴黎，并未隐居埃皮奈夫人的山庄。

孤独的自然人

卢梭早就向往并已经"独处"，他在公开信中正式宣告与狄德罗绝交，对他来说算不上什么。卢梭接下来的言辞看起来有些悲壮，似乎还带有叹息，其实未必：

> 孤独抚慰心灵，平息那些由于世界失序（le désordre du monde）产生的激情。远离那些使我们愤怒的恶——我们谈论它们而鲜有怒气；远离那些打击我们的痛苦（les maux），我们的心就不会为之撼动。（序言10，页7—8）

在表达自己"孤独"一人的感情时，卢梭密集地用到"我们"，显得很奇怪：他与谁是"我们"？

"孤独"作为卢梭笔下的一个主题词，最早出现在《论不平等》对自然人的描述中："野蛮的自然人"在孤独中生活，他们还没有形成"社会"，也就没有妒忌、虚荣、自夸、厌恨之类的"社会情感"，因而生活得平静、自足。

> 野蛮人在丛林中漂泊游荡，没有技艺、没有语言、没有栖所、与人无争也不与人交际，既不需要别人的帮助，也无害人之念，甚至可能从未能辨识人，他们没有什么情感，并且自给自足，只具有与其状态相应的意识和智力。他只感到实际的需要，只留心他认为必须注意的东西。（《论不平等》，页101）

卢梭即便生活在巴黎的乡下，也不能说就是这样的"自然人"。毋宁说，"野蛮的自然人"与霍布斯的"自然状态"一样，仅仅是一个哲学假设，以便由此推导出"公民社会"理论。但与霍布斯的"自然状态"概念不同，在卢梭笔下，"自然人"还有一种真实的含义，即指天性好沉思的人（比较《论不平等》，页66，79，85）：如果说这种人表征的是"人性的最高可能性"，那么，"自然的野蛮人"或前社会的原始人就表征的是人性的最低可能性。①

因此，卢梭在这里谈到"世界失序"（le désordre du monde），与序言开篇的"首要责任"和"第一眷恋"形成呼应。换言之，在卢梭看来，"公民"本质上是"自然的野蛮人"，"文明"社会的出现反倒败坏了人的自然天性。"文明"社会出现之前，人类已经形成种种习俗政体或神权政体。这类政体是高明立法者的作品，野蛮的自然人既受到约束，没有滋生出"文明病"，同时又葆有良好的自然天性。因此，在卢梭看来，启蒙知识人试图用戏剧来代替神权秩序，当然是"危险的一招"。

从伏尔泰迷恋牛顿哲学和狄德罗的《哲学随想录》

---

① 刘小枫，《设计共和》，前揭，页148—149。

来看，启蒙知识人同样天性好沉思，他们怎么会想到要启蒙大众呢？1758年的一天，伏尔泰叫来自己的秘书开始口授回忆录，他说：

> 我厌倦了巴黎那种无所事事、熙熙攘攘的生活，厌倦了那群小有名气的"大师"们和那些得到国王恩准与特许而出版的烂书，厌倦了那些文人作家们的钩心斗角，也厌倦了那些玷污文学的无耻之徒的卑鄙伎俩和劫掠行径。①

这话让人觉得伏尔泰十分正直，仿佛是个有骨气的独立知识分子。实际上，他在这里痛斥的每一种情形都可能出现在他自己的人生行动中。文史评论家有理由说，伏尔泰非常善于"打扮"自己，他的一生有如无数"戏剧表演"，而戏剧主角的真实性殊难断定（同上，页19—21）。

不过，伏尔泰的这段逸闻倒是有可能帮助我们理解，为何卢梭会对天性好沉思的人与"自然的野蛮人"的关系问题感兴趣。在已经"开化"的时代，这个问题变成了天性好沉思的人与"公民"或"公众"的关系

---

① 转引自波莫，《伏尔泰》，前揭，页7。

问题。卢梭希望通过讨论达朗贝尔和伏尔泰提出的在日内瓦建剧院的建议,既与启蒙知识人讨论"我们的准则",又与狄德罗争辩"孤独"伦理的正当性。

无论如何,"孤独"对于卢梭来说,绝非与世隔绝。卢梭在1764年写给朋友的信中这样说过:

> 我所选择的生活方式是离群索居和本色的,这使我实际上在这世界上成为孤独的人,但也使我处于能观察和比较从农民到贵族的一切人的位置。我能很容易地看透外表,因为到处我都能进行社会交往,甚至能达到与人亲密的程度。也就是说,我为了很好地研究社会的各种人物,我已溶化在这些人物之中了。①

卢梭认为,"开化"的社会使人产生了许多不必要的激情,心灵不再平静。在《论不平等》中,卢梭描述了自然人的特征后就谈到自然的怜悯心:

> 我说的这种美德就是怜悯,这是人的一种禀性,它适合于像我们这样软弱并且易遭受这么多

---

① 何祚康、曹丽隆编译,《走向澄明之境:卢梭随笔与书信集》,前揭,页234。

不幸的生灵。由于这种美德在人会思考之前就已经存在,所以更普遍,对人类更有益。(《论不平等》,页95)

笔者在此提到《论不平等》中的这一说法,是因为卢梭在《论剧院》中花不少篇幅谈到怜悯心,以至于它显得仍然是卢梭在讨论戏剧问题时的一个支撑性论点。可以说,卢梭在《论剧院》中仍然延续了《论不平等》中的基本论点,并借助怜悯这一概念,悄然在《论剧院》与《论不平等》《爱弥儿》和《社会契约论》等政治论著之间建立起一条解释秘道。倘若我们像盖伊那样,从现代的文艺理论视角来阅读《论剧院》,把它抽离这个著述序列来单独看待,难免会不得要领。①

值得注意的是,在《论不平等》中,卢梭并没有赞美哲人的"孤独"。可见直到写作《论不平等》时,卢梭与狄德罗就这一问题尚未产生分歧:

> 哲学把人孤立起来,正是由于哲学思维,人才会在见到别人受难时,暗自在心里说:"去死吧,如果你愿意的话,反正我是安全的。"只有那些

---

① 比较盖伊,《启蒙运动(下):自由的科学》,前揭,页493—496。

危及整个社会的危险，才能搅得哲人不能安睡，有人在他的窗子底下杀死他的同类，他只是捂住他的耳朵，稍微为自己辩解一下，就阻止了自己的本性背叛他自己，阻止了自己的本性同情这个不幸的死者。（《论不平等》，页97）

卢梭在《论不平等》中刻画了一个精明利己，冷漠无情的哲人形象，借此责备这类哲人对共同体漠不关心。有意思的是，这个自私无情的哲人形象在《论剧院》中再次出现，当卢梭在后文讨论莫里哀的"恨世者"戏剧形象时，他再次提到"哲人漠视窗外不义之事"的例子（［55］，页50），说法与《论不平等》有了些许微妙的差异。

从《论不平等》到《论剧院》的变化，多少反映了自《论不平等》发表以来，卢梭与狄德罗的思想分歧的走向，其结果是他对狄德罗极其失望。"序言"如此感叹道：

我不会再见任何人了，对坏人的憎恨也就差不多停止了。何况，疾病（le mal）已经侵入了我并且夺去了我谈论病的权利。因此，为了不和他们相似，我应该宽恕他们。我以对正义的热爱代替了对报复的迷恋。最好全都忘了吧。我期盼这封信将不再出现讥讽怨怼之词——我可为此挨了不少骂，这倒为我引来了读者。我看呐，要是少点儿读者的话，我的生活就太平了。（序言10，页8）

这段与狄德罗及其圈子断绝关系的言辞让人觉得，卢梭内心百感交集。"坏人"（les méchants）这个词是狄德罗先用来隐射卢梭的，我们若把这里的"坏人"一词理解为指向狄德罗并无不妥。

卢梭用"他们"来称呼过去的启蒙友人，这表明在卢梭心里，他与这些昔日的友人已经渐行渐远。尽管如此，《论剧院》作为公开信并不是简单的决裂宣言，毋宁说，它将展现决裂的裂痕本身。

4 "下降"后的心绪

我们已经看到，这篇序言既是在对"公众"言说，也在对昔日的友人言说，就我们能够识别出来的人物而言，除了达朗贝尔，至少伏尔泰和狄德罗是卢梭针对的主要对象。虽然卢梭与达朗贝尔在思想上未必有什么纠结，由于他是《日内瓦辞条》的执笔者，这封公开信难免以达朗贝尔为公开的靶子。

这样一来，卢梭的这封公开信就显得是：表面上针对达朗贝尔，实际上针对伏尔泰和狄德罗。卢梭不可能挑明这一外观，因此，在结束序言时，卢梭写道：

> 除此之外，还要补充一个更为残酷的，而且我无法掩饰的理由。不管我怎么样，公众只会知道得更清楚。倘若这篇文章（ce papier）低于以往我笔下的那些论文（les essais），其原因不在外界而在我自身——我在自己之下。身体的病痛让灵魂干涸——由于染上太多的病而失去了它的活力。我身上那瞬息酝酿激发的才智亮光啊，它来得晚灭得快。等到我回到自然状态，我就已回到了乌有（néant）之中。［那是］我仅有的片刻时光，而它［已经］逝去。我很羞愧自己还活着。读者，如果您带着宽容接受这部最后的作品，您将会善待（accueillirez）我的亡灵（mon ombre）。至于我，我已不存在了。（序言11，页17—18）

卢梭此时的心绪表述显得如此黯淡、沉郁，看起来却又布满修辞。他首先恳求读者宽宥这封公开信比自己以往的"论文"都要"低"，这等于承认《论剧院》是"论文"。另一方面，就篇幅而言，《论剧院》却是卢梭自发表《论科学和文艺》以来最长的"论文"。

卢梭真的认为这部"论文"比《论科学和文艺》以及《论不平等》"低"吗？从后世的影响力来看，的确如此。但这也许仅仅是因为人们还没有认识到这部"论文"的"高"，而卢梭自己心里清楚，它"高"在何处。

卢梭将"低"的原因归于"我"的身体染上太多病痛，这些病耗尽了"我"灵魂中的活力。确实，1758年的残冬岁月写作此信时，卢梭刚搬离埃皮奈夫人的山庄不久，一度贫病交困，生活进退失据。从卢梭后来在《忏悔录》中的回忆来看，这段描述绝非修辞，而是对现实生活处境的真实描摹：

> 在这一切当中，还掺杂有我的自怜之感，因为我当时觉得自己奄奄待毙，以为这就是我向公众的最后一次告别了。（《忏悔录》，页613）

由此看来，卢梭在序言结尾表达的死期将至的感受是真实的。尽管如此，这篇序言是在完成整个"论文"之后才写的，卢梭也因此而感到一丝欣慰：哪怕现在真的"我已不存在了"，也不觉得有什么遗憾。无论如何，与《论科学和文艺》以及《论不平等》相比，这封公开信既是卢梭迄今为止唯一涉及"我自己"（moi-même）的作品，也是其后来一系列以自身为主题的作品的序曲。

从这一意义上讲，《论剧院》比《论科学和文艺》以及《论不平等》都"高"。布奈尔看到，卢梭在这里与他的读者玩起了缀字法的文字游戏，他故意用accueil［接待，欢迎］与lire［阅读，理解］拼凑成一个新词accueillirez［欢迎阅读］，代替"接受，善待"一词的正确拼写accueillez。换言之，在卢梭阴郁的心绪中，其实隐藏着几分欣喜：他觉得终于了结了与启蒙友人的纠葛——当然是思想上的纠葛。卢梭觉得他找回了自己，因此他说："我在自己之下（C'est que je suis au-dessous de moi-même）。"

卢梭向有心的读者暗示，这封公开信是一部哲人重返洞穴的下降之作。正因为"我"下降了，所以"这篇文章低于以往出自我笔端的那些作品，其原因不在环境而在我自身——我在自己之下"。由此来看，这里显得突兀的"等到我回到自然状态"（état natuel）的说法，也就不那么奇怪了：卢梭暗示，他从哲人的"自然状态"下降至公民的"文明状态"。为了抵制启蒙知识人的轻率，哲人卢梭被迫下降到"洞穴"，承受着"身体的病痛"（Les maux），以至于"灵魂干涸"

（épuiser）。

但是，卢梭充分表达了自己的"下降"是出于被迫，他显得眷念甚至渴望尽快"回到自然状态"，也就是回到孤独的观察和沉思的生活，回到思想的高山圣所。"自然状态"暗示卢梭的生活理想是活在现代文明之外。可以肯定，十多年前（1742）卢梭初到巴黎时，未必有这样的念头，否则他也不会在巴黎混迹多年，才开始逐渐有所觉悟。

卢梭以"至于我，我已不存在了"结束序言，与序言开篇第一句话"我错了"以及正文的第一句"我读了"形成呼应。由此来看，序言中出现的"我"如此之多，绝非偶然。

"至于我，我已不存在了"也绝不是多余的废话，卢梭以此暗示，他的真实的"我"即作为孤独的自然人的"我"要在这里消失，"我"现在要戴上日内瓦公民的面具说话，甚至戴上加尔文教徒和城邦立法者的面具说话。

如果哲人卢梭"下降"到洞穴后绝不等于他不再是哲人，毋宁说，他成了政治哲人，那么，他在这封公开信中将如何与启蒙友人、日内瓦政府以及加尔文教会打交道呢？

二 日内瓦共和国的宗教问题

1756年,达朗贝尔在伏尔泰家中与日内瓦的加尔文教牧师们相谈甚欢。这些加尔文教的神职人员与启蒙哲学家们有相同的自由思想,让达朗贝尔感到欢欣鼓舞。因此,达朗贝尔撰写《日内瓦辞条》时,把这些教会人士对"理性主义信仰的赞美写了进去"。[①]这位启蒙主将迫不及待地要向整个欧洲宣布自己的这一发现:生活在严苛的神权政体中的加尔文教牧师其实暗中信奉"一种完美的拒绝所有神秘的*索齐尼主义*(Socinianism)"(同上)。

从《日内瓦辞条》的结构来看,关于演剧的评议

---

① 伏尔泰,《关于大百科全书致达朗贝尔先生》,"编者导言",见塔伦泰尔,《书信中的伏尔泰》,前揭,页193—194。

仅出现在第22自然段,而讨论日内瓦宗教问题却有13个自然段,占四分之一篇幅。达朗贝尔在此集中探讨的日内瓦的宗教问题,迈尔称之为"全文内容最为广博的部分"。①

达朗贝尔也明确指出,这部分最有可能引起哲人的兴趣,他逐字逐句引用了塔西佗和伏尔泰两人的说法,意在通过呈现两人理解"基督教历史权力"的差异展示自己的"政治抱负和出发点",尽可能地用"剧院"来扩大哲人的影响,用启蒙哲学取代基督教。对此意图,卢梭当然理解。不过,他在《论剧院》的序言中对此缄口不言,似乎他的"第一责任"和"首要眷恋"与宗教问题无关。现在我们看到,情形并非如此,《论剧院》开篇就对达朗贝尔这一说法予以批驳。

卢梭明确提出不能认同《日内瓦辞条》对日内瓦牧师的评价,至于其他说法,他都同意([1]);随后,卢梭用了9个自然段逐一反驳达朗贝尔强加给日内瓦牧师的罪名[2—10]。从结构上看,这9个自然段可分为两小节,而重点在第二小节。卢梭在为日内瓦牧师辩护的

---

① 迈尔,《论哲学生活的幸福:对卢梭系列遐想的思考两部曲》,前揭,页28,注1。

同时，也表达了自己对宗教信仰的看法，而且显得主张信仰自由。

卢梭为什么会首选宗教问题进入日内瓦共和国，确实值得我们深思。卢梭在序言中说，"我是在下降"——《论剧院》开篇就谈论宗教问题，这意味着进入洞穴首先遇到的是宗教，难道这是进入"剧院共和国"的第一道关卡？

1 启蒙哲人与索齐尼教徒

与序言一样，《论剧院》正文以强调"我"的姿态开头：

> 我读过了，先生，我非常愉快地看了您发表在《百科全书》第七卷的《日内瓦》一文。重读时更愉快的是，这篇文章让我有了一些想法，要是您赞成的话，我想把它介绍给公众和我的同胞们。在这篇文章中有很多赞美，但是，假如您对我的祖国的赞美剥夺了我以同样的方式报答您的权利的话，我的诚恳替我说话。在某些问题上不能认同你的观点，就足以说明我在其他问题上的看法。（［1］，页9—10）

卢梭式的论战修辞跃然纸上：既彬彬有礼又毫不含糊地针锋相对，虽然不免有些啰唆。"我愉快地看了……"卢梭接连两次用"愉快"（plaisir）一词强调阅读《日内瓦辞条》的主观感受，似乎要与序言结束时的悲愤形成情绪上的对照。因为，后文谈到戏剧的娱乐功能时，"愉快"成了关键词。他巧妙地以"愉快"为线索，暗中把达朗贝尔和伏尔泰关于建剧院的提议视为一场喜剧。

卢梭虽是直接对达朗贝尔说话，实际上也是在对"公众和我的同胞们"说，由此形成的语境张力来自卢梭的"我"，达朗贝尔的"您"和"公众"。这意味着，卢梭要与启蒙友人在"公众和我的同胞们"面前论辩。

卢梭重复了序言第7自然段中的说法："我在这里并非面对少数人发言，而是面向公众。"但卢梭没有原样重复，在这里，他加上了"我的同胞们"（mes concitoyens）。这也许意味着，在卢梭看来，"公众"（public）是一个含混的政治概念，它所指称的对象似乎既非"公民"也非"臣民"，即不从属于某个特定的政治共同体，如同伏尔泰那类心中毫无祖国概念的人。

所谓"公众"不过是启蒙知识人的写作**塑造**出来的一种**新**的市民类型，不能被等于"人民/民众"

（peuple）。他们受过完整的教育，关注传媒并参与公共讨论，从而形成了如今所谓的"公共舆论"。[①]史学家告诉我们，《百科全书》的主要受众是法国的知识阶层：

> 刚刚开始时，《百科全书》的订费是280里佛（约14英镑），这样的价格在有钱人当中的销售量也颇有限，但是不久它的四千部发行量就已经遍布整个法国。[②]

"公众"喜欢跟随或追踪甚至迷恋某种时髦的政治观念，忘掉或不顾自己所属的政治体。卢梭在这里让"公众和我的同胞们"连属，很可能是在提醒"公众"，不要忘了自己也有"同胞"，从而不能用启蒙式的普世观念来看待现在要讨论的问题。

为了证实这一点，笔者有必要提到，达朗贝尔在描述日内瓦城的历史、政制和习俗时，曾将日内瓦比做令人称道的"蜜蜂共和国"（la république des abeilles），

---

① 夏蒂埃，《法国大革命的文化起源》，洪庆明译，南京：译林出版社，2015，页24—33。
② 汉森，《启蒙运动》，前揭，页78（译文略有改动）。

甚至毫无节制地称为"最佳政制典范"（le modèle d'une parfaite administration politique）。这等于把日内瓦共和国说成是一种普世性的最佳政体的范例。

卢梭一眼看出，达朗贝尔对日内瓦的赞美不过是幌子，以掩盖他即将提出一种对共和国有实际危害的建议。对这一不怀好意的"捧杀"，卢梭狡黠地说，自己无权替祖国感谢来自异邦人的赞美，仅能略表谢意。随后他便语带讥讽地回击对方——"您在某些问题上的观点并没有使我自己对其他问题有了更清晰的认识。"

从上下文来看，卢梭提到的"某些问题"就是他接下来要用9个自然段展开讨论的日内瓦宗教问题，要充分理解这些问题，我们有必要进一步考察日内瓦共和国当时的宗教状况。

宗教改革之后的日内瓦

18世纪中期的欧洲，除了教权与王权之间的激烈斗争之外，传统神学也陷入前所未有的尴尬处境：层出不穷的科学新发现使得《圣经》信仰受到质疑，人们越来越不相信"原罪"说，一些神职人员也转而信奉自然神学。对于这些新的变化，启蒙哲人自然欢欣鼓舞，狄德罗曾热情地欢呼"一个理性的欧洲时刻终于到来了"。①

尽管许多科学实验其实是在证明上帝无限权能和无限确定的"天意"前提下进行,保守的神职人士"对科学研究以及科学研究脱离神学控制的现象指责愈来愈严厉"。②始于17世纪最后10年的"大量流传的非宗教'无神论'思想早已锻炼了人们的心智,涌现了大量针对无神论者、自然神论者、自由主义者和一般非宗教人士的讲道和谩骂作品"。③

然而,许多异端信仰却是从宗教改革内部发展起来的:

> 这表明,除了不信教或不道德的行为,当时特定的哲学立场暗示着关于神性本质的结论也可以被定义为无神论,即使在没有公开否认"上帝存在"的情况下也是如此。这些立场包括一些在改革基督教中成长起来的异端信仰。(同上,页38)④

---

① 费罗内,《启蒙观念史》,马涛、曾允译,北京:商务印书馆,2018,页4。
② 汉森,《启蒙运动》,前揭,页77。
③ Ann Thomson, *Bodies of Thought: Science, Religion and the Soul in the Early Enlightenment*, Oxford Unveiversity Press, 2008, p.58.
④ 比较盖伊,《启蒙运动(上):现代异教精神的兴起》,前揭,页316—320。

尽管18世纪的宗教裁判没有使用一例火刑，却也从没有放弃过对异端的搜捕和驱逐。由于异端思想往往以"抗议宗"的面目出现，天主教当局对新教的压制包含对异端的压制。可是，天主教当局也自身难保，因为许多年轻的天主教神职人员私底下热衷阅读启蒙派书籍。《百科全书》的相当一部分征订者是教士，这些教士都拥有数量可观的私人图书馆，能够和哲人一同讨论牛顿的物理学。

《法兰西信使报》的著名编辑雷奈尔（G.-T.-F. Raynal，1713—1796）就是典型例子，他早年曾是耶稣会修士，20多岁时（1740年底）还俗，后来因发表《欧洲人在两个印度群岛的政制及商业的哲学政治史》（1770）而闻名，该书的政治观点极为大胆，雷奈尔因此遭到最高法院囚禁。[1]狄德罗为此书撰写的摘要，则成为他的政治著作的重要组成部分。[2]

这个时期，许多修道院长时常出没巴黎的文化沙龙，著名的修道院院长**圣皮埃尔**（Saint-Pierre）就是最引人注目的一位。在有些地方性的学会中，修士甚至占

---

[1] 比较卢梭，《致隐修院长雷奈尔先生书》，卢梭，《论科学和文艺》，刘小枫编，前揭。
[2] 参见Denis Diderot, *Political Writings*，前揭，pp.165—214。

了五分之一多，他们与非教界知识人共同研讨新科学，一起参与哲学辩论，是新知识人的重要来源：

> 教士们（尤其是天主教地区的教士）在知识界扮演了一个仅次于宫廷贵族的角色；而他们对启蒙运动思想的接纳程度也出人意料。①

从历史的角度看，这种情形不足为奇。在神权统治的中古时期，知识人的成长不可能离开教会这个母体。②宗教改革之后，新的教育制度还没有形成，教会建制仍然是培养知识人的主体，但年轻人的心已被新派知识人"偷"走了。

但必须注意到，拉丁基督教欧洲的政治体形式多样，中古晚期形成的诸多"城市共和国"就是一种突出的历史类型，而日内瓦则是这类政治体中的典型例子。③

---

① 汉森，《启蒙运动》，前揭，页132。
② 参见沃尔夫，《欧洲的觉醒》，郑宇健、顾犇译，北京：商务印书馆，2011，页176—214。
③ 关于城市政体的形成，参见沃格林，《政治观念史稿（卷三）：中世纪晚期》，段保良译，上海：华东师范大学出版社，2019，页243—260；比较帕克，《城邦：从古希腊到当代》，石衡潭译，济南：山东画报出版社，2007，页57—93。

自14世纪末以来，日内瓦就是一个城市共和国，尽管它"领土"范围极小。按1387年颁布的日内瓦城宪制规定，日内瓦由相当于城市"君主"的主教、拥有城堡的伯爵以及自由市民共治。城中的最高司法官被称为"总督"，这一职位向来由继承了伯爵爵位的萨伏依家族出任，因此，日内瓦实际上是萨伏依王国（辖制法国、意大利和瑞士交界的阿尔卑斯山西部地带）属下的一个附庸单位。[1]

笔者在"引论"中提到，"抗议宗"兴起后，日内瓦城借此机会脱离萨伏依王国支配，加尔文流亡此地后又把日内瓦打造成了一个"抗议宗"政体，统治阶层主要由上层社会的贵族和教会的高级教士组成，在这些高级教士中，不乏激进启蒙分子。[2]

如前所述，达朗贝尔关于在日内瓦兴建剧院的倡议，事先已得到日内瓦某些高层人士的赞同。现在看来，卢梭反对日内瓦建剧院的立场不仅会与启蒙知识人相冲突，也会与日内瓦的某些高层人士相冲突。因为，尽管日内瓦由加尔文教会掌控，实际上，教会人士中隐

---

[1] 林赛，《宗教改革史》（下），前揭，页62。
[2] 关于加尔文教与激进主义的关系，参见沃尔泽，《清教徒的革命：关于激进政治起源的一项研究》，张蓉、王东兴译，北京：商务印书馆，2016，页25—129。

藏着新的信仰分裂：伏尔泰的家庭剧场被禁表明，并非所有日内瓦教会高层人士都赞成开放。

保守思想与**激进思想**之间的冲突，是近代以来欧洲的基本政治状况，这正是卢梭所面临的具体的"洞穴"处境：信仰分裂会使得城邦陷入动荡不安。因此，在接下来的《论剧院》第二段中，卢梭承认这个问题不容回避，但又极为敏感，很难处理：

> 我将从这些话题谈起：对我来说，越是厌恶面对这样的话题，考虑它时就越不正确。但是，这类问题不容我沉默。这就是你在信仰问题上对我们的牧师所信奉的教义做出的评价。可以说，您给予这一受人尊敬的团体的评价太好了，太正确了，在全世界的神职人员中，只有他们是实至名归，在某种程度上，这种赞誉也因为他们对您的尊敬益发增加。您的文章中显示了他们热爱哲学，并且不畏惧哲学家的眼睛。（[2]，页9）。

卢梭觉得"不容沉默"的话题是：应该如何看待"我们的牧师所信奉的教义"。达朗贝尔高度称赞日内瓦的牧师，显然不是因为他们严守传统教义，而是因为他们信奉了**新的教义**。

让我们先来看看达朗贝尔在《日内瓦辞条》中如何评价日内瓦的牧师:

> 能干的法学家和神学家加尔文牧师尽可能像一个异教徒那般开明,他与地方官员们(les magistrats)合作,订立一种集民法与教会法(un recueil de lois civiles et ecclésiastiques)于一体的法律,该法于1543年经全体人民同意,已成为共和国的基本法典。在宗教改革之前,大量的教会财富用于维持主教的奢华生活,现在则用于了建立医院、学校和研究院;但是日内瓦忍受了近60年的战争却阻碍了艺术、商业及科学的发展。(《日内瓦辞条》,页4)

大量的教会财富转用来建立医院、学校和研究院,就是后来所说的"世俗化"。达朗贝尔在称赞加尔文领导的新教改革对日内瓦做出贡献的同时,又指责加尔文教阻碍了日内瓦城在科学艺术方面的发展。用今天的话说,"世俗化"不仅应该体现在物质生活方面,还应该体现在精神生活方面。可以看到,当时日内瓦教士阶层的信仰分裂体现为:一些教士坚持保守的精神生活规矩,另一些教士则要求改革精神生活。

达朗贝尔介入了日内瓦的宗教纷争，虽然他说自己只是一个**史学家**而非**宗教狂热分子**，把自己撰写的《日内瓦辞条》称为宗教纷争的解毒剂，实际上，他希望通过这则辞条支持日内瓦教士中的激进派。在他看来，"圣餐、地狱、信仰、基督教这些词语"会有碍公众倾听启蒙知识人关于宗教问题的讨论。因为，"对于哲人来说，日内瓦的宗教才是最有兴趣的话题"。

达朗贝尔还把他所看重的日内瓦牧师颂扬为道德的楷模，因为他们致力于把日内瓦变成**自由的哲学家园**。卢梭洞察出，达朗贝尔所支持的日内瓦教士其实是一些启蒙哲学的爱好者，他们虽然被称为"索齐尼教徒"，实际上达朗贝尔的文章想表明，"他们热爱哲学，并且不畏惧哲学家的眼睛"。达朗贝尔在辞条中这样总结道：

> 总而言之，许多日内瓦的牧师并没有宗教信仰，而是十足的索齐尼教徒，拒绝一切称为神迹的事，并设想真正信仰的首要原则是，不存在违反理性的信仰。所以，当人强迫他们回答启示是否"必然"（necessity）时——这是基督教的基本信条，他们则却用"功效"（utility）一词来回答，这一说法在他们看来至少温和；因为，即便它们不是正统

的回答,至少也是这一原则的衍生物。(《日内瓦辞条》,页15)

问题在于:什么是基督教的教义?索齐尼教派的教义是基督教的教义,还是哲人制造的教义?卢梭看似肯定了达朗贝尔对加尔文牧师的称赞,其实不然,他马上转而批评达朗贝尔:

> 但是,先生,当一个人想向他人表达敬意,那就得依照他们的方式而不是用我们自己的,以免——合乎情理地说——因有害的赞扬而冒犯他们,尽管这些赞扬是出于好意,但要避免损害他们的等级、旨趣、意见,或者是那些受他们排斥的意见。难道您没意识到,所有"宗派"之名的称谓总是让人厌恶?况且,这样的名头对于常人来说都难以不计后果,遑论这些神学家们?([2],页9)

卢梭明确区分"我们"与"他们":"我们"是哲人小圈子,卢梭承认自己与达朗贝尔、狄德罗都是"我们"中的一员;"他们"则是属于教会的教士神职人员。但卢梭认为,"我们"不应该参与教士们的内部纷争,以免"损害他们的等级、旨趣、意见"(l'état, l'intérêt, les opinons）。

为什么卢梭要提醒达朗贝尔划清"我们"与"他们"之间的界限？这里挑明的问题是：教士是或应该是哲人吗？或者，哲人应该成为教士吗？将教会人士拉入"我们"之中，必然会拆除信仰与理性之间的界限，让牧师们成为"理性主义"分子。反过来，达朗贝尔这样公开称赞日内瓦的教士，等于让自己也变成了一种"宗派"式的教士。

在18世纪，"宗派"（secte）是贬义词，它意味着不服从教会建制，自创教义、自立组织。加尔文宗本身就是不服从罗马教廷而自创教义和自立组织的结果，但加尔文宗成为教会组织后，同样反对属下自创教义和自立组织。吊诡的是，既然路德和加尔文率先破坏了**教统**，其后的人也就找到了脱离路德宗或加尔文宗，自创教义、自立组织的理据。然而直到今天，这种小宗教派与社会的关系问题，仍然困扰着西方国家。[1]

意大利教士勒里奥·索齐尼（Lelio Sozzini，1525—1562，简称"大索齐尼"）和福斯托·索齐尼（Fausto

---

[1] B. R. Wilson, *The Social Dimensions of Sectarianism: Sects and New Religious Movements in Contemporary Society*, Oxford University Press, 1993.

Sozzini, 1539—1604, 简称"小索齐尼")叔侄两人创立的"*索齐尼教派*"(Socinians, Sozzini的拉丁语名为Socinus)和"*索齐尼教义*"(Socinianism),就属于这类情形。①

因此,达朗贝尔在《日内瓦辞条》中公开称赞加尔文牧师们是没有宗教信仰的"索齐尼教徒",这不仅让卢梭感到震惊,也让日内瓦的加尔文教会难堪。

索齐尼教派与加尔文教派

路德引发宗教改革运动之后,自创教义的事情如雨后春笋。大索齐尼创立的教义抛弃尼西亚-卡尔西顿信经确定的三位一体论,否认基督的圣灵位格,不承认耶稣的神性,认为耶稣基督仅是一个从属于上帝的人,并非上帝的道成肉身。基督只是在复活升天之后,才能被看作上帝。他还主张,超自然的启示得凭靠理智来理解,

---

① M. Hillar, "The Philosophical Legacy of the XVIth and XVIIth Century Socinians: Their Rationality", 见M. Hillar / F. Prahl编, *The Philosophy of Humanism and the Issues of Today*, Houston, 1995, pp. 117—126; M. Hillar, "Laelius and Faustus Socinus Founders of Socinianism: Their Lives and Theology, Part 1.", 见 *A Journal from the Radical Reformation*, No. 2, 2002, pp. 18—38.

凡理智不能解释的，统统应该抛弃：比如上帝的预定、人人皆有原罪、耶稣为赎人罪而死于十字架，以及不信者将受永罚等等。他甚至认为，洗礼和圣餐只是象征，并无实际功效。因此，"索齐尼教义"被视为接近*自然神论*（déisme）派的观点。①

索齐尼教派最早在意大利北部和瑞士一带发展，但大索齐尼不到40岁就逝于瑞士，他的侄子小索齐尼继承叔父创立的教义进一步加以阐释，还在*特兰西尔伐尼亚*（Transylvanie）创建了"信奉一位论的教会"（Unitarian church），史称第一个索齐尼教义的"小教会"（ecclesia minor）。后来他娶了波兰的一个"基督教兄弟会"领袖的女儿移居波兰，把索齐尼教义带到了中欧，催生出好些索齐尼"小教会"，尽管他本人没有参加这类"小教会"。

小索齐尼去世后，他的门徒根据其遗稿编成的《拉科夫斯基教义问答》（*Katechizm Rakowski/Racoviam*

---

① 沃尔克，《基督教教会史》，前揭，页503；索齐尼教派凭靠理性对三位一体信仰的反驳，参见莱辛，《维索瓦蒂对三位一体说的异议》，见莱辛，《论人类的教育：莱辛政治哲学文选》，刘小枫选编，朱雁冰译，北京：华夏出版社，2008，页54—72。

Cathechism，1605）成了索齐尼派的信仰指南。[①]索齐尼教义扩散很快，在荷兰和英格兰也有索齐尼教徒，据说，伏尔泰就清楚地知道："牛顿不是一个苍白的有神论者，他是一个基督徒，一个索齐尼派教徒。"[②]甚至著名的法学家格劳秀斯也是个索齐尼教徒，他相信人之本性是善，无须借助神意而是功效就能引导那些孤独的自然人。[③]

加尔文比大索齐尼仅年长16岁，两人都是年轻时自创教义，但加尔文偏向保守传统的教义。加尔文教坚信"一切善来源于上帝"，人的首要义务是服从上帝，由于亚当的堕落，人"失去了善和能力"，既不能自我救赎又不能悔改归正，只能"等待应得的定罪"。唯有借助基督，不配得救的人才得到救赎。加尔文教承认洗礼和圣餐，认同圣餐是圣灵的临在，是基督肉身的精神性临在。加尔文在日内瓦施行宗教改革后，专门颁布戒律

[①] 英译本 The Racovian Catechism，Thomas Rees trans., London，1818；比较扎莫伊斯基，《波兰史》，郭大成译，北京：中国友谊出版社，2019，页70—73，84。
[②] 盖伊，《启蒙运动（上）：现代异教精神的兴起》，前揭，页296。
[③] 沃格林，《政治观念史稿·卷六：革命与新科学》（修订版），谢华育译，贺晴川校，上海：华东师范大学出版社，2019，页157。

以保护圣餐之纯洁。①

索齐尼教义虽然晚出，很快就与加尔文教义在瑞士形成竞争。瑞士地区的三位索齐尼教派重量人物都与日内瓦的加尔文教有过政治冲突：**卡斯特罗**（Sebastian Castello 1515—1564）在1559年被加尔文逐出日内瓦；**根提利**（Valentino Gentile，1520—1566）在1557年到日内瓦发展信徒，被加尔文治罪后逃离日内瓦，1566年在伯尔尼被斩处；**布兰德拉塔**（Giorgio Blandrata，1515—1588）在日内瓦住了一年，因处境危险去了波兰跟随小索齐尼。

加尔文教严律管束个人信仰，脱离教会组织的信徒必受惩罚，索齐尼教义则助长个人主义式的信仰，不认同个体得救必得凭靠教会组织：

> 索齐尼派的极端个人主义也反映在他们的信仰观念上，他们不能接受一种绝对的信仰。他们对真理的赞同是明确的，他们赞同的东西必须符合他们个人的理性。他们不能赞同由教会提供给他们一系列的真理，人们能按照服从权威的原则不明不白地

---

① 沃尔克，《基督教教会史》，前揭，页445—452；林赛，《宗教改革史》（下），前揭，页479—481。

接受它们。①

宗教改革时期，索齐尼派一类的小教派不在少数，信众多在大贵族、官吏集团与精英知识人的小圈子，它们反映了西方基督教意识形态体制崩溃后的欧洲精神状况。最让人惊讶的是，这个教派与美国立国也有关系，而我们却对此一无所知。②

可见，新教运动与现代政治的关系非常复杂。与索齐尼教派同属异端的冉森教派就是例子，大名鼎鼎的帕斯卡尔（1623—1662）和悲剧诗人拉辛（1639—1699）都是冉森派教徒。③

2 卢梭对宗教的态度

索齐尼教义的确更合启蒙知识人的胃口，因为这个教派以理性为标准去衡量启示信仰，剔除信仰不合理

---

① 林赛，《宗教改革史》（下），前揭，页475；详参 E. M. Wilbur, *A History of Unitarianism*, vol. 2, Cambridge, 1952.
② M. Hillar, "From the Polish Socinians to the American Constitution", in *A Journal from the Radical Reformation*, No. 3, 1994, pp. 22—57.
③ 戈德曼：《隐蔽的上帝》，蔡鸿滨译，天津：百花文艺出版社，1998，页153, 199；罗什，《启蒙运动中的法国》，前揭，页347—357；伏尔泰，《路易十四时代》，前揭，页546—577。

性的部分。达朗贝尔觉得索齐尼教义更符合他所理解的哲学理性，完全可以理解。我们会感到费解的是，卢梭为何担心达朗贝尔的"赞颂"会损害牧师的"等级、旨趣、意见"，显得是站在了加尔文教派一边。

卢梭的态度值得玩味。他并没有断然否定日内瓦教会中有些牧师是索齐尼教徒的说法，而是反问达朗贝尔，他如何获知这一本属小圈子的秘密。这种修辞性的反问让人觉得，达朗贝尔成了索齐尼分子。无论达朗贝尔选择何种解释，都不得不面临个人信誉在"公众"面前受到怀疑的尴尬。

在将达朗贝尔拖至极其尴尬的境地之后，卢梭没有继续替日内瓦的牧师开脱，洗清他们受到的"索齐尼信徒"的指控，而是话锋一转，写下一番独白式的辩护词，捍卫个人信仰自由的权利：

> 至于纯粹信仰，完全跟道德无关，一个人怎么能单凭推测就能判断他人的信仰呢？甚至又怎么能光凭第三方的申明就能判断当事人的信仰？又有谁能比我自己更清楚我信什么或不信什么呢？那么，在信仰问题上，除了问我本人还能问谁？对一个诚实的人的言论或作品下结论说它正在或已经制造诡辩和不负责任，某个恪守职责的教士再根据这一结

论迫害其作者,那他不过是尽了教士之责,没谁会惊奇。但是,难道我们也要像骗子那样去迫害那些好人?况且,哲人不是经常成为他所模仿的诡辩推理的牺牲品吗?([5],页10—11)

卢梭这段说法的立场显得含混。首先,他承认信仰的真实("信什么或不信什么")只有信仰者自己知道,他人无法判断;尽管如此,第二,即便"一个诚实的人"(un honnête homme)的言论被教士误认为是在制造诡辩并给予制裁,教士也没有错。这等于说,教士有权管制他人的信仰;第三,卢梭紧接着用一个"但是"否定了第二点,而且让人觉得他把教士视为"骗子"。

最后一句话最难理解:哲人为什么要"模仿诡辩推理"(imiterat-il des raisonnements captieux)?成为"所模仿的诡辩推理的牺牲品"又是什么意思呢?

教会信仰与个人理性

对观卢梭的其他作品,他在这里表达的第一点似乎是认真的,即将个人信仰从教会信仰上剥离,将"我信"与"我们信"分开,从而取消了教会在政治共同体中的权威。就此而言,卢梭与启蒙哲人并无二致。

二 日内瓦共和国的宗教问题

《爱弥儿》第四卷中的"萨瓦本堂神父的自白"非常著名,我们可以看到,卢梭在那里让他笔下的爱弥儿的老师教导说,即使上帝愿意让某个人成为传达其神圣意志的中介,

> 但是,在尚未使整个人类知道哪个人配做一个中介的时候,就硬要人们听从他的话,合理吗?做得恰当吗?(《爱弥儿》,页431)

这等于说,即便教会神职人员也没有支配他人信仰的绝对权力。此外,卢梭笔下的**萨瓦本堂神父**还有更为激进的观点,他根本就不相信有什么神启:

> 真理的使徒,我不能单独判断事物有哪些是需要你告诉我的?上帝已经亲自说过,请你听他的启示。这是另外一回事。上帝已经说过了!这句话的意思实在很笼统。他向谁说的?他向世人说的。我为什么一点儿也没听见?他已经委托别人向你传达他的话了,我明白了:是人向我传达上帝的话。可是,我希望听到他亲口说出的话,这样做,既不花费他的力气,也可使我免受别人的引诱。他会保证我不受别人的引诱,因为他已经表明他的使者所

负的使命。怎么表明的呢？用奇迹表明，奇迹在哪儿？在书里。谁写的书？是人。谁看见过这些奇迹？给奇迹作证的人。怎么！又是人在作证！又是人来向我传达他人的讲话！在上帝和我之间怎么有这样多的人啊！（《爱弥儿》，页429）

萨瓦本堂神父的口吻像个十足的索齐尼教徒。然而，尽管卢梭严厉批判了宗教审判制度，他关于教士即便误判"一个诚实的人"的言论也不为过的说法，同样是认真的。对于是否有必要管制政治共同体成员的信仰，意大利哲人维柯甚至比卢梭更早些认识到这种管制的必要性，他预见到现代性最严重的后果是自由与放纵之间的区分逐渐丧失。因此，

> 倘若宗教仍是社会的纽带，诉诸审查制度也就依然是社会自我防护的手段。[①]

与维柯一样，卢梭具有"高贵的自制力"，他声称绝不会将那些本属哲人圈里的秘密公之与于众，危害

[①] 苏伯格，《三读维柯》，刘小枫编，《古典诗文绎读·西学卷·现代编》，上册，北京：华夏出版社，2010，页491。

社会的道德信仰根基。卢梭接下来用一个"但是"的转折词否定的并非是教士对公共信仰的管辖权,而是引出了哲人有秘密信仰的权力:所谓"好人"(les gens de bien)指随后一句中出现的"哲人"。换言之,哲人有不信仰上帝的权利,只不过这种权利不应该公开行使。如果真有索齐尼派人士(其真实身份是"哲人")隐藏在加尔文教中,那么,达朗贝尔不应该公开他们的身份。

卢梭接下来责备达朗贝尔擅自将朋友间私下的谈话公之于众:

> 这里还剩下一种可能性,我们中的那些牧师即您断言那些十足的索齐尼教派分子否认永罚,并且,他们在这个问题上曾向您坦露过自己的私人(particuliers)看法。可是,如果这确实就是他们的看法,并且他们已经向您秘密地(en secret)承认这件事,那么,毫无疑问,这也是在适宜的和坦率友好的哲学交流中曾秘密告知您的话。他们原本是要跟哲人而不是作家谈这些话题。因此,他们根本没做那类事,而我的证据无可辩驳,这只是您公布的事。([6],页11)

"适宜的和坦率友好的哲学交流"这个表达式值得注意，它清楚表明，在卢梭看来，"哲学交流"（commerce philosophique）要"秘密地"进行才"适宜"，才可能"坦率友好"。加尔文教的牧师中，有的私下信奉索齐尼教，这应该是启蒙知识人小圈子的内部秘密，不应该公开。日内瓦好些牧师是"索齐尼教信徒"，那只是"他们的私人（particuliers）意见"。加尔文教会中隐匿的索齐尼分子把秘密告诉了达朗贝尔，未料达朗贝尔竟轻率地在《日内瓦辞条》中向"公众"泄露这个本应封禁在哲人小圈子的秘密。

卢梭的说法既巧妙地将达朗贝尔和伏尔泰置于个人品德有亏的困境，又揭示了他们与索齐尼教徒是一伙的事实。换言之，卢梭的修辞在启蒙阵营内部制造了一次分裂：他警告隐藏在日内瓦的加尔文教会中的索齐尼分子不要与巴黎的启蒙哲人们沆瀣一气，尤其是不要掺合建剧院的事情，否则等于在"公众"面前承认自己是异端。

卢梭对索齐尼教派的态度

卢梭仍未对"索齐尼教义"做出任何评论。笔者关心的问题是：卢梭本人是否会认同索齐尼教派的教义呢？随后的一段说辞也许吐露了他的心声：

> 我并没有说什么，无论评论或是指责您硬塞给日内瓦牧师的索齐尼教徒的罪名。我只想说明，任何人都没有权利把罪名强加给他们，除非他们自己承认。我还要补充一句：这与他们曾教给我们的［东西］没有任何相干。我实在不知道什么是索齐尼教义，所以对它也就说不出个好坏（同样，对于这个宗派及其创始人的一些模糊的概念，我感到自己更多是远离而不是亲近它）。但是，总的来说，我是所有温和的宗教的朋友——在这些宗教里，永恒的存在（l'Etreéternel）总是借着祂给我们的理性受到侍奉。当一个人不能信仰他认定为荒诞的东西，这不是他的错；这正是理性的错。何况，如何能设想神会惩罚一个人，就因为这个人没有让自己形成一个与由祂处得来的东西相悖的理解（entendement）？如果一个博学的人走来，以神的名义命令我相信部分大于整体，我自己会怎么想呢？除了认为这个人走来命令我发疯，还能怎样？当然了，正统派——在那些圣仪中看不到任何荒诞的人——就不得不相信他们。不过，如果索齐尼派教徒在圣仪中发现了荒诞，又该对他们说什么呢？莫

非要向他们证明,圣仪并非荒诞?他们,这些索齐尼教徒,就会率先向您证明:这些不被理解的东西是一种对理性的谬误。那么又当如何?别管他们!([7],页11—13)

卢梭这段"信仰自白"多少坦诚地表达了自己对宗教问题的看法。大致来讲,卢梭所表达的宗教观有这样几个要点。首先,给某个教派的信仰定罪没有意义,因为,即便定了罪,被定罪者自己不承认,也无济于事。这等于说,在卢梭看来,不妨对各种个人信仰听之任之。

第二,具体说到索齐尼教派,卢梭表示对此一无所知,更重要的是,他没有兴趣知道,而就他所知道的东西来说,他宁可"远离而不是亲近它",这表明卢梭不是一个所谓的"宗教人"。

第三,卢梭表明了自己对宗教的一般态度:"我是所有温和的宗教的朋友。"我们要注意这句话中的两个关键词,即"温和"和"朋友"。换言之,卢梭不会是不"温和"的激进宗教的朋友,但无论多么"温和"的宗教,他也仅仅是其朋友,而不会成为其信徒。

第四,信仰和理性各有各的道理,"当一个人不能信仰他认定为荒诞的东西",在卢梭看来,"这正是理性的错。"换言之,理性也可能出错,即不该它出现的时候出现,就会是错。反过来看,非要让信靠"理性"的人有**神启**信仰,而且动用神的权威强制"理性"人信仰,则是信仰的错。

卢梭对宗教纷争采取了一种看似超然的态度:他既不想介入加尔文教派与索齐尼教派的教义冲突,也不想介入信仰与理性或神学与哲学的冲突。他唯一关心的问题是:一个人是否应该因信仰问题而受到"惩罚"。因此,他在"如何能设想神会惩罚一个人,就因为这个人没有让自己形成一个与由祂处得来的东西相悖地理解"这句话后面下了一个很长的注释。

我们且先放下这个注释回头再看,眼下仅需要指出:卢梭显然知道什么是索齐尼教义。"对于这个宗派及其创始人的一些模糊的概念,我感到自己更多是远离而不是亲近它"这句话,仅出现在《论剧院》第一版中,在修订重版的第三版中,卢梭删除了这句话,这一举措透露了卢梭的审慎。不过,让读者警惕的是,卢梭此处的表白也未必完全坦诚,至少,他在第三版收回了第一版中的坦诚。卢梭不断修改自己的言辞,这表明他懂得,哲人对现实政治问题发言必须掌握分寸。[①]

---

① 参见《卢梭的榜样人生》"中译本前言",前揭。

总体而言，我们没有理由认为卢梭是一个索齐尼分子，因为索齐尼派即便张扬"理性"，也是在宗教信仰问题上张扬"理性"，或者说，即便作为"理性主义者"，索齐尼分子仍然是宗教人，而卢梭宣称自己根本不是宗教人。

不仅如此，卢梭对索齐尼派还颇有微词，因为它会助长教士化的信仰自决。启蒙哲人戳穿人生的真相，等于将人生的重负完全压在了个体身上，但每个"公民"都能承受得起吗？没有了救赎，没有神的至善和正义引领，"公民社会"会是怎样的呢？200年后的政治思想家对此给出了回答：

> 人类视为终极的绝对权威的东西，确实能够发生变化，上帝能够被人间世俗的因素取代。我把这称为世俗化（Säkularisierung），这才是上述说法的要害所在——问题在于，这一并非同样重要但相对肤浅的情况直接给历史和社会的观察者留下印象：例如教堂被剧院取代，宗教性的东西成了戏剧或歌剧素材，上帝的住所被改装成博物馆；现代社会的艺术家，至少就其与公众的关系而言，发挥着教士的某种社会学功能，但经常是以可笑的变态方式，把本属于教士的情感变成自己的私人才华；本来靠

敬拜和教会仪礼的熏陶和记忆存活的诗，如今将这些熏陶和记忆扔进世俗（Profane）大加亵渎——还有音乐，如波德莱尔在一堪称启示录的话中所说的，也被用来颠覆天国。①

施米特对后启蒙时代的"公民社会"的刻画可谓入木三分，迫使每一位严肃认真的思想者必须反省并追问这样的问题：是谁种下了这朵绽放在虚无主义废墟上的"恶之花"？

简言之，敏锐的卢梭正是因为预见到启蒙之后的危险，他才对索齐尼教派更多是"远离而非亲近"。一如布奈尔所言，如果要推测卢梭在第三版删去这段话的原因，除了审慎这一个理由外，或许还有哲人卢梭内心的真实想法：他不想让"公众"误解自己。

哲人卢梭下降到"洞穴"参与城邦共同体生活的原因，也许可以用激烈反卢梭的尼采之言作为注脚——"他必须创造一个既能作为哲人又能作为公民生活其中的世界。"②基于此，卢梭必须要在公众面前掩藏自己

---

① 施米特，《政治的浪漫派》，冯克利，刘锋译，上海：上海人民出版社，2005，页29。
② 皮尔逊，《尼采反卢梭：尼采的道德-政治思想研究》，宗成河、孙磊、熊文驰译，北京：华夏出版社，2005，页28。

的真实信仰，回避索齐尼教派引发的教义分歧。

城邦与宗教

"别管他们！"这话在今天看来很有意思——卢梭的意思是，不要理睬索齐尼派教徒的喧嚷，也不要理睬他们与加尔文教派的冲突。对立的双方都不可能说服与自己意见相异的人，因为，双方凭借自己的天性自然而然地亲近与自己灵魂类别相属的信仰。

但是，卢梭提到了"正统派"，而这个语词所指的往往是政治共同体中的多数人。换言之，"异端"必定是少数，而任何政治共同体若被激进的少数引领，难免会出乱子。因此，卢梭不是在提倡宗教宽容，似乎要解决自宗教改革以来曾出现过的极为尖锐的你死我活的宗教冲突。在卢梭的时代，欧洲各主要王国大都已经凭靠王权抑制了这类冲突，这个时代的关键性问题在于，如何建构"公民社会"式的国家。由于这种国家构想的前提是，基督教已经不再是政治共同体的基础，所以，卢梭说，"别管"残余的教派纷争。

倘若如此，我们就可以把卢梭这段话的意图理解为劝导自己的启蒙朋友认清什么是*真正的*时代问题。在随后写成的《社会契约论》中，卢梭表达了他所理解的时

代问题的要害是什么:

> 既然永远都只能有一个君主以及公民的法律,结果这种双重权力(中译注:指基督教国家中政权与教权)造成了一种法理上的永恒冲突;这就使得基督教的国家里不可能有良好的政体,而且人们永远也无从知道在主子与神父之间究竟应当服从哪一个。(《社会契约论》,页171)

正是在《社会契约论》的第8章"公民宗教"中,卢梭说教宗制是世界上最残暴的专制,而这话实际影射的是日内瓦的加尔文教统治下残暴的宗教迫害(《社会契约论》,页167、170)。在卢梭看来,信仰固然能维系民众生活的基础且不可或缺,但随着17世纪以来新自然科学的发展,以启示信仰为基础的生活根基和政治制度越发不牢靠,宗教在新科学与现代哲学的双重夹击之下摇摇欲坠。

卢梭预见到启蒙建立的科学宗教不能成为民众信仰与道德的主导力量,从而激烈反对启蒙思潮对启示宗教的攻击。然而,卢梭同样激烈反对启示宗教把民众的热情全部引向天国,对身处其中的政治共同体感情淡漠,因此他在《社会契约论》中设想用公民宗教来代替基督教。

在这一前提下,我们回头来看卢梭对达朗贝尔以"您"相称说的那段关于索齐尼教派的话中添加的两个长注。第一个长注加在"理性的错"之后:

> 我想我看到(voir)一个原则——如果它能很好地被证明的话——就可能会立即从那些猵狭的(l'intolérant)及迷信者(superstitieux)的手上夺取武器,就可能会平息劝诱改宗的狂暴——这种狂暴看似鼓舞了异教徒们。这是因为人的理性没有一种已确定好的,统一的尺度。同时,任何人想将自己的尺度作为他人行动的规范都是不义的。([7],页12)

首先值得注意"平息劝诱改宗的狂暴"这个表达式,它指的应该是路德和加尔文的"宗教改革"。所谓"这种狂暴看似鼓舞了异教徒们",很可能指"宗教改革"引发了哲学和科学的冲动。从历史上看,以复兴古希腊罗马的所谓"异教"知识的名义反叛基督教的冲动,出现在路德事件之前(即"文艺复兴运动"),但显而易见,"宗教改革"才彻底让所谓"异教"的理性精神获得解放。

然而,"理性"获得解放之后,出现了各种各样的

"理性"——索齐尼教派就是一个典型例子。我们不能仅仅看到加尔文教带来了强制性"改宗",索齐尼教派也凭靠"理性"呼吁"改宗"。人们难道不能说,索齐尼教派同样"想将自己的尺度作为他人行动的规范"?如果是这样,那么我们就可以认为,在卢梭看来,索齐尼教派虽然高扬"理性",同样是一种"不义"(injuste)的行动。

索齐尼教派显得是在与"猵狭及迷信者"作斗争,但他们自己难道不是"理性"的"猵狭及迷信者"?因此,卢梭说,"理性"仅仅看似是医治宗教狂热病最有效的武器,而实际上"人的理性没有一种已确定好的统一尺度"。

卢梭在注释中继续说:

> 让我们设想一种好的信仰——没有它的话,所有的争论都是胡说八道。要达至一定的程度才会有共同的、对一切真理都显而易见的原则。此外,每个人都能决定他自身的理性。因此这种想法不但不会导致怀疑主义,而且,还由于理性总体的限度是不确定的,从而没有人能够成为他人的法官。此刻,作为一种打击,傲慢的独断论可以休矣。([7],页12)

卢梭在这里为"信仰"辩护,让我们感到吃惊。当然,他说的是"好的信仰"(le bonne foi),而何谓"好的信仰",人们恰恰非常难以达成共识。可以说,卢梭下降到城邦后,首先遭遇到的问题就是,"洞穴"之中的人们很难设想"一种好的信仰",索齐尼教派与加尔文教派的长期争论"都是胡说八道"。

而且,卢梭看得更深:"要达至一定的程度才会有共同的、对一切真理都显而易见的原则",但"每个人都能决定他自身的理性"。这两个句子放在一起明显相互抵牾,既然"每个人都能决定他自身的理性",既然"没有人能够成为他人的法官",政治共同体何以可能达至"共同的、对一切真理都显而易见的原则"?然而这并非卢梭在自相矛盾,实在是城邦的现实状态。卢梭不担心"每个人都能决定他自身的理性"会"导致怀疑主义"(scepticisme),反倒担心"傲慢的独断论"(dogmatique)。

所谓"傲慢的独断论"指什么?难道仅仅指加尔文教?会不会也指索齐尼教派乃至他的启蒙友人信奉的"科学和文艺"的教义?回答很可能是肯定的,因为他紧接着就说:

> 如果在今天由利益、骄傲和意见(l'opinion)盘踞

的地方建立起永久的和平,牧师和哲学家之间的纷争就会最终消失。([7],页12)

这话不可以理解为对城邦或"洞穴"状态的描述吗?在"洞穴"中,人们可能建立"永久的和平"?卢梭的言辞不会让我们轻易地解密,他紧接着用"但是"制造了一个出人意料的转折:

> 但是,也许这样对这个或那个都没好处,没有迫害就没有争论,前者没有谁可以拿来折磨,后者则没了人可说服,两个都丢了老本行。如果有人问我为何与自己争个不休,我会这样回答——我是对大多数人说话,并且我正在解释实践性的真理,我是以经验为依据,我正在执行我的职责(devoir),说出我所思考的,即使我的意见不被接纳,我也看不出有什么坏处。([7],页12)

这个转折出人意料。因为,卢梭在这段长注的开头表示了要追求"共同的、对一切真理都显而易见的原则",现在却又好像要为"争论"辩护,甚至认为出现"迫害"也很自然。卢梭承认,不仅哲学与宗教之间存在着永恒的争执,哲人之间同样如此。

这个转折之后，卢梭再次强调了他言说的语境：现在他是在"洞穴"中说话。因此，他再次重申序言中已经声言过的说法："我是对大多数人说话，并且我正在解释实践性的真理。"不同的是，卢梭在这里解释说，正因为如此，他总"与自己争个不休"。似乎他自己内心充满矛盾和论争，他才"对大多数人说话"并"解释实践性的真理"。

达朗贝尔是哲人还是教士

卢梭的第二个长注下在"如何能设想神会惩罚一个人，就因为这个人没有让自己形成一个与由它处得来的东西相悖的理解"这句话之后，这个注释同样很长，我们也需要分段来读：

> 必须记住，我正在回应一位不是新教徒的作家；我相信我事实上回答：他现在对我们的牧师的指责可能与我们的宗教无益，倒是对其他一些不为人知的东西更加必要些。（[7],页13）

卢梭在正文中的言辞已经用到"您"即达朗贝尔，这里却再次提醒读者，他是在回应达朗贝尔，显得有些奇怪。但顺着上文的脉络，我们能够理解，卢梭实际上提出了何谓"哲人"的问题。这里再次提到达朗贝尔，等于直接对他的身份提出了质疑。

卢梭提请读者注意，他是在反驳一个法国天主教徒，而非新教徒。因此，卢梭在这里说，达朗贝尔"对我们的牧师的指责可能与我们的宗教无益"。所谓"我们的牧师"显然指在日内瓦掌控政局的加尔文教牧师，而"我们的宗教"指掌控日内瓦政治秩序的加尔文教，这倒不难理解。难以理解的是，卢梭让"我"进入了"我们"，这无异于表明卢梭此时站在了加尔文教一边。

卢梭似乎让人觉得，他属于抗议宗的政治共同体，而达朗贝尔属于天主教统治下的法国。但这种区分有意义吗？接下来我们看到，卢梭以加尔文教的立场来反驳索齐尼教派，从而与支持索齐尼教派的达朗贝尔针锋相对：

> 理智领域——不排除几何学——充满了不可理解但又无论如何不容辩驳的真理。因为，理性只暴露这种真理的存在——如其曾所是——却不能透过拘役理性的诸种限制触及这种真理，仅仅是在远处感知真理。上帝存在的教义便是如此。新教团体所承认

的诸圣仪亦如是。那伤及理性的（heurtent la rasion）的圣仪——我借用了达朗贝尔先生的词语——完全是另一回事，它们那些极端的矛盾迫使其回到理性的界限之内，为了感觉那些不存在的东西，理性用上了一切能够想象得到的抓手。（［7］,页13）

索齐尼教派不是唯尚"理性"吗？卢梭现在说，"理性"本身也受"诸种限制"的"拘役"，不可能触及"不容辩驳的真理"。但是，卢梭又说，"伤及理性的圣仪"是另一回事，它显得"极端的矛盾"。

因为，尽管一个人不可能看到一件荒诞的事，但没有什么如荒诞那样显而易见。看看，当我们同时支持两个矛盾的命题时会出现什么？如果您告诉我一个拇指与一个脚掌大小相当，您说的并非是神秘莫测、荒诞不经和不可理解的［事情］，相反，您在说一件明显的，能清楚感受到的荒谬。一桩确凿无疑的虚假。无论虚假建立在何种论证上，虚假决不能超越毁坏它的东西——这种原则直接取自作为所有人类的确立性基础（base à toute certitu de humaine）的最初观念。否则，理性——作为反对自身的见证者——会迫使我们去否定理性。（［7］,页13）

二 日内瓦共和国的宗教问题 261

卢梭刚刚在前面批评索齐尼教派凭靠的"理性"信义,随即又转向批判"神秘圣仪"的信仰,而且更为犀利。就卢梭在序言中刻意提到的言辞多寡而论,他显然花费了更多笔墨来打击"神秘圣仪"的信仰。

卢梭同时批评索齐尼教派和加尔文教派:双方的纷争没有意义。但在结束这个注释时,卢梭说,

> 在我们尚未相信这个或那个时,理性可能会阻止我们去相信任何事情,因为信仰的全部源头已然破坏了。任何人,无论他持何种宗教信仰,当他声称坚信这样的神秘圣仪,他或者是个骗子,或者不知所云。([7],页13)

这话看起来主要在打击加尔文教派,其实不然。因为,索齐尼教派崇尚的"理性"已经破坏了"信仰的一切源头",使得任何宗教信仰都不再可能,谈论教派纷争已经没有意义。

令人费解的是:卢梭的这些话是"对多数人说"的吗?多数人会考虑这些问题?卢梭的言说对象明显指向达朗贝尔,难道他属于多数人?既然上面6个自然段都是卢梭对达朗贝尔说话,我们只能推测,他是在提请达朗贝尔想清楚自己是谁:哲人抑或教士。

3 戏剧与公民教育

离开第二个长注后,卢梭接着在第7段快结束时反诘达朗贝尔,应该如何看待信仰中那些明显与理性相悖的教义。毕竟,那些不同教派的信仰常常互相抵牾。他举例说,倘若有一个饱学之士说一些明显不合常识的事,比如他让人去相信部分大于整体,那么,人们应该相信这类学术权威吗?卢梭不客气地说,这类权威只会让人发疯。因此,卢梭给达朗贝尔等启蒙哲人的建议是,不要掺和传统基督教与索齐尼分子的信仰论争,对于这些狂热的宗教分子只能"随他们去"([7],页14)。

吊诡的是,卢梭本人却没有遵从自己的建议,他随即转向讨论索齐尼教派的永罚观。对于那些诚心信奉上帝却拒绝承认永罚,胡乱解释《圣经》中那些不合他们意见的经文的信徒,卢梭非但不愤慨,他还略带同情地说,那些持不同信仰意见的信徒只是曲解《圣经》,相对于那些骂"上帝不正义或做坏事(malfaisant)"的人来说,这些异端反倒能让人接受([8],页14)。

这时,卢梭在信中第三次直呼"先生"([9],页14),与他上一次直呼"先生"相隔了7个段落,卢梭可能意在提醒达朗贝尔以及书信的读者们,这场关于日

二 日内瓦共和国的宗教问题　263

内瓦信仰的讨论接近尾声了。果然，他接下来总结说：

> 这就是阻止我责备那些持公平且适度的（équitable et modérés）观念的神学家的理由，他们自己的信条会教给他们不要强迫任何人接受［自己的教义］。（［9］，页14）

卢梭这里的结语与其说是前8个段落的总结，不如说是他对日内瓦教会的期许！至少在转入戏剧问题前，卢梭希望关心这场论战的日内瓦当局不要被一些敏感的宗教话题所牵绊，忘记了《论剧院》的真正论题。

接下来我们需要注意，卢梭怎样从宗教问题过渡到戏剧问题。在这一长达10个自然段的题外话快到尾声时，卢梭说。

> 这一［不逼迫他人信仰］的观念，对一个理性且虚弱的造物如此合适，与一位正义且仁慈的造物主如此相衬——在我看来，这比那些将人视为动物般愚蠢的服从者，视为苦中作乐的偏执野蛮人（barbare intolérance）的想法更高明，有那些想法的人在这样的生活中已然如此，在彼世更注定要永历痛苦。（［9］，页14）

卢梭在描述"造物"时用了两个形容词，即"有理性的"（raisonnable）和"虚弱的"（faible），这两个语词连在一起，让我们想到帕斯卡尔（1623—1662）著名的说法："人是会思考的芦苇。""理性"并没有让人变得多么强大或无所不能。

描述"造物者"时所使用的两个形容词同样值得注意，即"正义的"且"仁慈的"，这是典型基督教信仰的语汇。这也许表达了卢梭作为政治哲人对宗教的根本态度，即他所说的"我是温和的宗教的朋友"。在卢梭看来，持宗教宽容观念的人比那些蛮横的专制者高明。后者把"造物"当作"动物般愚蠢的服从者"，卢梭认为这些人才应该在死后受到永罚。卢梭的看法令人震惊！难道歪解《圣经》经义否认永罚观念的人并不会受到惩罚，反倒是那些专断蛮横的人才会受到永罚？

永罚本来是针对信仰上的异端分子，卢梭却暗中转换了概念，永罚转向那些政治共同体中的专断统治者。我们只需回想下日内瓦的政制结构和加尔文的统治方式，就能猜测到卢梭的这一指责其实指向日内瓦共和国的实际统治者。

卢梭随后修辞性地感谢达朗贝尔对日内瓦神职人员的赞美，但他重申自己绝不能容忍《日内瓦辞条》强加在他们头上的异端罪名，对于真伪信仰的鉴定只能交给上帝。这意味着启蒙哲人不仅无权过问加尔文教士的信仰问题，他们同样无权质问卢梭本人的信仰。

卢梭趁机堵住了论战对手试图质疑他为日内瓦教士辩护的动机与正当性的可能。同时，他一方面劝导教会中那些具有哲学心性的神职人员，不仅应当在信仰问题上隐藏自己，在可能引发国家利益冲突的问题上同样要学会隐藏自己的真实观点；同样地，卢梭也在告诫他的启蒙友人们，纵然哲人在本质上是信仰的异端，他们仍然要保持审慎和节制，不要将自己的意见强加于人，更不应在政治共同体中成为道德、风尚及习俗上的异端。

卢梭在结束讨论日内瓦的宗教问题时说，他本来"不该"对这个问题多嘴，而且这个问题也与他接下来要谈的事情无关。为此，他又下了一个注释说，达朗贝尔的《日内瓦辞条》刊布后，日内瓦的牧师已经提出抗议，而他现在发表公开信与日内瓦牧师们的反应无关，何况日内瓦牧师也不需要"我"卢梭出面帮腔。

事实上，一位日内瓦牧师在给卢梭的信中明确提出过请求，希望卢梭出面支持他们，被卢梭婉拒。然而两人私下的通信却持续了长达3个月（从1758年2月到5月）

之久。① 现在卢梭公开说日内瓦牧师无须他帮忙，等于表态要与日内瓦牧师保持距离。这时卢梭还说了这么一句：

> 我感到幸运的是，我们拥有一个明理且平和的神学家团体，或者，更确切地说，他们是风尚的差役（officiers de morale），德性的大臣（ministres de la vertu），当然，我也很担心他们会遇到许多情况，让自己堕落为盲信的教众。（［10］，页16）

这话显得是个全称论断，"我们的神学家团体全都"云云不大可能仅指日内瓦牧师。更具用心的是，卢梭以通常用来描述哲人的语词"明理且平和的"（philosophes et pacifiques）来夸"神学家"，明显带有反讽意味。卢梭利用philosophe一词表达了双关含义，表面上用philosophe的形容词含义"明理的"来褒奖日内瓦的神学家们，同时又以名词含义指认这些神学家其实就是哲学家。伏尔泰和狄德罗等启蒙知识人都曾攻击教会人士不是什么"道德楷模"或"传播美德的使者"，而

---

① 参见何祚康、曹丽隆编译，《走向澄明之境：卢梭随笔与书信集》，前揭，页172—177。

是"盲信宗教的人"。卢梭似乎与他们在这一点上并无分歧,但卢梭接下来又说:

> 对我们重要的是,要促使神学家们永远保持他们现在的样子。对我们重要的是,让他们自己喜欢他们教导我们热爱的和平,切莫让那些令人憎恶的神学争吵搅乱他们宁静及我们的平静。最终,对我们重要的是,要一直通过他们的教诲和他们的榜样,学习到和气和人道同样是基督徒的美德。([10],页16)

这段说法充满修辞色彩,卢梭接连使用了三个"对我们重要的是"这样的排比句式,尤其是大量使用了语义含混的语词。比如,"学习到和气"的"和气"(la douceur)也可译作"甜言蜜语、奉承话";所谓"人道"(humanité)则又可译作"仁慈、人情味"。

这里的"我们"与"他们"的区分则显明,卢梭对教士的看法与伏尔泰和狄德罗等启蒙文人很可能一致。但卢梭与他们的分歧在于,他不主张"我们"介入"他们"的"神学争论",因为这些争论"可憎"(odieuses)。卢梭看似在赞美日内瓦的教士,暗地是在挖苦。当他说到神学家团体是"风尚的差役"时,卢梭

在"差役"(officiers)这一语词后面下了注释:

> 神甫圣·皮埃尔(Saint-Pierre)总是这么叫这些牧师们,不知道他是因为看到他们实际上的这个样子,还是指望他们应当是这个样子。(页16,注2)

然而,如果我们就此得出卢梭反基督教的结论则是轻率的,卢梭对基督教的看法必须结合公民宗教来理解。

卢梭在书信开篇即处理宗教信仰问题,是因为他清醒地意识到,随着启蒙戏剧的上演,剧院迟早会取代教堂(回想施米特的那段描述)。教堂管束城邦的人民,培育人民的德性,剧院能起到这样的作用吗?如果回答是肯定的,那么,剧院如何获得区分善恶好坏的标准呢?传统的启示宗教被赶出城邦之后,城邦是否需要塑造公民宗教的新神?倘若戏剧能塑造新神的话,它会塑造怎样的新神?

三 | 现代戏剧的政治品质

18世纪末期至19世纪初期的法国诗人舍尼尔（M.-J. Chénier，1764—1811）把剧院称为教育公民的学校，在1790年出版的《查理四世，或王族、悲剧的学校》（*Charles IX ou l'École des rois, tragédie*）一书中，他热切地呼吁公民要去剧院接受新的教育：

> 剧院对日常生活习俗有着巨大的影响。长期以来，剧院只是一所教人阿谀奉承，庸俗无味和放荡的学校，它必须变成一所美德和自由的学校[……]，家中的父亲啊，要让你的孩子们经常去观看些严肃的戏剧，去尊重法律和道德，他们会领略到我们历史的品味——这些在大学里都被奇怪地忽略了。而你们的孩子，未来的国家和祖国的希

望，属于一个尚未到来的世纪，你们将不会是旧偏见和旧奴隶制的人；你们将是一个自由的新人。①

要是我们对历史中的政治事件的年份不是太迟钝，就会想到1790年正是巴黎爆发推翻王权政体的革命之后的第二年，而且革命还在进行之中。

1789年6月，国民议会组成时，第一等级（教士）的代表加入国民议会，等于背叛了旧制度。1789年秋，国民议会立法废除修会圣愿。革命剥夺了王权，教会的权力也受到削弱：《八月法令》取消了教会征收什一税的权力，11月初，国民议会又宣布教会的财产"由国家处置"，并以这笔财产作底发行名为"指券"的新币。

1790年2月，国民议会废除教会的原有体制，修士和修女被劝谕还俗。6月，制宪议会废除亲王、世袭贵族、封爵头衔，重新划分政区，没收教会财产，宣布法国教会脱离罗马教廷的支配，归国家管理，要求全体教士效忠王室。7月12日，国民议会通过神职人员民事组织

---

① M.-J. Chénier, *Charles IX ou l'École des rois, tragédie*, Paris, 1790, p. 77（*Epître dédicatoire de l'auteur*, datée du 13 décembre 1789, p. 7—8），*Jouée au Théâtre Français* le 4 novembre 1789, 引自René Tarin, "L'éducation par le théâtre sous la Révolation", *Dix-Huitième Siècle*, n° 29, 1997, p.502.

法案,教士成了国家雇员,还确定了教士报酬比例。

诗人舍尼尔在这样的时刻发表《查理四世,或王族、悲剧的学校》意味着什么呢?据史学家说,

> 自1789到1791年,制宪会议的剧院成为一所名副其实的人民学校,它比革命历史上的任何时期都更加使我们能够理解当时戏剧艺术的特殊性。它完美地诠释了艺术与其生产的历史条件密切相关的社会功能。此时的戏剧明显与历史相关。戏剧听从公众舆论的指挥。①

教会退出历史舞台,戏剧登上历史舞台——这个顺序与卢梭《论剧院》的顺序若合符节。这场戏剧改革与伏尔泰—达朗贝尔上演的启蒙戏剧有历史的连带关系吗?无论如何,伏尔泰—达朗贝尔在《日内瓦辞条》中关于建剧院的倡议不仅在1762年的日内瓦实现了,而且在历史的舞台上也实现了。

然而,始终萦绕着笔者思考的问题仍然是:卢梭的

---

① René Tarin, "L'éducation par le théâtre sous la Révolation", 前揭, p.501; 另参René Tarin, *Le Théâtre de la Constituante ou l'École du people thèse de Doctorat*, Université Paul Valéy, 1996。

《论剧院》对我们理解革命后的戏剧还有帮助吗？本章将重点考察卢梭如何看待现代戏剧的**政治品质**。

《论剧院》在结束了近10个自然段的题外话后，卢梭紧接着就说：

> 我急于转向另一种讨论，尽管它并不那么严重，也不太严肃，却仍然足以引起我们的兴趣，值得我们思考。（［11］，页17）。

卢梭在"转向另一种讨论"时马上让"我"转换成了"我们"。承接上面一个自然段中的"我们"，这里的"我们"显然指启蒙知识人。换言之，卢梭显得让自己站在启蒙阵营中"思考"属于"我们"的问题。

但卢梭表明，先前讨论的日内瓦宗教问题才是他心目中最重要、最严肃的问题。倘若卢梭说的是真话，那他为何在"序言"中一再声称，启蒙哲人的剧院计划是对祖国最为"灾难性的一着"，并促使他动笔写这封公开信呢？

卢梭马上补充说，这个"不那么重要和严肃"的问题仍然值得"我们"思考，因为它与"我们"的利益关系重大。

按注疏家的划分，卢梭接下来的论述分三个部分，

第一部分篇幅最长，有80个自然段（页17—75），第二部分次之，有70个自然段（页75—122），第三部分最短，但也有68个自然段（页122—182）。

有趣的问题出现了：开篇谈论"最重要、最严肃"的宗教问题，卢梭仅用了11个自然段，接下来的所有篇幅都在谈"不那么重要和严肃的"建剧院问题，这是为什么？尤其是，为什么卢梭要如此高调地告诉读者，他会用多得多的篇幅谈"不那么重要和严肃的"建剧院问题，而非用多得多的篇幅谈"重要和严肃的"宗教问题？

合理的猜测似乎是：剧院问题暗中（或实际）取代了宗教问题。如果我们的猜测不错，那么就可以说，卢梭接下来仍然是在谈"重要和严肃的"宗教问题，其重要和严肃性在于：随着启蒙的推进，剧院将取代教堂、戏剧将取代宗教。

是不是这样，我们需要通过阅读卢梭接下来的言辞来印证（或否证）。让我们先看第一部分，即卢梭着墨最多的部分。如果我们记得卢梭在序言中已经说过，他"要用更多的词语说更少的事"（序言［7］），那么，我们就需要把他说的"更少的事"从"更多的词语"中找出来。可以设想，要做到这一点不容易。

1 "我们的准则"是什么?

卢梭仍然以"我"起头,有如一位立法者在公民大会上发言:

> 何况,我更愿意多谈谈这种与我的能力相符合的话题,即在日内瓦建造一座戏剧(comédie)剧院的计划。不过,我不打算在这里展开对您此行动机的种种猜测——你何以敢冒天下之大不韪,对我们提出了一个如此违背我们的准则的建设提议。([11],页17)

这里的"您"指"我们"中的一员即达朗贝尔,卢梭表面上说没必要揣测他提出"剧院方案"的动机,实际恰恰是要追究其动机。随后,卢梭毫不客气地批评达朗贝尔的轻率:

> 不管您有什么理由,对我来说,这只是我们自己的问题;出于对您的敬意,请允许我这样说:从来没有人会撺掇一个自由的民族[人民],一个山村,一个穷国建剧场,您肯定是第一位这么做的哲人([11],页17)

日内瓦是否应该建剧院是"我们自己的问题",这里的"我们"就显得有些含混:它指日内瓦"公民"吗?倘若如此,所谓"违背我们的准则"(nos maximes)就指违背日内瓦公民的准则,似乎卢梭现在成了日内瓦城邦的卫士,而身为城邦公民是成为城邦卫士的前提。

作为城邦卫士,卢梭显得熟悉自己的祖国的政治状况。他点出日内瓦共和国的具体特征(自由的小国而且贫穷),这隐含着与法国(君主专制的强国而且富裕)的对比。卢梭提到这些具体的政治状况,意味着他接下来的论述属于"实践性的真理"。反过来,这也提醒达朗贝尔(以及伏尔泰),他们在提出剧院方案之前并没有对日内瓦共和国做过一番充分考察,也根本不考虑日内瓦是什么样式的政治体。

卢梭的修辞突显了"我"以及"我们"与"您"的对立关系,由于卢梭对达朗贝尔说,"您肯定是第一位这么做的哲人",所谓"我们"明显指**哲人族**,而达朗贝尔则是第一位违背"我们的准则"的同道。这样看来,所谓"违背我们的准则"指违背"我们"哲人族的"准则"。

"哲人"在这里同时是**立法者**,"我的能力"(compétence)也可译作"我的权限"。所谓按照"我们的准则"当指按照哲人的**立法准则**,"我们"不会去"鼓动一个自由的民族[人民]"或国家——哪怕是小国或穷国去建剧院。显而易见,卢梭表面上恭维达朗贝尔是"哲人",实际上说,他算不上真正的"哲人",否则,他绝不会提议在日内瓦建剧院。

施特劳斯说过,政治哲人自己也可以做立法者,而作为立法者的政治哲人"首先会优先关注自己所属的那个共同体的立法"。但在思考具体的立法问题时,政治哲人又不可避免会受"最为基础、最具普遍性的政治问题"困扰。①

达朗贝尔的《日内瓦辞条》关注的并不是自己所属的那个共同体的立法,而是关注"最为基础、最具普遍性的政治问题"。卢梭把这封公开信的标题定为"致达朗贝尔论剧院的信",看似仅仅关注自己所属的共同体的立法,实际上同样是关注"最为基础、最具普遍性的政治问题"。卢梭在后文称之为"一般性的议案"([162],页122)。就此而言,日内瓦不过是"城邦"的范例,而政治哲学的思考必须与具体的政治共同

---

① 施特劳斯,《论古典政治哲学》,见施特劳斯,《古典政治理性主义的重生》,潘戈编,郭振华等译,北京:华夏出版社,2011/2017(重订本),页102。

体的实际相结合。

柏拉图的《法义》是讨论立法的著作,却采用了文学化的对话体形式。①在涉及立法的诸议题中,关于"文艺"是重大论题之一,在那里我们读到了柏拉图笔下的雅典哲人的名言:

> 我们自己就是诗人,有能力制作最美且最优秀的肃剧。而且,我们的整个政体就是模仿最美和最优良的生活方式建立起来的,至少,我们认为,这种生活方式实实在在是最为真实的肃剧。你们是诗人,我们也是同样事物的诗人。在最美的戏剧方面,我们是你们的竞技者和竞争对手,只有真正的礼法才能让这一演出自然天成地达至完满。(柏拉图,《法义》817b2—c1,刘小枫译文)②

---

① 参见施特劳斯,《柏拉图〈法义〉中的论辩与情节》,程志敏、方旭译,北京:华夏出版社,2011;潘戈,《政制与美德:柏拉图〈法义〉疏解》,朱颖、周尚君译,北京:华夏出版社,2011;程志敏、方旭选编,《柏拉图的次好政治:柏拉图〈法义〉发微》,刘宇、方旭译,上海:华东师范大学出版社,2013;程志敏、方旭选编,《哲人与立法:柏拉图〈法义〉探义》,邹丽、刘宇译,上海:华东师范大学出版社,2013。
② 义疏参见刘小枫,《巫阳招魂:亚里士多德〈诗术〉绎读》,北京:生活·读书·新知三联书店,2019,页332—333。

卢梭这封致"我们"中的达朗贝尔的公开信虽然通篇在谈与戏剧和诗人相关的问题，我们却不能不看到，这封公开信与《法义》一样具有立法意味。一旦意识到这一点，我们就会注意到，卢梭对达朗贝尔说，"从来没有人会撺掇一个自由的人民，一个山村，一个穷国建剧场，您肯定是第一位这么做的哲学家"后，他随即下了一个注，其中提到达朗贝尔最尊敬的两个人：古罗马的**塔西佗**和"某位现代人"。卢梭强调，这两人既是史学家又是哲人。他不无调侃地说，这个现代史学家/哲人可能会赞同达朗贝尔的做法，而古罗马的塔西佗则未必会赞同。

卢梭没有指明这位现代人是谁，据说有注疏家认为指英国哲学家休谟，还有人则认为指修院院长雷奈尔。[①]其实，从书信的写作语境来看，卢梭当然是指伏尔泰。如前所述，达朗贝尔的《日内瓦辞条》逐字逐句地引用了塔西佗和伏尔泰的话，这在彼此熟悉的哲人圈里不是什么秘密。况且伏尔泰也的确算得上"史学家"，他已经出版了好几部史书，尤其是后来被人誉为第一部"世界史"的《风俗论》。虽然休谟的《大不列颠史》（*The History of Great Britain*）也正在**陆续面世**

---

① 参见李平沤译，《致达朗贝尔的信》，前揭，页37，译者注1。

（1754至1762），但休谟本人明显与"《日内瓦辞条》事件"无关。

更重要的是，卢梭的这个脚注还暗示了**古今哲人**的差异。他说达朗贝尔不仅译介塔西佗的书，还"模仿"（imite）塔西佗的写作方式，其实在批评"好学"的达朗贝尔并没有看到，塔西佗的首要关怀是政治体的道德问题，因为，卢梭紧接着就对达朗贝尔说：

> 在您看来已解决的问题中，我发现了多少必须探讨的问题啊！这些戏剧演出（les spectacles）本身是好还是坏呢？演戏能与风尚相融吗？与严格的共和政体能相适应吗？在一个小城（petite ville）里应不应该容许戏剧？演员这个行当是否正派（honnête）？女演员也像别的女人那样端庄（sages）吗？好的法律足以防止演戏的弊端吗？这些法律是否会得到切实遵守？（［12］，页17—18）

卢梭从演戏本身的道德品质、戏剧与风尚的关系着眼质疑达朗贝尔的建议，6个修辞性问句具有雄辩术的气势，旗帜鲜明地展示了"我们的准则"是什么。

"风尚"（les mœurs）是这里的关键词，但《论科学和文艺》这篇征文的标题中就有这个语词，因此并不仅仅是卢梭才关切这个问题。①毋宁说，讨论mœurs［风尚］是当时的时风，毕竟那是一个移风易俗的伟大时代：基督教的风尚已经不再是生活的准则，孟德斯鸠和伏尔泰引入的商业化气息正在改变国家的时风。因此，这段修辞性排比问句中最重要的关键词是"共和政体"（républicaine）：演戏能"与严格的共和政体能相适应吗"——这个问题可以说是整篇公开信关心的根本问题。

卢梭设计了8个修辞性提问，最后两个落脚在"法律"上。我们应该想起孟德斯鸠的《论法的精神》（1748），这部在当时乃至随后两百年都影响极大的书正是以积极推崇"共和政体"著称。②既然"我们"如今在追求"共和政体"，那么，演戏"与严格的共和政体能相适应吗"这一问题显然统领整篇公开信。

如果我们对观柏拉图的《法义》与孟德斯鸠的《论法的精神》，那么，卢梭的这封公开信的历史位置就会

---

① 在法语中，mœurs的含义除了有道德意味外，还有习俗、风尚、生活习惯等。布鲁姆的英译本采用了两种译法（morals和manners），凯利重新校订时取了后者，即偏向"习俗、生活方式"的义项。

② 参见施特劳斯，《从德性到自由：孟德斯鸠〈论法的精神〉讲疏（1965—1966）》，潘戈编，黄涛译，北京：华夏出版社，2017。

一目了然：面对时下的"共和"思潮，卢梭要重申"我们的准则"。达朗贝尔的《日内瓦辞条》未必违背了孟德斯鸠的《论法的精神》，但他"对我们提出了一个何等违背我们的准则的建设提议"。由此来看，这里的"我们"是否确指启蒙知识人，尚且存疑。

以修辞性设问的句式，卢梭铺陈开整篇公开信"必须探讨"的问题。如果按迄今沿用的划分法将公开信分为三个部分，那么，8个修辞性问句的问题当分属三个部分。头两个问题即"演戏本身是好还是坏"和"演戏是否与风尚相融"属于第一部分，随后4个问题属于第二部分，最后两个关于"法律"的问题属于第三部分。

第一部分所讨论的两个问题具体呈现为4个具体论题：演戏的道德品质、悲剧、喜剧和爱情。卢梭用来谈论喜剧的篇幅最长（32个自然段），其次是剧院的德性（21个自然段），再次是爱情问题（16个自然段），谈论悲剧的篇幅最少（11个自然段）。

卢梭首先讨论演戏的政治品质，然后讨论悲剧和喜剧，最后以爱情论题收尾。这种论述次序反映了何种意图？为什么以爱情论题收尾？或许答案很简单，因为这个论述次序能够充分展示"演戏是否与风尚相融"的问题。

爱情是文学艺术的恒常主题，古今没有差别。柏拉图《王制》中的苏格拉底批评诗人荷马对情爱的描写十分著名，他提到《伊利亚特》中的仙女忒提丝的婚礼场面（383a1—383c5）、宙斯对赫拉的情欲（390b6—390c5）以及《奥德赛》中战神阿瑞斯与爱神阿佛洛狄特的私通（390c7），认为这类情节不适宜用来教育城邦民，必须从荷马的诗作中删除。但对于荷马诗作中的政治主题，苏格拉底则给予了肯定：

> 有关荷马力图渲染的最重大和最壮丽的事业，有关战争、军事部署、城邦管理、有关人的教育，我们或许有理由仔细询问他。（《王制》，599c6—7）

可见，从城邦教育着眼，在苏格拉底看来，文艺作品中的爱情描写不是小事。与苏格拉底一样，卢梭关心的问题同样是：戏剧在政治共同体中究竟具有何种政治作用。

> 对于戏剧的真正后果来说，一切都还是问题，因为，这些争论只会存在于教众和俗众之间，他们每个人考虑（envisager）问题都各自带着偏见。这儿，先生，正是这些问题要您费神动笔哩！（［13］，页18）

卢梭提到"教众"(les gens d'eglise)和"俗众"(les gens du monde)的区分,暗示"我们"进入了新的时代:已经有很多人**不再信奉基督教,教规已**对他们失去了约束力。"教众"进教堂接受道德规举,"俗众"进剧院享受自由。一旦剧院取代教堂,"共和政体"的道德问题就凸显出来。

从立法者的角度考虑,宗教和戏剧都涉及对世人灵魂的规导,尽管有着截然不同的目的和方式。在与友人的通信中谈到"基督教共和国"的构想时,卢梭说,基督徒不会真正有热情建设政治社会(或"公民社会"),因为这是属于尘世的事情:

> 你说你的公民对第一件不公正的事会大吃一惊。这我相信,但是在他们看到不公正的事时,也没有更多的时间来反对这种事了,并且由于他们不愿意将他们的邻居想得很坏或者将可能是好的东西当作坏的(这与博爱不相符),因而就更没有时间了。
>
> [……]难道你不知道,伟大的事业只有伟大的感情才能做成,而除了自救外就没有别的感情的

人，在世间永远也不会做出伟大的事业？①

在卢梭看来，"基督教共和国"的构想极其荒谬，或者说"基督教"与"共和政体"的结合是异想天开。因为，按基督教的伦理，政治共同体既不需要官员，也不需要法律（同上，页179）。因此，他在《社会契约论》中讨论"公民宗教"之前首先抨击基督教：基督教主张抛弃属人的感情，以至于社会"丧失动力，再也没有进取心，再也无所谓功劳，对一切的爱好再也不那么热烈"。②

> 基督教是一种纯精神的宗教，一心只关怀天上的事物；基督徒的祖国是不属于这个世界的。（《社会契约论》，页176）

诗属于现世，为属人的情感服务，将激情引向现世。如加尔文所说：

---

① 何祚康、曹丽隆编译，《走向澄明之境：卢梭随笔与书信集》，前揭，页180—181。
② 见卢梭《致乌特斯里书》，转引自《社会契约论》中译本，页176，注4。

我所谓的"世俗之事"就是那些与神或他的国度、公义或来世的福分无关的事,反而只在乎今世,也限于今世;我所谓的"天上的事"包括对神纯洁的认识、公义的本质,以及天国的奥秘。前者包括政府、家庭的管理、一切机械的技术,以及文学和艺术;后者包括认识神和他的旨意,以及如何服从神旨意的准则。①

然则,诗如果要取代宗教,也应该像宗教那样具有规导人的情感的社会功能。换言之,在卢梭看来,尽管宗教不应把人的情感引向出世,但宗教规导人的情感则没有错。因此,基督教被历史抛弃后,立法者应该致力于建构一种"公民宗教",而非搞戏剧。基于这一前提,我们在阅读卢梭的《论剧院》时,就必须时时考虑到卢梭所关心的如何建构"公民宗教"的问题。

2 戏剧与启蒙教化

接下来卢梭进入正题,他首先用了21个段落讨论剧院的政治品质([11—31],页17—34)。我们都熟悉

---

① 加尔文,《基督教要义》,前揭,页250。

剧院，但我们不会去想剧院的政治品质是什么这样的问题。卢梭则说：

> 第一眼看到［剧院］这些建制，我就马上知道，演戏是一种娱乐。并且，如果娱乐对人类来说确实必需，那么您至少得承认，只有在它是必需的范围内才获得允许。何况，一切无益的娱乐对人都是一种恶。（［13］，页18）

卢梭为什么说剧院"这些建制"（ces institutions）？剧院能算得上是一种"建制"吗？

卢梭没有像加尔文教徒那样一概否认"娱乐"，[①] 而是区分了"有益"和"无益"的娱乐。但谁来决定什么是"有益"、什么是"无益"的娱乐？凭个人好恶吗？那样的话，等于没有区分"有益"和"无益"的娱乐。因为，要区分"有益"和"无益"的娱乐，首先得知道何谓"有益"和"无益"的娱乐；其次，要使得区分有效还得凭靠**有权威的机构**，比如说教会。

这样看来，卢梭说剧院是"建制"不仅不奇怪，甚至可谓用词精准。institution的基本常用义是"［政

---

① 比较加尔文，《基督教要义》，前揭，页85—86。

治］制度"，卢梭在30岁出头时就立志要为"自己的祖国"写部《政治制度论》（Institutions politiques），探究"对人类幸福有用，尤其对我的祖国的幸福有用的真理"（《忏悔录》，页500）。我们甚至可以设想，卢梭在这里的意思其实是说：剧院是一种"制度"，正如教会是一种制度。但在下一个自然段再次说到"剧院"时，他则说"这类设施"（ces sortes d'etablissements）。如果卢梭不是信笔而至，那么我们就值得猜测，卢梭在**两种意义**上使用"剧院"这个语词。

卢梭说"演戏"（spectacle）是一种"娱乐"又是什么意思？

> 人生苦短如朝露，时间何其珍贵啊！人的状态自有其愉悦，得自他的自然天性，还出自他的劳作、[人际]关系和需要，这些娱乐——对那些能用这种方式享受它的人会更甜蜜，他们的灵魂也就更健康——令到那些享受它的人对别的娱乐心无旁骛。作为父亲，作为儿子，作为丈夫，作为公民——有如此珍视的责任要履行，使他们无心烦闷。很好地利用时间甚至能使时间更可贵，一个人利用时间越好，就能发现失去的时间越少。因此，人

> 们经常看到，劳作的习惯会抵消难以忍受的无所事事，而好的良知能消除轻浮的感官快乐的趣味。但是，对自身的不满意，满心的游手好闲，忘记了质朴而又自然的趣味——正是这些才使得外邦人的娱乐如此迫切。（［13］，页18—19）

卢梭在这里说的至少看起来与"［政治］制度"有关，更准确地说与*生活方式*有关。尤其重要的是，卢梭把人的"劳作""［人际］关系"（rapports）和"需要"都说成"娱乐"（amusement）。但这些属于人的自然"娱乐"，有"质朴而又自然的趣味"（le goûts simples et naturels），从而是"有益"的娱乐，其基本品质是"劳作的习惯"（l'habitude du travail）。

由此卢梭引出了"有益"与"无益"的娱乐的区分："无益"的娱乐即"无所事事""游手好闲"，无不带有"轻浮的感官享乐的趣味"（le goûts plaisirs frivoles）。这类娱乐都无益，"对人是一种恶"（un mal）。

可见，卢梭在一开始说剧院是"建制"，看似在类比教堂，其实不尽然，因为我们不能说进"教堂"是为了娱乐，尽管我们能说，在某种"制度"下，进教堂是一种人生的"必需"。把剧院说成"建制"仅在如下意义上与教堂对应：剧院和教堂分别表征两种不同的政治制度或生活方式。在"教堂"政制中，"劳作的习惯"即"娱乐"，有"自然质朴的趣味"，在"剧院"政制中，娱乐是"无所事事""游手好闲"，无不带有"轻浮的娱乐趣味"。

"演戏"是一种"娱乐"，但它属于哪种"娱乐"呢？伏尔泰喜欢的"演戏"属于哪种"娱乐"？

这里是公开信进入正题前的开篇之辞，而在信的结尾部分处谈论娱乐时，卢梭下了一个注释说，不能光让人民劳作而剥夺了他们的节日和娱乐，虽然娱乐会浪费一些时日，却能提高其他时间的价值，使政治体更加稳定（［218］注，页183注）。与卢梭在这里的说法对比，我们能够看到卢梭的"娱乐"观的一致性：有益的"娱乐"会使得"灵魂更健康"，"劳作"与"娱乐"并非相互排斥。

雅典城邦有露天剧场，罗马有圆形剧场，在基督教王政治下也有剧院，还产生了莎士比亚（1564—1616）、卡尔德隆（1600—1681）、高乃依（1606—1684）、莫里哀、拉辛（1639—1699）等著名剧作家。严格来讲，城市生活中有戏剧和剧院都不是新鲜事，如此说来，甚至连今天的绝大部分读者也可能觉得卢梭对伏尔泰—达朗贝尔提议建剧院的反应过激，至少是小题大做,是这样吗?

显然,《日内瓦辞条》涉及剧院问题与启蒙有关:启蒙知识人希望利用剧院传播新的"趣味",以剧院取代教堂在民众生活中的位置。"对自身的不满意,满心的游手好闲,忘记了质朴而又自然的趣味——正是这些才使得外邦人(étranger)的娱乐如此迫切。"这里的所谓本邦与异邦的区分与其说指日内瓦与巴黎的对立,不如说寓指**两种生活品质**的对比:自然质朴的生活与启蒙知识人所追求的**商业化**的奢华浮躁的生活。

"好的良知能消除轻浮的感官快乐的趣味"——良知(conscience)是卢梭的政治思想中最重要的术语之一,在卢梭看来,良知是政治共同体的道德和精神建构最为基础的要素。什么叫作"良知"?《爱弥儿》中的本堂助理神父萨瓦在其自白中说,良知的声音让人天然地懂得选择善。

> 由于我始终是按照我自己的方法去做,所以我这些规律并不是从高深的哲学中引申出来的,而是在我的内心深处中发现的,因为大自然已经用不可磨灭的字迹把它们写在那里了。我想做什么,我只问我自己:所有一切我觉得是好的,那就一定是好的;所有一切我觉得是坏的,那一定是坏的;良

知最善于替我们决疑解惑;所以,除非为了刁难良知,我们用不着那种诡谲的论辩。(《爱弥儿》,页410)

为了说明这一点,萨瓦神父举了一个例子,这个例子恰好与演戏有关:人们看戏时难免会对戏中人的善恶做出评价,而这种评价由人们内心的良知引导:

> 你看戏的时候,最关心戏中的哪种人?你会喜欢看作奸犯科的事?你看到罪犯受惩罚,会流泪?……一个人的邪恶如果在他狭隘的心中窒息了优美的情感,一个人如果由于只想到自己,因而只爱他本人,他就再也感觉不到什么叫快乐,他冰冷的心再也不会被欣喜的事情打动,他的眼睛再也不会流出热情的眼泪,他对任何东西都不喜欢;这可怜的人既没有什么感觉,也没有什么生气,他已经死了。(《爱弥儿》,页410)

萨瓦神父用人们看戏时天然流露的感情来证明,良知是自然刻在人心上的声音,并不需要他人的指导。但这段说法也让我们看到,有的人天生缺乏良知,对善恶之别和是非之分毫无感觉,戏剧则可能诱发这类缺乏良知的低劣天性,而这种人实际上应该受到管制。卢梭正是因为担心启蒙戏剧的娱乐无法激起人们内心真正的情感,他才在准备进入戏剧论题前,就《日内瓦辞条》列举三个支持建剧院的论点提出质疑:

> 演员这个行当是否正派?女演员也像别的女人那样端庄吗?好的法律足以防止演戏的弊端?这些法律会得到切实遵守?([12],页18)

作为立法者,卢梭考虑到并不是**所有公民**都能凭自己的天性判断剧中人的好坏。在《爱弥儿》中,卢梭化身的本堂助理神父萨瓦表达了他对良知如此自信的看法,后世有人认为卢梭过于相信人的自然"良知",其实,这是对卢梭的误解。卢梭绝没有认为,世上所有人都有良知:"良知是灵魂的声音,欲念是肉体的声音"(《爱弥儿》,页411)。卢梭对缺乏良知的人有充分的认识,否则,他就不会在写给朋友的信中说:

> 高尚的道德感只有在比较中才能获得,而这种道德感在应用于隐蔽的邪恶时比应用于公开的邪恶

时要好得多。①

人的良知和欲念时时处于冲突之中,人凭理性做出的选择往往是错的,因为理性的选择是非自然的。何况,在道德风尚败坏的时代,自然良知的声音会非常微弱。因此,卢梭并没有把良知视为人类道德理解和道德动机的唯一来源。②正因为如此,卢梭更看重政治制度对良知的支撑和保护作用。换言之,人的"良知"需要引导和培育。

卢梭接下来引入了他在《论不平等》中谈论过的话题,即"野蛮人"与"文明人"的对峙:

> 我根本不喜欢这种需要——它将人的整颗心一直粘在舞台上,好像我们自己心里安怡自在得出了毛病。自然本身让这个野蛮人做出了回答:当罗马人向他炫耀罗马宏伟的竞技场和游戏场时,这个好人问道:"诸位罗马人啊,难道你们无妻无儿?"这个野蛮人有道理。人们以为自己聚合在剧院里,可是,

---

① 何祚康、曹丽隆编译,《走向澄明之境:卢梭随笔与书信集》,前揭,页180。
② N.J.H.Dent, *A Rousseau Dictionary*, 前揭, p.60.

在那里，每个人都是独处的；在那里，人们会忘记自己的朋友、邻居、亲戚，沉溺于虚构的故事（des fables），为坟墓里的死人的不幸抽泣抹泪，再不然就是以捉弄活生生的人为乐。然而，我却感觉到，这一说法在我们的时代不合时宜了，让我们试着寻找一种更容易理解的说法吧。（［13］，页18—19）

卢梭说的是"这个野蛮人"（ce Barbare），并下注说这段对话来自罗马帝国时期的希腊教父圣克瑞索斯托（Saint Jean Chrysostome, 349—407）的《马太福音》注释。其实，这个注释很可能在暗示差不多一百年前法国的一场关于戏剧的论争，因为，孔蒂王子德波蓬（Armand de Bourbon, prince de Conti, 1629—1666）在临去世前写过一部反戏剧的书《按英国传统论戏剧和剧院》（*Traté de la comédie et des spectacles selon les traditions de l'Église*, 1667），其中引用过圣克瑞索斯托的这段说法。

孔蒂王子曾是莫里哀的崇拜者，但后来迷上了东方神秘主义神学，转而反对当时的戏剧文化。同时代的宫廷神学家波舒哀（1627—1704）在其所著《喜剧的准则和反思》（*Maxime et réflexion sur la comédie*）中曾提到他的观点：

据说有人已找到了一种释放人类精神并且可能是一种宫廷和民众的娱乐。圣克瑞索斯托回答说,不要跑去剧院,在消遣的戏剧上我们寻找到如此丰富的自然,并且那里欢迎宗教,而且"如同我们的家"能供给我们让精神放松的工作。①

从这段说法来看,波舒哀未必赞同圣克瑞索斯托的观点,反倒是卢梭的说法与这位神父一致。通过化用这个对话卢梭让我们看到,他反对剧院娱乐的理由在于:人们沉溺于戏剧虚拟的时空,会忘记当下的现实生活,忘记对国家和家庭的责任。看戏首先满足的是**观看的欲望**,为了如今所谓"吸引眼球",台上演出的剧目会尽可能远离生活中的真实,虚构离奇、夸张的剧情,不然无法满足观看者的娱乐要求。卢梭指出,劳作才是符合自然天性的娱乐,因为,人们在劳动中建立起彼此的关系和履行现实中的责任。

卢梭称"野蛮人"是"好人"(ce bonhomme)。在这里,我们看到与《论科学和文艺》相同的如下笔调和观点:

---

① 转引自Brunel本笺注,前揭,页24,注1。

> 浪费时间是一桩大恶。然而,文学和艺术带来的恶还要坏得多。奢侈就是这样的恶,与文学和艺术一样,奢侈产生于人们的闲暇和虚荣。奢侈很少不伴随科学和文艺而行,而科学与文艺的发展则绝离不了奢侈。(《论科学和文艺》,41段)

卢梭接下来还说到"我们的准则":

> 我当然知道,我们的哲学总富有单一的准则,不顾世世代代的经验,硬说奢侈造就国家的辉煌;可是,纵令把禁止奢侈的法律的必要性置诸脑后,难道我们的哲学能否认,对于种种统治的长治久安来说,好的风尚才是根本,而奢侈全然与好的风尚背道而驰?(同上)

这里的所谓"单一的准则"显然与卢梭在前文提到的"我们的准则"不是同一个"准则",但卢梭同样用的是"我们"。由此看来,卢梭与启蒙友人的分歧已颇有时日。

卢梭还说,"人们以为自己聚合(s'assembler)在剧院里,实际上每个人都是"独处的"(s'isole)——"聚合"与"独处"具有政治哲学的含义,也体现了两种不同的生活方式。在柏拉图的《普罗塔戈拉》中可以看到,智术师普罗塔戈拉谈到政治的起源时说,人类的生活方式起初是散居,因受动物的威胁,为了保全自己由散居转向聚居,通过创建城邦来保全自己。但是,聚居起来后,由于缺乏政治技艺,人们相互残害,结果是逐渐毁灭。①

卢梭在《论不平等》中的说法与普罗塔戈拉的说法很相似,即文明出现之前是自然状态。然而,"独处"并不是政治体的生活方式,因为人不可能脱离政治体(城邦)而独自生活,人类聚居到一起,在政治共同体中绵延生息正是出于自我保存的需要。

卢梭提到观众在剧院中是独处而非聚居,意在提醒自己的启蒙友人:剧院的社交功能是虚假的。真正的聚居是人们在政治体中共同生活,进剧院看戏看似一种社交方式,实际上,剧院中的观众都被限制在座位上,反倒是被从共同生活中拽了出来,进入了"独处状态",其结果是人与人之间更加疏远。

卢梭的说法固然是一种隐喻修辞,但从现代到后现代,人们越来越感到孤独,既是社会学事实,也是文学

---

① 柏拉图,《普罗塔戈拉》(322a8—d5),施特劳斯疏,刘小枫译,北京:华夏出版社,2018,页54—58。

事实。①

卢梭接下来说,不能一般地断言"演戏本身是好是坏",毋宁说,判断演戏好坏的标准是看戏剧对"人民"的影响:

> 要问演戏本身是好是坏,这样的问题会太过抽象,在定义[好坏]这个词语之前得先考察一种关系。剧院是为人民而建的,只能根据戏剧对人民的影响来判断其绝对品质(qualités absolues)。在那里可能有各式各样的演出。这就好比从这族人到另一族人,总不可思议地有着形形色色的风尚,脾性,个性。([14],页20)

戏剧还有各种种类,其数目之多难以计数,要判定哪些对"人民"有益哪些有害,实际上很难。在说到"有各式各样的演出"时,卢梭下了一个注,引了一段出自加尔文《基督教要义》(卷三,3.16)中关于戏剧

---

① 比较里斯曼等,《孤独的人群:美国人性格变动之研究》,刘翔平译,沈阳:辽宁人民出版社,1989;乔尔达诺,《质数的孤独》,文铮译,上海:上海译文出版社,2011;耶茨,《十一种孤独》,陈新宇译,上海:上海译文出版社,2012;莱恩,《孤独的城市》,杨懿晶译,北京:北京联合出版公司,2017。

的说法:

> 有些演出本身可能会受到指责,或因不人道,或不正派,或下流——诸如此类都是异教徒的娱乐。但是,还有一些则跟自身关系不大,它之所以变坏是滥用的结果。比方说,有些剧品(les pièces de théâtre)谈不上是什么坏戏,它不过描绘人物性格和行动,能给所有处境提供可爱的(agréable)和有用的(utile)训导。但是,这些剧本也散播一些衰弱的道德,如果这些人在引介下流生活,并且致力于败坏他人的行当,如果这种娱乐维护浮夸、懒散、奢华、猥亵,那么,显然就是滥用过度的戏院。在没有找到纠正和防止的方法前,最好是拒绝这种娱乐![1]

卢梭让达朗贝尔看到,即便加尔文也没有说演戏一概都坏。既然如此,达朗贝尔怎么能说,凡演戏都有益呢?卢梭评论说,加尔文"很好地提出了问题之所在":

---

[1] 加尔文对"艺术"和"科学"的一般评议,见加尔文,《基督教要义》,前揭,页251—253。

> 必须弄清楚,剧院的道德是否必然会松松垮垮?滥用是否不可避免?弊病到底来自事物的性质,还是产生于本可摆脱的原因。([14]注,页20注)

卢梭为什么说加尔文"很好地提出了问题"?因为他看到判定演戏是好是坏得看"剧院的道德"(la morale du théâtre),而"我们"的哲学家却不问"剧院的道德"。

但是,与要求一律的基督教道德不同,卢梭是个"异教徒",在他眼里,有各种"人民"就会有各种"风尚":

> 人就是一个[人](l'homme est un),我承认!但人却被诸种宗教、政府、法律和风习(les coutumes)、偏见乃至气候改变了,变得与他自身如此之不同,以致人再也不能在我们之中寻求对人来说一般而言什么是好东西,只能询问对某个时代或某个国家的人来说什么是好的。因此,米南德(Ménandre)为雅典人写的那些剧作和罗马人格格不入;因此,在[罗马]共和国,角斗士的激战曾鼓舞了罗马人的勇气和威武,而在[罗马]帝国,只能

刺激罗马群盲（la populace）的嗜血和暴戾。同一个事物在同一民族的不同时代，始而教他们轻视自己生命，尔后则教其玩弄他人生命。（［14］，页20）

卢梭看重戏剧对"人民"（le peuple）的影响，而非对"人"（l'homme）的影响。"人就是一个人"，但"人民"却不一样，不同的"人民"受不同的宗教、统治、法律和风习乃至气候的影响。这样一来，即便要一般地按对"人民"的影响来判断演戏本身是好是坏，也不大可能。用今天的说法，卢梭的观点直接挑战了启蒙哲学的普遍人性论。

> 这真是极大的自欺欺人，即指望剧院能形成一种完美的、不可能付诸现实的理念——吸引人们想去教育的那些人。不同民族［国家］（nations）形色各异的趣味产生了各式各样的演出。（［15］，页21）

戏剧的种类繁多，在卢梭看来，是因为世上的"人民"种类繁多，"各国人民"的喜好不同。既然如此，"我们"就没法按戏剧对人民的影响来判定演戏是否"有益"。卢梭这里显得是要否定追究戏剧的"有益"还是"无益"：

> 至于剧院的性质,必要的是能提供享乐（plaisir）而不是它的效用。如果能从剧院中发现效用,当然再好不过。但是,它的首要目的是让人快乐（plaire）,并且,只要人们能自娱,就足以达到目的。可是,这个目的却总是阻止我们给这类设施提供原本可能期望的全部优势。这真是极大的自欺欺人,即指望剧院能形成一种完美的理念——却不能付诸行动的——不排斥人们想去教育的那些人。([15],页21)

卢梭随后就列举了5种性情类型的人民：一,"英勇、沉稳且冷峻的"（intrépide, graveetcruel）人民；二,"冷酷无情且性子火暴的"（féroce et bouillant）的人民；三,"好感官享乐的"（voluptueux）人民；四,"温文尔雅的"（galant）人民；五,"轻松有趣的"（badin）人民。不同性情的"人民"自然会喜欢观看不同伦理品质的戏剧,因此没法谈论一种普遍统一的"剧院道德"。

尽管卢梭在这里似乎引出了所谓"国民性"的差异问题,但我们应该意识到,卢梭未必仅仅是在谈论不同时期或不同国家的"人民"性情的差异。卢梭显然知道,即便在同一时期的同一个国家,"人民"中也有这五种性情类型的人。

卢梭似乎否认了戏剧的*道德*作用,因为戏剧的"首要目的是让人快乐",而人的性情不同,寻求的"享乐"自然也就不同。但按此推论,"冷酷无情且性子火暴"或"好感官享乐"的人民或个人有理由用体现"冷酷无情"或"好感官享乐"的戏剧以供自己"享乐"?

卢梭紧接着就说,若"指望剧院能形成一种完美的理念"(former une idée de perfection),即"教育"(instruire)人民,恐怕是痴人妄想。在结束这个自然段时卢梭说:

> 为了让他们快乐,就需要迎合(favorisent)他们所好(penchants)的戏剧演出,而非让他们节制〔的演出〕。

卢梭是在表达自己的看法吗?卢梭为何要如此颠三倒四地修辞?按笔者的猜测,情形很有可能是:卢梭从柏拉图的苏格拉底那里懂得,"实践性的真理"只能在现世的政治意见中*通过辩驳来求取*,从而不可采取*独断论*式的表述方式。柏拉图的作品采用对话形式,为的是让各色政治意见有充分表达的机会。由于卢梭的公开信不得不采用第一人称"我"的语式,各种政治意见就不容易呈现出来。为了避免独断论式的语式，比如《论科学和文艺》的语式，卢梭只能以这种看似颠三倒四的修辞方式来呈现政治意见。

倘若如此，我们需要非常小心才能辨识出卢梭真正想要表达的看法。

比如，接下来他就说，"一般而言，舞台是一个激情图表"（un tableau des passions）。因为，剧作家必须尽可能地展露各种人的激情，否则观众没兴趣看（［16］，页22）。从而，"我们"不能指望戏剧有"改变人的情感"（changer des sentiments）——遑论改变风尚——的作用。卢梭以莫里哀的喜剧为例，说他的新喜剧虽然抨击人们的生活方式和可笑言行，实际上他并不碰触"公共趣味"（le goût du public），反倒像高乃依一样"尊重和提倡""公共趣味"。总之，不与"自己时代的风尚"（les mœurs de son temps）作对，据说是自雅典肃剧诗人以来的传统（［17］，页23）。

这是卢梭首次在公开信中提到莫里哀，这位喜剧大师随后会成为卢梭笔下的重点人物。卢梭还在"公共趣味"后面下注说，莫里哀的时代正面临国家转型期的政治改革。通过这段看似一处闲笔，卢梭实际上为我们铺设了他讨论戏剧问题或立法问题的时代背景。

还值得注意到，卢梭说路易十四绝对王权时期的戏剧诗人莫里哀和高乃依不抵触"公共趣味",却说雅典民主政制鼎盛时期的索福克勒斯不抵触"风尚"。显然,"公共趣味"是现代才有的,它正在取代古人重视的"风尚",而且"公共趣味"如潮汐般变化迅速,以至于莫里哀和高乃依的"旧戏"已经不合当前的"公共趣味"。卢梭在前一个自然段说到"公共情感"（le sentiment du public）,看来,"公共趣味"与"公共情感"是同义词。

卢梭随后又以同时代的法国喜剧作家德·拉德雷韦狄埃（F. D. de La Drevetière）的《野人阿勒甘》为例:这部喜剧大受欢迎,并非因为人们喜欢其中主角的"质朴",而是因为人们对"新奇观念"（les idées neuves）产生了"趣味"（[18]）。卢梭岂不是在说时代流行的风习?

卢梭由此引出结论:"演戏的一般作用"（l'effet général du spectacle）不过是"增强民族［国家］的个性"（renforcer le caractère national）:

> 演剧可以增强民族［国家］的个性,加强对自然的爱好和赋予一切激情以新的力量（[19],页68）。

卢梭从演戏是一种娱乐说起，到这里说演戏"增强民族［国家］的个性"，已经展示了多种关于戏剧的看法。对这些看法，卢梭都显得不置可否，他仅仅质疑，"过于刺激的激情是否会蜕变成邪恶"。卢梭提到了亚里士多德《诗术》中著名的"净化说"（catharsis），并表示他不赞同这一说法，因为，按照"净化说"，不妨"以刺激激情的方式净化激情"（purger les passions en les excitant）。卢梭调侃说：

> 难道为了变得节制和端庄，必须先暴怒和疯狂？（［19］，页68）

我们对卢梭关于亚里士多德的"净化说"的说法不必当真，他在这里并非是在学究式地讨论《诗术》中的"净化说"，而是在呈现启蒙知识人鼓吹演戏是好事的理由。因此，我们无须追究卢梭是否恰切地理解了亚里士多德的"净化说"，而是应该关注他利用"净化说"来达到什么目的。

卢梭随后就引入了自己构拟的对话："剧院的支持者们"（les partisans du théâtre）认为，戏剧演出展现不好的激情不是要激起这类激情，而是要激起"与剧中人物相反的情感"（des sentiments opposés）。即便这种

展现会激起不好的负面情感,那也不能怪罪到剧作家头上。更进一步地说,

> 假如作者滥用权力蛊惑人心,引起不健康的兴趣,那么,这种错误应归之于作者的无知(l'ignorance)和败坏(la dépravation),而不应归之于艺术本身。最后他们说,激情的正确描写和由它所引起的灾难足够使我们认识到必须尽一切可能去避开它。([20],页24)

对于这一虚拟论敌的观点,卢梭做出反驳:看戏的人不可能不受戏剧人物情感的影响。卢梭再次提到,戏剧的写作原则是**迎合观众**,这与所谓"净化说"的原理相抵牾([21],页25)。

可以看到,卢梭讨论问题的方式是苏格拉底式的,即先摆出对手的立场,然后按此推演下去,让对手看到由此引出的荒谬结论。现在我们能够清楚看到,卢梭在前面表述的"迎合"观众**所好**的说法,不过是他**模仿**论敌的看法,并非他自己的观点。

同时还应该看到,卢梭虽然在戏剧问题的框架下讨论激情,但激情问题本身并非首先是**文艺学问题**。毋宁说,激情首先是**政治哲学问题**,而且自17世纪以来成了

时代的政治哲学问题之一,并引出了影响深远的浪漫主义问题。[①]

这个问题并非现代才有,在柏拉图那里体现为著名的"爱欲"主题,理解"爱欲"即理解人性的基本情感。自笛卡尔、马勒伯朗士(1638—1715)尤其霍布斯以来,激情成为新派哲人关注的重点,意味着在他们看来需要重新理解人性。[②] 卢梭在前文提到"人民"有五种情感类型,等于把时代的政治哲学论题引入了戏剧问题。

> 难道我们还不清楚所有的激情都如姊妹,一种激情就足以唤醒千百种激情吗?为了制服一种激情而动用别的激情,这是使心灵对这一切更为敏感的唯一办法吗?净化激情的唯一工具就是理性,但是我已经讲过,理性在舞台上毫无效果(nul effet)。([21],页25)

[①] 参见詹姆斯,《激情与行动:十七世纪哲学中的情感》,管可秾译,北京:商务印书馆,2017,页4—23;比较希尔,《激情社会:亚当·弗格森的社会、政治和道德思想》,张江伟译,上海:华东师范大学出版社,2018;拜泽尔,《狄奥提玛的孩子们:从莱布尼茨到莱辛的德国审美理性主义》,张红军译,北京:人民出版社,2019。

[②] 笛卡尔,《论灵魂的激情》,贾江鸿译,北京:商务印书馆,2013;比较詹姆斯,《激情与行动:十七世纪哲学中的情感》,前揭,页135—152。

三 现代戏剧的政治品质

既然剧场的功能是"让人快乐","迎合"观众是戏剧的"准则",那么,就不可能指望现代剧作家会以"净化激情"这一古典的诗术原则来指导写作。而对于观众来说,理性的束缚必然是指向不快乐,自然不希望理性出现在戏剧舞台上。

> 的确,我们没可能分享(partageons)所有剧中人物的情感激动(affections),因为,他们的利益是对立的,剧作家确实务必使我们喜爱其中一种激情,不然这个剧根本吸引不了我们。但由于这个原因,他非但没有选择他想让我们喜欢的激情,反而被迫选择我们已经喜欢的激情。我所说的这些演出的种类仍然应该和那些占支配性的利益一致。([21],页26)

这里连续三次出现"我们",引人注目:"我们"指谁?与开头的"我们"的含义即哲人一致吗?

卢梭随后列举了民族[国家]性的激情与戏剧的关系,比如在伦敦上演法国人遭人恨的戏会大受欢迎之类,以此证明,"我们"若想用戏剧来影响"人民"或"教育"人民,无异于痴人说梦。因为在剧院里"占支配性"的是多数人的利益和意见,这里根本不可能成功上演一出与主流民意相悖的戏。卢梭举例说，伦敦人喜爱那些能激起仇法激情的戏，突尼斯人喜欢冒险刺激的海盗戏，葡萄牙的殖民地果阿城则喜欢烧死犹太人的宗教戏，不同族群会有不同的趣味。因此，背离民族趣味和激情的戏不可能成功——卢梭称之为"艺术的第一法则"（la première loi de son art），也是其他一切艺术法则的基础。除非剧作家无知，否则他不可能无视这一基本法则。但是，卢梭接下来反问道：

> 因此，戏剧净化了人们没有的那些激情，却煽动了人们已有的激情。这是一剂有疗效的药（remède）吗？（[21]，页26）

卢梭第一次明确指出戏剧是一剂"药"，但是他质疑这一医治灵魂的药剂的有效性，并且再次强调不能把戏剧的功效想得那么"完美"。然后他提出：

> 我只知道有三样武器能对某个人民的风尚起作用——法律的强制，舆论的威力，以及享乐的吸引力。（[22]，页27）

这个结论有些奇怪。既然"享乐的吸引力"

（l'attrait du plaisir）对人民的风尚起作用，而戏剧恰好制造"快乐"，何以又说戏剧娱乐不能改变人民的风尚？

至少，这是一个表面上的矛盾，我们将会看到，直到第三部分讨论共和国的娱乐时，这个表面上的矛盾才得以化解。卢梭现在还仅仅是在铺展问题，或者说，要思考立法问题，就得先把人世政治的实际状况考察清楚。

紧接着关于三种"武器"的说法之后，卢梭就说，法律不能左右戏剧，而戏剧也不能左右舆论。这种说法难免会勾起读者的好奇心：戏剧究竟有何种政治作用？

卢梭接下来继续"考察"（examinons）关于戏剧的政治意见：有人说戏剧能引导人"爱美德"和"憎恨邪恶"。对此，卢梭的反驳是：这种说法过于夸张，难道没有戏剧演出，人们就分不清善恶了吗？区分善恶是"自然和理性"（la nature et la raison）的作为，来自人的自然的良知，而非戏剧的教育。何况，戏剧中呈现的美德往往把自然的美德搞得面目全非（[23—24]，页27—28）。

卢梭的反驳涉及一个重要的政治哲学观察：即便戏剧作品提供了一个完美的"美德"人物，观众也未必会起心去模仿。卢梭所揭示的恰好是生活中常见的普通人的自利之心——"大家做事都必须公正，唯独自己可以例外"（［25］，页29）。

且让我们回想自己熟悉的生活现实，影视作品中的"英雄人物"形象很多，然而大多数观众顶多在戏院里，在电视机前面感动淌泪，却没几个人真的会在生活中模仿这些英雄人物。成年人通常会教育被戏剧激荡得热血沸腾的少年：戏是戏，生活是生活，别当真！可见，卢梭在"考察"政治意见时诉诸常识：与常识不相符的，就是不正确的意见。

接下来卢梭说到了悲剧引发怜悯心的问题。17世纪末，亚里士多德的《诗术》有了法译本，引发知识人的兴趣，谈论悲剧的作用一时成为热门话题，甚至影响到邻里的德意志青年。[1]然而，卢梭却对亚里士多德的"净化说"嗤之以鼻：

> 据说悲剧通过恐怖（terreur）引起怜悯(la pitié)。就算这样吧，那么怜悯又是什么？这是一种瞬间即逝的、空洞的感情波动，引起它的那种幻觉一经消失，它也就立即消失；这刚被激情压倒的自然感情的一点残余；这是无用的，只满足于

---

[1] 参见莱辛，《关于悲剧的通信》，朱雁冰译，北京：华夏出版社，2010。

流几滴眼泪的怜悯，丝毫无助于人类爱的产生。
（［26］，页30）

卢梭并非是在讨论亚里士多德的悲剧观本身。毋宁说，他用简单的常识来反驳关于悲剧让人产生怜悯心的说法：这两种对政治共同体有利的感情是短暂的，并不能持久，一旦演戏结束后，这些对政治共同体有用的情感也随之消失。究其根本，政治家希望有所强化而民众却意识不到的激情，反而会因为戏剧的净化功能而消失了。用我们现在的说法：卢梭要排除任何关于戏剧的**理论论说**，回到政治常识来看待戏剧的政治性质。

1762年出版第三版时，卢梭在这个自然段最后增补了三个出自普鲁塔克史书中的史例：罗马暴君苏拉（Sulla）在听他人讲述别的暴君的暴行时会流泪，僭主费拉（Phera）看戏爱哭，罗马皇后美莎琳娜（Messalina）为罗马政治家瓦雷里乌斯（Valerius Asiaticus）精彩绝伦的辩词而感动落泪。由此卢梭甚至挖苦悲剧的怜悯论：人们在戏院看戏，为戏中人物的不幸流泪已经很不容易了，"还能要求他什么呢？"观众毕竟不是"演员"（comédien），正如政治现实不是演戏（［27—28］，页31—32）。

因此，卢梭说：

> 我考虑得越多，越发现剧院里表演的一切不是接近而是更远离我们。……美德（le vertu）作为一出戏表演给我们看，是为了更好地娱乐公众（amuser le public），但是，谁要是想在社会中正儿八经地照搬，那就是疯了（folie）。（［29］，页32）

可见，卢梭拿政治现实来对比戏剧：悲剧所倡导的美德非但不能成为民众生活中尊崇的榜样，伟大高贵的英雄事迹也只能可悲地沦为戏剧表演的题材，致使人们将原本切身的美德理解为虚构的假象，从而导致美德在现实生活中消失，因为人们会将实践美德视为在演戏。

在这个自然段临近结尾时，卢梭的修辞再次频繁出现"我们"。可以断定，这里的"我们"即以狄德罗为首、以伏尔泰为精神导师的启蒙哲人圈子。这个"我们"企望通过文艺来改造社会，即通常所说的启蒙理想，用卢梭在这里的说法即"我们的人道"（notre humanité）。卢梭在这一段话中反复强调，戏剧不可能有这样的"完美"作用，实际上是否定了启蒙理想。

悲剧无助于世人崇敬和模仿美德，喜剧同样也不会有助于现实中的人们憎恶坏人。因为，演员在舞台上模仿坏人不能太过，否则就不逼真；但若把坏人的行为演

三 现代戏剧的政治品质 315

得滑稽，又起不到激发憎恨坏人的作用，毋宁说：

> 嘲笑是恶德偏好的武器。借助嘲笑，恶德攻击我们内心中应献给美德的尊敬，最终败坏了对美德的爱。（［30］，页33）

自卢梭离开日内瓦的宗教话题之后，迄今他花了差不多20个自然段从三个方面（剧院的娱乐本质、剧目的好坏、戏剧演出的影响）反驳启蒙友人的戏剧观，他得出结论说：

> 所有这一切都迫使我们放弃这样一个徒劳的完善观念（cette vaine idée de perfection），即我们想要制成戏剧使之服务于公共效用。（［31］，页33）

演戏不能敦化风俗，因为悲剧与喜剧皆不自然，与我们的生活现实不符合。喜剧将人拉低，而悲剧则将人过于拔高，两者对于人类的生活皆不适宜，不宜为人民所模仿。

> 一般而言，诗人为了迎合人民的口味，只好改变事物的真实关系。在喜剧中，诗人缩减了这些关

系，并且将其置于不及于世人的层面［来看待］；在悲剧中，为了颂扬英雄，诗人将这些关系置于超出人道的层面（au-dessus l'humanité）［来看待］。……亚里士多德在《诗术》中将这些差别作为一项规则："谐剧意愿模仿比眼下更坏的人，肃剧意愿模仿比眼下更好的人。"（［31］，页33）[①]

简言之，卢梭的看法是，戏剧没有真实反映生活的实际样式。"模仿的真实"（la vérité de l'imitation）无异于"幻象"（l'illusion），只求"刺激人民的好奇心"（piquer la curiosité du peuple），谈不上有什么道德教益作用（［31］，页33）。我们可以说，卢梭的观点显得非常质朴，像个农人对戏剧的看法。但这是卢梭的真实看法吗？

就打击启蒙友人的启蒙观来说，卢梭以上说的都是真实的。但卢梭自己也写剧作，这又是为什么呢？

这个问题要到后文讨论最适宜政治共同体的娱乐时才会有答案，卢梭在那里说：

---

① 亚里士多德，《诗术》1448a16，比较刘小枫，《巫阳招魂：亚里士多德〈诗术〉绎读》，前揭，页328—329。

假如认为演戏本身并不坏的说法是正确的,那么,还需要考察它们对所服务的人民是否有害。([107]同上,页84)

卢梭的看法是:戏剧对人民的风尚有益还是有害,取决于政治制度本身。政治体的风尚好,戏剧就没有益处,政治体的风尚败坏了,戏剧就有益:

假如人民已被败坏了,看戏对他们有益;如果人民原来德性就很好,看戏就有害。([108],页85)

类似的说法还出现在《新爱洛漪丝》的前言中:"大城市需要戏剧,腐化了的民族需要小说。"可是,这种观点与启蒙友人的观点有什么不同呢?启蒙哲人不正是因为认为政治体的风尚不好,才希望通过戏剧移风易俗吗?

这个问题让我们在第五章考察,眼下我们仅仅需要把握到一个要点,即卢梭否认戏剧能起到良好的教化作用。下来他会举几个例子说明这个论点。以法兰西戏院为例,卢梭分别举了悲剧和喜剧的例子,我们不妨顺着卢梭的论述来考察一下这些例子。

3　现代悲剧如何败坏人民的品德

在进入关于悲剧和喜剧的讨论之前，卢梭首先说到一件事情，可以看作是他对自己如何评论作品的一个交代：

> 一般来说，这不是，也不可能是真的。因为，既然这一目标不是作家们剧本所追求的目标，他们很可能很少能达到；这常常会成为成功的障碍。如果公众对伟大的印象感到敬畏，邪恶抑或美德又有什么分别呢？因此，在法国的舞台上，无疑是有史以来最完美，或者至少是现存最为规范的舞台，那些大恶棍和功勋彪炳的英雄，譬如喀提林、穆罕默德、阿特赫（Atrée）以及其他许多人都出现在舞台上。（［33］，页36）

关于悲剧，卢梭首先说，近百年来法兰西的戏剧已经相当"完美"，无论是为了娱乐还是为了施教，都可圈可点，似乎娱乐和施教结合得很好，相得益彰。这显然指路易十四时期以来的**王政戏剧**，我们从文学史教科书上知道，那个时期出现了一批所谓"新古典主义"戏剧大师。伏尔泰在他的史书中也说过：如果没有辉煌的文学艺术成就，路易十四时代就乏善可陈了。①

艺术总会寻求创新，而事实上也随时可能会出现"某个天才人物"给戏剧带来新的"创意"（inventer），即创作出"新类剧本"（nouveau genre de pièces）。卢梭提到的三部剧作中有这类"新类剧本"吗？值得注意的是，这三部悲剧有一个共同特征，即所谓"黑色戏剧"（drames noirs）．

《喀提林》是法国诗人和悲剧作家克雷比隆（Crébillon，1674—1762）的作品。克雷比隆出生在法国第戎，父亲是皇室公证人，他曾在镇上的耶稣会学校接受教育，后来又在马扎林学院接受教育。《盲信》是伏尔泰于42岁那年（1736）创作的五幕悲剧，1741年4月25日在里尔首演，伏尔泰将这部戏剧描述为"与一个虚假野蛮教派的创始人对立"。阿特赫则是克雷比隆的另一部五幕悲剧《阿特热与叙厄斯特》（*Atrée et Thyeste*，1707）中的主人公，讲的是兄弟相残，亲情沦丧的故事。

这三出"黑色戏剧"恰恰说明了法国戏剧舞台的不完美：舞台上充满政治阴谋、异教信仰和骨肉相残，这样的"黑色戏剧"固然迎合了部分观众的趣味，却败坏

---

① 伏尔泰，《路易十四时代》，前揭，页465—491。

了法国的社会风尚。这类"新类剧本"能在卢梭的祖国上演吗?能对民众起到教化的作用?这类戏剧到底要培育观众的何种品质?

笺注家告诉我们,卢梭在这里所说的"某个天才人物"指狄德罗,因为他在《关于私生子的谈话》中声称自己发明了"严肃剧"(drame sérieux),而所谓"发明""新类剧本"指他的《私生子》。笺注家指出这一点后,我们就不难感觉到卢梭的这段言辞带有深意。在笔者看来,至少有如下两点值得注意。

首先,卢梭暗示,狄德罗的启蒙戏剧是对王政时期的戏剧的突破,但他不会讨论启蒙戏剧(代表人物当然是伏尔泰)的"新类剧本",因为这类剧作家是"天才人物"。他只会讨论那些用"普通方式"(moyens communs)写作悲剧和喜剧的那些剧作家的作品,以此证明他前面所讲的道理:戏剧对社会的风尚没有益处。([32],页34—35)。

第二,卢梭关注的不是如今所谓的"写作技巧",而是剧作所呈现的人世现象。比如,"普通方式"写成的悲剧不外乎展现丰功伟绩、赫赫功名、凶残暴行和伟大美德,喜剧不外乎嘲笑低劣的人品,"爱情"则是两者共同的主题。

如果把这两点对比起来看,那么,我们会感觉到卢梭的笔法暗含机锋。卢梭很可能要让我们思考：启蒙戏剧的"新类剧本"为理解人世带来了什么新东西？伏尔泰的剧作难道不涉及丰功伟绩、赫赫功名、凶残暴行和伟大美德，狄德罗的《私生子》难道不是在展示"爱情"？"天才人物"与"普通方式"对比又意味着什么？如果真正的"天才人物"的"天赋"（talent）体现为对人世的深刻理解，那么，启蒙剧作家对人世的理解算得上深刻吗？

总之，卢梭虽然说他不会谈及眼下的"天才人物"的剧作，实际上正是暗中指向这些人物的剧作，只不过他要让有心的读者自己去对比。倘若如此，我们阅读卢梭接下来洋洋洒洒的剧评就会兴味盎然，只不过我们必须始终记住：卢梭表面上在谈剧中人和剧情，何尝不是以自己与狄德罗、伏尔泰等人的这出"启蒙戏剧"来谈论时代政治的"普通"现象？

我们首先来看卢梭如何以悲剧为例证明他要说的道理：戏剧对社会风尚没有益处。

卢梭说，"有人会对我说"（on me dira）悲剧作品"惩恶扬善"。显然，这是最为"普通的"看法或意见。卢梭的反驳是，用"属人事务的自然过程"（le cours naturel des choses humaines）来表明，悲剧没有起到这样的实际作用，娱乐与教育无法并存。因为

"剧本的教育意图越明显，作者的意图愈达不到目的"（［33］，页35）。必须注意：卢梭不是反对悲剧"惩恶扬善"，而是说悲剧中说的"惩恶扬善"事实上没有发生过（niant le fait）。因而，在现实政治中，惩恶扬善"一般来说，这不是，也不可能是真的"（il n'est, ni peut être généralement vrai）（［33］，页35）。

悲剧的"惩恶扬善"不过是为了投观众所好，迎合人民的趣味：正因为政治现实不是惩恶扬善，人民才盼望惩恶扬善。法兰西戏剧的"普通方式"正是如此，不仅做得"完美"而且"合乎标准"（régulière）。悲剧的"道德效果"与悲剧的故事结局未必一致，"那条不可移易的规则"（la prétendue règle）被破坏了（［34］，页36）。

什么"规则"？卢梭随后举的第一个例子是拉辛的罗马历史剧《布里塔尼库斯》，其中的好人布里塔尼库斯死了，虽然凶手受到惩办，但剧作家把他写得很生动，而伟大的卡图则被写成书呆子，了不起的西塞罗被描写成"可怜的修辞家和懦夫"，而大坏蛋喀提林那则被写成"盖世无双的英雄"。

最早记叙喀提林事件的是古罗马纪事作家撒路斯特（86—35），他的笔端善恶分明，即便他与西塞罗不是一个政治派别，但在记叙事件时仍然展示了西塞罗的伟大德性。①相比之下，现代的剧作家却颠倒黑白，卢梭愤然问道：这种剧作谈得上有"道德"吗？

在卢梭看来，剧作家之所以如此，是因为他要迎合人民的口味，这恰好证明，如今这个"有教养的世纪的风尚"已经败坏："我们虽然已经启蒙却是瞎子"（Aveugles que nous sommes au millieu de tant de lumières）。

这话在痛斥谁？不正是痛斥"我们"吗？"瞎子"是狄德罗的一篇《供明眼人参考的谈盲人的信》的标题，因此并非仅仅针对伏尔泰。卢梭随即就提到"天才"："为了损害人类而滥用天才和才能的人多么卑鄙和可恨！"既然注疏家告诉我们，上一个自然段中的"某些天才人物"指狄德罗，那么，这里卢梭无异于当众痛斥狄德罗。（［34］，页37）

在卢梭看来，伏尔泰的悲剧《盲信》和克雷比隆的悲剧《阿特热与叙厄斯特》同样如此。伏尔泰的剧作甚至更坏，因为他把"公众的赞赏"更多地导向了罪犯（［35—36］，页37）。

---

① 撒路斯提乌斯，《喀提林阴谋/朱古达战争》，王以铸、崔妙因译，北京：商务印书馆，1994；比较刘小枫编，《撒路斯特与政治史学》，曾维术等译，北京：华夏出版社，2011。

卢梭再度说到"天才":戏剧"大师"体现为能驾驭"两个类似的交谈者的面对面交锋",但如此大师的技巧却没有让"美德的神圣品格"比过"拔高天才"(l'élévation du génie)。现在我们能够看到,卢梭在前面说,他不会谈及剧作家中的"天才人物",实际上并非如此:他要打击的正是这类自命不凡的启蒙戏剧的"天才"([37],页38)。

卢梭揪住伏尔泰不放,他继续说,有人会为这部剧作提出这样的辩护理由:剧作家抨击的是"盲信的大罪"(les forfaits du fanatisme),以此教育"人民"。这样的理由直到今天我们还能听到,现在让我们看看卢梭的反驳。

《盲信》描写宗教狂热,本意是警告民众不要犯此类疾病,卢梭质疑其中的教育意图能否实现。对宗教的狂热并非是一般的谬误,理性无法克服这类谬误,这暗中回答了引论涉及的理性与信仰之争。问题:在这类信仰的领域,理性没有位置,你不能用"证明,推论"去论证这种信仰上的偏颇,只有用另一种信仰去替换偏执狂热的信仰。卢梭在此暗示,启蒙哲人对待"盲信"的招数不仅无效,甚至是完全错误。"盲信的大罪"不是"谬误",而是"盲目且愚蠢的狂热"(une fureur aveugle et stupide),用理性来医治或预防不管用

([38]，页39)。

这段说法让我们清楚看到：第一，卢梭看似在谈戏剧，实际上是在谈政治常识，而他的启蒙友人们恰恰看不到常识；第二，卢梭提到"宗教狂热病"巧妙地回应了开场的宗教问题。第三，从"瞎子"话题过渡到"疯子"话题仍然与狄德罗相关，因为狄德罗后来在《论戏剧诗》中说，宗教病和国内的自相残杀恰恰使得戏剧更有诗意，还批评日内瓦是一个彬彬有礼的民族，但不是一个诗意的民族。[1]凡此说法，很可能就是在回应卢梭在这里的抨击。

对于克雷比隆的悲剧《阿特热与叙厄斯特》，卢梭在指出其中的主角"所引发的恐怖（l'horreur）没有丝毫用处"后，突然转向了古今剧作的对比：古罗马哲人塞涅卡的悲剧不写爱情，法国的新古典主义剧作家声称模仿古代剧作家，为什么不在这个方面也模仿呢？但接下来卢梭又说，他必须指出这部剧作有一个"优点"，即剧中的另一主角叙厄斯特"在感觉上颇具古代趣味"（le plus sentant le gûte antique），这在法兰西戏剧舞台上极为罕见（[39—40]，页39—41）。

---

[1] 见狄德罗，《论戏剧诗》，《狄德罗美学论文选》，前揭，页132—137。

卢梭对三部悲剧的评说，唯有这一部说到"优点"，而所谓"优点"是接近真正的古典戏剧。什么叫作"古代趣味"？这体现为戏剧人物既非"英勇无比的英雄"，也不是"美德的楷模"（un modèle de vertu），而是一个显得很平常的人：他是个好人，但软弱，而且因此而不幸。由于"这种人非常接近我们中的任何一个人"（cet homme tient de bien près à chacun de nous），他不会有"让我们难以承受"（nous accable）的"英雄主义"（[40]，页41）。

笔者感到好奇：展现平常的好人是一种"古代趣味"？令人费解的是，在这里频繁出现的"我们"指谁？从"让我们难以承受"这句话来看，卢梭显得让自己与常人为伍，从而脱离了启蒙圈子的"我们"。因为，这里出现的"我们"有两个不同的含义，而且纠缠在一起：卢梭吁请"我们崇高的作家们"（nos sublimes auteurs）应该"下降一点点儿"（descendre un peu），接近"我们"这些与英雄生涯毫不相干的"受苦的素朴人性"（simple humanité souffrante）。

狄德罗在《论戏剧诗》中反戈一击：坏人和好人都在剧院里看戏，看到剧中人宣扬的扬善惩恶后，坏人会改正自己的恶行，好人会更坚定地行善。①由此看来，卢梭与狄德罗在戏剧问题上的论争，不是文艺问题之争，而是政治理解之争。

启蒙哲人想要以悲剧性恐怖来开启民众的智慧，让他们独自承担生命中的悲伤和命运的残酷，这恰恰是悲剧不被卢梭的理想城邦接纳的首要原因。悲剧的主角向来都是王侯将相，超凡英雄。这些戏剧人物的人生经历对于普通心智的观众而言，因超出了庸常生活的高度而显得高不可攀。让今天的民众去模仿古代英雄的行动已然不可能，反而会破坏大部分人的生活基础。百科全书派的理想类似于那种"人人皆可成为尧舜禹"的完美境界，卢梭对此反问道，将启蒙式的崇高精神引入城邦，难道不会破坏城邦本来的生活秩序？

卢梭接下来说：在古代，生活中真正的英雄在舞台上变成了"普通人"（des hommes），因为古人从不把"人道"（l'humanité）挂在嘴边，却在日常生活中更懂得"践行"属人之道。这显然不是在说文艺创作或戏剧写作问题，而是在呈现古人与现代人的政治理解的差异。

卢梭转述了出自普鲁塔克的一则"记叙"：有个雅

---

① 见狄德罗，《论戏剧诗》，前揭，页132—137。

典老人走进剧场找不到座位，遭一群年轻人戏弄，斯巴达的"使节们"站起来给这位老人让座。

> "唉，多么让人痛心！"这位好心的老汉以伤心的声调喊道："雅典人知道什么是正派（honnête），斯巴达人践行正派。"这就是现代的哲学与古代的风尚。（［40］，页41）

很清楚，卢梭绝不是仅仅在评论法兰西的新悲剧，毋宁说，他接续了半个世纪前在巴黎发生的"古今之争"，并坚定地站在了古人一边。笔者起初看到卢梭举的三个现代悲剧的例子时十分费解，因为主角（英雄）竟然都是坏人。读到这里才明白，在卢梭看来，"现代的哲学（la philosophie moderne）或启蒙哲人的哲学就是不讲最为基本的常识道德。卢梭以"现代的哲学与古代的风尚"的对比来结束对法兰西新悲剧的评论，意味深长。

卢梭最后提到了路易十四时期的拉辛悲剧《斐德拉》（*Phrêdre*）和高乃依在1659年上演的悲剧《俄狄浦斯》（*Œdipe*）以及1635年上演的《美狄亚》（*Médée*）。伏尔泰年轻时也写过《俄狄浦斯》（1718年上演），拉莫特（La Motte）则写过《斐德拉》

（1730），因此，卢梭暗中让启蒙时代的剧作与"古今之争"爆发前的剧作对比。卢梭指出，如今的法兰西剧院上演那些喜欢表现让人毛骨悚然的恶魔和凶残行径的戏剧，这非常危险，因为：

> 它们会使人民的眼睛习惯于那些他们本不该知道的恐怖［行径］和他们甚至无法设想的大罪。（［41］，页41）

这些剧作都是现代作家对古代剧目的"故事新编"，为什么古希腊戏剧会再现这类"恐怖［行径］"和"大罪"？卢梭的解释是：古希腊人通过观看悲剧能够回忆起他们的祖先，悲剧里的英雄故事和神明启示都与古希腊的礼法息息相关。我们今天读来恍若神话传说的故事，在古人看来，是他们的生活方式以及精神传统中不可或缺的部分。但是，在卢梭称之为"剧院衰落的时代"，舞台上重新演出乱伦、血腥这类古希腊悲剧题材，就非常危险。卢梭甚至说：

> 一想到法兰西舞台上的这些恐怖场景是为了取悦世上最温和、最仁慈的人民，我们就不寒而栗！（［42］，页42）

悲剧的历史语境与今天的时代状况相去甚远，悲剧已失去了引领民众追慕高贵的力量，生活在商业时代的观众没可能去理解古希腊的英雄，他们一心算计个人利益的得失时，不可能会关心涉及国家利益的冲突，正如今天有些人无论如何也理解不了"上甘岭"的英雄们，理解不了那些在"长津湖战役"中牺牲的志愿军英魂。

卢梭就这样结束了他对时代悲剧的评说，由此证明如今的戏剧对人民没有教育意义——"我们越不去教育人民，我们对他们干的坏事也就越少"（moins nous instruire …nous fait aussi moins de mal）。这里的"我们"当指卢梭自己身在其中的启蒙阵营，这句话在今天读来依旧令人震撼！

卢梭承认，现代的悲剧诗人尽管渲染令人毛骨悚然的恐怖行径，但相对于喜剧而言，悲剧对城邦的害处还不是那么大，因为，这些行径毕竟与常人生活隔得太远。

在否定了悲剧的教化功能后，卢梭接下来分析喜剧。在重点考察莫里哀的剧作《恨世者》之前，他首先亮出喜剧败坏风尚的核心论点：

> 喜剧则不同，它表现的风尚与我们的要接近得多，剧中人物也很像普通人。因此剧中所有坏的和有害的行为都不能不对观众产生影响。既然喜剧的

娱乐作用是建立在人心的缺陷上，因而可以得出结论，喜剧越让人快乐、越引人入胜，对人心来说就越邪乎。（［43］，页43）

按照古典的喜剧原则，通过模仿、夸张手法放大普通人的弱点和欠缺，喜剧以嘲讽的笑声医治灵魂疾病。卢梭在前文已经对这种原则提出了驳议：这种模仿越真实，制造的喜剧效果越逼真，就越容易败坏风尚："借助嘲笑，恶德第一步是破坏我们内心对美德的尊敬，最终摧毁对它的爱"（［30］，页33）。卢梭说，接下来他不打算再"重复"先前说过的话，而是进入具体的实例：随后卢梭用了32个段落具体讨论莫里哀的喜剧。如果说卢梭谈论悲剧采用的是泛议修辞，那么，接下来谈论喜剧采用的则是深入的专题透视方式。卢梭模仿并改写莫里哀的喜剧，除了要与法国最伟大的喜剧诗人竞赛诗术，还要让自己和狄德罗都化身为剧中人，重新上演一出启蒙时代的喜剧，把生活中的含混放在舞台上好好考察一番。

既然卢梭换了方式，我们也换一种方式来考察卢梭在这部分花笔墨最多的喜剧问题。

4　卢梭为何批判莫里哀

到卢梭的时代，关于戏剧的教育作用的论争，在法国知识界已经持续了近一百年。新古典主义戏剧的炽盛年代，波舒哀和费奈隆（F. Fénelon，1651—1715）以及不少教士曾就是否废除喜剧的问题展开过激烈论争。[①]在这场旷日持久的论争中，无论支持还是反对，无不拿莫里哀[②]的喜剧说事。时隔百年后，莫里哀的剧作再度成为启蒙阵营内部关于戏剧论争的焦点。

《论剧院》中，卢梭宣称莫里哀是17世纪法国最伟大的喜剧家。然而，如此高的评价并不妨碍卢梭激烈地抨击莫里哀的喜剧，甚至亲自改写莫里哀的剧作《恨世者》。

令人唏嘘的是，受到卢梭批判的莫里哀，即便在他自己的时代仍感"知音者稀"。他那部被后世誉为法兰西喜剧最高成就的作品《伪君子》首演即遭到法国教会高层人士极大反弹，迫于教会权力的压力，莫里哀的资

[①] J.B.Bossuet, *Maximes et réflexions sur la comédie*, Paris, Jean Anisson, 1694, pp. ii—Viii; J.-B.Bossuet, *L'évolution de la tragédie religieuse classique*, Collectif, pp. 436—439.

[②] 莫里哀：《〈伪君子〉前言》（1664—1667），见《莫里哀戏剧全集》，卷三，肖熹光译，北京：文化艺术出版社，1999，页247—254。

助者法王路易十四也不得不下令禁演，为时长达五年。在此期间，莫里哀曾经三次上书国王请求撤销禁演令。在第三次陈情书中，悲愤的莫里哀甚至告诉路易十四，自己打算封笔，从此退出戏剧界。

莫里哀的喜剧似乎总是与转型期的祖国格格不入，无论是从封建制走向绝对君主制，还是从君主制转向共和政制，莫里哀似乎都显得"不合时宜"。其实，卢梭与莫里哀有类似的境遇，值得我们深思的是，为什么他们的见识皆不见容于自己的时代？

我们应该注意到，卢梭在《论剧院》中仅仅集中笔力抨击莫里哀的《恨世者》，却对备受各方指责的《伪君子》不置一词，意味深长地保持着沉默。当然，《论剧院》对加尔文教治下的日内瓦教会式城邦的赞美，与《恨世者》对宗教骗子达尔杜弗的无情嘲讽和揭露，看起来有一种颇有意味的对应，但这种对应却又显得暗藏玄机。通过追溯启蒙戏剧诗学的内在理路和戏剧论争的性质，我们必须直面这样一个问题：为何在不同时代的政治哲人那里，剧院皆会成为一种政治隐喻。

法兰西国家转型期的戏剧政策

1663年，路易十四亲揽朝政仅两年，就给两岁的王储写下了《给道芬的训言》(*Instructions destinées au Dauphin*)——史称《王储训言》。后来,德意志的**蒙陶西尔伯爵**(Montausier,1674—1730)做皇上路德维希十四太子的老师时,整理出**古希腊—罗马**作家的经典作品作为教科书教太子,他称为"供道芬用"(in usum Delphini)。此语后来成为谚语,指"出于道德动机整理故书",尼采在《快乐的科学》中将这句谚语中的"太子"一词改为复数(in usum Delphinorum [供道芬们用]),以此界定古典教育的含义。① 路易十四写下《给道芬的训言》时,年仅25岁,他这样告诉太子:

> 一个法兰西的王子或国王应该在这些娱乐中看到表演以外的其他东西。子民在演出中尽享其乐……通过此举我们控制他们的思想,抓住他们的心,有时这会比奖赏和恩惠更有效;对于外国人来说,这些看似多余的消耗会在他们身上产生不同凡响的印象,那便是辉煌、强盛、富丽和宏大。②

---

① 尼采:《快乐的科学》,格言102,参见刘小枫:《凯若斯:古希腊语文读本》,上海:华东师范大学出版社,2013,页1。
② Louis XIV, *Mémoires pour l'instruction du Dauphin* (Paris: Imprimerie nationale, 1993), p. LXXIII, 中译见让-皮埃尔·里乌等:《从文艺复兴到启蒙前夜》,傅绍梅、钱林森译,上海:华东师大出版社,2006,页284。

路易十四亲政后,一直励精图新,致力于实现上几代法国君主的抱负和梦想:"在法国建立一个让欧洲肃然起敬的绝对君主制。"①他牢牢地记住了教父——摄政主教马扎然(J. Mazarin, 1602—1661)的临终嘱咐:"国王要统治一切"。②通过对内压制贵族和对外战争,年轻的路易终于成为17世纪西欧最强势的君主,法国呈现出文艺繁荣的局面,戏剧尤为突出。

其实,迟至16世纪末,法国戏剧仍然不成气候,占据舞台的是意大利小丑剧,文人完全没有参与戏剧演出和剧本的编剧。枢机主教黎塞留(Richelieu, 1585—1642)摄政后,为了给法兰西王国新政铺平道路,他看中了戏剧的政治教化功用,开始着手治理文艺乱象。1635年,身为首相的黎塞留下令成立法兰西学院,规定古典主义戏剧原则为法国戏剧的国家文艺原则,指令法兰西学院按此原则指导法国的戏剧创作。为了推进新古典主义戏剧的发展,黎塞留还下令修建**玛雷剧院**(Théâtre du Marais)。

大名鼎鼎的古典主义悲剧之父**高乃依**的好些剧作,

---

① 米盖尔:《法国史》,蔡鸿滨等译,北京:商务印书馆,1985,页195。
② 同上,页207。

也是黎塞留的授意。玛雷剧院建成后,首场演出便是高乃依的喜剧《梅里特》。①由此可见,在国家政治转型进程中,戏剧扮演着相当重要的政治角色,或者说,法国在近代崛起时,治国者极为重视掌控文艺创作的领导权。我们知道,在路易十四时代,巴黎成了整个欧洲的文化中心,但却没有注意到,如此文艺繁荣是法国**绝对君主制**的体现。

在王权政制治下,法国古典主义戏剧的繁荣首先见于悲剧。按伏尔泰在《路易十四的时代》中的说法,马扎然主教摄政时期:

> 喜剧才刚刚在法国诞生,还没有发展成一种真正的艺术,悲剧在高乃依手里则已经成为一种高尚卓越的艺术。②

当法国喜剧及至莫里哀的手里,法国的古典主义喜剧才臻于成熟。据统计,路易十四宫廷上演的戏剧多达数百场,国王本人尤其爱看莫里哀的喜剧,还曾打算出演剧中角色,甚至把莫里哀剧团从王弟手中强行收归自

---

① 廖可兑,《西欧戏剧史》,北京:中国戏剧出版社,1994,页151。
② 伏尔泰,《路易十四的时代》,前揭,页338。

己的名下。

像路易十四这样热衷舞蹈和戏剧的国王实不多见。可见,在教父马扎然精心教育下,路易十四懂得,国家转型期亟须戏剧整合国民的精神秩序,为一个强大的法兰西陶铸崭新的精神品质。路易十四从莫里哀的剧作中觉察到,喜剧的特质颇为契合国家转型期打击封建势力的需要,喜剧的主角不是古代英雄豪杰或王侯将相,而是各色受到嘲笑的低劣灵魂,从而,喜剧能对现实政治迅速做出反应。古希腊的雅典谐剧让法国的古典戏剧家懂得,有品质的喜剧以与悲剧相反的方式来医治世人灵魂中的政治"病",促使观众通过观察和审视剧中人物的可笑来反省自身。

路易十四深谙治国术,他对戏剧的热爱并非仅仅是个人兴趣,毋宁说,这位法兰西君主重视戏剧,与其治国理念相关。路易十四在《给道芬的训言》中写到,戏剧演出对内可塑造民众,对外能威慑外敌。这位君主懂得,戏剧演出具有塑造理想的国家形象和民众楷模的政治作用,而这种认识又来自他所受过的古典教育。

公元前6世纪末,雅典政治家庇希斯特拉图(Peisistratos)为了让雅典成为"大国",在雅典城邦设立了狄俄尼索斯戏剧节(Theatre of Dionysus),把民俗式的表演变成了城邦戏剧。今人大多仅仅看到雅典戏剧的繁荣,却很少注意到戏剧繁荣与政治家庇希斯特拉图的王者用心相关。

正是由于看到戏剧演出对于城邦有着潜移默化的教育作用,在雅典民主政治的鼎盛时期,**伯利克勒斯**(前495—429)为了鼓励民众看戏,开始实行"观剧津贴",他本人也是个戏剧迷,与悲剧诗人索福克勒斯私交甚笃。①

柏拉图的好些对话作品都具有谐剧形式,在《会饮》这部哲学谐剧中,苏格拉底的女教师**狄俄提玛**将制作音乐与制作法律同样视为爱欲的高级形式,不仅将荷马和赫西俄德的作品称为"诗作",也把吕库戈斯和梭伦的立法视为"诗作"(209d—e)。这意味着,戏剧制作与法律创制同属人世中最高的制作,前者为灵魂秩序立法,后者为政治秩序立法。灵魂与城邦的正义和有序与否,端赖谁是高明的制作者。

被称为"哲人王"的普鲁士国王弗里德里希二世(1712—1786)年少时狂热地迷恋法国戏剧,羡慕法兰西的文化共同体。为了模仿法兰西,这位未来的普鲁士国王甚至违背父亲的旨意,执意学习法语,脑子里充满

---

① 见普鲁塔克,《希腊罗马名人传》(卷一),席代岳译,吉林:吉林出版集团,2017,页292。

了法国自然神论派哲学家的思想。①不过，这位少年王子相当清楚身为王者的责任，在一本用法文撰写的论政府原理的书中，弗里德里希二世说：

> 王侯之于其所统治的国家，是和头之于人一样；他的责任是在于为整个的社会而视察、思维和行动，谋取社会所能得到的一切的利益。②

其实，直到16岁的法王路易十四亲政的1654年，法国人的读写能力仍然极其低下。根据19世纪一份关于法国人的读写能力调查报告来看，16—17世纪时法国人的读写能力极弱，比如在法国东部，只有一半地区，会写自己的名字的男子达到70%，女子则只有30%。就全国而言，直到17世纪末，女子中会写自己名字的才占14%。③因而，对于普通民众施行教育的最好工具莫过于戏剧演出。一则看戏的知识门槛低，目不识丁的观众也能进戏院看戏；二则戏剧演出对民众教育起着潜移默

---

① 基特里奇，《腓特烈大帝》，蔡朝旭译，北京：工人出版社，2010。
② 海斯，《近世欧洲政治社会史》，黄慎之译，北京：中国政法大学出版社，2007，页384。
③ 列维，《路易十四》，陈文海译，北京：人民出版社，2011，页13，注1。

化，润物无声的作用。

自17世纪30年代起，法兰西在雄心勃勃的首相黎塞留极力倡导之下，文人创作的戏剧演出终于登上大雅之堂，获得前所未有的重视。从前在法兰西舞台上唱主角的是意大利的小丑戏，如今在首相的管制之下，表演开始成为一种正式职业。[①]

不过，在莫里哀15岁的时候，法兰西仍未能形成一个文化共同体。尽管这一直是首相黎塞留的心愿。

> 1637年年底的时候，法兰西似乎已经正在走向四分五裂，虽然说黎塞留一直都在孜孜以求地要将法兰西打造成一个文化统一体，但这项工作尚未取得成功。（列维，《路易十四》，页17）

黎塞留自始至终都非常清楚政治宣传的重要性，尽管他也知道，国家内部的"政治族"即关心教会和国事的人并不多，"但他们能制造出一种舆论氛围"，而政治家必须牢牢掌控这些舆论。[②]

[①] 列维，《路易十四》，前揭，页15。
[②] 特雷休尔，《黎塞留与马萨林》，赵立行译，上海：上海译文出版社，2003，页5。

黎塞留致力于"广开言路",笃定要赢得公共舆论的主导权。对于17世纪的法兰西而言,国家正从神权政制走向绝对君主制,为了终结教会的力量导致的政治共同体的内在分裂,对黎塞留而言,主导法兰西舞台上的戏剧演出是实现这一目标最强有力的手段。

如此看来,打造一个文化共同体是近代欧洲王国在国家转型期的普遍诉求。尤其是法兰西在迈向君主制国家的政治进程中,自黎塞留开始的几代治国者皆有"继承希腊、罗马的遗产,主宰整个欧洲、亦即当时所认识的整个文明世界的野心"。为了实现这一理想,

> 路易十三的两个首相黎塞留和马扎然准备了近40年(1624—1661),继位后的"太阳王"的路易十四又追求了50余年(1661—1775)。①

等到莫里哀参与到黎塞留—马扎然—路易十四前后近百年的这一戏剧—政治行动之链时,他已经35岁,在法兰西的喜剧舞台上正要施展抱负。

因此,年轻的路易十四果断从王弟手中"夺走"

---

① 圣勃夫,《莫里哀》,见圣勃夫,《圣勃夫文学批评文选》,范希衡译,"译者前言",南京:南京大学出版社,2016,页1。

莫里哀剧团，亲自成为剧团保护人，完全可以理解。随后，当法国受英国革命影响转向民主政制时，启蒙知识人伏尔泰、卢梭和狄德罗等人如此看重戏剧的教育功能，同样也可以理解。既然如此，我们就值得关注这样的问题："朕即国家"的王者与主张民主政制的启蒙思想家都需要借助戏剧来实现某种政治意图，但他们作为立法者有相同的高明见识吗？

莫里哀为何写《伪君子》

莫里哀本名让·巴蒂斯特·波克兰（Jean-Baptiste Poquelin），其父是法兰西王室的室内陈设制造商。[①]少年时，波克兰就读于当时赫赫有名的巴黎克莱蒙中学，接受贵族精英式的古典教育，阅读了不少古希腊文和拉丁文古典作品，尤其痴迷于卢克莱修的教诲诗和古罗马戏剧诗人普劳图斯和泰伦斯的喜剧，这一癖好很可能与他经常在课余时间溜到巴黎小剧院看戏有关。

中学毕业后，波克兰没有依从父亲希望他接任"法兰西国王陛下侍从"封号的愿望，在首相黎塞留积

---

① 布尔加科夫：《莫里哀先生传》，孔延庚、臧传真、谭思同等译，天津：南开大学出版社，1984/杭州：浙江文艺出版社，2017，页156。

极备战进攻西班牙那年（1642），年仅20岁的波克兰离开优渥的家庭，与几位喜剧艺人一起组建**光耀剧团**（L'Illustre Théâtre），此后带领剧团在外省闯荡13年。35岁（1658年）重返巴黎时，波克兰已更名为**莫里哀**，并以《多情的医生》（*Le Docteur amoureux*）一剧在法国戏剧界崭露头角，这是他为法王路易十四演出的第一部喜剧。后来，剧团更名为莫里哀剧团，从此，法国戏剧界迎来了莫里哀的喜剧时代。[①]

写下《王储训言》的第二年（1664），路易十四在凡尔赛宫举行扩建典礼，时年42岁的莫里哀受命为国王以及大贵族和教会高层演出新剧《伪君子》的前三幕。这出喜剧刻画了一个行骗的教士达尔杜弗（Tartuffe），不料，此剧甫一上演就给莫里哀惹来政治麻烦，巴黎大主教佩列菲克斯（Hardouin de Péréfixe de Beaumont, 1606—1671）对这部喜剧大为光火。[②]这位大主教不仅是位史学家，还是法王的告解神父和灵修导师，为了平息事端，路易十四不得不颁布了禁演《伪君子》的敕

[①] 布尔加科夫：《莫里哀先生传》，前揭，页28—51。
[②] 本文所引《伪君子》中译，采用李健吾先生译本（上海：文艺出版社1963年），参考赵少侯、王了一译，《莫里哀喜剧选》（三册），北京：人民文学出版社，1981。凡有改动，根据Arthur Desfeuilles ed., *Oeuvres De Molière*, Nabu Press, 2010。

令。五年后（1669），酷爱喜剧的国王才开禁允许上演，这一年，《伪君子》共上演37场，成为演出当季票房收入最高的剧目。①

在剧团被勒令禁演的五年间，勤奋的莫里哀除了完成《伪君子》的余下两幕，还完成了另一部传世喜剧《恨世者》，1666年在法国宫廷首演时同样大获成功。剧中人阿尔赛斯特（Alceste）虽是个贵族，却被解读成对贵族德性的一种褒奖，这让莫里哀幸运地躲过一场政治麻烦。然而，由于涉及国家转型期出现的诸多尖锐的伦理问题，莫里哀的这两部剧随即引发争议。有人认为，从路易十四对这两场喜剧演出的反应来看，《伪君子》和《恨世者》即便不是采纳了国王本人的意见，至少也与国王的某种意图暗合。

五幕喜剧《伪君子》讲述的故事是，虚伪狡诈的教士达尔杜弗巧言骗取了大资产者奥尔贡（Orgon）的信任，将奥尔贡玩弄于股掌之间。受到迷惑的奥尔贡陷入了宗教狂热之中，他不但打算奉上其全部家产，还要把亲闺女嫁给达尔杜弗。这意味着达尔杜弗将取代奥尔贡掌控这个家庭的全部资产，成为一家之主。然而，这位"虔敬"的教士实在太贪婪好色，居然打起了奥尔贡的

---

① 布尔加科夫，《莫里哀先生传》，前揭，页195。

妻子埃耶米尔（Elmire）的主意。达尔杜弗的狡诈和贪婪激起了埃耶米尔和儿女乃至仆人的一致反抗，奥尔贡和他跋扈专断的母亲柏奈尔夫人（Madame Pernelle）则执迷不悟，对达尔杜弗顶礼膜拜，言听计从。

莫里哀在这出戏里模仿荷马的笔法，让笔下的埃耶米尔巧妙设计：说服奥尔贡藏身卧房的桌子底下，让他亲眼看见达尔杜弗如何轻薄引诱女主人，如何肆无忌惮地嘲笑奥尔贡的愚蠢。躲在卧房的奥尔贡亲眼见识了达尔杜弗的丑态才如梦初醒，但为时已晚，达尔杜弗早已得到奥尔贡的家产授权，他以此要挟奥尔贡。就在这个家庭即将分崩离析的危急时刻，英明的国王犹如机械降神般出场，将达尔杜弗绳之以法，全戏落幕。

《伪君子》与《曼陀罗》

《伪君子》向来被认为有政治寓意：表面上以家庭纠纷为背景的市民喜剧似乎与政治无关，其实是意涵丰富的政治隐喻。但我们还应该说，这部剧作具有政治哲学的解释潜能。只消想想马基雅维利（1469—1527）的政治喜剧《曼陀罗》（*Mandragola*，1518年），我们就能理解，在欧洲近代王权国家兴起时期，喜剧创作实际上成了一种重要的政治行动。今天研究马基雅维利政治思想的学者，不会忽视《曼陀罗》这部写于16世纪初的喜剧。因为，该剧的政治隐喻对于理解马基雅维利在《君主论》和《论李维》中所要表达的政治教诲必不可少。

在有的研究者看来，《曼陀罗》甚至包含着马基雅维利"政治药方"最核心的部分。[①]而在笔者看来，《伪君子》与《曼陀罗》有着相似的情节模式和人物要素，恐怕并非巧合：两部剧作的基本情节都是男主人引狼入室，客人引诱女主人。两部剧作也都在展示：基督教士如何伪善甚至堪称邪恶，男主人如何愚蠢，女主人如何无辜，机智的仆人如何充当串场线索。不过，《曼陀罗》意在展示如何巧妙地篡取他人家庭的治权，《伪君子》揭示教士的伪善则意在捍卫家庭的治权。

若将家庭比作国家，这两位喜剧诗人隐藏在喜剧修辞下的政治教诲更为显白。《曼托罗》中的"情人"卡利马科（Callimaco）精心策划，最终成功"夺妻"；《伪君子》中的"求欢者"达尔杜弗的最终失败则显

---

① 参见弗劳曼哈夫特，《喜剧药方：马基雅维利的〈曼陀罗〉》，肖涧译，载《马基雅维利的喜剧》（《经典与解释》辑刊（第10辑）），刘小枫，陈少明主编，北京：华夏出版社，2006，页2—46；洛德，《〈曼陀罗〉中的隐喻》，曹聪译，载《古典诗文绎读（西学卷）·现代编（上）》，刘小枫编，北京：华夏出版社，2009，页3—20。

得颇为勉强。如果考虑到意大利尚处于破碎的封建割据状态，而法国已经是统一的王权国家，二者与教宗国的关系有很大差异，那么，这两部喜剧的差异就不难理解。若把法国比做一个被君主与教会争相夺取的"女人"——欲望对象，那么，现实中的达尔杜弗已然成功。

莫里哀的《伪君子》似乎在暗示，法兰西需要一个强有力的君主，才能把这个象征国家的"女人"从教会手里夺回，根除政治共同体处于双头统治的难堪局面。

《伪君子》在讽刺谁

在凡尔赛宫观看《伪君子》的观众中有不少教会上层人士，他们看到教士形象如此不堪，而国王却扮演了救世主的角色，当然大为光火。路易十四下令禁演此戏以及五年后又开禁，恰恰反映出路易十四政治处境的前后变化：从顾忌教权势力到敢于置之不理。人们甚至可以说，《伪君子》过早暴露了国王的政治意图。毕竟，其时路易十四亲政仅两年，为稳定自己的王位，他尚需要得到教会支持。用路易十四自己的说法，自己的责任和利益要求依靠教会以对付不同政见者，支持出世和世俗的教士，因为他们在困难时刻一直支持君主制。①

为了稳固自己的王权，路易十四着手清除宗教改革带来的教派分离。为了统一法国的基督教，他一方面恢复高卢教会的旧仪式，同时敦促并且威胁信奉新教的大领主改宗天主教，下层社会的新教徒在赏钱的诱惑下也纷纷改宗天主教。一旦稳固王权后，路易十四就开始自主选任主教，不再理会罗马教宗的管辖权，法王与教宗的关系开始紧张起来。《伪君子》恰好在这个时候上演，自然会引人猜测，创作《伪君子》的莫里哀可谓深谙国王的用心。

《伪君子》中还出现了另一类型的伪君子，有研究者称之为"不自觉的伪善者"：

> 作为这个家庭的暴戾僭主，奥尔贡就是这一类不自觉的伪善者，开口正直，闭口虔敬的奥尔贡，其实是本剧最伪善的人，他的伪善也隐藏最深。②

---

① 米盖尔，《法国史》，前揭，页210，219。
② 格兰特，《伪善与正直：马基雅维利、卢梭与政治的伦理》，刘桉彤译，上海：华东师范大学出版社，2017，页79—86。

奥尔贡专断、蛮横、自私,却又道貌岸然,日常举止刻意模仿贵族做派。在家庭成员面前,奥尔贡极力维持自己的权威形象,对于女仆他显示出一种罕见的宽容;对于女儿和儿子却表现得极不耐烦而专横。奥尔贡对达尔杜弗有着一种近乎病态的迷恋,连女仆道丽娜(Dorine)都看不下去,禁不住对他冷嘲热讽。奥尔贡毫不顾忌,似乎世上唯有信仰值得他献身,除了信仰的化身——达尔杜弗之外,其他人甚至他自己的家庭和亲人都无足轻重。

莫里哀没有明确展示奥尔贡隐藏在宗教虔诚之下的内在动机,但是,我们很难把这种宗教虔诚解读成单纯的愚蠢。若非奥尔贡的大资产者身份,人们大可怀疑,莫里哀的笔法在隐射国王路易十四。因为,奥尔贡的"宗教狂热病"虽然基于一种精明计算,却有着僭主式的专横。为了拉拢宗教骗子达尔杜弗,奥尔贡不惜逼女儿玛丽雅娜(Mariane)与未婚夫悔婚,勒令她嫁给达尔杜弗,甚至将全部家财都转赠给这位尚未缔结婚约的"女婿"达尔杜弗。为了惩罚儿子反抗,奥尔贡表现得十足像个暴君,高声辱骂,扬言要把儿子赶出家门。在第一幕第五场,奥尔贡对小舅子克莱昂特(Cléante)的一段告白或可视为他在为自己的种种有悖人伦的反常行为辩护:

> 听他［达尔杜弗］讲话，我就变成了一个新人；他教我凡事冷淡，割断我对尘世的关联；我可以看着兄弟、儿女、母亲和太太死掉，就像这个一样，全不在乎。

作为妻弟的克莱昂特对奥尔贡的"宗教狂热病"感到震惊，他惊呼："妹夫，这可全是人的感情啊！"如果说专制君主的专横体现为弃绝属人的情感，那么，正是教士达尔杜弗把奥尔贡变成了专制君主，奥尔贡却将教士视为自己变成"新人"的凭靠。倘若莫里哀真的是在暗讽君主，那么他的胆子未免也太大了。

莫里哀在《伪君子》一剧中主要讽刺的对象仍然是教士达尔杜弗。莫里哀让我们看到，达尔杜弗对奥尔贡的教诲是"凡事冷淡，割断与尘世的关联"，而达尔杜弗关于虔敬的教诲却与他自己的行为相悖。奥尔贡的妻弟克莱昂特难以置信地质问奥尔贡，他的脑筋是不是出了毛病：如此行事古怪，矫揉做作，却被视为虔诚教徒的楷模。除了女仆道丽娜之外，《伪君子》中就数克莱昂特最为正直，其余人都有着不同程度的虚伪。因此，当奥尔贡指责克莱昂特不虔诚时，耿直的克莱昂特反驳说：

什么？你真就一点也区别不出虚伪和虔诚？愿意用同样的语言恭维他们，把同样的荣誉送给面具和人脸，把伪装和真诚看成一个东西，混淆真实情况和表面现象，看重影子如同看重本人一样，看重假钱与看重真钱一样吗？多数人生来也真古怪！（《伪君子》第一幕第五场）

面对克莱昂特的率直，奥尔贡尖刻地挖苦他是现今世上"唯一的贤者，唯一的学者、一种神谕，当今的卡图"。有理由猜测，莫里哀笔下的克莱昂特很可能代表某种类型的哲人，他们能透过繁杂的假象洞察事物的本相，却在现实生活中没有行动力。莫里哀同样没有放过对这类明智之士的嘲讽，他让拥有智慧和卓越见识的克莱昂特无力阻止奥尔贡陷入达尔杜弗的圈套，眼睁睁看着这个大家庭走向崩溃。莫里哀似乎暗示，这类哲人在国家危机面前束手无措，唯有强有力的政治家才可能拯救危难之中的共同体。

这让笔者想起施特劳斯对古希腊谐剧诗人阿里斯托芬的评论：他的谐剧是"全面的（total）"，不但"把不义的东西表现得很可笑，而且把正义的东西也表现得很可笑"，连那些"明智的化身"也不例外。为了让人更好地理解这一点，施特劳斯特别提请关注莫里哀的喜剧。①

无论如何,莫里哀借古罗马圣人**卡图**(公元前234–149)的名字暗示,在路易十四的时代,君主和教士都是伪善者,唯有新知识人有鉴别真假的眼光。如果说莫里哀对奥尔贡盲目崇拜达尔杜弗的刻画是向路易十四奉上最真诚的规劝,那么,这仅仅表明他对待教权和王权的态度有根本上的差异。为求得路易十四解禁《伪君子》,莫里哀多次递交"恳请书"。在"第一次恳请书"中,莫里哀为自己作了如下的辩白:

> 鉴于伪善是诸种恶习中最普遍的一种,同时危害最大,也最危险。陛下,我的意见是,如果我写一部喜剧来贬责这些伪君子,把所有伪善的人惺惺作态的假面,和那些用虚假的狂热和猥琐的善行,费尽心思地诱欺世人的冒牌信徒,把他们暗藏的勾当通通曝光,这对于您王国中所有高昂的人来说,决非微不足道的善举。②

---

① 施特劳斯,《苏格拉底与阿里斯托芬》,李小均译,北京:华夏出版社,2011,页327。
② Molière, *Tartuffe*, Prudence L. Steiner trans and notes, Hackett Publishing Company, 2008, p.118;中译见《莫里哀戏剧全集》卷三,页253。

莫里哀知道，历史上那些伟大的喜剧诗人从不迎合普通人的趣味，喜剧借笑声来医治灵魂"疾病"，鞭打时代的恶习，这是莫里哀为喜剧申辩的理由。可是，为何莫里哀会认为，这个时代最大的恶习是**伪善**？为什么他认为，伪善在当今时代"最普遍"也"最危险"？谁是莫里哀在信中痛斥的**伪君子**？如果人们普遍认为，莫里哀笔下的伪君子指向教士，那么，路易十四后来解禁《伪君子》就证明他自己也这样认为。可是，难道路易十四没有从莫里哀对奥尔贡这个人物的嘲讽中看出诗人也是在规劝自己？倘若如此，我们有理由推测，《伪君子》针对的是路易十四执政初期与天主教会的合作。

《曼陀罗》以登徒子如何合法地巧夺他人财富和女人的喜剧，隐晦地教唆有政治抱负的人如何采用欺骗手段达成政治目的，与马基雅维利不同，《伪君子》的喜剧结局表明：莫里哀力图展示的不是欺骗，而是他在"第一恳请书"中所说的"普遍的伪善"，即他视之为路易十四时代最大的弊病——最普遍、最坏，同时也最危险。教士达尔杜弗在奥尔贡家里之所以几近成功实现其全部企图，正是基于两个受骗者——奥尔贡和他母亲的伪善。奥尔贡表面极其虔诚，实则自私、愚蠢且冷酷无情；他母亲白尔奈夫人以美德的审判官自居，然而，在这个大家庭里，上至奥尔贡太太下至仆人，无一不受到她尖酸刻薄的指责。她前一刻还在高调夸耀自己无可挑剔的慈善，下一刻就能反手给无辜的女仆一记耳光。作为新生的资产者，奥尔贡的人物特征就是虚伪、沽名钓誉。莫里哀在《伪君子》中力图展现的，正是这些处于国家转型期的新生资产者阶层的伪善面目。

前文提到，《伪君子》中仅有两个"明眼人"，哲人形象的克莱昂特和人民的"代言人"女仆道丽娜。似乎在莫里哀看来，克制伪善的良药要么凭靠理性的哲学，要么凭借自然质朴的天性。就剧情而言，"人民"的道丽娜显得比"哲人"克莱昂特更有行动力，她的言辞更为犀利、更为坦率。由此来看，将近一百年后，卢梭与百科全书派同人就戏剧问题论争时引用到莫里哀的作品，就不是偶然的事情了，毋宁说，莫里哀的喜剧中早已蕴含着后世启蒙哲人论争的萌芽。

阿里斯托芬的谐剧嘲讽高昂的政治激情（《鸟》），甚至嘲讽自然哲人对"天"的爱欲，看不到低的、普通的东西；同样，莫里哀嘲讽的教士激情属于高昂的激情。《伪君子》的巧妙之处在于，莫里哀通过伪教士达尔杜弗之口讲出了真教士用以教育信徒的说辞，正是这种虔诚的宗教激情让人看不到属人的情感和家庭生活的首要性。

卢梭在《论剧院》中集中评说莫里哀的《恨世

者》，甚至不惜以较长篇幅改写这出戏，却对《伪君子》的嘲讽对象不置一词。在改写《恨世者》之前，卢梭曾盛赞莫里哀的喜剧是法兰西喜剧"最完美"的样式，莫里哀则是最完美的喜剧诗人。令人费解的是，转眼他就批评起莫里哀的喜剧，说这些喜剧是专"教那些邪门事和坏习俗的学校"，比那些传授邪恶的书"更危险"（[44]，页43）。卢梭前后矛盾的说法令人困惑，值得细心揣摩。

宗教狂热病

可以说，卢梭对莫里哀前后不一的评价，恰恰表达了他对《伪君子》嘲讽宗教狂热的肯定，对《恨世者》嘲笑真诚和贵族式美德的批评。换言之，嘲笑宗教狂热是对的，嘲笑贵族式美德则不对。

> 宗教狂热并非谬误，而是一种毫无理性的盲目和愚蠢的狂暴，阻止它产生的唯一方法是，遏止那些激起它的人们。您想向这些疯子证明他们的领路人欺骗了他们，然而，疯子追随领路人的炽热之情却丝毫不减。一旦患上宗教狂热，依我看，只有一种方法可以阻止它蔓延，就是用它自己的武器去对抗它。既不能用推理，也能用说服，必须

放下哲学,合上书本,拿起利剑去惩罚这些骗子。([38],页39)

惩罚骗子的唯一方式是以其人之道还治其人之身。换言之,哲人也得利用"欺骗"方式对付骗子,医治盲目狂热的疯子。卢梭的"药方"既针对宗教狂热病,也针对启蒙的狂热病。他改写莫里哀的喜剧正是要嘲讽启蒙知识人的高昂激情,批评他们无视人民心性真正应该需要什么。由此来看,按照古希腊的谐剧传统,喜剧诗人的嘲讽对象主要不是普通心性的低劣欲望,反倒是少数智识者看似高昂的政治爱欲。可见,喜剧诗人的使命与政治变迁的现实语境并无直接的关系,反倒与人世中的基本人性有直接关系。

莫里哀的《伪君子》与路易十四的王权与教权的冲突无关,正如阿里斯托芬的《云》或《鸟》与雅典民主政制的兴衰无关。同样,卢梭的《论剧院》也与日内瓦的实际政治无关。毋宁说,他们的喜剧都与一种永远不会消失的人性激情相关,这是一种错误的、看似高昂的激情:智术师式的激情、教士式的激情或启蒙知识人式的激情。何谓错误的、看似高昂的政治激情,值得看一看狄德罗在《论戏剧诗》中的一段话:

诗人有必要随时把最神圣的东西践踏在地下，要鼓吹凶暴的行为。对诗人来说，根本无所谓神圣的东西，道德也不例外。如果人物和时机要求这样做的话，他可以用讪笑来对待道德。当他对上天怒目而视，对神祇口出恶言，你不能说他亵渎神明；当他匍匐在祭坛前向神明做出椎心泣血的祷告的时候，你也不能说他敬神信道（狄德罗《论戏剧诗》，前揭，页196）。

狄德罗的这番话有助于我们理解卢梭为何反对启蒙知识人建剧院。因为卢梭心里很清楚，这类高昂的激情只会使"最神圣的法律，最珍贵的自然感情受到嘲弄"（［73］，页59）。由此我们更可以理解，卢梭何以在《论剧院》中以叙述体写了一出喜剧，甚至改编莫里哀的《恨世者》，并将其视为"在道德方面最好且最健康"的喜剧（［72］，页58）。在卢梭看来，即便莫里哀的喜剧有种种不足，也好过启蒙知识人的启蒙戏剧。国家政体的转型肯定会搅乱普通人惯常的生活方式，在这样的时代，一旦普通人赖以生活的基本道德秩序遭到破坏，其后果当然不堪设想，历史的喜剧总是似曾相识。

在任何一个国家的转型时代，真正令人担忧的"时代病"并非普通人的败坏,而是看似高昂的激情让少数智识人的德性败坏。在这个意义上,卢梭的戏剧批判是莫里哀的喜剧相隔一个世纪的知音。

所谓"恨世者"

1666年春天,莫里哀仅用了一个月就完成了被誉为法兰西最伟大的喜剧《恨世者》。[①]这部喜剧被视为莫里哀最重要的作品,后人甚至以"《恨世者》的作者"称谓他。

莫里哀创作这部喜剧作品时,他的个人生活正陷入内忧外困的艰难处境。两年前的《伪君子》被禁演,这让风头正劲的莫里哀剧团受到沉重打击。紧接着,莫里哀的婚姻生活也出现裂痕,年轻的妻子阿尔曼达(Arman de Béjart,1640—1700)是剧团首席女演员,与莫里哀在生活中已经形同陌路,在舞台上的别扭难免日益明显。

有研究者认为,莫里哀写作《恨世者》是为

---

① 《恨世者》中译采用赵少侯/王了一译文,《莫里哀喜剧选》(三册),北京:人民文学出版社,1981,凡有改动,根据 *Oeuvres De Molière*, Arthur Desfeuilles ed. Nabu Press, 2010。

了发泄自己的郁闷，他亲自出演了男主角阿尔赛斯特，阿尔曼达则饰演有众多追求者的交际花**色丽曼娜**（Célimène），似乎要通过舞台表演来报复自己变心的妻子。

无论莫里哀的《恨世者》还是卢梭《论剧院》中对《恨世者》的评议，究竟与他们的个人生活事件有怎样的关联，其实很难说清。大作家的作品中即便有私人生活的痕迹，也丝毫不会减低思想论题本身的严肃性和重要性。《论剧院》与《恨世者》相隔近一个世纪，这与卢梭同启蒙阵营决裂究竟有什么联系？单单"恨世者"这个名称就让人难免产生联想：这不是在任何政治共同体中都可以见到的一种灵魂类型吗？

卢梭身处的时代与莫里哀的时代大不相同：莫里哀身处法国的绝对王权政制时期，而在卢梭的时代，启蒙智识人似乎成了真正强势的国王。在两种不同的政治语境中，"恨世者"的含义难道没有什么变化？如果"恨世者"算得上一种**灵魂类型**，那么，这种心性品质在不同的政治语境中会有什么差异呢？

这再次证明，《论剧院》并不是在讨论如今所谓文艺理论或戏剧理论问题，而是在探讨一个政治哲学问题：何谓人世间的"恨世者"。让我们先回到莫里哀的喜剧《恨世者》，看看他笔下的恨世者形象到底是何种灵魂样式的人。

莫里哀身处的时代,教权与王权的关系非常紧张。[1]路易十四迫于教会压力禁演了《伪君子》,同时国王又公开宣布,自己是莫里哀的长子的教父,以示与这位喜剧诗人有特别的君臣关系,似乎要表明王权未必完全屈从于教权。[2]有了国王撑腰,莫里哀随即写下了《恨世者》。

《恨世者》讲述了一位愤世嫉俗的贵族青年如何不慎陷入一场多角恋爱,由于心直口快惹恼了其中一位情敌,为此吃上官司。虽然在朋友帮助下最后识穿情人的骗局,这位贵族青年却心灰意冷地想要避世乡野——他名叫阿尔赛斯特(Alcest),字面意思是"强悍或大胆的"。[3]这家伙言辞辛辣、犀利,难免让人觉得是作者趁机讽刺路易十四时代的上层贵族。如果说《伪君子》的讽刺对象是教会,《恨世者》的讽刺对象就是法国贵族。

路易十四暗中力挺莫里哀批评教会,何以这位喜剧诗人又转向讽刺贵族?在路易十四亲政时期,法国社会

---

[1] 参见特雷休尔,《黎塞留与马萨林》,前揭,页19。
[2] 布尔加科夫,《莫里哀先生传》,前揭,页155。
[3] *The Cambridge Companion to Moliere*, ed. by David Bradby, Andrew Calder, Cambridge University Press, 2006, p.358.

中的第一等级是教士阶层，第二等级是贵族阶层，它们共同构成了社会中的特权阶级：

> 特权阶级只占全人口的极少数，法兰西的两千五百万人口中，贵族的人数不超过15万，教士的人数不超过13万，差不多每百人中只有一个特权阶级。①

特权阶级掌控着法兰西绝大部分财富，却不肯承担相应的责任和义务。与前朝相比，路易十四时代的贵族们"更加怠惰、更奢侈、更好娱乐，中产阶级就更自私、专注于他们自己的阶级利益，广大农户则因为沉重的赋税，生活悲苦"（海斯，同上书，页201）。对于立志"在法国建立一个让欧洲肃然起敬的绝对君主制"的年轻君主路易十四而言，凡此都是亟待整治的乱象。换言之，路易十四要建立绝对王权政制，他必须同时压制教会和贵族这两大封建制度的支柱。②由此来看，莫里哀讽刺贵族的喜剧作品很可能掺入了君王的授意。

---

① 海斯，《近世欧洲政治社会史》，前揭，页351。
② 比较埃贝尔/萨尔芒，《枫丹白露宫：千年法国史》，程水英译，上海：上海社科院出版社，2019，第五章。

法兰西的"时代病"

路易十四亲政之初,国家治权其实掌握在王家总管柯尔伯(Jean-Baptiste Colbert, 1619—1683)的手里。[①] 精明的柯尔伯极为推崇路易十三朝的宰相黎塞留的治国方略,希望能继续推进他建立"强大的中央集权化的文化机构"的遗训(同上,页247)。柯尔伯重视王国的文教建设,推行戏剧改革,重组巴黎的戏剧团体,还积极扶持黎塞留创立的"法语研究院"和"绘画与雕塑研究院"(同上,页249)。

到了莫里哀的时代,这两个研究院却成了吹捧君主的御用机构。路易十四25岁那年(1663年)3月,柯尔伯建议君王向学人和文人发放"赏金","把所有的文化活动置于王权的控制之下,以便更好地颂扬国王",开启法国文人的阿谀逢迎之风(同上,页252—255)。

在这样的历史语境中,莫里哀创作了《恨世者》。他的戏剧风格也发生了明显变化,抛弃了惯用的搞笑桥段。在出演主人公阿尔赛斯特时,莫里哀特意刮去了他那长期以来被视为滑稽标志的大黑胡子。总之,这是一

---

① 列维,《路易十四》,前揭,页243。

个全新的舞台形象。①

我们不能仅仅看到这些所谓艺术表现风格上的变化,更应看到《恨世者》主题的复杂性,以及莫里哀喜剧的政治哲学品质。无论是《吝啬人》(*L'Avare*)、《伪君子》抑或《恨世者》《无病呻吟》(*Le Maladeimaginaire*),莫里哀这类剧作的标题就已经表明,他非常关注人性中的**负面政治品性**。问题在于,莫里哀为什么要在舞台上展现这类人性品性?既然莫里哀与高乃依、拉辛等剧作家同属领受国王"赏金"的御用文人。

有研究者认为,莫里哀的喜剧揭示了"一个僭主式权力关系的世界":

> 他对17世纪中叶法国上流社会某些方面的讽刺如此准确,以至于他的同时代人竭力阻止他的部分戏剧在舞台上演。②

倘若如此,我们就值得问:谁拥有"僭主式的权

---

① Molière, *The Misanthrope, Tartuffe, and Other Plays*, note and trans. by Maya Slater, Oxford University Press, 2008, p.xx.
② *The Cambridge Companion to Moliere,* ed. by David Brad/Andrew Calder, 前揭, 2006, p. xiii.

力"（tyrannical power）？似乎教会、贵族乃至路易十四均可装进这个概念。

一个作家之所以伟大，首先在于他所关注的时代问题与人世中的根本问题相关。即便从君主那里领"赏钱"或"奉旨"写喜剧，也丝毫不妨碍莫里哀在作品中针砭当朝乱象，有意识地在作品中探究人性的诸种底色，以至于他显得像是思考政治哲学问题的诗人。

情形是否如此，让我们通过看莫里哀笔下的"恨世者"形象来做出回答。首先我们值得问：在王权与教权的紧张时期，莫里哀笔下为何会出现这样一个贵族人物？

"我愿你做个诚实的人"

"恨世者"（misanthrope）是个古希腊语词，由misos［恨］与anthrōpos［世人］复合而成。据研究者考证，这个词最早见于罗马帝国初期著名的希腊语作家**路基阿诺斯**（Lucianus Samosatensis，125—180）笔下的喜剧《提蒙或恨世者》（*Timon, or The Misanthrope*）。路基阿诺斯虽然生活在罗马帝国时代，但他有意用纯正的古典希腊语创作，模仿阿里斯托芬和柏拉图，以对话人物的论辩性言辞推进故事情节。①莫里哀的《恨世者》剧名使用希腊文，表明他熟悉古典作品。事实上，莫里哀在中学时就热爱古希腊—罗马经典作家的作品，尤其爱读路吉阿诺斯。

在路吉阿诺斯的诸多作品中，《提蒙》显得"最为夺目"，它形象地刻画了伯利克勒斯时代的一个小人物提蒙。他被朋友们骗了钱，最后变成了一个恨世者。对话通篇看起来都在插科打诨，其实，路吉阿诺斯关注的是一个严肃的政治哲学话题，即如何看待财富。②文艺复兴时期的荷兰古典学者伊拉斯谟（Erasmus，1466—1536）在书中曾记载过提蒙的一则传闻：有人问雅典人提蒙为何对所有人都充满仇恨，提蒙回答说："我当然憎恨恶棍，同时也恨那些不恨恶棍的人。"而阿尔赛斯特在《恨世者》第一幕第一场（行262）中的一句台词正是出自伊斯拉谟记述的这则典故。③

莫里哀与路基阿诺斯身处不同的政治语境，两个时

---

① 参见刘小枫，《凯若斯：古希腊语文读本》，前揭，页259—260；安德森，《第二代智术师：罗马帝国早期的文化现象》，罗卫平译，北京：华夏出版社，2011，页315—319。
② Lucian, *Selected Dialogues*, trans. with and introduction and notes by Desmond Costa, New York: Oxford University Press, 2005, p.26.
③ Molière, *The Misanthrope, Tartuffe, and Other Plays*，前揭，p.359。

代的"恨世者"必然差异很大。如前所述,莫里哀的创作时期是法国绝对王权崛起的重要时刻,国力正处于上升阶段。按沃格林所言,这一时期国王的权力是整个欧洲的问题,法国率先成为民族王权的典范,虽然成为自立自足的主权国家的典范有多方面原因。但是东、西两个帝国在法国王室的手上统一,则是法兰西几代治国者的梦想。① 我们很难想象,莫里哀要为剧场包厢里的治国者们奉上一个什么样的恨世者。

《恨世者》共5幕(29场),主要人物有4位,次要人物有3位,主人公阿尔赛斯特能否识破交际女郎色丽曼纳的虚假爱情,成为全剧的悬念或戏剧的推动力。

戏一开场,莫里哀就让台下观众撞上一场激烈争吵,贵族青年阿尔赛斯特与他的友伴菲林特(Philinte)就做人是否应该率真展开了一场激辩。Philinte一词出自古希腊语philia,字面意思是"友善"。果然人如其名,菲林特在莫里哀笔下向来是温和、理智的代表,他还出现在莫里哀的另一部喜剧《太太学堂》中。在《恨世者》这部戏里,他与友人阿尔赛斯特对待人世的看法形成尖锐的对立。阿尔赛斯特看不惯菲林特的"烂好人"

---

① 见沃格林,《政治观念史(卷三):中世纪晚期》,段保良译,前揭,页58—63。

做派，不分好坏对谁都友好宽容。这在阿尔赛斯特看来，不辨好坏对错，逢人迎合就是虚伪，实在有损他们的共同信念和友谊。阿尔赛斯特不屑于上流社会的繁缛礼仪，绝不奉迎谄媚，坚持自己的率真。

在《恨世者》的开场戏中，阿尔赛斯特正嚷嚷着要跟菲林特绝交：

> 我愿你做个诚实人，不是真正从心眼里出来的话一句也不说，这才不失为正人君子！（《恨世者》第一幕第一场，行29—30）

在菲林特看来，阿尔赛斯特的愤怒显得矫情，是不懂得上层交往礼仪、不通人情世故的孩子气。他反驳说，与人交往得以礼相待，对热情的拥抱就该回以同样热情的拥抱。菲林特回避了阿尔赛斯特批评的要害，即是否应该做一个诚实人。莫里哀确实让我们看到阿尔赛斯特身上有率真的天性，他没办扭曲自己的天性来适应上层社会的社交规则——他斥之为"时代病"。

舞台上的恨世者阿尔赛斯特面对台下身份显赫的特殊观众，宣称自己最痛恨宽容、友爱一切人的处世态度，理由是一个人绝不可能爱上所有的人。令笔者好奇的是，面对台上恨世者的如此态度，台下会有他的同路人吗?

激愤之下,阿尔赛斯特口不择言,刻薄地把菲林特的虚伪态度斥为"娼妓式的尊敬"(une estime prostituée,行54):

> 如果有人把我们跟全世界的人都混在一起对待,最光荣的尊敬也就分文不值了,无论这个人的尊敬心是根据什么偏爱滋生的。他尊敬任何人,其实就是对任何人都不尊敬。既然你也染上这些时代恶习(ces vices du temps),你就不能再做我的朋友了,我不能接受那种对个人才德不加任何区别的广泛的情谊。我要你把我跟别人区分开来,干脆说吧,谁把所有的人都当作朋友看待,我就不喜欢这样的人。(《恨世者》,第一场第一幕,行54—64)

阿尔赛斯特的这番话有三层意思:第一,"有人把我们跟全世界的人都混在一起",这里的"我们"指谁,"有人"又指谁?第二,"你也染上这些时代恶习"当指"把我们跟全世界的人都混在一起"是这个时代的恶习,听起来像是在攻击所谓的"世界大同主义"信念或基督教的泛爱;第三,他拒绝"对个人才德不加任何区别",看起来像是一种古典式的哲人德性。

由此看来,菲林特与阿尔赛斯特的分歧并非在于是否要顺应社会现实。毋宁说,莫里哀通过探察他那个时代的恶习,让我们看到的是**何谓朋友**这个颇为古典的论题:个人才德相同才会是朋友,这一古典论题在近代发生了变异。颇有古典心性的阿尔赛斯特认为,"我们"应该是一个有才德之人的共同体,既然"我们"有才德,就不应该"跟全世界的人都混在一起"。既然友人菲林特是"我们"中的一员,他就不应该不加区分地与所有人交友。阿尔赛斯特的逻辑与雅典人提蒙一致:世道人心发生了变化,本应对"时代恶习"保持警惕的哲人族不仅不怂然,反而推波助澜,拉低了整个哲人族的品质。这逼得提蒙、阿尔赛斯特这类少数头脑清明的人只得既痛恨染上时代恶习的多数人,又痛恨姑息这种恶习的少数人,最终扩大至痛恨所有世人,因为他们在自己的时代找不到一个同路人。

如果在阿尔赛斯特看来,有才德之人"跟全世界的人都混在一起"是一种"时代恶习",那么,这个才德之人的共同体就出现了分歧,这意味着什么呢?

"你这哲人式的忧伤呵!"

对于阿尔赛斯特的指责,菲林特不以为然地反驳说,他这种不看场合的坦诚非常可笑,也不现实。有必要在"有些时候把心里的话隐藏起来"。这意味着,菲林特其实并没有真的让自己"跟全世界的人都混在一起"。换言之,正因为世上有各色灵魂,"我们"就需要用一套彬彬有礼的外观来隐藏自己。对于阿尔赛斯特的严厉斥责,菲林特颇不服气地辩解说,我们没必要对某个自己很讨厌的人直接表达自己的厌恶,面对一位韶华已逝的老妇人,当面指责她不该涂脂抹粉,有什么必要啊?

对于朋友的辩解,阿尔赛斯特拒不接受。他坚持认为,任何情况下都应该说真话,哪怕这些话会得罪人。阿尔赛斯特这番话很可能会引来台下观众一阵哄笑,因为他那孩子般的执拗和过分的率真在生活中行不通。有时候,真话犹如一把锋利的刀,谁会怀揣一把脱鞘的刀呢?

台下的观众未必能理解两位朋友为此起口角的真正原因。菲林特当即表示不能接受朋友的观点,质疑他是不是在开玩笑。阿尔赛斯特没有理会菲林特的质疑,也不关心台下观众的反应。他继续痛心地说:

> 我一点也不开玩笑,在这点上我是谁也不会放过。我的眼睛实在看不惯;无论在宫里或在城里,所见所闻全都是惹我恼火的事;我看见了那些人的处世方式,我就感觉非常悲观,万分痛苦;我到处只看见卑污的谄媚,不公、自私、卖友与奸诈;我真忍受不了,我要发狂了,我计划要和全人类正面打一场。(《恨世者》,第一场,第一幕,行89—96)

通过这段戏白,我们大致可以推测,这是一位出生贵族阶层却又拒绝贵族生活礼仪的青年人。社交场合的一切行为都让他感到虚伪和造作。似乎他只有回归自然,过上合乎天性的生活才能平复他的愤懑,但他又说自己"要和全人类(tout le gengre humain)正面打一场"。莫里哀一定能料想得到,凡尔赛宫的小剧场里,正在看戏的观众中有路易十四、孔蒂亲王等权贵大臣。在恨世者阿尔赛斯特的面具之下,舞台上的扮演者——莫里哀似乎要把这腔怒火引向王宫和城里,直斥他目及所见的丑恶和不义。

面对阿尔赛斯特的忿然,菲林特说了一句让今天的我们应该感到纳闷的话:他说,阿尔赛斯特身上的"这种哲人式的忧伤(ce chagrin philosophe)未免太过分了"（行98）。如此说来，阿尔赛斯特是"哲人"，前面所说的"我们"指"哲人"共同体？

奇妙的是，菲林特居然承认自己的**冷静**与阿尔赛斯特的**恼怒**同样具有"哲学意味"，尽管这个语词到后来（行166）才出现：mon flegme est philosophe, autant que votre bile［我的冷静与你的恼怒同样有哲学意味］。换言之，第一场戏演到一半时，观众才恍悟，菲林特口中的"我们"的确指哲人族。阿尔赛斯特与菲林特分别代表着两类哲人，无论是个人性情，抑或哲学品质均差异很大。然而，莫里哀偏偏把这两类品质迥异的哲人设计成一对生活中的好友，这多有喜剧效果！卢梭难道不是从阿尔赛斯特与菲林特身上看到了他与狄德罗的影子？！

阿尔赛斯特的愤怒指向哲人族："我们"这些具有"哲人式忧伤"的人本应追求率真的生活，如今却与现世的虚伪造作的生活妥协，放弃了哲人的高贵品性；同属哲人族的菲林特却不以为然，他认为这不是妥协，而是一种实践性的明智。这样一来，面对阿尔赛斯特的愤怒，菲林特自觉承担了为哲人生活辩护的角色。

哲人也有个体性情差异，阿尔赛斯特的性情像柏拉图的《斐德若》中那匹拉着灵魂马车的黑马，暴躁易怒；菲林特的性情则像另一匹温和沉稳的白马。阿尔赛斯特这种哲人为了持守自己对率真的信念很容易与文明社会决裂，内心涌起革命的激情。由此可以理解，他为何斥责菲林特放弃了哲人的品性和行动原则，痛斥他染上了"时代恶习"，自觉趋近低俗和平庸。

菲林特则有自己的理由，他劝阿尔赛斯特对现世不要过于苛求，更无须心怀怂闷。理由是世人非但不会因"哲人的忧伤"而改变，反而会把率真的阿尔赛斯特视为怪物。何况，一味说真话也会让世人的生活变得艰难。阿尔赛斯特听了菲林特的话更生气，为了捍卫哲人的诚实德性，他反驳说：

> 那才好呢，活该！那才好呢，我正要他们那样。那才是一个好的标志。我反而要觉得十分高兴：所有人在我看来是如此卑鄙，我如果成为他们眼中的智者，我倒要不痛快呢！（行108—111）

阿尔赛斯特说的是"所有人"，莫里哀让我们看到，怀有"哲人的忧伤"之人必然会与"所有人"作对，因为痛恨世人活得不率真——这就是"恨世者"。菲林特与阿尔赛斯特一样有"哲人的忧伤"，但他并不因此与"所有人"作对。在阿尔赛斯特眼里，这无异于与世人同流合污。令人费解的是，阿尔赛斯特为何会把菲林特的行为方式视为"时代恶习"？难道以前那些怀有"哲人的忧伤"之人并非如此，如今却堕落地染上了"时代恶习"？

面对阿尔赛斯特的愤怒，菲林特禁不住反问阿尔赛斯特："你这么痛恨人性啊？"（行112）阿尔赛斯特回答得很决绝：

> 是的，我对世人憎恨到了极点！（行113）

卢梭在《论剧院》中用来讨论莫里哀笔下的"恨世者"的篇幅最长，有二十多个自然段（［49—72］，页46—58）。从整部《论剧院》的结构来看，这些段落显得游离于整封书信之外，完全可以自成一章。笔者认为，这部分很可能涉及卢梭与百科全书派的关系，尤其与他和狄德罗之间的瓜葛有莫大关系。在巴黎的沙龙里，狄德罗和格里姆不就是把卢梭视为一个愤世嫉俗的"怪物"，因与世人为敌才逃避到蒙莫朗西吗？直到晚年，卢梭还激愤难抑，他让笔下的卢梭回忆此事时说，巴黎的友人们对他唯一的指责就是，他不应该公然离开启蒙圈子，避居乡下（参见《对话录》，页111）。可见，卢梭就算只是为了替自己的生活方式辩护，也会重写一版"恨世者"。单凭莫里哀笔下的这些言辞，他就有兴趣大谈特谈一番，完全可以理解。但在理解卢梭版的"恨世者"之前，让我们先来看看莫里哀版的"恨世者"。

谁是真正的"恨世者"

初读《恨世者》，很难判断莫里哀对阿尔赛斯特的真实态度，因为他笔下号称"要与全世界正面打一场"的阿尔赛斯特迷恋上了虚伪造作的交际女郎色丽曼娜。朋友的言行不一令菲林特感到困惑：这怎么可能呢？要么阿尔赛斯特宣称的率真是虚伪，要么他没有认识到色丽曼娜是个虚伪的女人。菲林特忍不住质问阿尔赛斯特，你"这位痛恶时下风尚的诚实人"怎么会爱上一个"搔首弄姿，爱诽谤他人"的女人？你身边不是一直有个深情质朴的女孩爱丽央特吗？

看来，莫里哀笔下的阿尔赛斯特有一个致命缺点：缺乏辨识人的伦理品质的能力。问题是，要看出色丽曼娜生性轻浮并不需要特别的辨识能力，这个浪荡的女人在男人中周旋，假装深情专一，好让男人们都对她死心塌地。其实阿尔赛斯特不过是她的众多追求者之一，他却以为自己独得了色丽曼娜的爱情——阿尔赛斯特究竟怎么啦？

尤其让人感到奇怪的是，阿尔赛斯特这位恨世者"恨不得遁逃到乡村去"（第5幕第8场），而他迷上的色丽曼娜偏偏喜欢在世人中像蝴蝶一样翩飞。这里的所谓"世人"（anthrope）指城市生活，所以阿尔赛斯特"恨不得遁逃到乡村去"是一种对自我的不真诚。倘若他灵魂中有逃避浮华热闹的希冀，那他就不会爱上一个迷恋交际的女人。

菲林特苦口婆心地劝阿尔赛斯特，应该去爱色丽曼娜的表妹爱丽央特，因为这女孩天性质朴真挚，而且钟情于阿尔赛斯特。阿尔赛斯特执迷不悟，色丽曼娜的假面具偶然被揭穿后，他宁可被色丽曼娜继续欺瞒，也不愿正视真相。

从《恨世者》的结局来看，莫里哀笔下的阿尔赛斯特才是真正的伪善之人，而他攻击的伪善之人菲林特反倒不是。现在我们更能理解，卢梭为何会在《论剧院》中大谈"恨世者"。因为，莫里哀版的阿尔赛斯特是假"恨世者"，菲特林才是真正的"恨世者"，而假的"恨世者"却说真的"恨世者"虚伪。毕竟，卢梭早在7年前就因《论科学和文艺》而得了"恨世者"之名。

当然，阿尔赛斯特与色丽曼娜及其表妹爱丽央特之间的关系，也让卢梭看到了为自己与乌德托夫人及其情人的关系辩诬的契机。

理解卢梭的"恨世者"为何很难

卢梭名噪一时的《论科学和文艺》言辞犀利、具有演说风格,让卢梭显得是个"恨世者"。一个有趣的问题浮现出来:在莫里哀笔下,"恨世者"有真假之分。如果卢梭的社会形象是"恨世者",而他的老友狄德罗又指责他不该在启蒙正炽之际隐居乡下,那么,卢梭会是启蒙文人圈里受人鄙弃的"恨世者"吗?一个阿尔赛斯特式的假"恨世者"?

从此问题入手析读《论剧院》中讨论《恨世者》的段落(长达23个自然段),难免让人感到这里充满修辞陷阱,要把握卢梭言辞的真实意图相当困难。

在卢梭的自我描述中,他的确曾以"恨世者"自居。我们不妨看看《忏悔录》中的一段言辞:

> 我的羞涩既出于害怕失礼,我就决心去践踏礼俗,使我的胆子壮起来。害羞使我愤世嫉俗与尖酸刻薄(cynique et caustique);我不懂得礼节,就装作蔑视礼节。这种与我的新生活原则合拍的粗鲁在我的灵魂里成了一种高尚的东西,化为无所畏惧的德性。而且我敢说,正因为它有这样庄严的基础,所以我这种粗鲁的态度,本来是极端违背本性的一

种努力做作，竟能维持得出人意料之外地好和长久。（《忏悔录》，页455）

我们不能忘记：《忏悔录》是文学写作，并非基督徒奥古斯丁或托尔斯泰那样的忏悔。在这部与《论剧院》相隔9年的作品中，卢梭尖锐地剖析自己的性情特征，让自己显得是个与生俱来的"恨世者"。卢梭的文辞颇为机巧：他说自己天性害羞的个人性情驱使他以一种违背自己天性的方式进入上层社会的社交圈"去践踏礼俗"，这让卢梭看起来像是个"恨世者"；但他又说这是自己的"极端违背本性的一种努力做作"——"我不懂得礼节，就装作蔑视礼节"。[①]这岂不是说，他的"恨世者"姿态是装出来的？

倘若如此，我们就在莫里哀版的"恨世者"之外看到了第三种"恨世者"的样式：阿尔赛斯特是真正的伪善之人，是假的"恨世者"，而菲林特是真的"恨世者"但装得来不是"恨世者"，卢梭则未必是真的"恨世者"，但他却"做作"成"恨世者"。由此我们值得提出一个问题：卢梭眼中的"恨世者"与莫里哀笔下的"恨世者"是同一种心性品质吗？

---

① 比较凯利，《卢梭的榜样人生》，前揭，页42—45。

如果我们考虑到卢梭在《论不平等》中所刻画的自然人形象，那么，我们更有理由说，这的确是个问题。倘若如此，更棘手的问题来了：卢梭故意在外表上标新立异，穿着打扮刻意与众不同，更像是一种做戏。但是，真正的自然人会这样做戏吗？如卢梭自己所言，他的反抗是一种"极端违背本性的努力做作"。问题是，卢梭生性害羞，本应低调避世，为什么他却要以标新立异的装扮引起更大的社交关注？

我们可以说，事情的起因都是由于当年那篇《论科学和文艺》惹来的"灾祸"。尽管卢梭自称生性害羞，这不等于他没有洞察到启蒙行动的要害。他以演戏的方式反启蒙，本来是为了避免"社会关注"，未料不但没有为自己带来安宁，反而惹来烦人的"社会舆论"。所以，他在《忏悔录》中忍不住挖苦自己是"靠外表和几句妙语"享有了一种"恨世者"的名声，私下的生活"却毫无疑义地老是唱不好这个角色（personnage）"（《忏悔录》，页455）。

随后，卢梭不得不继续在生活中扮演"恨世者"，这意味着他的天性与"恨世者"并不相同，"恨世者"不过是卢梭的面具。问题在于，卢梭为何要继续戴上一副"恨世者"的面具？

如果确如有研究者所言，莫里哀在喜剧中描述"耿直的男人"和"耿直的女人"是意在提醒同时代人，不应忽视诸如正义、审慎、节制和勇敢之类的基本德性，[1]那么，我们就很难理解卢梭在《论剧院》中对《恨世者》的评议。

要解决这个难题，我们得细看卢梭的修辞，这意味着重新辨识"恨世者"的灵魂底色。

卢梭如何谈论《恨世者》

卢梭认为，与其说阿尔赛斯特是个恨世者，不如说他是个"愤世嫉俗的人"（un homme emporté）。他出于对友人姑息恶习的愤慨，一时冲动才说出自己痛恨人类的气话。就本性而言，卢梭看到，阿尔赛斯特实际上对世人怀有深切的爱，正所谓爱之深才责之切，他非但不是恨世者，简直就是爱世人如爱其子。

卢梭随即用了一个比喻，他说正如父亲严厉管教孩子，是出于真挚的父爱和最深的关切，才会对自己淘气的孩子发火，至于别人家的孩子如何淘气顽皮，他都无动于衷。卢梭由此推断说，阿尔赛斯特的古怪脾气很符

---

[1] Andrew Calder, *Moliere: The Theory and Practice of Comedy*, London: The Athlone Press, 1993, p.94.

合人道，这个青年所痛恨的无非是"他那个时代的坏习俗和同代人的恶意（méchanceté）"。倘若这一切不存在了，那么阿尔赛斯特的仇恨也就会消失。

接下来，卢梭用了四个段落来论证阿尔赛斯特为何不是一个真正的恨世者。首先，在他看来，真正的恨世者应该是这样的：

> 真正的恨世者恰恰是那些并不像他那般思考的人，因为实际上，我不知道还有什么比与一切人为友更危险的人世敌人了，他们总是讨好所有人，不断地鼓动那些坏人，通过他们戴罪的友善迎合那些催生社会失序的邪恶。（[53]，页48）

这话说得来非常含混："真正的恨世者"会"思考"，这意味着他不会"与一切人为友"。倘若如此，菲林特并非恨世者，阿尔赛斯特才是真正的恨世者，可卢梭为何又说"真正的恨世者恰恰是那些并不像他那般思考的人"？

但是，这段含混的说法中又透露出某种值得注意的东西，即卢梭认为，没有"比与一切人为友更危险的人类敌人了"。启蒙领袖伏尔泰不就是在宣言一种爱一切人的世界大同主义教义吗？他并不区分人性的差异，即不区分常识所说的"好人""坏人"。这里出现的"思考的人"别有意味:启蒙友人看起来推崇"理性",其实并不认真"思考"。

看来,卢梭所谓"真正的恨世者"其实是启蒙文人,这些高举博爱、平等旗帜的人才是"危险的人类敌人",这与《论科学和文艺》中的立场完全一致。相比之下,阿尔赛斯特至多是一个坏脾气的愤青,远非真正的恨世者。

这时,卢梭模仿柏拉图虚拟了一场对话来讨论"恨世者",他对一个虚拟的"你"说话。在先前谈到戏剧中的人性是否与现实的人性一致时,卢梭曾用过这种虚拟的对话方式([25],页29)。在讨论过巴黎剧院中的悲剧和喜剧能否教化民众之后(相隔26个自然段),卢梭与"你"的虚拟对话再次出现。

卢梭以毋庸置疑的口气迫使对话者"你"同意如下两点:第一,阿尔赛斯特本质上"正直(droit)、诚实(sincère),配得上尊重",是个"真正的好人"。第二,伟大的喜剧诗人莫里哀却把他写成了一个滑稽可笑的人。这意味着,莫里哀错误地使用了"恨世者"这个名称。

在这场虚拟对话中,卢梭又引入第三个对话人物。他假设有人而非对话者("你"消失了)会反驳上述两点指控，辩解说莫里哀其实并非嘲笑阿尔赛斯特身上的自然美德，而是嘲笑他身上真正的缺点：憎恨世人（la haine des homme）。对此辩护，卢梭斩钉截铁地反驳说，阿尔赛斯特从不憎恨世人。这一刻的卢梭似乎在为自己申辩，他戴上了阿尔赛斯特的面具，宣称自己之所以被视为"恨世者"，被诬蔑为世人的敌人，是因为他憎恨他的同时代人"对自然的败坏和最大的恶德"。

卢梭区分了Misanthrope［恨世者］这个名称与真正的恨世人者之间的差异，并进而指出，尽管莫里哀的《恨世者》使用了Misanthrope这个语词作为剧名，但是莫里哀并没有理解这个名称的真实含义，当他把阿尔赛斯特说成"恨世者"时，难免张冠李戴。

卢梭为何替阿尔赛斯特辩解

卢梭替阿尔赛斯特辩解，看起来是在替自己辩解：这个正派人痛恨"他那个时代的德性和他同代人的恶意"，恰恰表明了他对世人的真正友爱。卢梭似乎暗示，《论科学与艺术》和《论不平等》两文已表明，自己就是这样一个"正直、诚实，配得上尊重"的人。他痛恨科学与艺术的进步，乃因为这必然导致自然美德的丧失，社会伦理基础的崩塌，人与人之间为了私人利益陷入战争状态。

自发表《论科学与艺术》和《论不平等》以来，卢梭一直备受争议，对他最著名的指控就是：卢梭仇恨一切人类文明，要让世人回到野蛮的原始社会。1755年，伏尔泰的小说《老实人》借老实人憨第德（Candide）之口，讥讽卢梭的《论科学与艺术》中关于社会文明有悖于自然本性的观点。

面对这些訾议，卢梭毫不客气地回击伏尔泰：只有上帝或魔鬼才会妄想让人倒退到爬行的生活状态。[①]次年（1756），卢梭就离开巴黎搬到蒙莫朗西的隐庐，脱离了与启蒙友人的生活交往。没过多久，巴黎的启蒙文人圈就开始把卢梭说成一个"恨世者"。

在1755年至1762年的一堆残稿中，我们可以看到卢梭曾写下这样一段话：

> 要表明我是什么人，我获得的比失去的更多。即使我想让自己有价值，我也被当成一个怪物，人人都乐于夸大其词，而我只有听任公众的舆论：它比我自己的赞辞更好地为我效力。因此，只要询问

---

① 卢梭，《致伏尔泰先生（1755年9月10日）》，见《卢梭自选书信集》，前揭，页226。

我的兴趣,那么让别人谈论我将比自己谈论自己更机智。①

这段话虽然无法确定具体时间,但对我们理解《论剧院》中的"恨世者"论题不无启发。我们至少可以确定,卢梭对启蒙友人的訾议耿耿于怀,他一直在思考如何反击。评论《恨世者》就是一次绝好的反击机会:既可借"恨世者"之口为自己的哲人生活方式辩护,又可通过为他者辩护的方式巧妙地摆脱自我辩护的不利处境。

当卢梭指责莫里哀没有正确刻画"恨世者"时,他同样把攻击矛头对准了菲林特。他批评莫里哀不应该为了突显阿尔赛斯特的**狂怒**(emportement)而刻意把他的朋友菲林特刻画成**冷静理性**(le flegme raisonneur)的化身。

卢梭有没有误读莫里哀呢?难道莫里哀会认同这种**侏儒式的现代哲人**吗?卢梭并没有明确表达这一判断,但从上文来看,卢梭相当理解莫里哀的创作意图。对菲林特这类明哲保身的精明人,莫里哀表面赞扬他礼貌周到,其实,借朋友阿尔赛斯特对他的激烈斥责,暗中批

---

① 卢梭,《我的自画像》,辑语15,见《卢梭自选书信集》,前揭,页47。

判了现代哲人的德性败坏和精神矮化。

卢梭看得清楚，莫里哀假意挖苦和引导观众嘲笑"恨世者"，暗中借"滑稽可笑的""恨世者"之口痛斥这个时代的虚荣和伪善。因此，我们可以说，卢梭是莫里哀相隔一个世纪的知音，因为他看到"恨世者的观点就是作家的观点"（［54］，页50）。换言之，卢梭看到了恨世者面具背后的莫里哀，他藏在这个被众人无情嘲笑的喜剧人物的面具后面尖锐地批判自己的同时代人：

> 我的恨是普遍的，我恨所有的人：有些人，我恨他们，是因为他们凶恶伤人；有些人，我恨他们，是因为他们对待坏人也一团和气，凡是纯洁心灵对人间罪恶应有的憎恨，他们丝毫都没有。（《恨世者》，第一幕第一场）

对于阿尔赛斯特的尖锐和不妥协，世故的菲林特劝他要对人类的本性宽容，不要用"太严峻的尺度"来衡量。菲林特为自己的宽容作了如下辩护：

> 古老年间过于生硬死板的道德，与我们这个时代以及日常习俗实在格格不入；那种道德对于人类

要求实在过高；我们应该适应时代趋向，不可过于固执；如欲挺身做改革世界的工作，那才是无与伦比的疯狂行为。（《恨世者》第一幕第一场）

菲林特不是一个冷漠的人，他并非没有看到社会需要改革的地方，也不是对恶行无动于衷，他只是对自己的时代抱有"同情性的理解"。相较阿尔赛斯特对时代恶行的愤怒和憎恨，他认为自己的温和与节制"同样具有哲学意味"，因为他在借坏人坏事磨炼自己的心性（《恨世者》，第一幕第一场）。

在理解莫里哀良苦用心的基础上，卢梭也对莫里哀提出了严厉批评。他指出莫里哀的错误在于，为了制造喜剧效果，没有依照这个人物的天性安排他的戏剧行动。莫里哀不应该把"恨世者"阿尔赛斯特塑造成一个沉不住气的孩子般的心性，这会让观众将阿尔赛斯特的愤怒理解为出于他的少不更事，是不能理解人世复杂性的幼稚表现。在卢梭看来，真正的阿尔赛斯特恰恰与此相反：他的愤世嫉俗基于他的清醒反思，基于他对时代的道德败坏有切肤之痛。他的道德感和洞察力远超出同时代人，是"弦断有谁听，只恨知音稀"的精神孤独，这是一种出自"伟大的和高尚的心灵"的激情：

> 这种激情就是嫉恶如仇,出于对美德的热爱并因经常看到人间的罪恶而愈烈愈强。因此只有伟大的和高尚的心灵才能经受得住这种激情的发作,由激情在内心培育起来对缺德行为的厌恶和轻蔑有助于把它们从内心驱逐出去。除此之外,不断地洞察社会上的混乱现象迫使他忘掉自己,而把注意力集中到人类的问题上去。这种习惯足以提高他的思想水平,扩大他的视域,减少他身上那些贪求、自私自利的低级趣味。所有这些结合一起就产生出性格坚强、勇敢和崇高的人物,在他的心灵深处除了可敬的感情之外,其他感情都没有容身之地。([56],页50—51)

熟悉卢梭的读者不难看出,卢梭是按他的《论不平等》中的野蛮人模样改写阿尔赛斯特,按文明人的样式改写菲林特。卢梭在那里曾用未经驯化的马比拟野蛮人,用驯化的马比拟文明人,面对人类的驯化工具,两种马的反应截然不同:

> 文明人面对桎梏,束手就擒,毫无怨言;而野蛮人则决不会低头就范,他宁要动荡不定的自由,也不愿做奴隶苟且偷安。(《论不平等》,页125)

由于卢梭是以这两类灵魂样式来评判《恨世者》中的阿尔赛斯特和菲林特，因此他才会认为，莫里哀为了"引起剧场的笑声"不惜破坏人物的真实性格。为贬低阿尔赛斯特，诗人设计了有悖人物天性的戏剧行动：在评论情敌的十四行诗的优劣时，在面对仆人的轻佻时，阿尔赛斯特的愤怒显得非常愚蠢冲动。

按卢梭的理解，野蛮人-阿尔赛斯特时常怒气冲冲，是出于对社会不良风气的憎恨，他绝不会为个人利益受损而怒不可遏；相反，文明人-菲林特对社会上的恶习百般同情地理解，一旦涉及自己的个人利益，他就怒火冲天。这样的解释暗中呼应了卢梭对启蒙哲人的批判：他们漠视社会生活中的苦难和不平等，却对损已之事睚眦必报。

卢梭用了一个爱尔兰房客的例子来讽刺那些不能超出自身利益关切共同体利益的哲人。这个爱尔兰人任由房子着火，也不愿起床去救火，只因为他不是房主，房子着火与自己不相干——这一比喻读起来让人觉得卢梭在影射达朗贝尔和伏尔泰提议在日内瓦建剧院。卢梭借此提醒日内瓦公民，不能信任一群*看客*心态的哲人对自己的政治共同体建议，因为这些异邦哲人与自己没有共同的利益，也不可能真心为自己的祖国着想。巴黎的启蒙哲人绝不可能是日内瓦真正的立法者，因为他们太自私了。

更深层的寓意很可能是,达朗贝尔和伏尔泰等人不仅不会帮助别的国家灭火,甚至可能是纵火犯,要把启蒙之火引向日内瓦共和国。就此而言,这类哲人才是真正的恨世者,他们自私自利,轻率任性,"为了满足某种心血来潮的念头",不惜让"整整一代人"做出丧失理性的选择(《对话录》,页2)。在卢梭晚年写下的自传体对话录中,我们可以读到,卢梭明确认为,"真正的恨世者"最终会让后世子孙为之付出代价:

> 不,先生,真正的恨世者,如果一个如此自相矛盾的人可以存在的话,他是绝不会逃到孤独中去的。一个独自生活的人,他能,他想对他人做什么坏事呢?憎恨他人的人想伤害他人,而为了能伤害他人,就不应该躲避他们。恶人不在沙漠里,他们在人世间。他们在这里搞阴谋、做工作以满足自己的癖好并且折磨他们仇恨的对象。想挤进人群并在那里出人头地的人,不论什么动机所驱使,他都应该以强有力武装自己以便将推他的人推开,将在他前边的人拨到一边去,在挤挤压压之中辟开一条路,向前走。宽厚温和的人,腼腆体弱的人,根本没这种勇气,他极力靠边,怕被压倒、踩倒。难道

> 在你看来，这种人就是心怀叵测，而其他那些更健壮、更结实、更有干劲要突破包围的人就是好人？（《对话录》，页111）

卢梭在《对话录》中写下这段话时，已经是时隔15年之后了，可见晚年卢梭仍然没有停止对"恨世者"这类灵魂底色的辨析。卢梭在这里勾勒了两类针锋相对的灵魂类型：真"恨世者"虚荣自私，排除异己，野心勃勃；假"恨世者"则孤独腼腆、宽厚平和，心灵健全。显然，卢梭在这里暗示，狄德罗、伏尔泰和达朗贝尔等启蒙友人才是真正的"恨世者"。

紧随这段话之后，卢梭马上提到狄德罗，说自己正是从狄德罗发表的一个演说里第一次见到一种"新学说"。如果说15年前写作《论剧院》时，卢梭还半遮半掩，没有挑明狄德罗才是真正的恨世者，那么在15年后的《对话录》中，卢梭就毫不客气地点名直斥狄德罗：正是由于他那句"只有恶人才孤独"的话彻底颠覆了人们从前对于退隐哲人的正面看法，将"从前普遍赞赏的这个平和、温顺的爱好"变成了不道德的癖好，将那些喜欢过退隐生活的圣贤变成了"可怕的恨世者和坏蛋"。卢梭还明确指出，狄德罗的这一说法并非一人所为。针对狄德罗那句著名的诋毁，晚年卢梭的回答是：

"自给自足的人不会伤害任何人",比起哲人狄德罗的格言来,这句格言没那么响亮,没那么傲慢,但是更理智,更正确,而且更好,至少不会侮辱任何人。(《对话录》,页113)

"我要在大地上去寻觅一个偏僻的穷乡……"

在《论剧院》中,尽管卢梭严厉批判了莫里哀的喜剧,但他仍然由衷地承认莫里哀的作品"在道德方面最优秀和最健康"([72],页58),可以成为评断其他戏剧作品的标杆。在卢梭的时代,受巴黎观众热捧的喜剧是那些嘲笑老实人,赞美阴谋诡计的戏剧作品,而这些莫里哀的后继者既无他的才华,又不像他那样正直,遑论秉持古典正义和传统美德。启蒙大潮中的法国戏剧无一幸免地受到这类劣质喜剧的冲击,巴黎舞台上演的都是"丑恶的喜剧"。

卢梭举出同时代的喜剧诗人雷奈德(Regnard,1655—1709)的作品《全部遗产受赠人》(*Légataire universel*)后两幕的情节:亲侄子为了骗取遗产,在他叔叔的葬礼上耍诡计。卢梭不无痛心地说,这类当代新喜剧完全遗失了古典戏剧的道德原则和教育意义。为了迎合观众的低劣趣味,这些新喜剧故意制造离奇荒诞的戏剧情节，连丧礼这类肃穆场合也被诗人搬上喜剧舞台，成为喜剧诗人耍宝逗乐的背景，调侃和戏弄人类最基本的伦常和礼法。为了票房收入，这些莫里哀的后继者毫无节操，**无底线地降低戏剧的品质**，舞台上的剧情一再突破人伦底线。

《恨世者》剧终时，心灰意冷的阿尔赛斯特哀叹自己与时代格格不入，他站在舞台上痛苦地对台下观众说：

> 我是处处遭人欺弄，处处受着不公平的待遇，我马上要跳出这个人欲横流的深渊，在大地上去寻觅一个偏僻的穷乡！在那里可以自由自在地做个正人君子（homme d'honneur）。（《恨世者》，第5幕，第3场，行1800—1805）

台下观众会哄堂大笑，因为阿尔赛斯特口中所谓的受到"不公平待遇"，不过是他最终也没能摆脱色丽曼娜的爱情奴役。当他在事实面前被迫认清了色丽曼娜爱情计谋的真相时，仍想自欺欺人，希望色丽曼娜继续用另一个谎言来蒙骗自己。换言之，奴役他的并非情场老手的色丽曼娜，而是他*自身的爱欲*。

阿尔赛斯特的可笑之处在于，他用一个特别冠冕堂皇的理由来包装自己实际行动的浅薄和无知。对色丽曼娜的爱情感到绝望后,他又想转而企求获得少女爱丽央特的爱,被明智的爱丽央特拒绝后,才发出上述的哀叹。莫里哀巧妙地既借阿尔赛斯特之口痛斥了时代恶习,又通过他的言行不一嘲笑了这类愤世嫉俗者其实同样是自身欲望的奴隶,甚至在不知觉中成为时代恶习的合谋者。

卢梭则看到,恨世者这种灵魂类型在时代具有的重要意义。通过区分真假"恨世者",卢梭塑造出一个启蒙时代的哲人"牛忙",为即将受到启蒙大潮席卷的欧洲知识界展示了一个可效仿的灵魂样式:他清醒、孤独、不受欲望的奴役,带着对人类最真诚的爱和明智,重新返回舞台–洞穴。尽管如此,卢梭毕竟是一个哲人,他自己的最后归宿仍然是《遐思录》所描述的在自然之境中的沉思与漫步。

莫里哀去世后,教会当局宣布,不允许莫里哀入土教区墓园;卢梭去世11年后爆发了法国大革命,革命政府宣布,卢梭进入"先贤祠"。历史会辨识出卢梭是什么样的"恨世者"吗?

最后,我们值得看看狄德罗在《论戏剧诗》快结尾时对卢梭的挖苦:

对群众来说，他们有他们自己的主张。假使作家的作品不高明，他们嗤之以鼻；如果批评家们的意见是错的，他们也同样对待。

　　这样一来，批评家们发出了叹息：啊，世风不古！风尚败坏啦！趣味丧失啦！一阵叹息之后，他们就得到了自我安慰。

　　……请相信我，群众是不大会看错的。你的作品垮台了，因为它是一部坏作品。

　　"但是，《恨世者》不是也经过一番挫折吗？"

　　这倒是真的。啊，在受到一番挫折之后，找出这个先例来解嘲，这是何等的甜蜜啊！假使我有朝一日登上舞台而被观众嘘了下来，我也一定会想起这个先例的。（《论戏剧诗》，页206）

我们很难说狄德罗看懂了卢梭在说什么。倘若如此，他也不可能就懂得卢梭是什么样的"恨世者"。

5　舞台上的爱情为何是"危险的激情"

总体来看，卢梭对喜剧的批评是：为了制造笑料取悦观众，喜剧作家不惜破坏人类社会的道德基础。本应为社会全体成员尊崇的法律和神圣的感情纷纷沦为舞台上的笑料,一旦社会成员的心中失去了值得他们敬畏的神圣和崇高之物,人性中的恶必然会肆意泛滥。现实中的丑恶行径变成了喜剧中的俏皮话,非但不能激起观众内心对丑恶的憎恨,反而促使观看者不知不觉地代入剧中角色行动的情境,结果是对恶行恶德熟视无睹,习以为常。

本乎人性自然的感情最为动人,却因人为制造的拙劣喜剧而受到鄙弃。当观众开始同情地理解舞台上的坏人恶行时,社会的伦理基础和信仰根基也就开始土崩瓦解,如此品质的戏剧谈何教益?

文学写作的根本目的是为了灵魂的教益,枯燥的说教很难触动灵魂,又如何能驯服灵魂中的恶呢?卢梭是精于制造戏剧冲突的高手,他当然知道,戏剧舞台上的人物形象若千篇一律,这样的戏肯定不好看,也不符合人世的真实。

卢梭在《论剧院》中对喜剧的评说,其实涉及一个柏拉图式的古典论题:如何在作品中处理恶?戏剧既不能回避世间的恶,又不能沉醉于恶的描摹当中,剧作家该怎么办?

> 这是否意味着绝不许在舞台上表演应该受到谴责的行为呢?不,但说实在的,为了恰当处理舞

上的坏蛋，作家必须是很正派的人（bien honnête homme）。（［74］，页60）

卢梭再次明确否认自己是在主张只能演出道德说教剧，他承认道德喜剧过于乏味枯燥，不会在观众心中留下深刻印象，更谈不上有任何教益。但这话表明，卢梭在评论剧作时，他的着眼点最终落在*剧作家自身*的德性上。换言之，在卢梭看来，现代剧作家的品德出了问题。只有高尚正派的作者才知道如何*正确处理*作品中不可避免会出现的恶行，知道如何恰切地看待人世中的恶。

可是，他接下来又说，"我们现代的作家怀着良好的意图，写出比较干净的剧本"（［75］，页60），结果却使剧作变得枯燥乏味，即便有教育意义也不会让人有兴趣看。

这话明显与上一自然段的说法相矛盾：既然现代作家怀有"良好的意图"，那他们为什么不能"恰当地处理舞台上的坏蛋"呢？

这个矛盾说法让我们应该想到：一个人有"良好的意图"，未必等于他是个"很正派的人"。启蒙文人个个有"良好的意图"，这不等于他们的德性"很正派"。

我们应该问，在卢梭看来，什么叫"正派的人"呢？卢梭没有直接回答这个问题，而是说，无论现代的悲剧作家还是喜剧作家，为了"让大众信服"都纷纷转而"增强爱情旨趣"，这是"剧院败坏"（cette décadence du théâtre）的表现。

本来，悲剧作家应该展现基于"国家旨趣"（des intérêt d'État）的戏剧冲突，喜剧作家则应该展现基于"自然而又素朴的情感"的戏剧冲突，这是戏剧的"真实之美"（véritable beautés）。在卢梭看来，关切国家的情感也属于最素朴的自然感情，因为它是缔结共同体的基础。由于"我们的现代作家们"（nos autreurs modernes）写不出这类戏剧冲突，只能热衷于男女之情的题材，以至于这类"危险的激情"（passion dangereuse）成了法国戏剧的"新动力"。卢梭尤其提到，这是"自莫里哀和高乃依以来"的法国戏剧的"新色彩"。言下之意，启蒙戏剧的"新色彩"就是热衷"危险的激情"（[76]，页61）

男女之情是人的*自然*情感，为何卢梭会说这是"危险的激情"？卢梭接下来的一段说法给出了回答：

爱情是女人的王国（le règne des femmes）。在那里必然是女人制定法律：因为，按照自然的秩序，抵抗属于女人，男人只有以自己的自由为代价才能征服这种抵抗。这类剧作的自然效果是伸张女性的统治，让女人和年轻女孩成为公众的教师，赋予她们对观众像她们对求爱者一样的权力（pouvoir）。（[77]，页61）

这段说法让我们看到，卢梭是在谈政治的自然。卢梭后来在《爱弥儿》中写道：

> 女人之所以能驾驭男人，并不是男人愿意接受驾驭，而是大自然要她们这么做：她们还没有表面上制服男人以前，就已经在驾驭男人。（《爱弥儿》，下卷，页53）

卢梭按此标准来衡量戏剧会有怎样的政治效果，不难设想，卢梭的说法难免会激怒今天的女权主义者。因为卢梭接下来说，世上的确有值得"正派人"敬重的女人。但他随即反问，即便如此，一般而言，"正派"男人就"应该向她们求教"吗？尊敬"德貌双全的女人"是一回事，听从她们则是另一回事。

尤其重要的是，"德貌双全的女人"向来罕见，人们在"社会"上碰到的女人完全是另一副形象，因此卢梭认为在舞台上展现"德貌双全的女人"只会误导男性青年：他们要么因在"社会"中见不到这类女人而苦恼，要么会按舞台上的女性形象找"一个管束自己的情妇"。由于在现实中找不到真正"德貌双全的女人"，他找到的只会是装得"既节制又楚楚动人"的女性，结果如何可想而知（[78]，页62）。

正是在这个前提之下，卢梭抨击法国戏剧舞台上充斥着爱情剧，他说这一苗头始自高乃依和拉辛，其实暗指启蒙文人的戏剧，比如说狄德罗的剧本《私生子》中的女性形象，因为他随即提到《私生子》中的女主角贡斯旦丝（Constance）。卢梭说，迷恋舞台戏角的青年们还不明白世道，他们"只从舞台上去观看时尚"，这些不谙世事的青年人以为获取美德的首要途径就是找到一位情妇来训导自己，这时，卢梭就举例提到《私生子》中的贡斯旦丝[1]和《塞涅娅》（*la Cénie*）中的塞涅娅。他说，年轻人梦想着在现实生活中至少也要寻觅到这样两位"梦中情人"（modèle imaginaire），殊不知这种虚

---

[1] 贡斯旦丝的法文原文constance意指忠贞、忠诚、坚定。Buffat本的注释指出，这个人名还出现在法国剧作家皮埃尔-克劳德·Nivelle de La Chaussée，1692—1754）在1735年发表的《关于时尚的偏见》（*Préjuge à la mode*）中，卢梭故意模糊自己到底用了哪部剧中的贡斯旦丝。

妄和不切实际的幻想只会让"这个丧失理智的青年人"最终"失去自我",他却以为自己变成了一位智者(un sage)呢!

在讲到这位被虚假的幻象人物迷得丧失心智的年轻人时,卢梭引用了古罗马诗人贺拉斯的《颂歌集》(oders)第一部第五首《致庇拉》中的一句诗:

> 全不知风如何反复无信。(nescius aurae fallacis)[①]

贺拉斯的这首诗写给一名庇拉的女子,她正处心积虑地勾引一名年少稚嫩的男孩,要给他带来灭顶之灾,贺拉斯本人也曾受过她的蛊惑,所幸他能及时醒悟。贺拉斯警告那位沉醉于虚假爱情的男孩子,不要快乐得失去理智,小心爱情之风的反复无信,虚假的爱情最终会背叛他,因为诗人就是前车之鉴。卢梭此时同样是在警告欧洲的青年人,切勿沉迷于舞台上那些虚假的爱情和剧中角色,忘了这种虚幻的快乐会给他们自己乃至国家带来灭顶之灾。

---

① 贺拉斯,《贺拉斯诗全集(拉中对照详注本)》上册,北京:中国青年出版社,页17;关于此诗的解释见该书下册,页778—781。

卢梭预见到他这番言论肯定会受到巴黎沙龙圈那些"女才子"们的指责和不满，他随即在注释里补充说，当他否定女人拥有男人的才干时，并非特指某个女人，而是就一般女性而言。他故意提到《塞涅娅》剧的作者，女作家格哈夫格丽夫人（Mme de Graffigny），此地无银地宣称，自己对她的才华抱有纯粹的敬意，尽管哈夫格丽夫人对卢梭颇有微词。

对于卢梭的"反爱情"言论，人们可以质问卢梭：倘若他认为爱国是自然感情，难道爱情就不是出于人性的自然？何况，卢梭写了11部戏剧，绝大部分涉及爱情。布鲁姆曾调侃说，法国人素来擅长浪漫爱情，却居然相信一个瑞士人批评他们不懂爱情，并把他奉为爱情大师，这个人就是卢梭。[①]

的确，卢梭自己的剧作也涉及爱情，他还改写过《达夫尼与克露俄》这一著名的古希腊爱情故事，更不必提同时期创作的书信体小说《新爱洛漪丝》中那些滚烫的情书。然而，卢梭问题的实质并不在于戏剧是否应该描写爱情，而在于"正派"男人应该如何看待爱情。

卢梭在结束对喜剧的评论时曾说过："为了恰当处理舞台上的坏蛋，作家必须是很正派的人。"同

---

① 布鲁姆，《爱的设计：卢梭与浪漫派》，前揭，页30。

样，为了恰当处理舞台上的爱情，作家必须是很正派的人。何谓"正派的人"卢梭没有直接回答，但在讲到"自然的秩序"时，他说世上的确有值得"一个正派男人"敬重的女人。这无异于告诉我们，看一个男人是否"正派"，就不妨看他如何看待女人：即便值得敬重的"德貌双全的女人"，也绝不能听从她们管束。有意思的是，在狄德罗的《私生子》中，多波尔就拜倒在了一位"德貌双全的女人"脚下。

卢梭接下来谈的不是戏剧，而是谈"古人"（les ancients）如何看待值得敬重的女人：她们不会在公开场合抛头露面、指手画脚，以免引起人们的注意，这才是女人的美德。在卢梭看来，古人的"准则"与我们的时代风尚刚好相反：

> 哪个国家谈论女人越少，那里的风尚就越纯正，哪个女人被人谈论得越少，这个女人就越正派（［79］，页63）

在这番关于女性美德的古今对比之后，卢梭随即在注释中补充说，古人给予女性很多尊称，而大多数尊称在现代已经消失弃用了，即使仍在沿用也已经失去了原有的尊崇感。卢梭提到维吉尔（公元前70—前19）在

《埃涅阿斯》第五卷中尊称特洛伊妇女为matres，这个词的拉丁文义项有：母亲、养母、保姆、祖国、母邦、起源等。到了卢梭的时代，法语的dame虽然是尊称，但含义单一，由此卢梭犀利地指出：

> 我观察到，古人们喜欢从自然正确（droits de la Nature）中获取尊号，而我们只能从等级权利（droits du rang）中获取尊号。（［79］，页63，注1）

卢梭挑明，古今尊称变化的关键在于，"自然正确"让位于"等级权利"。古人评断女性是否值得尊敬，看重的是自然德性的好坏，凭借朴素的自然常识；在现代的女性评价体系中，阶层成了唯一的划分标准，按外在的条件来评价女性，而非依据内心的良善和德性。因此，今人的评价并没有给予女性真正的尊敬，反而不如古人给予他们的女性以"一种相当了不起的敬重"（un très grand respect）（［79］，页62）。

随后卢梭仍然没有谈论戏剧，而是继续谈论时代风气：如今在上层社会里，女人比谁都活跃，家里"经常宾朋满座"，而且妄发议论。我们不难看出，这是指当时出现的**沙龙女性**。卢梭还说，女人在现代舞台上的表现更可怕，她们甚至学会了"男人的学问"（savior des hommes），用男人"特有的天赋"压倒男人，而受骗的[男]观众却坐在剧院里老老实实地听新女性讲男人教她们的东西（[80]，页63—64）。

现代女性读到这样的说法难免心生不服，卢梭却问，"古代的习俗与我们的习俗"哪种更敬重女性。在卢梭看来，如今的戏剧把女人摆在男人之上，把年轻人摆在老年人之上，都属于"颠倒自然的关系"（[81]，页64）。卢梭抨击这类启蒙戏剧为了迎合取悦"堕落的年轻人"和"无德的女人"不断降低戏剧的品质，甚至一些原本还算严肃的悲剧作家也开始写这类劣质爱情剧。

卢梭点名抨击了两位戏剧前辈，即丹古尔（Dancourt，1661—1725）和前文曾提到过的雷奈德，他们都是18世纪初期的著名喜剧诗人，前者靠插科打诨、油腔滑调的台词哗众取宠；后者则杜撰滥情的男女戏，甚至把死者当作笑料搬上舞台，用有悖人伦的戏段吸引观众。在《论剧院》的第一版中，卢梭骂得更为露骨：

> 正是他们首先提出了这些粗俗的、混乱不堪的观点，这些说法在很长一段时间里；是那些邪恶团伙（compagnies）里的娱乐，却使贞洁之人感到困窘。而那些由正派培养的品位却进展缓慢，还没

有净化到某些地方。其他一些作家，尽管他们的俏皮话不那么令人震惊，却任由前者娱乐那些堕落的女人，还鼓励他们行骗。雷奈德，其中一名稍为适度的作家，虽然不至于危险，可是也不值得信任。（Buffat本，页95）

在我们今天读到的1762年的第三版中，卢梭订正了这段话，措辞更节制但也更加严厉。[①]他批评这类启蒙喜剧的先行者们拿人类最神圣的感情来当作喜剧质料：

最神圣的法律，最珍贵的自然感情（sentiments de la nature）在这场丑恶的戏里受到嘲弄。为了逗乐，聚集了最不可容忍的荒唐行为，表演得如此欢乐，以致把它们变成寻开心的恶作剧。捏造、伪证、盗窃、欺骗和残暴获得观众热烈的掌声。（［73］，页59）

---

① 卢梭在1759年版的《论剧院》中删掉了丹古尔的名字，不点名地批评这位戏剧前辈。据文史家考订，卢梭此举是因为当时有一个同名的演员丹古尔（1725—1801）读了首版《论剧院》后专门致信卢梭，从一个喜剧演员的角度与他商榷对戏剧的批评。卢梭很可能不希望读者混淆两位丹古尔，因此在1759年版中删去了丹古尔的名字。见Nathalie Ferrand, "Jean-Jacques Rousseau: le dernier état de la *Lettre à D'Alembert sur les spectacles (1758)*", in *Genesis*, 34, 2012, pp.135—157。

卢梭对爱情的讨论，很容易让我们想起柏拉图的《会饮》。如布鲁姆所说，正是"爱欲之爱的体验在哲学的源头上将卢梭与苏格拉底联系到一起"，卢梭的全部人生经历展示了"献身于整全知识的人的典范"。[①]我们在看待卢梭对爱情的讨论时，理应意识到卢梭是在政治哲学的意义上严肃地思考两性问题。

我们应该记得，卢梭在这封公开信的序言开始不久就说过，眼下的剧作家对男女之情的兴趣取代了对国家利益的关注（参见［17］，页23）。在谈论悲剧时卢梭还说，古罗马剧作家塞涅卡的悲剧不写爱情（参见［39］，页39）。可见，对卢梭来说，剧作家热衷于男女之情是时代风尚的风向标。18世纪上半期，古典主义喜剧向启蒙喜剧过渡时，出现了流泪喜剧，这类喜剧以描写日常生活中的恋爱、婚姻和家庭问题为主，非常流行，伏尔泰就是个中好手。[②]

既然卢梭本人的剧作也写爱情，他的书信体小说《新爱洛漪丝》正因为包裹着爱情的外衣，赚取了不少上流贵妇的眼泪，那么，卢梭与启蒙作家的差异就仅仅在于如何看待传统的风尚。

[①] 布鲁姆，《爱的设计：卢梭与浪漫派》，前揭，页32。
[②] 廖可兑，《西欧戏剧史》，前揭，页201。

女人气与男子气

如今的我们有太多理由质疑卢梭的观点,尽管如此,我们仍然值得回头来看笺注家布奈尔让我们注意的那个细节:卢梭在序言中用阳性冠词"第一(premiers)"修饰"真理与正义",用阴性冠词"首要(premierers)"修饰"人类与祖国",这种不合文法的修饰语是什么意思?

要理解这一古怪的修辞,就涉及卢梭对爱情成为戏剧主题的态度。他埋怨说,为了迎合当代观众的趣味,如今的法国戏剧在舞台上大演爱情戏,女人成了爱情的统治者,即用爱情来控制男人。这类戏剧宣扬女人驯服男人,无异于在提倡软弱而敏感的男性品质,而他们的"第一责任"本应是真理和正义。那些妄议真理与正义问题的女人(即法国沙龙圈的贵妇人们)不仅败坏了哲学的品格,也遗忘了女人的"首要眷恋"应是什么。

法国贵妇组织的哲学沙龙在启蒙时代的巴黎风行一时,许多哲人和教士都以出入这些沙龙为荣。卢梭对此充满鄙夷,认为这种风气会败坏哲人的思想品味:一旦哲人小圈子沦为贵妇们搔首弄姿,卖弄风情的交际场合,严肃认真的探讨就会让位于调情。

卢梭认为，哲学应该远离女人和青年，因为他们身上的激情太多，难以用理性判断意见的真伪，哲人要隐藏起来的秘密属于少数人，不宜公之于众。

可以想象，卢梭对女人的态度难免会被今天的女性主义学者扣上一顶"厌女症"的帽子。卢梭在这段时间恰好与隐庐的主人埃奈尔夫人的关系闹僵，恰好可以成为这种指责的证据。

可是，如果我们仅仅把卢梭所说的男女等同于性别之分，难免掉入卢梭的修辞陷阱。事实上，在卢梭笔下，男性和女性常用来隐喻两种气质：**男人气和女人气**。换言之，卢梭所抨击的那种"女人"实际指的是某种类型的男人。

生活在18世纪中叶的卢梭不仅要应对启蒙哲人的"启蒙狂热病"，他还得面对基督教会驯化的民众对现实政治缺乏热情。宗教狂热分子对天国的热情远甚于地上的祖国，在他们的引导下，公民缺乏政治热情，从而邦国也没可能拥有真正的护国卫士。

尤其重要的是，卢梭不止一次歌颂妇女，甚至用充满感情的笔触描绘他理想中的女性。他曾在《论不平等》的"日内瓦献辞"中这样写道：

> 我怎能忘记占共和国人口一半的可贵女性呢？

> 她们不但为另一半带来幸福，而且她们的温柔和贤良促使共和国保持安宁与良好风尚，和蔼可亲又高尚正直的女公民们啊，你们女性将永远统治（gouverner）我们。多么幸运啊！当你们只是为了国家的荣誉和公众的福祉持守贞洁，令夫妇和睦（《论不平等》，页60）。

这篇"日内瓦献辞"写于1754年，我们不能说卢梭对日内瓦妇女的赞美显得不真挚，即便他后来在《爱弥儿》中澄清说，男性并非自愿接受女性的统治，莫若说这是大自然赋予女性的本能。

忒拜人入侵时，斯巴达覆灭，在亚里士多德看来，这应该归咎于斯巴达女人的淫奢放纵：

> 妇女的放纵，如前所说，就事情自身而言，不但给政体造成了难堪的局面，还培养了贪婪的恶习（《政治学》，1270b5）。

斯巴达拥有骁勇善战的城邦卫士，却因为斯巴达女人放纵导致城邦毁灭。卢梭一直极为推崇斯巴达政体，他将日内瓦共和国比作斯巴达，很可能是警告日内瓦人，要吸取斯巴达覆亡的教训。因此，"日内瓦献辞"

中对日内瓦妇女的赞美显得别有用心。

在《论剧院》中，法国沙龙中的新女性与日内瓦妇女都属于卢梭教育的对象。对于前者，卢梭警告她们，不要没有自知之明地碰触哲学和政治问题；对于后者，卢梭则劝导她们要守住习传德性，记住什么才是她们真正应该眷恋的。

我们值得注意到，当卢梭赞颂女性时，他指向在政治共同体中与男子具有同一地位和作用的女性；当卢梭贬损女人时，他指向巴黎那些热衷组织沙龙的贵族夫人们。第一类女性天性质朴、生活合乎自然，第二类则浅薄虚荣，生活骄纵奢华。

据说，法国的沙龙最早源于法王亨利四世的外祖母**玛格丽特**（Marguerite d'Angoulême, 1492—1549），她也是法王弗朗西斯一世的姐姐，因创作《七日谈》闻名于世。玛格丽特在少女时期受过良好的古典教育，通晓拉丁文、古希腊文和希伯来文等多种古典语言，后来热衷于整理古希腊罗马作品，对经院哲学和文艺复兴时期的思想也有浓厚兴趣。博学多才的玛格丽特被称为"王家花园的紫罗兰"，她创作了大量宗教诗文，留下了不少讨论哲学、政治和宗教改革的通信。[①]

[①] 林赛，《宗教改革史》（下），前揭，页136，注1。

玛格丽特嫁给第一任丈夫**阿朗松公爵**时，就热衷于与各色学士打交道，路德和加尔文也曾是她的座上宾。阿朗松公爵去世两年后（1527年），她又嫁给了**纳瓦尔国王阿尔布雷特的亨利**，生下唯一的女儿，即后来的法王亨利四世的母亲。成为纳瓦尔王后的玛格丽特在宫廷里组织读书会，甚至建了一个简易剧场，专门上演她自己创作的喜剧和田园剧，推广她在宗教改革方面的想法。王后身边有一群宗教改革家，史称"莫城小组"或法国宗教改革的先驱，而玛格丽特搞的宫廷聚会则成为"对法国政治、文学和社会生活产生巨大影响的沙龙的前驱"。①

当卢梭指责法国沙龙女人时，我们很难设想他心中没有浮现伏尔泰的女友——**夏特莱**夫人（Émilie du Châtelet，1733—1749）。夏特莱夫人的智性天分奇高，主要兴趣在数学和物理领域，她翻译并笺注了牛顿的《数学原理》，至今仍是经典。伏尔泰曾写信给弗里德里希二世，称赞她"这个伟大的人唯一的不足是个女

---

① 林赛，《宗教改革史》（下），前揭，页137。详参 P. Jourda, *Une Princesse de la Renaissance, Marguerite d'Angoulême, Reine de Navarre, 1492—1549*, Genève, 1932/1973/2011; J. A. Reid /A. C. Gow 编, *King's Sister - Queen of Dissent: Marguerite of Navarre (1492—1549) and herEvangelical Network*, Vol. 1. Brill, 2009。

性"。据说,她热衷于与启蒙友人们讨论政治和哲学问题,伏尔泰不少书是专门写给她读的。① 当然,卢梭如此关注沙龙女性问题,绝不仅仅是为了挖苦伏尔泰。

在柏拉图的《法义》中,关于女人的立法是雅典客人讨论的最重要论题之一:女性在天性上"更神秘和工于心计",若立法者让人世中的这一半处于"无序之中",那么,许多事情就"难以控制"(《法义》,781a4—b4)

斯巴达的立法者没有意识到女人在城邦政治中举足轻重,结果,斯巴达女人的淫乱导致政治共同体覆灭。卢梭如此激烈地反对在日内瓦建剧院,原因之一就是剧院会带来奢侈之风,骄奢放荡的法国风气会侵蚀日内瓦淳朴民风,摧毁日内瓦共和国的习俗根基。一旦日内瓦妇女开始模仿舞台上的女演员或剧场头等包厢内贵妇的举止和趣味,必然诱发骄奢放荡的幻想和欲望。

古希腊诗文中早就存在着两类女性形象。按赫西俄德的说法,女人的诞生是神在惩罚人族。在《神谱》

---

① 沃格林,《政治观念史稿(卷六):革命与新科学》,前揭,页35—38;详参F. Hamel, *An Eighteenth Century Marquise: A Study of Émilie Du Châtelet and Her Times*, London, 1910; N. Mitford, *Voltaire in Love*, New York, 1999; D. Bodanis, *Passionate Minds: The Great Love Affair of the Enlightenment*, New York, 2006。

中，出自潘多拉繁衍的女性后代被描述为"害人的女人族群"，她们无偿享用男人的劳动所得，却不愿与男性共历艰苦。与潘多拉形象形成对照的是美好公正的女神**赫卡特**（Hécate），她管理人世间的事务，调节人与神之间的纷争，得享人族与神族的敬重。

诗人荷马在《伊利亚特》与《奥德赛》中提供了另一类美好的凡间女子形象，她们以奥德修斯的妻子**佩涅罗佩**、赫克托耳的妻子**安德洛玛刻**、费埃克斯人的王后**阿瑞塔**为代表。在她们身上能看到女性独有的坚韧、睿智、勇敢、深情等美好德性。在某些方面，荷马甚至赋予了这类女子超越男性的神圣之美。[①]

可以说，通过对比两类女子德性来施行教育也是古已有之。色诺芬在《回忆苏格拉底》中复述了苏格拉底转述的"赫拉克勒特在十字路口"的故事。英雄赫拉克勒特在十字路口遇到两位女子，那位叫**阿瑞塔**（Aretre）的女子，端庄、沉静，正如她的名字本义是美德。另一位叫**卡吉亚**（Kachia）的女子则性感、狂荡，正如她的名字本义是恶德。[②]我们不知道赫拉克勒特最后选择了

[①] 参见贺方婴，《荷马之志：政治思想史视野中的奥德修斯问题》，上海：华东师范大学出版社，2019，页97—102。
[②] 色诺芬《回忆苏格拉底》，2.1.21—34，吴永泉译，北京：商务印书馆，1984，页48—50。

谁，千百年来，男人们似乎总是像他那样徘徊在十字路口，跟哪类女人生活就意味着选择何种品质的生活。

卢梭笔下的两类女性形象恰恰是这类**古典难题**的再现。在他看来，现代戏剧舞台上的女主角大多是灾祸型的女人，现代"潘多拉"成了青年人争相追慕的对象。在追逐虚假的爱情时，国家的伦理秩序受到破坏。卢梭特别提到，在这类虚假爱情的追逐游戏中，老人受到歧视，青年人则胜出（［81］，页64）。

启蒙文人如何塑造"危险的激情"

有了上述简厄的思想史回顾，我们才能更好地理解卢梭如何质疑启蒙时代的爱情戏：只要是表演合法合理的爱情，就没有问题吗？卢梭说，即便如此，爱情戏也会让人追求"过分温柔的感情"，从而损害男人的德性。因为，人的性格无法把握，我们也就无法把握爱情剧对人的性格的影响（［82］，页67）。

无论卢梭在这里说了些什么，我们都得记住，他是从一个立法者的角度在谈论爱情剧的影响。如果我们不考虑立法问题，也就很难同意他在这里的说法：任何**煽情**的戏剧表现都会在人们心中"激起不纯洁的东西"（inspirer d'impurs）。

卢梭说到这里时，语式明显有了变化，像是直接在呼请达朗贝尔注意："请你回想一下，先生"（Rappelez-vous, Monsieur）。但接下来卢梭邀请回想的是：几年前"我们一起"阅读一部剧作时的"快乐"（［84］，页68）。显然，这位"先生"不大可能是达朗贝尔，倒有可能是狄德罗。

卢梭指的是"我们"一起读拉辛的悲剧《贝莱尼卡》（*la Bérénice*），他说，悲剧诗人拉辛的本意是，通过展示一个罗马皇帝在面对爱情时的软弱，教育观众克服爱情让人难免软弱的弱点，却因为观众的趣味与作者的创作意图相反，导致观众怜悯这个原先被人看不起的"善感男人"（cet homme sensible），甚至会对促使他犯下罪行的"激情"感兴趣（［84］，页68）。

卢梭看似在谈戏剧与观众的关系，或者说在谈今天所谓的"接受美学"问题，其实，他作为立法者关注的是常人心性：这类心性更容易被"特定的让人满足的激情"打动，而非被美德打动，从而更爱看戏剧人物身上"美满而又脆弱"（heureux et faible）的一面，甚至甘愿与"脆弱"站到一起（［85］，页72）。

卢梭在这里所设想的情形，在当今的影视作品中司空见惯，我们今天的读者也许不难理解。

卢梭再以伏尔泰的悲剧《扎伊尔》（*Zaïre*）为例，

以此证明描写"无节制的激情的毁灭性结果"丝毫起不到让人免除这种激情之害的危险。卢梭调侃说，若是女人们成群结队地去看这出戏，甚至还把丈夫也拖去，那就糟糕透顶（［87］，页72）。难道现实中的女人真的觉得，死于情人之手好过被情人遗弃？

可以看到，卢梭所抨击的"爱情"实际上是"无节制的激情"。日常生活中的爱情大多平淡无奇，人们若被引导去追求"无节制的激情"，或者说去追求"带来享乐的激情"（la passion ce qui mène au plaisir），那么，其结果难免是"受犯罪的爱情奴役"（［89］，页73）。

已经清楚，卢梭把"爱情"视为"危险的激情"其实是指现代戏剧舞台上的"爱情"，或现代作家热衷于颂扬的"爱情"。

这种"爱情"对于"公众"（public）情感的危险性在于，现代作家往往把这类"无节制的激情"描写得非常"可爱"（agréable），甚至还让这类激情显得与"正派的灵魂"（âmes honnêtes）粘在一起。因此，卢梭说：

> 应该让年轻人学会当心爱情的幻觉，避免因基于看重爱情而来的轻率偏向造成的迷误，当心别让有品德的心灵受不值得崇拜的对象奴役。（［89］，页73）

卢梭再次提到《恨世者》，并说其中的"英雄"犯的恰好是这种迷误。在即将结束关于"爱情"的话题时，卢梭写道：

> 我不想对这样一点下断言：爱情成为剧院的首要旨趣是好还是坏。我只是说：如果爱情描写曾如此危险，那它们无论怎样乔装打扮都会永远危险。（［90］，页74）

卢梭结束"爱情"话题后，再次提起他在前面提出的论点：戏剧演出的性质无益于风尚，因为它不可能有好的"道德效果"，无助于"抵制我们的激情"。如果这里的"我们"指启蒙知识人，那么，卢梭的意思就是：在启蒙的时代，需要抵制的是**启蒙激情**本身（［91］，页74）

卢梭三次讨论戏剧利弊的结论是：戏剧无论在哪个时代都有害，非但不能良风易俗，反而会败坏城邦生活的礼法。卢梭对"危险的激情"的批评让我们想起柏拉图的《会饮》中喜剧诗人阿里斯托芬讲述的圆形人的神话：最初的圆形人妄自尊大，无法无天，甚至想冲上天去与诸神开战，结果被宙斯劈成了两半。世人自此永世渴求整全，极力追寻自己失去的那部分，偶然寻到了就会紧紧地拥抱在一起。①

但是,作为"危险的激情"的爱情成了生命的中心,是极具现代性的事件。爱情成为现代戏剧中最重要的因素,在卢梭看来最终导致公民缺乏政治热情:对爱情的狂热代替了对智慧和正义的热情。因此基础上,卢梭接下来转向了新的问题:戏剧与民事和家事的关系,或者说与奢华、法律、道德、家庭的关系——这些都属于城邦立法的题中之义([92],页75)。

让我们以《纳喀索斯》序言中的一句话作为第一部分的结语:

> 这个如此公开与科学和艺术为敌的人也写作并且出版了几个剧本,我承认,这个话极其尖酸刻薄,够讽刺,不过它讽刺的不是我,而是我生活的这个世纪。(《〈纳尔西斯〉序言》,前揭,页151)

---

① 刘小枫编/译,《柏拉图四书》,北京:生活·读书·新知三联书店,2017,页207。

四 | 剧院与启蒙戏剧

迄今为止，卢梭的公开信已经讨论了5个论题。我们看到，卢梭谈论的主要是法国戏剧，由此引申出诸多带普遍性的政治哲学问题，看似并没有触及日内瓦建剧院的论题，其实为讨论这个问题做了政治哲学的铺垫。

接下来，卢梭进一步考察剧院对共和国风尚的影响，他说：

> 我们在前面说过，日内瓦人会认为，正是这些演员好奢侈的趣味（le goût de luxe）、讲穿戴、放荡不羁，他们有理由担心在我们中间（parmi nous）引进这些［坏东西］。（［92］，页75）

这里所谓"我们在前面说过"指序言的最后一个自

然段，因此，笺注家有理由从这里开始划分出书信的第二部分。从论题来看，这部分可以分为3小节，共69个段落。至于卢梭在这一部分讲了些什么，需要我们小心细致的阅读来认识。

严格来讲，这一部分所谈论的话题在第一部分都已经出现过，因此，我们应该把第二部分视为对基本论题即演戏是否有益于政治体风尚这一核心论题的推进。换言之，从文本结构来看，卢梭对剧院建议的反驳呈现为一条逐渐由内向外延展的轨迹。

无论从整部书信的结构还是篇幅来看，这一部分都恰好处于中心位置，而这一部分的第二个小节自然会是剧院共和国最核心的"穹顶"之所在。因此，我们应当尤其注意第二小节的话题，卢梭在那里谈论的是古今"立法者"的差异问题。

这封公开信以谈日内瓦的宗教信仰问题开篇，以斯巴达式的全民广场大合唱作结，而关于"立法者"或"真正的政治家"的问题恰好处于全书的中间位置。这是否意味着卢梭清醒地意识到，他将面临的是**后基督教时代的立法问题**？

1　剧院与两种生活方式

卢梭用第一部分开始时的话题引出第二部分的核心论题：要判断"娱乐"本身是好是坏（bons ou mauvails），如果就其本身的"性质"来说无法断言的话，那就只能从被"娱乐打断"的"工作的性质"来判断（[92]，页75）。

卢梭的话有两点值得重视。首先，卢梭坚持要判断"娱乐"在道德上的"好或坏"，而非在道德上"无差别"（indifférents）地评断所有的"娱乐"。对于置身后现代的我们来说，这种道德评判明显过时了，如今人们仅会关注任何形式的"娱乐"的"权利"，极少有人会去反思"娱乐"品性的好坏。反之，如果我们还愿意倾听卢梭说了什么，那么，我们就不得不反思自己的道德"无差别"观本身。

第二个要点是：卢梭将"娱乐的性质"与"工作的性质"（la nature des occupations）进行对比，而"性质"是一个体现哲学考察的语词。除非我们也从哲学的层面来考虑"娱乐"，否则，我们不可能与卢梭一起思考，更难以认同卢梭的如下说法：一旦"热衷"娱乐，必然"损害"工作，因此，仅应该让从事"实用性"（utile）工作的人有娱乐。

"劳动"伦理

"工作"在这里是"劳动"的同义词，人生的基本性质是"劳动"而非"娱乐"。若"娱乐的趣味取代了劳动的趣味"（substituer leur goût à celui du travail），人的品质难免会败坏。我们的传统习俗也会教育孩子从小要热爱劳动，而非热爱电玩之类玩物丧志的娱乐游戏。放纵孩子的父母，最终都会自食其果。

因此，卢梭提出，不应该给"游手好闲和败坏了的人"有娱乐的"选择权"或"选择的自由"，否则这些品质低劣的人凭本能就会去寻找那些"邪乎的癖好"（inclination vicieuse）。卢梭坦承，这一关切是出于"普遍性的考虑"（considération générale），或者说出于立法者的考虑（［92］，页76）。

卢梭没有考虑到，一旦"游手好闲和败坏了的人"有了立法权，就会把娱乐的"选择权"或"选择的自由"规定为基本"人权"，他的"普遍性的考虑"势必成为闲人们抱怨愤恨的对象。

卢梭先从日内瓦人的担心说起，随即说到"一般性的考虑"。可见，他并非仅仅是在替日内瓦人着想。在这一自然段里，卢梭充分表达了他的政治哲学想法：可以让"一个素朴并且热爱劳动的人民"（un peuple simple et laborieux）通过娱乐"解除劳动的疲劳",无须担心他们会"滥用这种自由"（abuse de cette liberté）,因为他们真心热爱劳动本身。这些被劳动疲累折磨的人最想要的是休息,而不是花时间进剧院观看戏（[92],页75）。

其实,由于率先发展商业化,这类普通的劳动者未必仍然占日内瓦共和国人口的绝大多数。可见,日内瓦在卢梭笔下仅仅是个**政治符号**。我们现在能够充分理解,为何美国学者**布鲁姆**会特别看重卢梭的这部作品,并将它重新译成英文。不难设想,布鲁姆因如今的美国青年正在"滥用这种自由"而忧心忡忡。

卢梭的言辞迄今发人深省。今天的读者会重视300年前的卢梭之问吗？如今的年轻人不正在争相追逐由异国大片引导的流行文化？穿衣打扮,举手投足无不模仿娱乐圈的明星,饭圈文化成了大众狂欢时代的亮眼标志,一切都是娱乐至上,流量指标、票房收入成为衡量艺术成功的标准。在我们的时代,有谁会去思考异质文化的引入对我们自身热爱劳动的文明传统带来的损害？

卢梭继续推进这个问题,他指出,要评估剧院对共和国政治生活的影响是好是坏,应该从受众方面着眼——这与他在第一部分追究戏剧作家的"意图"明显不同：

> 这个问题不太取决于对剧院演出的审查（examen），而在于对观众的审查。毋庸置疑，这些改变把观众都引向同一个方向；因此，必须从每一个人最初的情况来判断他们之间的差异。（［92］，页75—76）

卢梭利用"演出"（spectacle）和"观众"（des spectateurs）两词的相近，巧妙地把问题从剧院引向对政治共同体的质料——人民的考察。剧院的首要危害在于将观众与演员同质化，台下的观众模仿台上的演员，从衣着打扮到言行举止皆是观众亦步亦趋的模仿对象。模仿就是认同，模仿演员意味着按舞台角色打造自己的灵魂样式。当各色灵魂被装进同一个模式进行塑造后，仅从外观上确实难以判断其内在的差异。

剧院演出的利弊主要取决于观众受到的影响，这不难理解，但为什么卢梭建议依据个人的本性审查剧院演出的利与弊？

大城市与小城市

卢梭通过区分"热爱劳动"与"热衷娱乐"来区分两类禀性的人，由此引出了"大城市"与"小城市"的德性差异问题。有意思的是,卢梭并未挑明大城市的具体所指,而是用并不带特指含义的"一个大城市"(une grande ville);反之,在说到"小城市"时,则用复数形式(les petites villes)。这意味着,卢梭绝非仅仅对比巴黎与日内瓦,毋宁说他是在"一般性地"思考现代生活问题。

路易十四治下的巴黎曾受到伏尔泰极高的评价,他赞颂巴黎人天性坦率,巴黎的富强和文雅均胜过古代雅典和古罗马。不过,伏尔泰的颂词并非仅仅为了这个大城市本身,更多是为了赞美商业化的现代文明。

因此,卢梭关于"大城市"的说法很可能针对伏尔泰的"巴黎颂",而非仅仅在呈现日内瓦公民与一位巴黎老爷的冲突,否则,我们很难理解他的如下说法:

> 在大城市里满是耍阴谋诡计之徒(pleine de gens intrigants),游手好闲者,没有虔敬,没有原则,想象力被无所事事、懒惰、贪图享乐和巨大的欲求(grangs besoins)败坏,只能制造出怪物,助长犯罪。([93],页76)

如果联系到卢梭在《忏悔录》中指责伏尔泰和达朗贝尔等人在他的家乡密谋建剧院,搞大众启蒙,那么,卢梭笔下"耍阴谋"的"闲人"骂的是谁，可想而知。但是，卢梭现在要考察的是"人民"的德性，而非仅仅是知识人的德性。因此，我们看到他说：

> 在一个大城市里，毫无风尚和正派可言，因为人人都脱离了公众的视线，轻易地将自己的行动隐藏起来，只是展示他的钱袋子，单凭自己的富有就会受到他人尊敬；在大城市里，治安（la police）要尽可能多地增加合法享乐的种类，提供的娱乐越有吸引力越好，免得受诱惑的个人去寻找更危险的［享乐］。阻止他们从事自己的勾当就是阻止他们作恶，只要从恶行中抢走两小时，就阻止了十二分一件可能发生的罪案。（［93］，页76—77）

这段话与《论科学和文艺》的文风一脉相承，是一种演说术式的表达。看来卢梭攻击的其实是一种以大城市生活为代表的生活方式：这里的人崇拜财富而非德性，一个人能否获得他人的尊敬取决于他的个人财富的多寡。在这样的生活风气中，自然的好人活得很难，自然的坏人则活得有滋有味。所谓大城市应该提供更多合法的娱乐消遣，显然是反讽修辞。

从后现代的视角来看，城市生活规模扩大、乡村生活范围缩小是现代化的标志。"工作"（occupation）与"劳动"（travaux）尽管在卢梭笔下是同义词，但毕竟是两个不同的语词，occupation还有"日常事务"的含义。换言之，城市生活改变了人民的**劳动方式**。城市生活中的"劳动人民"显然不同于乡村里的农民，他们最适宜的娱乐是什么呢？卢梭没有提到他们，似乎这些普通市民也被视为游手好闲者。

从现代之后的社会学理论的角度来看，卢梭对"大城市"生活方式的道德抨击，似乎已经没有意义。但如果我们考虑到，作为立法者的卢梭不可能不知道城市生活发展的实际含义，而社会学理论的先驱并没有不看重作为立法者的卢梭，甚至把卢梭视为当代社会学的先驱。[1]既然如此，我们就应该从政治哲学的视角来看待卢梭对比"大城市"与"小城市"道德的论说。

在卢梭的语汇中，"大城市"是"文明"的代名词，与"自然状态"的生活相对。卢梭在《论科学与文艺》和《论不平等》中对文明人的批评，已经指向"大城市"的生活方式。卢梭指责科学与文艺的发展导致了自然人的败坏和堕落，与他对"大城市"的道德批判

---

[1] 涂尔干，《孟德斯鸠与卢梭》，李鲁宁、赵立玮、付德根译，上海：上海人民出版社，2006，页69，注1。

完全一致。卢梭在《论剧院》中继续以自然为德性的坐标轴，抨击"大城市"生活离自然最远，充斥着人工造物，代表着邪恶和堕落。卢梭的这个观点后来又出现在《爱弥儿》的开篇第一段：

> 所有的东西都是好的，只要它出自造物者之手，所有的东西落在人的手里就会退化。他要强使一方土地滋生另一方土地上的东西，一种树木结出另一种树木的果实……他混杂并且扰乱气候、要素和季节。他残害他的狗、他的马、他的奴隶。他颠转一切,他毁损一切：他喜爱畸形（la difformité），喜爱怪物。（《爱弥儿》，页5）

卢梭用bouleverse［颠倒、动荡、革命］一词来描述文明人破坏自然秩序、混淆不同物种，暗示这种不辨差异的混合正是社会动荡不安和产生革命的根源。与此相对，卢梭笔下的"小城市"这个语词更接近《论不平等》中未经过文明熏染的原初社会。卢梭在公开信中抨击"大城市"的道德状况后，马上就谈到了"诸小城市"的特征：

> 但在诸小城市里，在人口较少的地方，那些个

体（les particuliers）总是处在公众的眼皮子底下，他们天生就是彼此的监察员，那里的治安也很容易监视，因此应实行完全相反地准则。假如那里有行业、工艺和作坊的话，人们就要反对提倡消遣（distraction），因为消遣会削弱从他自己的劳作中获得的关注自身的乐趣，正是这种贪财之乐使君王富裕起来。（［94］，页77）

"监察员"（censeure）这个语词在今天的我们眼里非常刺眼，笔者不禁想起卢梭在《社会契约论》里说，"公共的意见"（L'opinion public）就是一种法律，监察官就是这种法律的执行者。（《社会契约论》，页164）

卢梭在这里说的"假如那里有行业、工艺和作坊"提醒我们应该意识到，他说的是"小城市"，从而不是城市生活与乡村生活的对比，或者说不是"自然状态"与"公民社会"的对比，而是两种"公民社会"的对比，否则，这里也就不会说到"治安"（la police）。

我们值得想起，在第二部分一开始卢梭就说：

应该考察为了我们的完善而启蒙一个世纪和一个开化的人民所做的一切。（［91］，页74）

这个句子中出现了在今天看来非常重要的关键词：比如"启蒙"（les lumières）和"开化的人民"（un peuple éclairés），而所谓"为了我们的完善"的"我们"指谁，则又显得十分含混。无论如何，"小城市"与"大城市"的对比问题，在卢梭眼中属于"一个世纪的启蒙"之后的问题。

依靠手工业和作坊劳动来维持国民生计的小国指传统的生活方式：消遣不会占用劳动时间，人民勤恳劳作是习传美德。卢梭接下来就说：

> 倘若在一个没有商业而又能养活闲散居民的地区，千万不要在他们之中鼓励游手好闲，由于他们简朴单调的生活已经让他们太容易受这种影响。应当使他们对这种生活不能忍受，通过闲得发慌迫使他们好好地利用本不该滥用的光阴。（［94］，页77）

这里出现了"没有商业的地区"（le pays sans commerce）这个表达式，可见，卢梭心里很清楚，"大城市"指商业化的生活方式。我们不能假设当时的日内瓦共和国还没有出现商业，或者说还不是一个"商业地区"。因此，当我们读到卢梭接下来对比"巴黎"和

"一个小城市"的那些说法,需要时刻谨记,卢梭并非是在对比实际的巴黎和日内瓦。

同样,卢梭在几乎同期写作的《新爱洛漪丝》的第二篇序言中,曾挞伐伏尔泰在《路易十四时代》中所赞美的巴黎文艺繁荣景象,我们也应该看作是对商业文明的挞伐:

> 一切阶层都慢慢地被拖上一个斜坡:短篇小说、长篇小说、戏剧剧本,所有的箭头都对准外省人:把乡村淳朴的风尚都当作笑柄:大家都在鼓吹上流社会的生活方式和快乐:不懂得它们便是一种耻辱,没有品尝它们乃是一种不幸。谁能知道巴黎人民日复一日有多少骗子和妓女被这些想象的快乐吸引进去啊?这样的偏见和舆论加强了政治制度的作用,把每个地方的居民集中和堆积在领土的若干点上,同时让所有其余的地方变成荒芜和沙漠;这样为了使主要的城市光辉灿烂,各民族正在解体;而这种只能刺激傻瓜眼睛的浅薄的光辉,使欧洲在大踏步地走向灭亡。(《新爱洛漪丝》,页19)

即便在今天看来,这段文字也可以视为卢梭对"现代化"来临的预言。所谓"欧洲在大踏步地走向灭亡"

正是卢梭对"现代化"所下的诊断。他后来为科西嘉立法时，曾以日内瓦为例指出，小城邦应该保守自己的生活方式，若向巴黎的生活方式看齐，就会鄙弃自己原本质朴的生活方式，进而"逐渐摧毁这种生活方式所产生的美德"。①卢梭关切的不仅是日内瓦和巴黎或法国，而是整个基督教欧洲的政治生活品质。

在这段"大城市"与"小城市"对比的结尾，卢梭突然提到"天才"，初看起来令人费解：小城市里的人"比您们大城市的猿猴更明智"，他们的"才华和创作使你吃惊"：

> 这就是真正天才的淳朴天真：他既不耍阴谋诡计，也不活跃；他不知道通向荣誉和财富的道路，并且也不梦想去寻找它；他不与人比较；他的全部资源就是他自身；对侮辱无感，对赞美不惊；虽然他知道自己，但不去谋求他的位置，甘于自身，毫不自我怜惜。（［94］，页78）

倘若我们没有忘记卢梭在第一部分对真假"恨世

---

① 卢梭，《科西嘉宪政规划》，见《政治制度论》，刘小枫编，前揭，页236。

者"的区分,那么,这里无疑仍在回击以狄德罗为首的"巴黎联盟":选择在小城市隐居生活的天才胜过狄德罗、伏尔泰——"您们大城市的猿猴"们。

如果我们没有忘记卢梭在第二部分一开始便说,他要"考察为了我们的完善而启蒙一个世纪和一个开化的人民所做的一切",那么,所谓"我们的完善"的"我们"当然是指启蒙知识人。回想狄德罗在《百科全书》辞条"天才"中的说法,我们不难理解,对启蒙思想家狄德罗来说,成为"天才"就是"我们[知识人]的完善"。但在卢梭看来,这恰恰意味着知识人的堕落,"我们"中的一些人变成了不"正派"的人,是给人类带来灾祸的真正的"恨世者"。只有那些选择生活在更加自然的小城市的圣贤们才是正派人。

接下来卢梭还说了一段值得我们细看的话,它让我们清楚看到卢梭的"小城市"与"大城市"对比的意图究竟何在:

> 在一个小城市里,人们发现,相对而言,活动比在一个首都要少,因此,激情较不活跃,需要也较不迫切,但原创精神(d'esprits originaux)更多,发明性行业(d'industrie inventive)更多,真正新奇的事物更多。因此,那里更少模仿品,因为

> 没有范本,每个人都从自身取材,并把自己放进自己制作的一切中去,人的精神更少平泛的东西,更少被流俗意见溺死,在宁静的孤独中反倒更好地熔炼和发酵;因为,见得越少想象就越多,说到底,愈从容不迫就愈有闲暇铺展和消化自己的思想。（[95],页79）

首先值得注意,卢梭对比的是"一个小城市"与"一个首都",而非大小城市的对比。第二,卢梭对比的是"人的精神"（l'esprit humain）,明显针对狄德罗的"天才"论。第三,这里出现的"宁静的孤独"（la tranquille solitude）这个语词,可以看作是卢梭对狄德罗在《私生子》中说"难有坏人才孤独"的回击。从而,这里出现的反面说辞均指向狄德罗、伏尔泰和达朗贝尔这类智识人,他们激情活跃但思想"平泛","被流俗意见溺死",没有"闲暇铺展和消化自己的思想"——这些描述迄今仍是"我们"的写照。因此,启蒙者自身的"完善"可谓是自欺欺人。

"洛夏岱尔之歌"

在把握了卢梭的修辞之后,我们才能欣赏接下来的

3个段落（［96—98］，页79—82），卢梭用温暖动人的笔触记述了一段往事：他青年时期曾造访瑞士的**洛夏岱尔**（Neuchâtel）山区。这是整部书信中笔调最优美、最动人的部分，如同一部雄浑的交响乐中如歌的行板，缓慢而深情，我们不妨称为**洛夏岱尔之歌**。①

> 我内心仍珍藏着，青年时代见过的那一幕可爱的景致，这景致可能是世间独一无二的。在邻近洛夏岱尔的一个山区，这里布满庄园，每个庄子都是其所属土地的中心，这些房屋按与所属者的财产比例相等的距离分布，这就保证了它们的主人即这个山区人数众多的居民们既能获得退隐（la retraite）的安宁，也能享受到社会的甘美。这些快活的乡下人无不享受着自由宽松的环境，摆脱了人头税、杂税、衙门老爷和徭役。他们尽其所能地经营自己的耕地，土地的收获全归自己所有，耕作之余，他们利用闲暇制作种种手工制品，充分发挥自然赋予他们的发明创造才能。（［96］，页79）

如今无从考证卢梭记叙的这"一幕可爱的景致"

---

① 参见贺方婴，《荷马之志》，前揭，页252—260。

（un spectacle assez agréable）是否属实，毋宁说，它更像是卢梭用言辞构建的一个理想城邦，寄寓了他的政制构想。他用了spectacle（含有"戏剧演出、场景、景色、表演"等多个义项）一词，很可能暗示这一"景致"是他编造的一场戏。尤其是，卢梭将这个山民共同体置于偏远的山区，远离喧嚣的大城市，藏在远离启蒙炽热的青年时代，这本身就暗示了"洛夏岱尔之歌"的虚构性。

被卢梭称为"可能是地球上独一无二的"（peut-être unique sur la terre）洛夏岱尔山民共同体的首要特征是：按财产比例划分居住地，确保财产相当的人比邻而居，这里的每户人家既是分母又是分子，"每个庄子都是其所属土地的中心。"

从思想史上看，洛夏岱尔山民更像是过着荷马《奥德赛》中的圆目巨人族的生活方式：

> 他们没有议事的集会，也没有法律。他们居住在挺拔险峻的山峰之巅，或者阴森幽暗的山洞，各人管束自己的妻子儿女，不关心他人事情。（《奥德赛》，[9.110—115]，王焕生译文）

按荷马记述，当圆目巨人波吕斐摩斯受到奥德修斯及其同伴的攻击时，他痛苦地大声呼救，于是散居各处的圆目巨人纷纷前来探询情况。可见，圆目巨人平时处于散居状态，一旦其族类受到威胁，他们就会立即聚集起来。这让笔者想到《论不平等》中所描述的自然人的生活方式，卢梭很可能在化用荷马笔下的圆目巨人的生活状态。

从荷马笔下的政治状态中，卢梭选取了被视为野蛮但更自然的圆目巨人族作为洛夏岱尔山民的同类，这意味着与巨人族对抗的文明程度极高的技术岛国费埃克斯人就是巴黎人的同类。与荷马笔下的费埃克斯人一样，18世纪最繁华的大城市同样在凭靠技术追求更加舒适、奢华的生活方式。联系到卢梭在《论科学与艺术》中对科学与艺术的严厉批判，我们有理由推测，卢梭自称是生活在文明人中的"野蛮人"，[1]意在揭示舒适文雅的"巴黎梦"正是现代人步向堕落腐化的根源，巴黎的启蒙知识人的命运如同最终会走向覆灭的费埃克斯人……

倘若如此，卢梭的反启蒙立场便与一个更为深广的古典政治思想语境联系起来：正如野蛮的圆目巨人击败

---

[1] 卢梭在《对话录》中模仿大众的口吻，把让·雅克想象成一个独目巨人的形象"我预料会见到一个独目巨人的面孔"。在第二篇对话中，卢梭两次用"独目巨人"来形容被公众歪曲的让·雅克形象，参见《对话录》，前揭，页101、103。

推崇技术文明的费埃克斯人，卢梭对击败启蒙友人胜算在握。

不过，我们显然不能说卢梭是在照搬圆目巨人的生活方式。因为与圆目巨人随意散居的生活方式不同，卢梭的洛夏岱尔共同体按财产比例来划分居住位置，在最大限度地保证每户家庭生活的自足性的同时，又形成了一种共同生活的社会空间。卢梭在洛克和孟德斯鸠之后打造言辞中的城邦，对圆目巨人族形象有所修改完全可以理解。按财产多寡来安排民众居所意味着，在卢梭看来，洛克和孟德斯鸠所关心的问题未必那么重要。

卢梭在《论不平等》中指出，孤独自足的生活能削弱人与人之间的攀比心和适己之爱，能更好地保存人的天性中的善。因此，洛夏岱尔的"每个庄子都是属于它所拥有的土地中心"，这一设计显然暗含了卢梭的政治构想：家庭成为一个独立的政治单位，并保证在自己的土地上处于中心。这让我们想起卢梭在《论不平等》中引用的笛福小说《鲁宾逊漂流记》中的那个孤独者的话："他是他自己的王。"这很可能意味着卢梭要以这种方式调和政治共同体中事实上存在的**不平等**。

洛夏岱尔共同体的第二个特征是**山民自治**，山民们摆脱了租税和徭役的负担，土地出产全部私有，每个人的劳动"只为自己，不为别人"。这意味着，洛夏岱尔尽管保留了山民私人财富的不均，但取消了**生存方式上**的不平等。当每个人的工作都只是为了满足自身的生活需要时，超出自身生活的欲望似乎就没有必要或受到了抑制。

洛夏岱尔共同体第三个特征是，山民们自产自足。这意味着，个体的劳动仅仅是为了满足自身的需要，每个人都掌握多种工作技能。因此，洛夏岱尔不存在"木工、锁匠、玻璃工和旋工"这些属于下层阶级的职业。[①]每户人家都身兼数职，为自己的生活而劳作。

卢梭给洛夏岱尔人的这一安排与他自己的独居生活方式极为吻合。山民们不热衷社交活动，山里没有专门的娱乐设施，也就没有滋生攀比心和虚荣心的土壤，卢梭如此安排是为了保证山民们能有大量的闲暇时间搞发明创造。他们发明制作的木制挂钟、怀表一类需要精湛技艺，这些手工制品外销到巴黎，为山民们带来了财富。

卢梭在这里下了一个注释：

---

① 在17至18世纪的欧洲，"一切工匠、木匠、铁匠、造武器匠、织工、制鞍匠、鞋匠、制面包匠、屠户，都是下层阶级的人。"瑟诺博斯：《法国史》，沈炼之译，北京，商务印书馆，1964，页99。

> 我好像听到一个巴黎人在这一点上提出抗议，倘若说他不像其他人那样亲自朗读，学究性地向女士们（因为这些先生们主要是向女士们证明的）证明木屋是不可能暖和的。粗俗的谎言！犯了物理学上的错误！咳！多么可怜的作者！依我看，这个论证不用反驳。我只知道瑞士人在大雪天气也能温暖地住在木屋里过冬。（［96］注，页80）

如果我们记得伏尔泰来到瑞士定居，以及随后发生抗议日内瓦当局禁止他的家庭剧院的事件，那么，我们可以肯定，这个注释是写给伏尔泰看的。伏尔泰的确喜欢拿证据向夏特莱夫人说话，而且他们俩都是"物理规律"的崇拜者。卢梭的注释向我们表明，他与伏尔泰的分歧不是因为剧院事件本身，而是因为对**理想政制**的理解。

从卢梭设计的洛夏岱尔山民共同体来看，他主要考虑的问题是，该如何最大限度地限制可能引发山民虚荣心和适己之爱的外部环境。反过来则可以理解，他的"洛夏岱尔之歌"为何会讴歌自足的工作方式与散居的生活方式。

洛夏岱尔共同体的第四个特征是有自发学习的热情：山民们通过有益的书本和习传的音乐进行自我教

育。苏格拉底在《王制》中指出，音乐教育的最终目的是朝向对美的爱（403c）。《会饮》和《斐德罗》则教育我们，对永恒美的爱可以引导人们上升，抑制人类灵魂是的本能冲动，因为这种本能冲动可能让人陷入疯狂。[①]这里也没有学校、图书馆之类公共教育设施，所有人的学识教育来自家庭传统，由家中长辈亲自传授音乐技艺。

让人困惑的是，这个洛夏岱尔共同体没有为少数有政治德性的人留下位置。卢梭笔下的洛夏岱尔山民大多是中等之资，山民家中挂着自己制作的"虹吸管、磁铁、望远镜、水泵、晴雨表和暗箱"（[97]，页81）。这些散居的洛夏岱尔山民们各自组成一个微型的技术家庭，这倒非常接近当今的科技正在实现的生活目标。

卢梭在这里又下了一个注释，提到在巴黎享有声誉的一位科学家就是瑞士山里人。这里提到"科学发明"应该让我们意识到，我们的确不能说卢梭反对科学技术本身。毋宁说，他关切的是科学家自身的**道德品质**。

---

① 参见刘小枫编，《〈王制〉要义》，张映伟译，北京：华夏出版社，2006，页109。显然，卢梭让洛夏岱尔居民有音乐而不是戏剧的爱好，原因就在于此。

卢梭还暗示真正的教育来自习传，而非靠大规模成建制的公共教育，如此才能确保天性的爱好与一对一的教育完美结合。

> 遗憾的是我当时年少，还带着孩子般的好奇心，我更关心给自己找乐子，而不是学习。（［97］，页81）

卢梭暗中教育同时代的年轻人，以一个过来人的身份提出劝谕：你们啊，就像年少时的我，看待世事缺乏成熟的眼光，像一个顽童只晓得追逐快乐，盲目推崇巴黎的新派品位，凭着幼稚的热情去支持启蒙哲人的提议，不懂得学习辨识真假和好坏才是真正重要的知识。

卢梭编导了一出戏：通过"检讨"自己年轻时的盲目和肤浅，教育时下的青年人莫要错过真正值得学习和追求的知识，以免将来追悔莫及。

理想与现实的对照

卢梭随后叹息道，当他用"另一种眼光"回望难忘的洛夏岱尔时，再也无法看到"这个幸福的国度"。另一种眼光是什么呢？当卢梭以商业时代的眼光重新打量洛夏岱尔山民的恬静生活时，这种梦境般美好的理想国度就消失了，卢梭不禁对此发出哀叹：

> 唉，这就是我自己的路。（［98］，页82）

接下来卢梭展示了如何用另一种眼光来看待洛夏岱尔共同体，或者说向欧洲的公民们推演，剧院如何使幸福的洛夏岱尔山民共同体逐步瓦解，以此向整个欧洲发出警告。

我们值得回忆一下，卢梭开篇头10段从日内瓦宗教问题开始，这意味着他从城邦的最高问题谈起，随后他一路下降，依此讨论了剧院的政治品质、戏剧的教益、爱情的危险以及两种生活方式，而洛夏岱尔是全书唯一被定义为"幸福的国度"。随着卢梭宣告这个幸福之地已永远地消失在"通往他自己的路上"，卢梭接下来将降至最低，从更为现实的层面讨论更为具体的政治制度问题。

卢梭预见到启蒙运动这股思潮势必席卷他的祖国日内瓦，因而洛夏岱尔山民共同体的命运就是日内瓦共和国未来命运的缩影，简言之，这是卢梭为祖国写的一曲挽歌。卢梭对启蒙之后日内瓦持悲观态度与序言结束语中的悲观笔调形成内在结构上的呼应。

不过，卢梭为全欧洲上演的这一出戏又意在宣称：真正值得**模仿**的戏剧只可能出现在某一类哲人的笔下。因为，这个人以真理和正义为天职，以祖国和人类为依归——这不正是卢梭在序言开篇所宣称的吗？这不也正是经卢梭改写后的"恨世者"吗？

随后，卢梭用了8个自然段向欧洲人演示，一旦洛夏岱尔的**山民共同体**出现剧院这一异质的文化载体，可能引发怎样的一系列后果，从这部分起，卢梭进入了最为现实的政治考量（[99—106]，页82—84）。

为了让那些不关切"国家利益"（[74]，页60）的欧洲公民重新关切国家的安宁这一重大而严肃的论题，卢梭首先假设在洛夏岱尔建造剧院后可能面临5项损失：劳动松弛、支出增加、产品销路锐减、税收增加、奢侈之风渐起。这5项损失与普通民众的自身利益最为切身，因而最受大多数人的关注。基于立法者立场的卢梭清楚，对于普通人而言，最能挑动他们神经的问题必然是个人财富的增减。

我们值得注意到，卢梭在描述这五项损失时，笔触诙谐，颇有喜剧色彩，因为他知道对金钱的欲望使得一般人缺乏道德上的自省。**洛克**从自然人天生有自我保全的愿望这一哲学假设出发，推导出互利性是人类得以缔结政治社会的动力，进而论证对私利的关注具有正当性。卢梭虽然反感洛克作为哲人为自私心提供哲学论证，但他基于对人性的透彻了解也承认，普通人出自本能地关心个人利益得失。

在随后的两个自然段落中（［107—109］，页82—84），卢梭总结了剧院给洛夏岱尔山民共同体带来的道德秩序方面的坏处，再次重复他在前面讨论新喜剧对于政治共同体有害的论点：

> 在其他地方，演戏只会破坏对劳动的热爱，妨碍经营；毁掉个人，勾起他们游手好闲的趣味，促使他们去寻找不劳而获的生存方式，使人民（un people）怠情懒散，教唆他们对公共生活和私人生活的目标视若无睹，将审慎变为嘲笑，用戏剧杜撰代替美德行为，将道德变成形而上学，把公民变成才子（beaux esprit），把家庭主妇变成小情人，把女儿变成喜剧中的情痴（amoureuses）。尽管这种影响对于所有人都一样，但是这些被改变了的人们或多或少地适合于他们的国家。（［107］，页85）

这里用到的"公民""社会""国家"等语词表明，卢梭绝不是在担心日内瓦会变成这样，毋宁说，卢梭是在批判欧洲启蒙知识人乃至今天的"我们"正在追求的"公民社会"的道德品质。

卢梭再次回到他在第一部分开头审查剧院的观众德性时的话题：如果人民已败坏，那么，演戏有益；如果人民原来的德性很好，那么，演戏就坏，因为现在的戏剧品质更坏（［108］，页85）。

由此卢梭提出，"判断某个城市"（en quelque ville）是否该建剧院，首先得知道这个城市的"风尚"是好是坏。但他又说，由于"与我们的关系"，这个问题他不便介入（［109］，页86）。所谓"与我们的关系"（rapport à nous）指与启蒙知识人的关系还是指与日内瓦的公民们的关系，显得很含混。

实际上，卢梭巧妙地给启蒙哲人设计了一个悖论：启蒙哲人认为，日内瓦共和国的风尚是好的，所以不会受剧院影响。但是，卢梭反过来论证：如果日内瓦需要剧院，就意味着日内瓦的风尚很坏。对此结论，日内瓦小政府以及具有强烈爱国心的日内瓦公民会认可吗？

当然，卢梭表面上是要激发起日内瓦公民的爱国心，但是通过上面的识读，我们当然知道卢梭并非是真的在讨论现实中的日内瓦问题，而是在探讨一种哲学品质。

2　隐匿的决斗

卢梭接下来说:

> 为了预防演员可能引起诸种弊端,您想强迫他们当正派人。您说,靠这办法我们就可能同时拥有演剧和良好风尚,而且同时享有两者的好处。([110],页86)

这里两次提到的"您",显然是指达朗贝尔。达朗贝尔在《日内瓦辞条》中提出:就算是剧院可能影响日内瓦的风尚,政府还可以用严苛的法律来管制演员,把戏剧的危害降至最低。卢梭对此提出批驳:

> 要严格执法?问题是这是否可能。须知法律的力量自有限度,受法律强制的恶的力量也自有限度。只有比较两者的数量并显示出前者超过后者时,我们才能确保法律的执行。对这些关系的认识构成了真正的立法者科学。([110],页86—87)

这是公开信中首次出现"立法者"(législateur)一词,而且处于全书正中间的位置,由此开始了关于立法问题的讨论。我们应该意识到,卢梭在《论剧院》中并非真的是在履行日内瓦的公民权利和责任,要为日内瓦共和国立法。毋宁说,他是在讨论当时学界已经出现的热门话题,即公民社会的立法问题:什么是"真正的立法者科学"(la véritable science du législateur)。正是在这个意义上,我们可以说,《论剧院》是卢梭的全部立法著作的"序言"。

立法者或"真正的政治家"是谁

只有法律战胜了恶,法律才能体现出其有效性。然而,现实中的法律面对恶往往束手无策,法律的有效与否取决于它是否与当地的道德风尚(des mœurs)匹配。认识这两者之间的关系,构成了关于立法的"真正的科学"。与我国学界晚近30年来所热衷的"法律与道德"的**分离论**相反,在卢梭看来,政治体的秩序最终得靠政治体自身的道德风尚。意图通过订立全面且事无巨细的法律条款,以对付共同体内可能出现的社会问题,只能是把立法问题想得过于简单了。

其实,制定法律(l'institution des lois)并不是一件多了不起的事情,任何有意识而且公正的人都能经过仔细观察,轻易地找到那些对社会最有益的东西(les plus utiles à société)。([110],页87)

这是在鼓励共同体的公民都成为立法者吗?显然不是。因为卢梭接下来就说,倘若如此,即便资历最年轻的法学院学生也能写出不亚于柏拉图式的"道德法典"(un code d'une morale)的法律条文,而**最好的**法律条文与**最适宜的**法典是两回事:

> 但这不是唯一的问题。要使法典如此适合于为之制作的人民,切合于它所规定的事物,那么它的执行仅取决于[法典]与这些习俗(ces convenances)的结合程度。以梭伦强制人民(imposer au peuple)为例,不在于法律本身怎么好,而在于它能涵涉既定状态(la situation donnée)。否则,宁可让现状的失序继续存在,这比靠颁发些不能遵守的法律来预防或消灭它们更好。这不仅不能战胜恶,而且只能降低法律的威信。([110],页87)

卢梭在这里以古代贤哲柏拉图和古代圣王梭伦为例,说明订立法律条款的技艺不同于**立法智慧**。谁若以为掌握了制订法律条文的技艺就可以成为梭伦或柏拉图那样的立法者，可能还不如"资历最年轻的法学院学生"。卢梭的讽刺不可谓不辛辣，倘若我们联想到日内瓦政府中支持剧院建设方案的高级检察官特农香，倘若我们联想到启蒙阵营中伏尔泰、狄德罗等人的立法野心或我们当今的法学教授们的自负。

卢梭在公开信伊始（[14]，页20）就提到，要重视不同地区的人民有着不同的习俗。施特劳斯在《自然权利与历史》中曾指出，对卢梭而言，建立在人民习俗或人民的凝聚力之上的法律，比建立在社会契约之上的法律更健康。①然而，在施特劳斯看来，卢梭对于习俗的关注不是太多而是不够，因为卢梭在考虑立法问题时，真正的出发点是霍布斯以来的契约论。契约论出自"自然状态"的假设，恰恰考虑的不是人民性、地方性的习传风俗，而是基于对人性的无差异的理解。

不过，既然卢梭在前言中说要寻求"实践性的真理"，那么，卢梭此处的讨论就可以看作是为《社会契约论》在理论层面探讨立法实践问题所做的准备。因为，他随后就提到：

---

① 参见施特劳斯，《自然权利与历史》，前揭，页295—296。

另一个并非不重要的观察是，风尚和普遍正义不同于个别正义和严格的权利，不能靠法令和法律［条款］来强制，或者，如果法律有时也会影响风尚，那就是法律从风尚中汲取力量的时候。在这种情况下，法律又凭靠真正的政治家所熟知的一类反作用力把道德的力量归还给风尚（［111］，页87）

这段说法晦涩难解，表面看来卢梭说的是一个常识问题：在关涉道德的事情方面，法律条款没可能发挥实际作用，因为，"风尚和普遍正义"与"个别正义和严格的权利"是两回事。卢梭把"风尚"与"普遍正义"（de justice universelle）归为一类，把"个别正义"（de justice partculiére）等同于"严格的权利"（de droit rigoureux），这里隐含着一个问题：两者如何协调？前面说的是"人民"，现在出现了"个人"的"权利"，莫非卢梭就是如今所谓的"个人主义者"或"自由主义者"？

最后一句更令人费解，这里出现的"真正的政治家"（des vrais politiques）指谁？前面出现过"立法者"这个语词，我们可以推想，"真正的政治家"指"立法者"，或者说指前面提及的梭伦和柏拉图，则"立法者"可对应梭伦，"真正的政治家"则可对应柏拉图，但所谓"一类反作用力"（une sorte de réaction）又指什么呢？

紧接着卢梭就夸赞了古代斯巴达：它们的风尚与法律是一回事，要求公民"不是遵守法律，而是热爱法律"（non pas d'observer les lois, mais de les aimer），这是"斯巴达的制度精神"。但卢梭马上指出，现实中的立法已经不能再求助于古典的立法精神，因为，时代风习变了，如今是"商业和爱赢利"（l'amour du gain）的时代（［111］，页88）。

尽管如此，卢梭并没有因此抛弃道德与法律一体化的古典立法方式。他随即说道：

> 那么，政府能够靠什么把控风尚呢？我的回答是靠公共舆论。假如在退隐中（dans la retraite）我们的习惯来自我们的适己情感，那么，在社会中，我们的习惯就来自他人的意见。一旦人们不是生活在自己之中（ne vit pas en soi），而是他人之中，他们的评断就会支配一切。一个人是否显得好和受欢迎，公众才是判官，而大多数人所知道的唯一幸福就是得到敬重的幸福。（［112］，页88）

这段说法表明，卢梭看待风尚的眼光仍然非常老旧：即便"公共舆论"取代了风尚，看人的标准仍然是：他能否算得上一个好人。

这里出现的"在退隐中"与"在社会中"中的对比，让笔者想到前面出现的"风尚和普遍正义"与"个别正义和严格的权利"的对比。如果"公共舆论"可以代替"风尚和普遍正义"，那么，这里出现的"我们的适己情感"（nos propres sentiments）就可以对应于"个别正义和严格的权利"。倘若如此，我们马上就会面临一个难题：当"我们的适己情感"的"正义"和"权利"与"公共舆论"发生冲突时该怎么办？

当然，这个问题的前提是，首先要搞清楚，所谓"我们的适己情感"的"我们"指谁？从字面上看很清楚，指"在退隐中"的个人。但什么样的"个人"？随便哪个"个人"吗？由于前面提到"立法者"和"真正的政治家"，我们有理由说，这里的"个别正义"和"权利"指"立法者"和"真正的政治家"的"正义"和"权利"。从而，"退隐者"就等于"立法者"——梭伦立法之后，的确就"退隐"了。

可见，当卢梭后来在《对话录》中斥责狄德罗的"新学说"把一批选择退隐生活的圣贤污蔑成"恨世者和坏蛋"时，他真正的意思可能是，启蒙哲人出于一时的心血来潮，轻率地颠覆了古典立法榜样，重新树立了一种新的立法学说——卢梭表示自己闻所未闻,从狄德罗那里才第一次听说。狄德罗的新学说刻意降低立法者的身位,以迎合大众的意见为依归,以博取大众欢迎和喜爱作为立法成功的标志。立法者如今生活在大众的意见之中,受其左右,立法品质怎么会好?

卢梭说到"在退隐中"与"在社会中"的对比,很可能是为了回答这样一个问题:"政府能够靠什么把控风尚"。情形是否如此呢?我们还得看卢梭接下来怎么说。

何谓"荣誉法庭"

让我们感到费解的是,卢梭接下来调侃达朗贝尔说,他不会在这里讨论政府应该选择何种"恰切的工具来引导公共舆论"这个问题。因为它"对您来说是多余的",对"大众"来说则不合时宜([113],页88)。这话等于是说:达朗贝尔算不上真正的立法者或政治家,因为你没有"退隐",没有处在立法者应有的位置上——生活在城邦的边缘,远离那些切身的利益。

卢梭说,他仅想举"一个显而易见的例子"来说明:政府"引导"公共舆论的工具既不会是法律,也不会是惩罚或任何"强制手段"。他举的例子是法国的"荣誉法院"(cour d'honneur)治理上层社会的决斗风习,但这个例子令人困惑。因为,"荣誉"问题与政府"引导公共舆论"有什么关系呢?我们值得问:为什么卢梭选用决斗的例子?卢梭真正应对的是什么问题?

卢梭刚才([112],页88)说到"政府能够靠什么管控风尚"时,曾对比了两种生活方式("隐居"生活和"社会"生活),其实也显得有些奇怪。因为,他说到"隐居"时用的是复数的"我们",即某一类型的人。难道卢梭的意思是,"隐居"生活方式会有"荣誉"问题,难免被"公共舆论"说成是"坏人"?卢梭在那里说到,"一个人是否显得好和受欢迎,公众才是判官"。这意味着,从"公共舆论"的视角来看,"好人"等于"受欢迎的人"。反之,"隐居者"一类人不可能"受欢迎",从而也就不可能是公众眼中的"好人"。

倘若如此,我们值得问:谁会关切"隐居者"的荣誉问题,或者说不觉得这是个"多余的"问题?显然,唯有"隐居者"自己。读到这里,我们不能不再次想到狄德罗在《私生子》中对"隐居者"的道德宣判:"正人君子结群而居,唯有坏人才会孤独。"

将狄德罗说的"坏人"与卢梭在这里说的"好人"联系起来看,完全可以对勘。倘若如此,卢梭在这里说的"多余的"问题就是在为自己的"隐居"生活方式辩护。如此看来，这一节开始部分多次提到的"您"，表面看来是称呼收信人达朗贝尔，实际仍是指向狄德罗。

如果是这样，我们会觉得卢梭离题了。至少从接下来的12个自然段（［114—125］）谈论的"荣誉法院"这个例子来看，情形的确如此。可是，卢梭谈论"退隐"与"社会"的对比，基于他提出的何为"真正的立法者科学"的问题，以及政府如何管控和"引导"公共舆论，换言之，"退隐者"即"立法者"或"真正的政治家"。这样看来，我们又不能说卢梭离题了。毋宁说，卢梭在这里以隐匿的方式与狄德罗就"正人君子结群而居，唯有坏人才会孤独"的**公开宣称**展开决斗。

一旦想到这一点，接下来看似不相干的"荣誉法院"问题，就让人读起来饶有兴味。

荣誉法院是法王路易十四在1643年创立的，由几位德高望重的退役元帅出任裁议庭法官，调解和仲裁因个人荣誉而引起的殴斗，尽可能防止争执双方走向决斗。[①]可是卢梭却说：荣誉法院"这种制度"的设立为的是"改变公共舆论"，"修正冒犯"，让"一个勇敢的人"在"受辱的困境下"（sous peine d'infamie）有机会拿起剑（［114］，页89）。卢梭的说法显然与法王路易十四

---

① 见卢梭，《致达朗贝尔的信》，李平沤译，前揭，页101译注。

四 剧院与启蒙戏剧　459

设立"荣誉法院"的目的不是一回事。既然如此,卢梭举荣誉法院这个例子来说明政府如何管控和"引导"公共舆论的问题,又是什么意思呢?

我们可以设想,在"退隐"问题上,卢梭就处在"受辱的困境下",而正好他是"一个勇敢的人",因此他拿起了剑。但卢梭没有说,他期望中的荣誉法院的法官应该由哪些人来组成。笔者不禁想起《论科学和文艺》的"引言",卢梭在那里说:

> 我感到,我对自己到庭所面对的法庭要说的话很难得体。一个人怎敢在欧洲最博学的团体之一面前贬斥科学,在一所著名的学院里颂扬无知,而且把蔑视搞研究与崇敬真正的学问人搅和在一起?(《论科学和文艺》,第5段)

这里的"法庭"(tribunal)指科学院,但也可能指"公共舆论"。因为,在《论科学和文艺》的"前言"中卢梭说过:

> 我预见到,人们很难宽宥我敢于持有的一方。既然忤逆人们在今天热衷的一切,我只好等待普遍的非难;何况,为了得到某些个贤哲的赏识而获

得荣誉,我也不该指望公众的赏识;因此,我的主意已定;我不会费心去讨美妙才智或者风头人物喜欢。(《论科学和文艺》,第2段)

卢梭一再表明自己是个"勇敢的人",但在这里,他让我们清楚地看到,他所看重的"荣誉"法庭并非是现实中由几位退役元帅组成的裁判法庭,毋宁说,能担任卢梭心目中真正的荣誉法庭的法官是"某些个贤哲",而非"美妙才智或者风头人物",尽管后者操控着"公共舆论"这个法庭。如果把"美妙才智或者风头人物"这个称呼用到狄德罗和达朗贝尔身上,那么,我们不会觉得不恰当。[①]

在这里,卢梭接下来对荣誉法院作了四点评议,我们来看他说了些什么。

首先,卢梭说,既然"强制"管不住人的"精神",就得凭靠"法庭的暴力",因为这是使用暴力最小的地方。但卢梭马上又说,由于事情涉及"荣誉和受辱",就不应该用tribunal [法庭]这个语词,而应该

---

① 参见刘小枫,《卢梭的敌友划分——纪念卢梭诞辰三百周年》,见《兰州大学学报》,2012年第三期;刘小枫,《卢梭与我们:〈论科学和文艺〉绎读》,北京:华夏出版社,即出。

用cour［法院］。从词典中可以看到，后面这个语词的含义有多项，与王室有关。果然，接下来卢梭就说到，"荣誉法院"的"强制"最没有"暴力"：谁要是不敢出庭就已经输了（［115］，页89）。

第二，"为了根除公共偏见"（déraciner le préjugé public），荣誉法院的法官得有"一种伟大的权威"（une grande autorité），因为，他们要审断的事情涉及动用"暴力"时是否"正义"。这个说法让我们看到，"公共偏见"与传统的荣誉观不相容。但我们更值得思考，这里出现的"公共偏见"与上文出现的"公共舆论"是一个意思吗？比如说："正人君子结群而居，唯有坏人才会孤独"若是一种"公共舆论"，那它也是"公共偏见"吗？

看来，卢梭需要借助"一种伟大的权威"才能击退"唯有坏人才会孤独"这个"公共偏见"（［116］，页89—90）。

接下来的第三点就更有意思了：卢梭说，"公共判断"（le jugement du public）根本就不理睬什么"最高权力"，"国王"得小心点儿，不可用自己的"任意决断"来"代表公共判断"。显然，"国王"已经不能代表"一种伟大的权威"。由于没有了"权威"，要裁定决斗这个习俗是否应该保留，就遇到了麻烦（［117］，页90）。

看起来，卢梭像是在说一种古老的习俗制度。不过，即便如此，这种古老的习俗制度也已经遭遇难以为继的困境。这明显是因为"公共判断"取代了国王的权威而具有了实际上的权威性。如今，国王的权威被"公共舆论"说成"任意决断"，是专制的典型特征。但是，卢梭此前说的是"公共偏见"（［116］，页89）和"公共舆论"（［115］，页89），莫非他其实是想说，把国王的权威说成"任意决断"不过是一种"公共偏见"？

无论如何，这里出现的语词的**语义**多有含混之处，而且会让我们想到后来的《社会契约论》中讨论的主题。比如，"国王"（souverain）一词也有"主权者"的意思，"代表公共判断"（représenter ce jugement）必然引出谁是"公众"的"代表"之类的问题。

接下来卢梭说，如果一个人自己受辱，他完全可能而且可以独自忍受，因为，"宽恕自己的敌人"毕竟也算一条做人准则。但是，若与自己相关的人受辱，那就绝不能靠独自忍受来了结，因为，不能拿自己亲人的荣誉去换取自己因宽恕敌人而来的荣誉（［118］，页91）。

这段说法无法不让人想到卢梭自己的处境：他可能会觉得，"唯有坏人才会孤独"若仅仅坏了他自己的名誉,他可以独自忍受,但这也涉及比如说乌德托夫人的荣誉,甚至是与他在隐庐相伴的戴莱丝的荣誉。不过,在笔者看来,与其说卢梭在此关切的是个人荣辱问题,莫若说他更关注**谁**才是真正的立法者。

卢梭并非为个人的荣誉而战,而是要为那些古代圣贤的荣誉而战。这些选择了退隐的生活方式,甘居于城邦边缘的圣贤们,与大众和城邦均保持适宜的距离,他们既心系城邦的整体利益,又避免因为私人利益而损害城邦。卢梭认为,退隐是古代圣王为立法者设计的最适宜的立法身位,如今却被新式启蒙哲人诋毁为"孤独的坏人""恨世者和坏蛋"。他们将神圣的立法权拱手让于大众,把"公共舆论"变为新的立法权威,而他们才自私自利、野心勃勃。

卢梭实际上还让我们看到一个时代难题:一方面,已经没有"伟大的权威"能够裁断为荣誉而决斗的习俗是否应该保留;另一方面,生活中需要为荣誉而决斗的情形又实际存在。卢梭得出结论说,理性、美德和法律都不能"战胜公共舆论"(vaincront l'opinion publique)。因此,若个人荣誉受到"公共舆论"的损害,一个人别无他法,只有诉诸决斗([119],页91)。笔者感到费解或者说感到奇怪,卢梭为何用"理性、美德和法律"来概括前面讲的三种情形,这种概括恰当吗？

这里卢梭再次回到"社会舆论"这个语词，此前他用过"公共偏见""公共判断"甚至"俗世的偏见"（les préjugés du monde，［117］，页91）。让笔者感到惊诧的是，卢梭在这里竟然暗示，理性、美德和法律应该"**战胜公共舆论**"。在公民社会的国家，"公共舆论"就是女王，拥有"最高权力"，它代表着"人民"的声音，卢梭怎么敢与"公共舆论"作对？莫非人们迄今仍然把卢梭的《社会契约论》视为在论证"公意"论其实是搞错了？

这个问题实在太重要，但现在无法展开，笔者会在"余论"中讨论。眼下我们也许可以设想：哲人狄德罗公开发表的《私生子》和《谈话》中的"唯有坏人才会孤独"的说法不仅给卢梭，也给历代的立法圣贤们带来了荣誉上的损害，"社会舆论"会把这类退隐的哲人看作"怪物"。卢梭现在则告诉狄德罗，为了捍卫"我们"哲人族的荣誉，他除了诉诸决斗别无他法。因此，他接下来说：

> 依我看，应该把个人殴斗完全交由元帅裁断，既管决斗的裁判，也管批准或禁止。（［119］，页91）

这段修辞值得玩味：首先卢梭强调，这是自己的个人看法，即所谓的"依我看"（ce me semble）；第二，卢梭明确说，这涉及的仅是"个人殴斗"。这两点都不难理解。让人困惑的是，卢梭认为因"公共舆论"涉及个人荣誉而产生的"个人殴斗"即"决斗"（duels），应该"交由元帅裁断"。卢梭还说，重要的是要让"元帅们"有真正的"权利"，这样才能"消灭公众中的一种观念"（ôter au public une idée），即认为"元帅们"都是"君主意志"（la volonté du prince）的工具。正是这种"观念"让"元帅们"没有了自己的"权威"，不敢有自己的裁断（[119]，页91）。

　　这里的"元帅们"究竟指谁？既然前面说过，"国王"的判断都受到"公共判断"的压力（比较[117]），何以"元帅"有可能摆脱公众"观念"的压力？但我们更应该注意到，卢梭在前面说，理性、美德和法律应该"战胜公共舆论"，现在他则说，元帅们应该"消灭公众中的一种观念"。难道这是卢梭针对"公共舆论"或"民意"发起的一场隐匿的决斗挑战？

　　虽然这个段落的说法在字面上显得令人费解，但有一点还是很清楚：在卢梭的时代，"公共舆论"已然成了最高"权威"，无论是"国王"还是"元帅"都要向"公共舆论"低头，而"公共舆论"无异于"公共偏见"。一个人若遭遇"公共舆论"的误解,简直就毫无办法。在这种情况下,荣誉受损的个人绝不放过制造"公共舆论"的人,非要与他"决斗"不可,也就不难理解了。

可是,在"公共舆论"成了最高"权威"的前提下,"所有秘密的[决斗]挑战"(tous les appels secrets)都不可避免会被"荣誉法院"判为"是坏人",并最终被拖进刑事诉讼的"法庭"([120],页92)。这里出现的"坏人"一词让我们不得不再次想到"唯有坏人才会孤独"的指控。

18世纪的决斗风气所引发的道德问题一直让卢梭很感兴趣,《论剧院》中对决斗的讨论一直延展到《新爱洛漪丝》的第57封信。①

在这封信中,卢梭借于丽之口谈到对决斗的真实看法,从真假荣誉中的角度去考察决斗:

> 一个时候有一个时候的风俗;但现在的一切风俗是否都是好的?还要请问,每个时代的风俗是否

---

① 决斗滥觞于古代日耳曼人和法兰克人,即所谓"野蛮人"。卢梭对于决斗的道德方面的问题颇感兴趣,18世纪法国和英国的其他许多思想家(施蒂尔、阿迪生、孟德斯鸠、伏尔泰、普雷渥等)亦然。参见《新爱洛漪丝》,前揭,页175译注。

都是不可动摇的荣誉所要求的那种风俗?……那么我说,决斗绝不是一种荣誉的制度,而是一种可怕的和野蛮的风尚,是和它的残忍起源适应的。……因此,切不要把荣誉这神圣的名字跟那把一切德行放在刀尖上,并只对于造就凶悍的坏蛋有利的野蛮的偏见等量齐观。(《新爱洛漪丝》,页174)

可以看到,卢梭在《论剧院》中关于决斗的论述,在几乎同时期写就的《新爱洛漪丝》第57封信中得到全面的展开。卢梭在那里借朱丽之口区分了两种荣誉后,紧接着就区分两种勇敢:真正的和虚假的勇敢。卢梭的于丽赞赏真正的勇敢:"它总是把德行置于事件之上;问题不在决斗,而在于无所畏惧。"

古典教育的目的在于培养好公民,现代教育只想培养体面绅士。在卢梭列出的教育标准中,勇敢是第一德性,这让人联想到公民卢梭要为共和国培养卫士。但是,这里没有提到智慧和正义的德性,为什么?

这让我们联想到卢梭的古典老师——柏拉图,柏拉图笔下的苏格拉底用城邦的"看守人"来比喻哲人在一个国家中所担负的职责(《王制》,374d—375e)。苏格拉底理想中的城邦卫士是:生性温和但又血气旺盛。换言之,徒有血气称不上好卫士,因为政治还需要温和。然而，卢梭似乎忘记了古典先哲的教诲，单单选取血气作为培养国家卫士的首要德性。可是，我们不能想象，在古典精神滋养下的卢梭会误读柏拉图-苏格拉底，至少，卢梭本人对审慎和温和的推崇令人难忘。

接下来卢梭假设，荣誉法院可能会因其"判决的明智和分量"而继续有"针对人民舆论的权威"，但实际情形并非如此。换言之，既然荣誉法院被"公共舆论"剥夺了权威，而"决斗"作为政治共同体中"合法的偶然事件"（occasions légitimes）又不可能消除，那么，哪怕人们设立"一个机构"也无济于事。换言之，既然个人荣誉问题有自己的"原则"，不可能任意改变，"决斗"事件就不会消除（［121］，页93）。

卢梭的这段说法颇为晦涩，与其说是要说的道理十分抽象，毋宁说，由于意识到要说的道理带有**政治危险**，他不得不说得晦涩。我们值得注意到，卢梭在这里又用了"人民舆论"（l'opinion du peuple，如今也许应该译作"民意"）这个新的表达式来指称"公共舆论"。因此他接下来说：

> 假如今天决斗越来越罕见，那么，这不是因为决斗受到蔑视或会受到惩罚；毋宁说，这是由于风尚变了。（同上）

四　剧院与启蒙戏剧　469

在这个晦涩的段落中，虽然字面含义难以把握，但"风尚"与"人民舆论"的对比却相当显眼："风尚变了"是因为"人民舆论"**历史地出场**了。

卢梭还给"风尚变了"这句话下了一个长注，说明时代的风尚如何发生了变化。从前，人们心态平和，没有强烈的适己之爱，出现争端很容易就能解决，比如在小饭馆吵架，店主降点价就能解决暴力行为。奇怪的是，卢梭还举例说，从前人们为了争夺情人反目，如今由于接触女性的机会多了，就不再认为值得为女人决斗。

> 在如今，人们决斗更多是为了赌博。军人不会决斗，除非为了自己的特权（passe-droit）或者被迫退役。在这个开明的（éclairé）时代，每个人对自己的荣誉和生命都锱铢必较。（［121］注1，页93）

已经可以看到，卢梭在这里谈论的"荣誉法院"与路易十四建立的荣誉法院没什么关系，他不过是借这个"机构"来探讨时代风习转变后带来的**立法问题**。因此我们看到，卢梭接下来就说，"既然没有人能过没有荣誉的文明式生活"（vivre civilement sans honneur），那么，"君主也好，士兵也罢"，"所有阶层"都各有各的荣誉及其"准则"。这些荣誉观及其准则无不是一个

"民族[国家]"（dans la nation）在其形成过程中自然形成的东西。这意味着，所谓"荣誉法院"其实是一个象征说法，它实指一个政治体"按照正义和理性的要求"管理荣誉问题的机制，因为，不同阶层之间的荣誉及其"准则"要么"一致"要么"对立"（la conformité ou l'opposition）。说到这里时，卢梭突然说：

> 假如荣誉问题迫使贵族行动，那么，荣誉问题就会让人民说话。（[122]，页94）

在这个语境中，这话听起来像是在说，"贵族"（la noblesse）与"人民"（le peuple）的对立导致"风尚变了"。倘若如此，"人民"凭靠"说话"来对抗贵族的"行动"这一说法不仅让上文出现的"公共舆论"一词的语源得到了解释，"公共舆论"取代"荣誉法院"的历史含义也昭然若揭。尽管如此，由于这句话突显了时代的根本冲突（或者说"人民"与"贵族"的决斗），卢梭让它置身于一个语焉不详的段落之中。

如今的我们值得问："荣誉问题就让人民说话"的"人民"指谁？因为，在卢梭的时代还没有"人民"的代议机构，我们看到的是狄德罗在"说话"、达朗贝尔在"说话"、伏尔泰在"说话"。当然，卢梭也在"说话",但卢梭是在代表"人民"说话吗?显然不是,否则与他身为"隐居者"的身份不符。

这也让我们不得不怀疑《社会契约论》中的"人民公意"说其实别有用意。不过这里不免又将话题扯远了,这个问题还是留待"余论"再说。在此笔者仅需要强调:卢梭这段关于"决斗"的**离题话**其实与狄德罗的"唯有坏人才会孤独"的指控有关,并非针对狄德罗个人的"决斗"。作为思想家,卢梭更多在意的是对时代问题的把握,他是代表古代圣贤与狄德罗所代表的新派立法学说"决斗"。

卢梭接下来说,按照上述"原理"(ce principe),"法庭"应该"在各种情况下"都让人感到"畏惧"。我们必须注意到,卢梭现在说的是"法庭"(le tribunal)而非"法院"(cour)。显然,这指的是"风尚已经变了"的处境,因为,如今"俗众的观念"(les idées vulgaires)已经成了"尺度"(règles)。"大人物和君主"(les grands et les princes)在这个"法庭"面前没有荣誉上的特权,因为它只考虑是否冒犯了"俗众的观念",违背了俗众的声音,而不问犯者的"等级权利"。

卢梭不惜笔墨,颇为细致地描述了"俗众观念"的法庭取代王家的"荣誉法院"的情形,一言以蔽之:

> 确切无疑的是，在荣誉问题上，国王们本人虽属万民之首，也得服从（soumis）公共审判，从而能不降低身份地出庭受审，而该庭代表公共审判。（［123］，页95）

这里的"国王"一词是les rois，而非前面用的那个语义含混的souverain。显然，国王"出庭受审"表明，国王的"主权"已经被剥夺，如今拥有主权的是"代表（représente）公共审判"的"法庭"。罗伯斯庇尔是否因为读过这样的段落，才坚持要判处路易十六的死刑呢？①

卢梭接下来的说法出现了转折：即便做得小心谨慎，"一个类似的制度"也"全然与君主制精神相抵牾"。卢梭说，他估计会出现与此相反的情形，即"蔑视"俗众观念的"法庭"。因为，凭靠"偏见"把"强制与法律混为一谈"（mêler la force et les lois），用"暴力改变荣誉观"，除了损害"王室权威"和让人鄙视高于自己的权力的法律，不会有什么别的结果（［124］，页95—96）。

---

① 参见刘小枫，《拥彗先驱：走向政治史学》，上海：华东师范大学出版社，2019，页86—87。

如果要用简厄的表达来刻画一场大革命，那么，也许这些话算得上是金句。更为吊诡的问题是：说这句话的人会是一个激进分子吗？

这里出现了"君主制"这个语词，随后我们会在公开信的第三部分看到，它将成为一个关键词。卢梭在这里说的是"君主制*精神*"（l'esprit de la monarchie），按我们通常的理解，"君主制"就是专制，怎么还谈得上有一种"精神"？同样地，即便卢梭在前文没有明确用到"民主制"一词，但我们不能说他没有揭示一种"民主制精神"。

卢梭在这里说，凭靠"偏见"（préjugés）把"强制与法律混为一谈"，我们应该记得，卢梭在前面用到过"公共偏见"这个语词。可是，何谓"公共偏见"？

卢梭接下来说，"最为怪诞且最为野蛮的舆论"（l'opinion la plus extravagante et la plus barbare）仅仅是在晚近才"进入人的精神"。卢梭用雄辩术式的修辞描述了如今的公共舆论如何怪诞和野蛮，最后用同样的修辞这样结束：

> 舆论乃此世的女王（reine du monde），它不服从国王的权力，国王自己反倒是舆论的首位奴仆。（［125］，页96）

卢梭谈论"决斗"的段落到此结束。我们可能已经忘了,卢梭在这个段落开始时说,他仅想举"一个显而易见的例子"来说明政府应该选择何种"恰切的工具来引导公共舆论"这个问题([113],页88)。现在我们看到,卢梭讲的事情显得离题太远,因为他讲的这个例子其实是"公共舆论"如何颠覆传统的风尚,或者说民主制"精神"如何颠覆君主制"精神"。

随后,卢梭承认自己说了"这么长的题外话"(cette longue digression),现在他要回到正题,或者说回到"比较简单的问题":

> 在像我们这样的小城市,建立剧院的必然后果是改变我们的准则,或者如果你愿意的话,改变我们的偏见和我们的公共舆论。([126],页97)

卢梭刚刚说自己在前面说的是一大段"题外话",现在又马上表明,他说的并非是"题外话"。毋宁说,所谓"题外话"暗示前面关于"决斗"的例子其实是关键性的话。

兜了一个大圈的"题外话"后,卢梭再次回到日内瓦建剧院的话题。令人困惑的是,卢梭说在日内瓦建剧院不仅会"改变我们的准则",而且会"改变我们的偏见和我们的公共舆论"。这里的"我们"指谁？按前面的说法，被改变的是"君主制精神"，但日内瓦城邦并非"君主制"。卢梭似乎忘了，他此前指责"公共偏见"或"公共舆论"会改变"君主制精神"，现在却说建剧院会"改变我们的偏见和我们的公共舆论"。那么，这里的"偏见"或"公共舆论"又指什么呢？

> 这必然又会改变我们的风尚，我姑且不说它会[变得]更好还是更坏，但可以肯定，它越来越不适应我们的制度。（[126]，页97）

这话虽然说得婉转，但意思很清楚：在日内瓦建剧院势必然会制造出一种"偏见"和"公共舆论"，从而改变"我们的风尚"，以致于从前适宜这种风尚的制度就会变得越来越不合时宜。最终改变的必将是"我们的准则"——这种准则就是那些为共和国立法的基本准则。就日内瓦共和国而言，它指加尔文在"把日内瓦建成完美的基督教社会模范"这一信念下采用的教权至上的原则，正是这样的"准则"使得日内瓦人的生活处于一种严律的制度监督之下。

不过，问题的另一面在于，卢梭并不仅仅是在谈论日内瓦的问题，他更关切的还是古代圣王的立法权威被"大众舆论"这一新的权威取代之后,真正的立法者或"真正的政治家"的立法原则会被彻底抛弃。因此,"改变我们的偏见"指改变真正的立法者(梭伦)和真正的政治家(柏拉图)的"偏见",所谓"我们的公共舆论"则寓指"荣誉法庭"。

值得注意的是,卢梭在这里说的是**过去时**的事情,而非**将来时**的事情,可见,"建剧院"很可能是一个隐喻说法,它指的是启蒙哲人的**启蒙写作**,我们甚至可以把狄德罗的《百科全书》视为"建剧院"行动。由此带来的"必然结果"是风尚的改变,以至于传统的风尚"越来越不适应我们的制度"。这里的"我们"指卢梭的启蒙友人,所谓"制度"卢梭用的不是前面用过的institution,而是用constitution。我们知道,美国革命和法国大革命之后流行的"宪政"这个语词,与constitution有相同的词干。

由此看来,卢梭虽然针对在日内瓦建剧院的建议说话,实际上并非指具体的日内瓦,正如达朗贝尔的建议并非仅仅针对日内瓦,而是针对整个欧洲。

新的"[宪政]制度"建立后,政治体的风尚必将不再受到控制。因为政府(le gouvernement)没有权力(遑论权威)管制风尚,而风尚又难免遭遇"不可避免的偶然事件"(les accidents inévitables)的猛烈冲击,加之风尚有"变坏的自然倾向"(la pente naturelle qui les altéré),其结果可想而知([126],页97)。

"统治者"(gouverner)很难掌控"公共舆论"!这段总结之言让我们觉得,卢梭是在说21世纪的今天显而易见的现实。我们不得不惊讶卢梭天才的政治预见力。有意思的是,卢梭在这里强调的一个政治常识是:政治生活中充满"意外原因"(causes fortuites),有太多"无法预见的情况"(circonstances imprévues),对此,政府的"强制"也好、人的"理性"也罢,都毫无掌控和应对能力。

> 就像掷骰子,不管人们怎么掷,也不能强制它出现欲求的点数。(同上)

卢梭用掷骰子来形容无法把捉,神出鬼没的舆论风向。风起青萍之末,却又无迹可循,谁能捕捉住无影无形的风?人的"理性"无法掌控"意外原因"引发的"无法预见的情况",这是政治常识。

随后,卢梭就说到"人的审慎"(la sagesse humain)是应对无法掌控的"意外原因"和"无法预见的情况"的唯一办法([127],页98)。重要的是,"预防变化",而非发生变化后再来管制,比如说"设立审查官制度"(instituer des censeurs)。

卢梭此处的修辞明确指向了"您"——达朗贝尔的建议:"您"应该知道,在我们的日内瓦已经有类似的制度。卢梭显然指日内瓦的宗教议会对演剧的管制,尽管如此,卢梭说,这种制度依然无法阻止风尚方面出现"新的趋向"。卢梭没有提到,无法掌控的"意外原因"和"无法预见的情况"恰恰来自人们的各种主观"欲求"(désire)。

卢梭说这些是什么意思呢?启蒙友人们针对日内瓦教会当局的顾虑,建议通过订立几条"法律"来解决演戏可能会给社会风尚带来的不良影响。在卢梭看来,这是极不负责,也极为不审核的建议。我国古代圣人有言,民人性如湍水,随器赋形,只可诱之,导之。正如卢梭此前所说,一国之法律必须适宜一国之风尚,人民不会热爱与风尚不适宜的法律,从而法律自然就会失去神圣的权威。反之,要想改变一国之法律,就得先从改变一国之风尚入手,而剧院无疑正是改变一国之风尚的最佳利器。

因此,如果达朗贝尔所提的建议出于真诚,那只能说明这位法兰西科学院的院士看问题过于简单、过于观念化,他所犯的错误正是卢梭之前讥讽过的"资历最年轻的法学院学生"的妄想:以为法律能阻止风尚的变化。但是，联系到达朗贝尔曾与伏尔泰、狄德罗等启蒙友人密谋辞条的写作，那么，这个剧院建设方案背后的意图绝不会如此简单。何况，即便达朗贝尔的头脑简单，也不能设想伏尔泰、狄德罗等人的头脑同样如此简单。通过剧院改变风尚，从而颠覆日内瓦的神权政体，不过是这一方案的预期结果，或一个阴谋。敏锐的卢梭看到了这一启蒙方案的危害性，启蒙友人们当然更是心照不宣。

就在写这封公开信的前两年（1755），卢梭在一封写给伏尔泰的信中就已经说过：

> 回顾一下社会动乱的最原始的起因，我们会发现，一切灾难之所以降临到人类头上，不是因为无知，而是因为谬误，愚蠢带给我们的伤害，远不如我们自以为是所带来的伤害大。还有什么比渴求认识所有事物的一时狂热更能使我们不断陷入重重错误之中？[①]

在这封信中，虽然卢梭称伏尔泰为"我们的领

---

① 何祚康、曹丽隆编译，《走向澄明之境：卢梭随笔与书信集》，前揭，页259。

袖",实际上对他的启蒙写作提出了坦率的批评。伏尔泰写信邀请卢梭到他刚定居下来的"赏心庐"做客,卢梭的回信竟然如此直率,也让人为之惊异。在这封回信中,卢梭以这样的话结尾:

> 感谢您对我的邀请。如果今冬过去,明春我回到祖国居住的话,我将不负您的好意。……谈到您果园中的水果,我担心在那里除了忘忧草和有魔力的摩吕草,我将看不到别的。然而,忘忧草不能供牲畜食用,而摩吕草却能阻止人们变成禽兽。(同上,页260—261)

仅仅一年后,伏尔泰就与达朗贝尔一起搞了《日内瓦辞条》。卢梭在以"决斗"为例的这个段落结束时批评达朗贝尔"自以为是",同样是在批评伏尔泰。这兴许向我们暗示,所谓"决斗"的最为深层的含义是两类心性品质的哲人之间的"决斗":古典哲人与现代新派哲人之间的"决斗"。

卢梭在信的结尾所说的忘忧草和有魔力的摩吕草是在用典,典出荷马史诗《奥德赛》第4卷:美丽多情的海伦为了让前来乞援的奥德修斯之子特勒马科斯不再悲伤,悄悄给他饮用了能忘却忧愁的无忧草汁液。摩吕草则典出《奥德赛》第10卷：就在奥德修斯冒着生命危险前往女神基尔克的府邸营救同伴的危急关头，引路神赫耳墨斯赐予了他一株能解除神女迷咒的摩吕草，以免他被迷咒变成野兽。[①]

卢梭在这封写给伏尔泰的信中提到古风诗人的用典，这意味着他相信古典智慧不会因新自然科学的出现而过时。他更相信古代立法者的智慧仍然是时代的引路神，是赠予王者奥德修斯摩吕草的赫尔墨斯的智慧，能使少数人在畜群政制的时代依然能保持人之为人的高贵品质。

在这一语境下，卢梭转向了他在第二部分一开始曾许诺要讨论的第三点：演员的政治作用问题。

3 启蒙哲学家如何成为时代的"演员"

卢梭在《论剧院》的序言中提到，他要用最多的话说最少的事。反之，用最少的话说最多的事情。因而，每当要处理重要问题时，卢梭总是不惜长篇累牍，反复说明。

[①] 见荷马，《奥德赛》10.302—306，另见拙著，《荷马之志：政治思想史视野中的奥德修斯问题》，前揭，页167—170。

卢梭用了33个段落讨论戏剧演员,其篇幅与讨论演员的德性和喜剧的篇幅相等,仅次于在第三部分讨论日内瓦政制的段落(37个自然段)。这是因为卢梭在面向公众发言,希望他们能听清楚,他接下来要谈的问题与民众的生活息息相关,也就是构成城邦生活最基础的家庭。

卢梭首先指出,要想消除演剧的弊端,必要条件是让正派人充当喜剧演员([128],页98)。这就意味着,演员无论扮演什么角色,他自身的品德应该排在首位。

然而卢梭又说,他在这里讨论的问题与"个人"品德即"演员的风尚"(mœursdes comédiens)没有直接关系,而是要讨论演剧本身,以及演员这个行当或职业本身的政治作用([128],页98—99)。

卢梭关于演员本身的说法,在今天看来会让人觉得过于偏颇:男演员一般都贪淫好色,女演员的生活则充满丑闻,他们共同的缺点是既吝啬又挥霍无度。因此,演员是个轻贱的职业,在任何国家都会让人瞧不起。卢梭甚至得出结论:在一个国家(pays),演员越受到轻蔑,就表明这个国家的风尚越纯洁([129],页99—100)。

随后是一个修辞性的疑问:轻蔑演员是一种"偏见"吗?如果是的话,由于这种"偏见"如此"普遍",那就应该"探究一下这些偏见的普遍原因"。卢梭以喜剧演员受到普遍轻蔑为例来"审察"这个问题（［129］，页100）。卢梭这番话显然是针对达朗贝尔在《日内瓦辞条》中为演员辩护的说辞：达朗贝尔应该以"牺牲公众为代价"替演员辩护吗？这里出现的"公众"一词，值得让我们想到在上一节大量出现的"公共舆论"。换言之，"公共舆论"其实是启蒙知识人制作出来的"舆论"（比如达朗贝尔为演员辩护的说辞），未必能够反映"人民"的朴素看法。

演员评价的历史考察

卢梭说，轻蔑演员的"偏见"看似来自基督教的"牧师"（prêtres），其实不然，因为，在多神教的罗马帝国时代，就已经出现对演员的轻蔑。不过，卢梭说首先应该区分作为"宗教祭祀活动一部分"的"演出"与娱乐性质的演剧，前者从未受到轻蔑。卢梭在注释中还提到，据李维的史书中记载，公元前390年，为了祛除瘟疫，罗马才引入演剧。后来，演剧成了一种如今所谓的商业行为，国家虽不反对，但是从业者却不受尊重（［130］，页100—101）。

卢梭又说，从历史上看，观众对演员的态度还是有所区分：表演猥琐和丑陋行为的"丑角"与"真正的演员"不是一回事。只不过，要把"真正的演员"与"丑角"彻底划分开来，实际上"很难做到"。但奇怪的是，卢梭给出了一个语源学的理由："演员"与"丑角"是同义词，comédien［演员］来自希腊语，histrion［丑角］来自拉丁语的前身伊特拉斯坎语。既然很难区分，罗马人的法律就只好一概羞辱所有登台表演的人（［131］，页101—102）。

古罗马人引入的是古希腊人的戏剧，卢梭必然会面临如何解释雅典戏剧的问题。他说，的确，希腊是演员唯一受到极高评价的地方，这种高度评价有六个原因。第一，希腊人发明戏剧时并未预见到会有不良影响，而产生不良影响之后，"公共舆论"已经形成，不可能再投之以轻蔑的目光。这里出现的"公共舆论"这个语词提醒我们，不应该把卢梭的**历史考察**视为如今实证史学意义上的考察，毋宁说，他关切的是政治哲学问题。

第二个原因是，古希腊戏剧源于祭祀活动，从而演员的真正职能是**祭司**；第三，古希腊戏剧的内容与城邦的历史相关，演员实际上是作为公民在扮演城邦历史中的人物。这两个理由解决了演员的道德身份问题，事实上，直到今天，无论在西方还是我国，这类特型演员仍然并不乏见。

接下来的第四条理由也与城邦习性相关：希腊"人民"对"自己的自由充满热情"（enthousiaste de sa liberté），由于希腊戏剧中有很多表达这类热情的剧作，人们自然不会蔑视演员。在1782年版的《论剧院》中，卢梭还为此补了一条出自欧里庇得斯剧作的注释，可见他很看重这一条理由（［132］，页103）。

第五条理由是，古代舞台上只有男演员，没有男女混杂这一类现代舞台特有的伤风败俗的现象。卢梭举出的最后一条理由是演剧与利益无关。这两条理由都带有古今演员对比的意味，言下之意，古今演员不可同日而语。

上述6条理由中最为重要的是第2至4条，它们表明，古希腊时期的雅典戏剧与雅典城邦的政治成长浑然一体，戏剧展现的不外乎是战斗、胜利和奖赏，诗人们激励希腊人去追求"英勇和光荣的情感"（sentiments d'honneur et de gloire）。演员已经不再是自己，他们会被所扮演的政治情感提升到更高的道德层次。如果换成另一个城邦，就不会有这样的情形。卢梭指出，斯巴达根本不允许演戏（［133］，页103—104）。

卢梭由此得出的结论是，模仿雅典戏剧或以雅典戏剧为由鼓吹演戏是好事情，这在现实中根本无法实现，因为罗马人就是例子（［134］，页104）。通过对雅典戏剧的政治哲学解释，卢梭实际上否定了雅典戏剧的演员的"表演"性质,因为人们在"扮演者"(acteurs)身上看到的是"有教养的公民"(citoyens instruits),或者说他们在舞台上仍然是公民([133],页102—103)。这一核心论点为卢梭接下来的进一步推论奠定了基础,尽管我们有理由感到奇怪,他在这里为何没有提到雅典民主制与戏剧的关系。

演员与启蒙哲人的道德品质

基于上述政治哲学式的历史考察,卢梭接下来就说:

> 什么是演员的才能呢?不就是自我伪装(se contrefaire)的技艺嘛,给自己穿上另一个人的性格,内心冷血(sang-froid)地表演激情澎湃,把那些他并不相信的话说得来就像是他的真实想法。([135],页104)

至于演员这个"职业"(la profession)就更不用提了,为了登台谋利,不惜扭曲自己的灵魂,甚至表演与自己天性截然相反的人物,他们戴着他人的面具,说着言不由衷的台词,宣扬自己也不相信的那一套说法。卢梭说到

四　剧院与启蒙戏剧　487

这里，鄙夷之情溢于言表。不过，卢梭突然笔锋一转：

> 你们哲学家，自以为远离偏见，假如竟然无知地假扮起国王来，不得不在公众的眼中扮演一个与自己格格不入的角色，为了众人（la populace）的喝彩声而去公开展示你们的威严，难道你们不会因羞愧而死吗？（［135］，页105）

这段话在这里不仅显得突兀，而且怪异。首先，谈论"演员"怎么突然扯到"哲学家"；第二，抨击"你们"这些"哲学家"，为什么说他们"假扮国王"（travestis en rois）？

显然，所谓"你们"指达朗贝尔、伏尔泰、狄德罗等启蒙知识人，这不难理解。但为什么卢梭要把他们比作"演员"？从前面的文脉来看，卢梭说的重点是，"演员"这个职业本身缺乏道德品质，把启蒙哲人比作"演员"，等于说启蒙哲人缺乏道德品质。卢梭严厉地批评这些失去了古典哲人品质的智识人为了赢得大众的喝彩，不惜将一切踩踏在脚下，哪怕是国家最高权威的化身，哪怕是共和国最神圣的宗教，一切应该敬畏的都被启蒙哲人撕毁且展示在大众面前。

然则，卢梭提到"假扮国王"又是什么意思呢？

"扮演国王"不是很神气的事情吗？我们值得想起上一节谈论"决斗"时出现的"国王"这个语词，在那里，卢梭强调国王已经失去权威，成为"公共舆论"的"首位奴仆"。看来，这里说"你们""假扮国王"的含义其实是，启蒙哲人是"公共舆论"的奴仆。卢梭随后说到"演员的精神"时，他用痛斥的言辞说：这种"精神"是"卑鄙、虚伪、可笑的自命不凡"的混合体（［135］，页105）。因此，这种人能扮演各种角色，就是不能扮演"最高贵的人"（le plus noble）。可见，卢梭实际上是在痛斥启蒙哲人的"精神"。

这是我们能够看到的对新派哲学家最为严厉的痛斥，绝不亚于后来尼采对现代哲人的痛斥。[1]我们应该看到，卢梭痛斥的要点在于，"哲人"这种类型的人已然丧失了最为基本的道德品质。

一旦看出这一点，我们就不难看出，卢梭接下来关于"演员"的说辞其实均指向巴黎的启蒙友人。他说，演员的表演并非是表演"真想骗人的骗子"，或者说，卢梭并非在指责启蒙哲人成了真正的"骗子"（trompeur），而在于他们"为了［骗人的］技能而培

---

[1] 参见刘小枫，《尼采的晚期著作与欧洲文明危机》，见氏著，《比较古典学发凡》，前揭，页172—204。

育欺骗人的才华"（［136］，页105）。

这里出现的两个语词都与"启蒙"有关："培育"（cultiver）是"文明"这个语词的词源。追求实现"文明状态"是《百科全书》启蒙的目标，而卢梭在《论不平等》中对"文明状态"的道德批判闻名遐迩，尽管迄今很少有人能理解卢梭对"文明"的批判。"才华"（talent）也可译作"天分"，这也是启蒙知识人喜欢鼓吹的语词，早在《论科学和文艺》的"前言"中卢梭就严厉地抨击过。

相对于启蒙哲人鼓吹"天才"，卢梭则一再强调人的基本道德品质。因此，他在这段揭示启蒙哲人道德品质的话结尾时说：

> 为了不败坏（corrompus）其余的人，演员应当有比别人更高尚的道德情操。（［136］，页106）

显然，卢梭要说的是：哲学家"应当有比别人更高尚的道德情操"。随后卢梭拿"演说家""宣传家"与"演员"对比——准确地说与启蒙哲人对比：演说家、宣传家"不是扮演别人，而只是表达自己"，从而"他的位置同任何一个履行自己义务的公民毫无区别"。"演员"则不同，他们经常扮演"一些稀奇古怪的人物",如果还"扮演我们自己所看不起的角色",那就更坏了（［137］,页106—107）。卢梭先前说,启蒙哲人"假扮国王",而"国王"恰好是他们看不起的角色,这意味启蒙哲人就是"演员"。

如果要用一句话来概括卢梭对启蒙哲人的抨击,那么,我们可以用"败坏他人"来表达。因为卢梭接下来问道：为什么在别的时代不会出现这个问题？卢梭自己的答案是：

> 在我们的时代,偏见和谬误假哲学之名施行统治,那些因无知而愚蠢的人们,他们的心智听不到理性的声音,他们的心灵则听不到自然的声音。（［138］,页107）

这话的意思是："人民"本来还能够听到"理性的声音"（la voix de la raison）和"自然的声音"（celle de la Nature,注意"自然"一词是大写）,却由于启蒙哲学家上演的启蒙戏剧,"人民"被败坏了。这让笔者再次想到卢梭后来在《对话录》中痛心疾首的呐喊："无法设想整整一代人都一致想要心甘情愿地扼杀全部天生理性。"（《对话录》,页2）

我们再次看到,卢梭并非是在谈论作为文艺学问题的"演员德性"问题,而是在谈论启蒙时代的启蒙哲人自编自演的"启蒙戏剧",这类戏剧实际演出的效果只能是败坏政治共同体的风尚,败坏"整整一代人"的道德品质。

假若卢梭活在今天,他很可能会问我们:仅仅是一代人的道德品质被败坏了吗?

接下来,卢梭花了差不多20个自然段([139—158],页107—120)来讨论人的基本道德情感——即两性之间的情感问题,以此说明启蒙戏剧如何败坏人。如果我们记得这封公开信的第一部分以讨论舞台上的"爱情"结尾,那么,这里的讨论刚好与之形成结构上的呼应。换言之,卢梭的公开信有精致的内在结构,循环地向纵深推进论题。

启蒙哲人如何败坏自然道德

卢梭紧接着就说:

> 在所有阶层中、所有国家里和所有状态下,两性总是被一根纽带连结得如此牢固、如此自然,以至其中一方的风尚完全取决于另一方的风尚。([139],页107)

这段言辞最为显眼的特征是，卢梭突出地连用三次"所有"（tout），这意味着他要讨论的"两性"问题是一个普遍的人类基础性问题。由于这里还出现了"风尚"这个重点词，卢梭要讨论的就不是某个国家、某个阶层或某种"状态"下的风尚，而是最为基本、最为"自然的"（naturelle）风尚。

卢梭认为，男人与女人各有其德性且相互制约，两种道德并非一模一样。他随即以英国女人温柔害羞、英国男人严厉傲慢为例来说明这一点：尽管有这些差异，英国的男女两性都"爱祖国和爱法律"，敬重"夫妻间的忠贞"（la foi conjugale）。显然，在卢梭看来，将两性连接得如此牢固、如此自然的纽带是**政治道德**（[139]，页108）。换言之，英国的夫妻不会因为"想入非非的幸福"（paraître heureux）爱情而无视"生活中真正的享乐"。

卢梭以此建立起一个"一般性准则"：要知道男人是怎样的，研究女人就行了。因为，女人的"风尚"完全展现在日常生活的行动之中，而男人则并非如此。换言之，如果女人的德行风尚变了，那么，这一定表明整个政治体的风尚出了问题（[140]，页109）。

说到这里，卢梭马上补充说，那种"在大城市的僻巷里朝生暮死的哲学"一定会反对这种看法，它一门心思要压制"自然的呼声"(le cri de la Nature,注意"自然"一词是大写)和"人类的一致声音"。卢梭的这句补充让我们看到,他关注的问题其实是:启蒙哲学如何改变了人类的自然道德。

> 老百姓的偏见!有人对我喊道。孩子般的低等错误!法律和教育的欺骗!害羞什么都不是,它不过是社会法律的发明,为的是保护父权和夫权,以维持家庭中的秩序。为什么要为自然所赋予我们的需要而脸红啊?([141],页109)

卢梭此处在模仿启蒙哲学家的说辞,在我们的时代,这样的声音已经成为"政治正确",可见卢梭何其保守。卢梭随后模仿了四个现代风尚会问的"为什么",而他的回答非常简单:回答这些提问的应该是"自然"本身——"难道我应该回答自然所创造出来的东西吗?"([142],页110)

问题在于,提出"为什么要为自然所赋予我们的需要而脸红"之类问题的不是"老百姓",而是那些"伟大的探究者"(grands scrutateurs),他们的"理性"喜欢"轻率地衡量"(légèrement pesé)"上帝的劝言"。这里的所谓"上帝",在卢梭的用法中等于大写的"自然",或者说,卢梭心目中的"自然",用基督教的术语来表达就是"上帝"（[143],页110）。

"自然"为何要让女性用"害羞"来自卫呢？卢梭的回答很有意思：

> 假如进攻和防守的次序改变一下,那么,人这个类将会成什么样子？……爱情将不再是自然的支持者,而是会成为其破坏者和灾难。（[144],页111）

卢梭对女性在两性关系中的"害羞"反应的描述乃至赞美,今天读来显得过于陈腐,甚至惹人嗤笑（[145],页111—112）。然而,这反过来证明,启蒙戏剧已经成功地改变了"人这个类"的风尚,卢梭的"保守"并没有能够阻挡住历史的脚步,而如此"保守"的卢梭却在历史上留了一个"激进分子"的面相……

我们值得注意到,卢梭说这里出现的是个人需要的"权利"与自然赋予的德性之间的"决斗"（[146—147],页112—114）。卢梭转而带领读者进入这场"决斗",去看看两厢厮杀的情形。

启蒙哲人说,女孩子的害羞是"社会和教育的偏见";卢梭反驳说,倘若如此,教育越发达、"社会法律"（les lois sociales）越精细的地方，女孩子就会越害羞。显然，启蒙哲学家的说法是荒谬的，因为，基于日常经验，我们也能看到偏僻山区里的女孩子常会害羞，而在大城市的人们眼里，女孩子害羞才会被视为"不高雅和低级"（［148］，页114）。

若用动物不害羞或原始部族的"野蛮女人"没有害羞感来证明女孩子害羞是"社会和教育的偏见"，卢梭径直回答说：

> 人不是狗，也不是狼。在人这个类中，一经产生出最初的社会关系，人的感情就获得了道德内容，完全与野兽无关。动物有心和激情的自由，但正派和美好这样的神圣意象只会出自人心。（［149］，页114—115）

卢梭的这段话颠覆了20世纪学界的卢梭研究的一些成见：这些研究者认为，卢梭鼓吹自然人的情感，把人的社会情感都视为自然情感的扭曲。其实，卢梭在这里把作为"社会情感"的害羞说成"自然的"情感，也让我们能够更好地理解他所理解的"自然"——大写的"自然"的含义（［150］，页115）。何况，卢梭在这里所讨论的"害羞"感，的确是现代性问题的一个标准征候。①

卢梭在这里把"正派和美好"（de l'honnête et du beau）这类情感称作人心中的"神圣意象"（la sainte image），这让笔者多少有些感到惊诧。因为，在后现代的今天，卢梭的这种朴素的道德感觉在今天的知识人当中不仅罕见，还显得不合时宜，因为我们只会把"自由"和"权利"视为"神圣意象"。

女性的家庭伦理与启蒙戏剧

卢梭从"演员"的道德品质开启的话题，看来仅仅是一个"起兴"笔法，他以害羞为例讨论的是"启蒙戏剧"的伤风败俗。如今的我们已经接受了"启蒙戏剧"的新式教育，恐怕很难认同卢梭的观点，对于卢梭接下来所谈论的家庭问题更是难以认可。

在作为"序言"的第5小节中，卢梭已经提到爱情问题，他在那里说，女性是爱情王国中的统治者。在第一部分的第3节，他讨论了舞台上的爱情为何是"危险的激情"的问题。此前对"两性关系"中的害羞情感的

---

① 参见舍勒，《道德意识中的怨恨与羞感》，刘小枫编，罗悌伦、林克译，北京：北京师范大学出版社，2017，页192—193。

讨论使得爱情问题得到进一步深化。现在，他又转向女性在家庭中的伦理问题。由此可见，两性之间的爱情及其结果（家庭）问题是这封公开信中的一条重要的"话题"线索。

这意味着什么呢？恐怕与卢梭和狄德罗各自的"索菲事件"不无关系，或者说与狄德罗在《私生子》及其《谈话》中的话题不无关系。尽管如此，我们仍然不应该仅仅从卢梭与狄德罗的私人纠葛角度片面地看待卢梭的这些说法，毋宁说，卢梭更关注的是启蒙哲人作为时代启蒙戏剧中的"演员"到底如何改变了人类生活的基本伦理品质。

卢梭指出，爱情中的害羞意味着：给情人制造追求上的障碍，在社会生活中，害羞则意味着对外在世界的疏离和拒绝，从社会生活中退回到家庭，更好地维护家庭的安稳。如此一来，卢梭从女性的害羞转向女性在家庭中的道德问题，就显得顺理成章："居家的、不露面的生活"应该是女性的"命分"（partage）。用我们熟悉的语言来说，卢梭心目中的"正派女性"就是我们所谓的"贤妻良母"（［151］，页116）。另参。①

---

① 渠敬东，王楠，《自由与教育：洛克与卢梭的教育哲学》，北京：生活·读书·新知三联书店，页265—268，2012年。

在我们的印象中，卢梭是后来的浪漫主义思想的鼻祖之一，因为他强调民族和传统的差异。但在这里，我们看到卢梭强调对所有国家都适用的"一般准则"。卢梭甚至说，女人就该有女人的样子，无论这种道德要求是"源于自然还是教育"，总之，这"对于世界上的所有人民（tous les peuples du monde）来说都是共通的"。用今天的话来说，在坚持"自然正确"的问题上，卢梭强调的是"一种普遍原因"（［129］，页100）。

他接下来就说到，尽管"在某些国家流行不同的风俗"，但最终形成的风尚仍然是一致的。他甚至引出历史的"普遍主义"："在所有开化的古代人民中（tous les anciens peuples policés），女人都过着幽居的生活"（［152］，页117）。

这里的"开化"一词，并非启蒙哲学意义上的éclairés（比较［91］，页74），由此可以说，卢梭用"普遍的"自然正确来对抗启蒙哲学"普遍的"政治正确。

卢梭接着指出，由于男女次序有别，"夫妻间的和睦"（union entre les époux）在古代远比今天更常见（［153］，页117）。他随后提到波斯人、希腊人和罗马人在这一自然正确的风尚方面的一致性：绝无斯巴达式的"女性自由"(la liberté du sexe)这回事。因为阿里斯托芬的《吕西斯特拉塔》(*la Lysistrata*)已经表明,女性参政在人们眼中会是什么样子([154],页118)。①

对于卢梭的这一说法,若是诉诸人类学或历史社会学的考察,会毫无意义。因为,卢梭在这里是从一个*立法者*的角度提出今天所谓的"古今之别"问题。卢梭的出发点显然是从维护城邦的基础——家庭出发。为了更好地维护爱情中真正的激情,卢梭建议应该让男女的生活世界有所区隔,因为保持*真正的激情*是家庭得以长久稳定的根本原因。诚如布鲁姆所说:

> 对爱情的恰当运用可能是公民社会最重要的事情,因为它和家庭相关,而家庭乃是国家善好或者邪恶的源泉,这种激情若训练得不好,将使人们处处和自己的义务开战。②

不过,在卢梭看来,爱情是另一道枷锁,而且是人

---

① 比较施特劳斯,《阿里斯托芬与苏格拉底》,李小均译,北京:华夏出版社,2011,第三章第6节。
② 布鲁姆,《巨人与侏儒》(增订本),前揭,页303。

们更乐于享受、容易沉迷其中的枷锁。在所有的文明枷锁中,唯有爱情的枷锁更具有迷惑性和隐蔽性。西塞罗说过,情欲——感官上的欢乐是"自然赋予人类最致命的祸根",而理智则是:

> 自然或上帝赐予人类最好的礼物,而对于这一神圣礼物最有害的莫过于淫乐。因为我们受欲念支配时,就不可能做到自我克制;在感官欢乐占绝对统治地位的领域里,美德没有立足之地。[①]

可见,在对待情欲问题上,卢梭承继了古典哲人的看法:人应该克制情欲,而非放纵。

从社会角度来看,羞耻感的消失与适己之爱的产生有关。在讨论人类社会不平等的起源时,卢梭发现了**适己之爱(amour-propre）**——这是原始人向文明人转变的标识性情感:

> 随着人的观念和情感相继产生,随着心智和心灵相互作用,人们也变得越来越容易相互接近了。

---

① 西塞罗,《论老年、论友谊、论责任》,北京:商务印书馆,2003年,页25。

人们之间的交往越来越广泛，联系也越来越紧密，人们开始习惯于聚集在茅舍前、大树下。唱歌跳舞这种爱情和悠闲的真正产物变成了娱乐，或者更确切地说，变成一帮游手好闲的男女的一种职业，每个人都开始关注他人，也都希望被他人关注，希望受人尊敬。谁的歌儿唱得最好，舞跳得最好，长得最漂亮，最强壮，最机灵，最有口才，谁最受青睐，这就是向不平等迈出了第一步，也是向恶德（vice）迈出了第一步。（《论不平等》，页112）

生活在他人的意见之中，依赖他人的评价来衡量自己的生活，就是所谓的适己之爱。①它使得人不可能再像从前（在自然状态中）那样平静自足地生活，为了获得更多的尊重，"诸种最初的礼仪义务"就出现了。与此同时，最初的不平等也伴随着适己之爱的出现而产生。卢梭的这一看法其实来自霍布斯，正如同霍布斯所言：骄傲心或自尊心为社会的出现做了铺垫——"虚荣的激情成为引发自然平等与比较之间冲突的直接原

---

① 卢梭对于"适己之爱"的分析，还见于《论科学和文艺》第2部分；《爱弥尔》1—4章；《卢梭评卢梭的对话》1，2；《孤独漫步者》第八次散步。

因。"① 卢梭在《论剧院》中关于女性问题的议论，不过是他在《论不平等》中所表达过的观点的发挥。

接下来我们看到，在结束这个话题时，卢梭说，当"野蛮人"一群群涌入欧洲时，"一切都变了"："骑士书籍"中的"美妇人"整天幻想着自己被"理想男人"抢走，"自由观念"（les idées de liberté）在宫廷和大城市风靡一时，似乎古代的风尚是毁于日耳曼蛮族入侵欧洲（［155］，页118）。显然，这些都不过是修辞性说法或者演说术式的修辞。通过古今风尚的对比，卢梭要强调，启蒙戏剧的上演带来了"违反自然的观念"（contraires aux idées naturelles）。卢梭在这里写下"自然观念"一词，显得刻意要与上文出现的"自由观念"决斗（［156］，页118）。

女演员与启蒙哲学家

卢梭最后再次回到"女演员"的德性问题上来，与本节开始部分形成呼应，在结构上呈是环形结构。

卢梭指出，女演员为了挣钱而扮演追求爱情的

---

① 李猛，《自然社会：自然法与现代道德世界的形成》，北京：生活·读书·新知三联书店，2015，页125。

角色，要让她不做到假戏真做其实很难。卢梭用女演员的例子要讨论的仍然是"两性道德的差异"（les différences morales des sexes），似乎男演员不大会假戏真做。即便"正派且明智的女人"，若遇到精心的诱惑也很难不为所动。倘若让新派的女孩子扮演新派爱情戏中的角色，情形怎样就更可想而知（［157］，页119）。有意思的是，卢梭在注释中反问读者：

假设女演员都是些美人，后果会怎样？人们有理由要求她们做什么呢？（［156］注，页118）

提出这个问题后，卢梭立刻引导读者参看狄德罗《关于私生子的谈话》中的第二篇，这等于把矛头公开指向了狄德罗。不过，指向狄德罗的这个"参见"仅仅出现在第一版（1757）中，后来卢梭重版时删掉了这句。

其实，有没有这句提示，我们都能够体会到卢梭的言辞针对狄德罗。对于卢梭同时代的人来说，这套说辞显然双方都心照不宣。不过，即便对我们这些300多年后的异国人来说，卢梭所说的现象在"娱乐圈"中人看来也不难理解（［158］，页120）。女演员成为追慕对象，等于树立了坏榜样："不知羞耻的状态难免滋生不知羞耻的情感"。卢梭颇显无奈地说：

> 对你们和有头脑的人来说，关于这个问题我已经说够了，但是，对那些有偏见的人说，我任何时候也没有说够。他们不愿意看见理性指给他们的东西，而只愿意看见适合他们的激情或偏见的东西。（［159］，页121）

这里的"你们"显然指狄德罗圈子，与"有头脑的人"（les hommes raisonnables）并列连用，等于说"你们"不是"有头脑的人"，而是"一伙有偏见的人"（les gens prévenus），受"自己的激情和偏见"支配。通过这样的修辞，卢梭正式将本来是朋友的"你们"推拒为"他们"，以此宣告与昔日的友人们了断关系。

即便在后现代的今天，这样的戏码仍然在"我们"中间不断重演：精神品质相异的朋友最终会因为信念的分歧而分道扬镳……我们必须始终记住：卢梭在这里谈论"男演员"，其实是在谈论启蒙哲学家。所谓"女演员"既可理解为巴黎沙龙圈里的女主人，那些装腔作势的女才子们，也可理解为启蒙哲人作品中的女性角色，比如狄德罗的《私生子》或伏尔泰的剧作中的角色。正是这些"演员"及其所演出的启蒙戏剧，在卢梭看来贻害无穷：他们所传播的精神上的诸种"恶德"（les vices）硬生生地在"共同利益应该使其聚合起来的人们"中间制造出分歧,割裂友谊(同上)。

卢梭认为,没有可能找到措施来"预防"启蒙戏剧"不可避免的"恶果,除非"根除"启蒙哲学家的启蒙心性。然而,要想治愈这种"时代病"谈何容易?

> 当一个人的病是由他无法改变的天性(sa nature)或某种生活方式(une manière de vivre)引起的,医生怎能预防呢?防止演员做缺德事,就是防止人害病。([160],页121)

一旦我们把这里出现的"演员"一词替换成"你们这些哲学家",那么,我们就会感到恍然有悟,马上联想到我们自身的处境。由此我们也就能够理解,卢梭为何在最后强调,世上并非没有"节制、有道德、正派"的哲学家:

> 在他身上,对美德的热爱战胜了人的激情以及对自己的那份职业的抬高。唯一可指责的是,他不该拥抱这个职业。但是,年轻时的误入歧途往往预先决定了一生的遭遇,而一旦发觉到自己真正的天赋,谁能抵御它的诱惑呢?那些伟大的演员能为自己辩护,那些坏演员只有受到蔑视。([161],页122)

既然这里的"演员"指"启蒙哲学家",那么,这里的"职业"也就指"哲学"。让笔者好奇的是,这里的"他"指谁?不大可能是指卢梭自己,因为他在给友人的信(1763年3月)中说过:

> 我从来不冀求成为哲学家,我从来没有扮演哲学家,我过去不是、现在不是,也不想成为哲学家。①

在卢梭的友人中,谁年轻时"拥抱"(embrassée)过哲学"这个职业"?卢梭曾经的挚友狄德罗!而"他"的确发觉自己有哲学"天赋"。看来,卢梭虽然对旧友的批判言辞不可谓不严厉,却也算得上厚道,给他留了一条悔过自新的出路。

对我们来说,值得记取的教训似乎就是:但愿自己在年轻时没有误入歧途,没有迷失在盲目的激情之中。

---

① 何祚康、曹丽隆编译,《走向澄明之境:卢梭随笔与书信集》,前揭,页267。

五 | 公民社会的道德难题

谈论完前面那些论题以后,卢梭现在才开始转向讨论日内瓦建剧院的正题:

> 倘若我如此长久地在一般性提案的那些措辞中打转,那绝不是因为在具体涉及日内瓦城时我可能就会没有任何优势。毋宁说,不情愿将我的同胞们推上舞台,才使我尽量推迟谈论我们。然而,无论如何都要结束,如果我没有探究我们的特定处境,它决定着我们的城市建一座剧院会产生何种后果,而您的意见和理由又可能使政府下决心容许[建剧院]的话,那么,我就不会完满地完成我的任务。我仅限于[谈]显而易见的结果,只要是对我们的制度稍有点了解的人都不会对此提出异议。([162],页122)

卢梭把前文谈论的全部论题称之为"一般性提案"（la proposition général），这种说法显得古怪。而且，他刚刚还在大谈"所有国家""所有状态"云云，现在却转向了"我们的特定处境"（situation particulière）。

不过，从**字面**上来理解，卢梭至少清楚地表明了此前的讨论并非针对某个具体的政治共同体，而是在思考整个欧洲的命运，是哲人立法的**一般性**思考。只不过真正的哲人绝不会仅仅停留于高谈阔论，他必须对自己所属的政治共同体承担责任。因此，卢梭高调宣称，他接下来要针对日内瓦共和国的**具体政治处境**发言，敦促日内瓦小政府认真考虑剧院建设的危害，下定决心将之拒之国门外。

卢梭强调日内瓦的"特定处境"不宜建剧院，既是说给达朗贝尔、伏尔泰等人听，也是在警告日内瓦小政府，奉劝这些住在日内瓦上城区的掌权者不要被启蒙哲人的"意见和理由"说服。卢梭提醒他们，要认清来自异邦的生活习气，就得亲自考察"我们的制度"。值得注意到，卢梭说"我们的制度"时用的是constitution，这是指日内瓦共和国有自己的立法。

在这个段落里，卢梭显得特别突显"我"和"我的同胞们"（mes concitoyens）的关系。如果我们意识到，在启蒙时代，一种所谓的"世界公民"论正在兴起，那么，卢梭在这里的修辞就显得有针对性。

从刚才卢梭谈到"普遍的"自然正确来看，他并不是如今不少论者以为的那样，用"个别"来抵制"普遍"。毋宁说，卢梭看重的"一般准则"与启蒙哲学家要实现的所谓"世界公民"理想截然对立。① 因此，当我们在看卢梭如何谈论日内瓦的"制度"时，反倒值得注意去看其中所蕴含着的某些"一般准则"。

卢梭在公开信的第三部分特别强调日内瓦是一个小共和国。回顾整部公开信的论述线索，可以看到，卢梭谈论的主题从宗教问题入手，经过一番深入的启蒙批判后，最终落实到具体的共和国"制度"。换言之，"宪制"是第三部分的首要关键词，它让我们必须关注卢梭如何考虑为一个具体的政治共同体立法。在整部书信行将结束时，或者说在处理了一系列与城邦政制相关的论题之后，卢梭终于亮出了他的政制设计方案，整部书信的最终意图也逐渐显明。

不过，更多的问题亦纷至沓来：卢梭的设计方案是一种理想，还是一种政治行动方案？反对激进启蒙的卢

---

① 参见Thomas J. Schlereth, *The Cosmopolitan Ideal in Enlightenment Though: Its form and fuction in the ideas of Franklin, Hume, and Voltaire,1694—1790*, London: The University of Notre Dame Press, 2000。

梭与启蒙阵营的政治方案有何异同？这些问题使得我们不得不考虑：卢梭接下来真的仅仅是在谈日内瓦建剧院的问题吗？或者我们应该反过来理解：卢梭仍然是在谈论"普遍"的问题，即如何抵制正在兴起的启蒙风潮，而日内瓦建剧院的事情仅仅是个"由头"。

从结构上看，第三部分同样可分3个小节：第一小节考察日内瓦的共和政体以及与本地风习的关系，共33个自然段（［162—198］，页122—149），与第二部分的第一小节"剧院与两种生活方式"的自然段数相同。第二小节讨论共和制的美德，有15个自然段（［199—213］，页150—163），同样与第二部分第二小节的自然段数相同。第三小节仅16个自然段（［214—230］，页164—182），与第二部分第三小节的34个自然段显得极不对称。凡此只是一种结构上的巧合吗？

1 商业社会与城邦卫士的"蜕变"

卢梭首先谈到日内瓦的经济状况：

> 说起日内瓦富庶，这倒是真的。尽管这儿没有出现因少数人靠掏空整个国家来发财致富导致巨大的贫富不成比例，也没有出现穷人散居在富人

周围的现象。可以确定,一旦让某些个日内瓦人掌握巨大财富,好些人将会生活在多么严重饥馑之中啊!绝大多数人勤恳工作,省吃俭用,与其说他们是在致富,不如说只是为了过得宽松些。([163],页122)

卢梭提到日内瓦共和国的经济没有出现财富分配"不成比例"。似乎在卢梭看来,一个良好的政治体不应该出现财富分配"不成比例"的问题。不过,卢梭并不是为日内瓦共和国存在贫富差距而焦虑,他唯一担心的是贫富差距不成比例。贫富差距过大是导致社会不稳定,催生革命的首要因素,尤其是当财富过于集中在极少数人手里,而且这种不成比例的贫富差距又公然在人民面前展示时,势必引发严重的社会后果。

卢梭在1755年为《百科全书》所撰写的辞条《论政治经济》中曾说:

政府最重要的事务之一是防止出现财富的极端不平等,这并非通过剥夺财富所有者的财富,而是通过一切手段阻止人们积聚财富。不是要为穷人建造济贫院,而是防止公民变成穷人。①

可见,卢梭将财富的不平等视为公民社会最大的不义。他指责少数人的巨额财富依赖于多数人的劳动和节俭,在大多数人只能维持最起码的生存材料时,少数人却豪夺敛财,奢侈挥霍。这一次,卢梭将矛头对准了法国绝对王政下的**贵族制**——大贵族掠夺民众的劳动成果,剥夺了底层民众获得幸福生活的可能:

> 在那些比我们贫困的城市里,那儿的有产者却能享有很多娱乐,这是因为养育他们的土地永不枯竭,况且,他们的时间毫无价值可言,可以任其挥霍却毫发无损。在我们这里就行不通了,我们没有可以依赖的土地,只有些手工业。日内瓦人唯有靠劳动谋生,温饱即可,绝不饕足——这就是我们何以立法禁挥霍浪费的理由之一。([163],页122)

共和制的**日内瓦**与君主制的**法国**不同,前者以手工业和商贸为主。日内瓦人热衷劳动是因为,"一切生活

---

① 卢梭《论政治经济》,崇明译,见卢梭,《政治制度论》,刘小枫编,前揭,页161。

资料就只得靠手工业"。手工业是日内瓦的经济支柱，由于土地匮乏，不像农业国家，受土地劳作特点的影响（春耕冬息），民众生活更需要娱乐。

"开放"抑或"设防"的城邦

农业性社会与手工制造业社会的最大区别是：贸易成为国民经济的重中之重。卢梭接着邀请日内瓦小政府的官员下到圣日尔维（Saint-Gervais）、莫奈尔广场（le Molard）、下街（les rues basses）、柏基（Pâquis）和奥维夫（Eaux-Vives）这些具阶层标识性的地界，卢梭要将现实中的社会状况一一指给他们看（［163］，页122）。

卢梭格外提到时间与金钱的关系：珍惜时间意味着获得财富——这显然是个现代概念。古典思想中的时间与生命的关系被置换为时间与财富，财富又与欲望不可分离。这意味着，对现代人而言，追求财富获得的幸福感稍稍缓解了生命的虚无感，延缓了对死亡的恐惧。可是，我们不要忘记，这仅仅是公民卢梭在劝服日内瓦的民众和小政府时说的话。

民众或政府更关注的是财富的增减，而非美德的增减。那么，谁会去关心美德呢？只能是哲人。出于一种说服的策略，哲人将其对美德的关注隐藏在财富的糖衣之下，从最能引起大众关注点的事情上谈起，曲折隐晦地施行对城邦的教育。

接下来，卢梭将日内瓦的人口与维持剧院开支的所需观众作一对比，以此论证剧院的经济效益在日内瓦得不到保障。以巴黎为标准，卢梭谈到了日内瓦的社会格局——富人通常居住在城外，城内多是底层平民，由此推导出剧院不会获得预期的观众：富人宁愿去更加富丽堂皇的巴黎剧院看戏，至于穷人，他们没有时间、也没钱进剧院。为了增加剧院收入，卢梭显得是替剧院着想，设想出一个极为荒谬的提议：政府改变城门关闭的时间，阻止富人出城，好让他们被迫滞留在城内看戏。狡黠的卢梭很快又以破坏城内治安为由，主动否决了这个荒唐的设想（［164—166］，页124—126）。

卢梭真的是在谈论当时的日内瓦？如果我们悉心体会卢梭的修辞，那么，这一点颇值得怀疑。正如前文谈论的"演员"暗喻启蒙哲人，卢梭谈论的日内瓦其实喻指一种"生活方式"，这正好是第二部分第一小节的主题——"剧院与两种生活方式"。

卢梭频频拿巴黎与日内瓦对比，并将巴黎称为"庞大王国的财富窟"（le gouffre des richesses de ce grand royaume），是"奢华和游手好闲"（de l'opulence et de l'oisiveté）之地。可见，日内瓦与巴黎的对比，实际上是**质朴**生活方式与**奢华**生活方式的对比（［164］，页124）。

因此，我们看到卢梭说，"日内瓦人非常热爱乡下"，这是一种"健康的趣味"，能享受"在黄昏中漫步的自由"（la liberté de la promena de au-dehors）。卢梭以此为理由说，日内瓦虽然是城市，其实并没有城市生活，因此也就不需要有剧院。但他紧接着又说，巴黎人同样喜欢乡下，"整个夏天，每当演剧结束，只见成群的马车纷纷从城门口走出"（［167］，页126—127）。这等于说，巴黎人并非不"非常热爱乡下"，但他们的生活方式迫使他们与乡下隔绝。我们能够体会到，卢梭的"双城记"是以文学性的修辞引起政治哲学的话题，而非对日内瓦-巴黎的实际对比。

再比如，卢梭讨论了日内瓦和巴黎的城门是否应该在夜里关闭，又讨论迟关还是早关这样琐碎的细节问题，让人感到很奇怪。因为，在卢梭的时代，无论日内瓦还是巴黎，都已经不是由城墙围绕而**封闭**的城市。尤其是巴黎，在路易十四统治时期的1670年，财政大臣柯尔伯负责改造巴黎，奉法王之命逐步拆除了中世纪遗留的老城墙，改为新的步道，以此作为"城墙"的象征。到了18世纪后期，由于城市的扩张，连作为城市和乡村分界的城门也所剩无几。

看似一处闲笔,卢梭还提到日内瓦共和国独特的政治地理位置:这个小小的共和国处于**法国**、**萨伏依**和**伯尔尼**三个强邻的环伺夹逼之中,有如一个军事堡垒(glacis)。这时,他下了一个注释说:

> 我知道我们的所有庞大军事防御工事是世上最无用的,即使我们有足够的军队来守卫,这些防御工事仍然毫无用处,因为没有人会来围攻我们。不过,即便我们不害怕围攻,我们仍应时刻警惕保护自己,以防任何突然袭击;没有什么比在我们邻近集结军队更容易了。我们太清楚如何被利用,并且我们还要认识到——对那些在这个地方以外的人来说,迟迟不提的权利(droits)一旦进入内部,会索要得格外强烈。([167]注,页127)

卢梭真的在谈论日内瓦的军事防御吗?即便从笔者这样一个军事常识浅陋的**外行人**的角度来看,日内瓦处于被邻国包围的处境,它的安全恰恰不是凭靠自己力量的防御,而是周边的政治体都不允许另一政治体掌控日内瓦。

卢梭说,"没有什么比在我们邻近集结军队更容易了","我们太清楚如何被利用。"因为，以伯尔尼为中心的瑞士联盟的领地"洛桑、沃州的大部分、热克斯、沙布莱、奥尔伯等几乎把日内瓦围在中央"，伯尔尼梦想着把日内瓦变成第二个洛桑，使之成为"君主主教区"，实现宗教统一的计划。为了抵御法国和萨伏依公国的觊觎，日内瓦被迫签署了未经伯尔尼同意不与任何一方结盟的条约，等于已经加入了伯尔尼联盟。[①]难怪卢梭在这里说，日内瓦的防御体系形同虚设。

既然卢梭谈论的日内瓦军事防御明显不符合实际情况，我们就有理由推想，他实际上是在谈论如今所谓的"开放"与"封闭"的问题：日内瓦是个封闭的城邦，巴黎是个开放的城邦，两者的差异在于人民的"权利"意识不同。

换言之，这里所说的军事位置，不是在说日内瓦的军事防御，而是在说任何一个政治体都应该有的道德风尚的防御。所谓"开放"意味着国门大开，毫不设防地把蜜蜂和苍蝇一起迎进来。卢梭表面上强调，就日内瓦的政治地理位置而言，它的任何防卫严格来讲都"毫无用处"，实际上在警告日内瓦政府，应该警惕剧院对共和国德性的腐蚀，否则结果必然是人民的道德败坏，

[①] 林赛，《宗教改革史》，前揭，页115。

"整整一代人都拒绝理性"。如果联想到第二部分第三小节的话题,这一点应该非常清楚。卢梭紧接着就说:

> 这还不是全部,要让这个有违我们的古代准则的设施受到普遍赞扬,根本不可能。有多少高贵的公民将对那建立在我们古老、朴素的废墟上并威胁公众自由(la liberté publique)的娇嫩而奢侈的殿堂怒目而视!([168],页128)

卢梭刚刚说到日内瓦的防御,这里就说到"我们的古代准则"(anciennes maximes)。这里的"我们"具有双重含义:与其说"我们"指日内瓦公民,不如说指古典式的哲人。否则,我们很难准确理解接下来一句中的"高贵的公民"(généreux citoyens)以及"我们古老、朴素的废墟"(les ruies de notre antique simplicité)之类的表达。我们或可推测,卢梭表面上在讨论日内瓦的军事设施,其实可能在暗示:日内瓦是尚未被启蒙大潮席卷的孤岛,想要抵抗住启蒙的冲击,必须建立起强有力的道德防御设施。

更为明显的修辞例证是,"剧院"在这里成了启蒙学校的代名词:

> 哪里有这么糊涂的母亲,能下决心送自己的女儿进这个危险的学校?有多少受人尊敬的妇女不认为进剧院是奇耻大辱?假如在巴黎也有人坚持不进剧院,那只是出于宗教原则的考虑,这一点在我们这里自然也起不小的作用,但是,在我们这里,除此之外还有风尚、美德和爱国主义,这些将阻止那些宗教管不着的人们进剧院看戏。([168],页128)

在我们的时代,在我们这里,下决心送自己的子女上"危险的学校"(cette dangereuse école)的母亲真还不少。由此可见,"剧院"在《论剧院》中确实是一个寓意符号,"论剧院"的实际含义是"论启蒙",或者说"论照亮洞穴"。

上面这段说法有两点为此提供了修辞证据:首先,既然戏剧在路易十四时代的巴黎就极受欢迎,那么卢梭在这里说巴黎也有人"坚持不进剧院",就不会是指实际的"剧院",此处所谓"剧院"很可能是指新哲学家上演的**启蒙戏剧**。因为,卢梭在这里对比的不是日内瓦与巴黎的大小城市差异,而是**稀里糊涂地接受抑或理智地拒绝启蒙戏剧的差异**。

其次,卢梭强调,要抵制启蒙戏剧与其说得凭靠宗教信仰，不如说得凭靠自然正确的政治情感，即"风尚、美德和爱国主义"。这里出现的"爱国主义"（patriotisme）这个语词特别醒目，卢梭随即在注释中说，他曾长期坚持一种"误导人的意见"（opinion trompeuse），以为"没有宗教就不会有美德"，但现在他放弃了这种看法。不难看出，这是卢梭的托辞，因为日内瓦眼下还有很强的宗教势力。卢梭的真实看法其实是：必须考虑在后基督教时代"纯粹的社会美德"（vertus purement sociales）如何可能的问题（［168］注，页128）。笔者颇感惊异，这不正是卢梭后来在《社会契约论》中提出的"公民宗教"的论题吗？

可以说，卢梭在这里采用了双重修辞手法，即表面上是在谈日内瓦的具体问题，实际上是在谈公民社会的具体问题。在紧接下来的一个自然段里，出现了"把我们的公民和市民集中到圣彼得大教堂"以便得出"一般决议"（conseil général）的说法（［169］，页129）。"我们的公民和市民"（nos citoyens et bourgeois）这一表达式尤其令人生疑：公民与市民的差异是什么呢？难道不是因为公民中有不少"资产者"，人民的"公意"才难以达成？

已经很清楚，这里表面上是在谈建剧院所需要的资金问题，实际上是在谈共和国既要发展经济，也必须建立道德风尚方面的"卫戍部队"（garnison），由"我们自己来守卫我们的大门"（garder nous-mêmes nos portes）。若现在回过头来看前面卢梭谈论的经济问题，其含义或意图不是更容易理解了吗？

由于卢梭不相信"我们那些聪明而又神气十足的地方官员们"（nos sages et dignes magistrats）会认识到这一点（同上），他才按捺不住，出手写了这封公开信。这让我们应该想到：这封公开信所针对的对象绝非仅仅是伏尔泰、狄德罗和达朗贝尔，更不仅仅是日内瓦共和国的地方官员或公民们。毋宁说，卢梭修辞的真正对象是整个欧洲的所有王国和公国，因为它们要么已经面临，要么即将面临"危险的学校"的问题。

卢梭甚至说到，"歪风邪气"往往是"秘密地"扩散，"由于我们鼠目寸光，秘密的歪风邪气（vice secret）还会让我们变得虚弱，迟早会把我们毁掉"。如果"我们"对"剧院的美好热忱"（un beau zèle du théâtre）没有清醒的认识，没有认识到与"剧院"对应的语词应该是"道德风尚"，那么，"我们"就不会意识到，"建剧院"的提议将会引发何种严重的政治后果（[170]，页129—130）。

卢梭笔下的自然段落通常都比较长，在这里他罕见地用了一个很短的自然段，以便让我们看清这场启蒙戏剧的后果：

> 如我在前面所说，这一设施的显而易见的首要后果将是我们的习俗的一场革命（une révolution dans nos usages），这必然会导致我们的道德风尚的一场革命。这种革命究竟是好是坏呢？现在是考察[这个问题]的时候了。（［171］，页130）

我们应该回想一下，卢梭在前文什么地方说过建剧院将会导致"一场革命"？一旦我们理清这条线索，我们就会更好地理解卢梭的这封公开信的写作目的：他不仅是为了日内瓦共和国，也是为了所有的共和国。

"中产阶级"与闲暇社会

卢梭如何来"考察"这个问题呢？

他首先说，凡"组织良好的国家"都会有一套与"政府形式"（la forme du gouvernement）相适的习俗，这有助于国家的"长治久安"。显然，卢梭说的是一条古老的政治"准则"。但卢梭随即就说，伦敦曾流行"气味相投"的"小团体"（coteries），后来却被"咖啡馆和下流场所"（les mauvais lieux）一类取代了

（［172］，页130）。

表面看来，卢梭似乎在说：伦敦有"气味相投"的"小团体"是一种习俗，"咖啡馆和下流场所"的兴起取代了这一旧习俗，其实不然。因为，卢梭说，日内瓦如今也有这类"小团体"，名称叫作"小圈子"（cercles），在那里"施行统治"的是某种"感觉和推理的腔调"（le ton de sens et de raison）。

卢梭还显得特别针对达朗贝尔说，"凭您的文章我能判断您并非不是怀着敬意来看待"这类惯用的"腔调"。如此说来，卢梭其实是在批评启蒙知识人"圈子"。这一习俗最早出现在伦敦，随后这股邪气又传到了巴黎，现在又试图染指日内瓦。倘若伏尔泰读及此处，他应该会想起自己当年写过的那封《关于英格兰的书简》。

让人迷惑的是，卢梭接下来又说，"我们这里的这种习俗很老旧"（ancien），虽然"名称并不老旧"。这话什么意思，卢梭说的老旧究竟有多老旧呢？他说在自己"小时候"，日内瓦就有这种"小团体"，但名称叫"社会"（sociétés），只不过其"形式"不是太好，活动也不"规律"。从随后的描述来看，卢梭说的是，日内瓦人为了"享乐"和"高兴"而搞的"联谊"（des liaisons d'amitié）活动，它能把"乱糟糟的社会"

（société tumultueuses）变得"更正派"，尽管其名称会被"你们"叫作"小圈子"（［172］，页130—131）。

这段说法有如"语词"迷宫，因为卢梭用了三个不同的语词："小团体""小圈子""社会"。但我们应该注意到，卢梭实际上说到两种不同的"联谊"组织，一种堕落成了"咖啡馆和下流场所"，一种则相反，它能把"乱糟糟的社会"变得"更正派"。但对于英格兰的情形，卢梭没有用"社会"这个语词，对日内瓦的情形则用上了"小团体""小圈子""社会"三个语词。

卢梭究竟要说什么呢？让我们接着往下读。他说，日内瓦的这些"小圈子"（ces cercies）不过是十来号人组成的休闲"社会"，而且这种"聚会"（cette réunion）的时间不长（不会一起吃晚饭），因为日内瓦人"喜欢与自己的家人一起生活"。这等于否定了日内瓦人有搞"小圈子"或"社会"的习俗。卢梭还说，有时"妇女和女孩子"也搞这种"社会"，不过这类"聚会"虽然未被禁止，却很少吸引男人们去，少数常去的都是"坏"男人（［173］，页131—132）。

卢梭的话有两层意思，首先，他是在讨论人们的休闲方式，即如何度过自己的闲暇时光；其次，所谓的搞"小圈子"或"社会"在日内瓦根本就算不上"习俗"，因为连男人们都很少去，即便有男人去，也会被舆论视为"坏"男人。

看来，卢梭很可能是在说现代"闲暇"的形成，它的结果会是发展出"咖啡馆和下流场所"之类的地方。不过，这里对日内瓦人的生活习惯的描述，我们切莫以为卢梭是在说**现实中**的日内瓦人的生活方式。毋宁说，它不过是卢梭用来说明**两种休闲方式**的一个"符号"。因为，卢梭接下来就说，"日内瓦中产阶级"（la bourgeoisie de Genève）的"日常娱乐"方式"质朴而且纯洁"，与其"共和国的风尚"（des mœurs républicaines）相适（［174］，页131—132）。

两种休闲方式的对比，可以理解为第二部分第1小节关于两种"生活方式"的对比论题的深化。卢梭关心的问题是：质朴的传统休闲方式会被新潮的但败坏人的休闲方式取代。由此我们才恍然，上一自然段中的那些让人迷惑费解的说法不过是要表明，新的休闲方式已经在败坏传统的质朴生活方式。

卢梭在这里说到"日内瓦的中产阶级"应该让我们想起他在这一部分开头谈的经济问题，现在看来，卢梭的意思是说，商业文明催生出的"中产阶级"生活趣味**是社会的毒瘤**。因为，当他说日内瓦人也开始偶尔聚在一起休闲时，他们喜欢"玩小小的交易游戏"（un petit jeu de commerce）。笺注家在这里下注告诉我们，这种

"游戏"究竟是怎样的不清楚,很可能是模仿银行家的一种"纸牌游戏"（[173],页131）。王子野先生把"小小的交易游戏"误译作"小型表演",完全可以理解,因为他生活的时代对"中产阶级"生活方式完全陌生,但对今天的我们来说,则司空见惯。

可见,卢梭在这一部分开始时说的"我们的特定处境",并非指日内瓦的"处境",毋宁说,他指的是如今我们所说的"现代"处境,即孟德斯鸠所预言的商业文明来临后的"处境"。同样,卢梭在前面提到日内瓦人时用了"我们的公民和市民"（[169],页129）的表达式,而bourgeois应该译作"市民"还是"资产者",对我们来说一直是个问题。现在看来,这个语词的恰切含义是"中产者",而我们现在能够理解这个语词,仅仅因为如今我们已经有了大量的bourgeois,并被视为社会成长的标志。

由此我们见识到卢梭的言辞何等含糊,机关妙道甚多,这既增加了我们阅读《论剧院》的难度,也提醒我们不能简单看待这封公开信,尤其不能当作过时的戏剧理论书来读。

既然如此,我们值得问:卢梭为何要说得如此含糊其辞?他恐惧"中产阶级"吗?肯定不是。可以设想,卢梭是古典式的立法者,他会考虑到:随着科技的发展,尤其是人类进入商业文明时代后,劳动者的劳动强度会大大减弱,人世生活会有更多的闲暇时光,如此一来,如何享有闲暇就会成为生活中突出的问题。但卢梭不可能对"中产者"们谈这类问题,因为他们不会关心社会的道德品质,只会关心自己的种种自由权利。由于卢梭只能对少数理应承担立法责任的人谈这个问题,而谈论的方式又不得不是公开的,卢梭就不得不用闪烁其词的修辞。

卢梭接下来说:

> 要是您再问我,若废除掉小圈子会有什么坏处……不,先生,哲学家不应该提出这样的问题。这是女性或年轻人谈论的话题,他们会把我们这个小圈子看作一伙卫士,而且相信[自己已经]感觉到那股烟草味儿。无论如何,必须得回答这个问题,因为,这一次,尽管是我自己写信给您,我也是为人民而写的,而且毫无疑问看起来就是如此,但这是你强制(avec forcé)我[这么做]的。([175],页132)

这里出现了又一个"小圈子",卢梭说它是"一伙卫士"(corps de garde,或译"卫士团体")。我们很容易想到柏拉图《王制》中的"城邦卫士",因此,这段话的含义不难理解。但"女性或年轻人"感觉到"我们这个小圈子"充满"烟草味"(l'odeur du tabac)是什么意思呢?笺注家们对此没有给出解释,卢梭随后说了下面这段话,尽管"烟草味"的含义仍然费解:

> 我首先要说,如果烟草味是一种坏东西,那对于要继续做自己好东西的主人并高枕无忧的人来说,它就是再好不过的东西。不过,我已经忘了我不是在为达朗贝尔写信,我必须得用另一种方式来解释自己。([176],页132)

既然笺注家没有解释"烟草味"在这里的含义,我们就不妨按常识来理解:对于不抽烟草的人来说,烟草味难闻且呛人,当然是"一种坏东西",而对于喜欢抽烟草的人来说,自然是"再好不过的东西"。对不同类型的人来说,同一种东西有好坏之别,这很自然。在这里,不同类型的人指城邦卫士与"女性或年轻人"。我们很容易想到:城邦卫士应该知道什么东西对人有害还是有益,但"女性或年轻人"则未必会知道,也没有兴趣去问这类问题。

我们还可以进一步设想:城邦卫士要管制城邦公

民的闲暇,而最容易享有闲暇时光的是"中产者"家庭的"女性或年轻人"。倘若他们觉得城邦卫士的"烟草味"呛人,我们对此有什么可奇怪的呢?卢梭在这里说,他"也是为人民"写这封公开信,甚至已经忘了是在给达朗贝尔写信。言下之意,他要对"女性或年轻人"说话,因为他们是"人民"中的重要成员。

情形真的如此吗?无论如何,接下来的8个自然段([177—184],页132—140)的确让人觉得云山雾罩。

有趣的是,烟草味与城墙的隐喻意味相似,烟草味相当于城邦的护城墙,隔开的是**不属己**的人和物。女人和年轻人之于哲人团体,近似外邦入侵者之于城邦。这里呼应了前文提到的那条难解的注释中那个"堡垒"的隐喻([167],页127)。

让我们简要回顾一下自第三部分以来的线索。卢梭首先说,凡"组织良好的国家"都会有一套与"政府形式"相适的习俗,它有助于国家的"长治久安"。随后,卢梭大谈"小团体"或"小圈子",我们可以设想,卢梭实际上要说,凡"组织良好的国家"都会有一个"小圈子",即守卫国家的城邦卫士。但是,在商业文明来临后,这个"小圈子"的品质蜕变了,在那里"施行统治"(régner)的是某种"感觉和推理的腔调"——启蒙哲学的腔调。用今天的话来说,城邦卫士都成了"中产阶级分子",他们必然会带来某种新的"感觉和推理的腔调"。

倘若如此,卢梭在这里所表达的根本关切,其实是作为城邦卫士的"小圈子"的政治德性品质的蜕变问题。情形是否如此呢?让我们看卢梭接下来怎么说。

何谓"小圈子"

卢梭这样开始他的"另一种[表达]方式":

> 让我们跟从自然的训诫,好好想想社会的好处:我们觉得,两性应该时不时地聚在一起,而平常则应该分开生活。([177],页132)

卢梭说他在前面说过这个话题,但当时说的是男女分开生活对女人有好处。现在他要说的是,分开生活对男人也有好处。

我们需要注意到这里出现的两个语词:首先是"自然的训诫"(les indications de la Nature),这意味着,卢梭要说的是自然正确的道理。第二,所谓"社会的好处"(le bien de la société)这个表达式看起来寻常，其实未必。因为前面刚刚说到，"社会"与"小圈子""小团伙"几乎是同义词。再有，"自然"与"社会"在我们看来不是一对矛盾语词吗？

卢梭紧接着说：

> 我刚刚说的是与女人的关系，现在我要说的是与男人的关系。[男女]过从甚密，男人的感受与女人的一样多甚至更多。女人会丧失风尚，而我们也会同时丧失我们的风尚，而且还有我们的体性。（[177]，页133）

表面看来，卢梭说男人若与女人相处太多，会容易变得女气，其实未必。在这段话中，好些语词显得蹊跷，或者一语双关。首先，"过从甚密"（trop intime commerce）这个表达式包含"商业"一词；第二，卢梭随后把"男人"换成了"我们"，而"我们"指谁不清楚，若与上文联系起来看，应该指"我们这个小圈子"即"一伙卫士"；第三，"我们"与女人"过从甚密"不仅会丢掉"我们的风尚"，还会丢掉"我们的制度"（notre constitution）。

如果我们的识读没有错，那么就可以确定：卢梭在这里说的不是一般"男人"的风尚问题，而是**特殊男**

人即城邦卫士的风尚。不妨设想，如果城邦卫士与女人"过从甚密"，变得女里女气，那么，城邦会出现什么样的宪制原则呢？

卢梭说，他考虑的正是这样的问题："在像我们这样的国家里"，"男人的蜕化"（dégrade l'homme）绝对是个大问题。因为，我们的国家是"共和国"（une République），而在"君主统治"（un monarque gouverne）下，男人变成什么样其实没什么所谓，因为他们不会成为统治者（［178］，页133）。

这不就是卢梭在第三部分开头说的"特定处境"吗？我们难道能说，这里的"共和国"仅仅指日内瓦？显而易见，卢梭预感到，随着商业文明的到来，"共和政体"将成为普遍的追求对象。这并非是卢梭的独家之言，其实孟德斯鸠的《论法的精神》通篇都在讲这样的道理。但他偏偏没有讲卢梭在这里关心的问题：城邦卫士的体质若"蜕化"该怎么办。事实上，无论孟德斯鸠还是伏尔泰，他们自己就体现了这种"蜕化"，丧失了"我们的体性"。

孟德斯鸠在《论法的精神》中喜欢古今对比，卢梭同样喜欢古今对比："古人们"（les anciens）喜欢"生活在户外"（vie en plein air），要么做"自己的事情"（leurs affaires），要么在广场"规划国家大事"

（réglant celles de l'État）。其实，他们的"自己的事情"除了"规划国家大事"，不会有别的。这些活动当然不会有女人参加，仅仅是有需要时，这些男人才会去找她们（［179］，页134）。

至于"我们"呢？卢梭说，现在流行一种"完全相反的生活方式"（des manières toutes contraires）。注意卢梭说的是"我们"，而"我们"是一个特别的"小圈子"。但从卢梭的描述看来，所谓"我们"倒像是狄德罗或伏尔泰的生活方式（同上）。

卢梭用了颇长的篇幅来对比"古代男人与今天的男人的力量"（la force），他得出的结论是：罗马人"活出了男人"（vivaient en hommes），而"我们却在懒散的生活中丧失了我们自己"。卢梭没有说，这种差异是怎么来的，但我们能够从前面所谈论的话题得知，导致现代的城邦卫士心性"蜕变"的原因是*商业生活*，正是这种生活方式让"我们"变得"依赖女性"（la dépendance du sexe）（［180］，页135—136）。

已经很清楚，卢梭在这里谈的是城邦卫士这个"小圈子"的*德性品质*问题，我们没必要用如今性别主义或女权主义的观念来批判卢梭的言辞，因为他并不是在谈论今天社会学意义上的性别问题。正是出于对城邦卫士的政治德性品质的关切，卢梭在这里才说：由于男人成了女人的附庸,女性的"趣味"才开始占支配地位。他在这里还下注说,这"决定了我们这个时代的趣味",并以"我们的天才们"和"我们的写作"为例来证明这一点,明显直指伏尔泰和狄德罗([181]及注1,页135—136)。

这些言辞在今天看来多半属于"政治不正确",但正如笔者已经指出过的那样,这恰好证明卢梭的论断有预见性。

卢梭最后说到心性"蜕化"的城邦卫士在"爱情"中的表现:他们无不黏黏糊糊,拖泥带水,心软得不行。值得注意或者说让人费解的是,卢梭在这里突然说:"至于说到我自己,我简直没法设想"……他没法设想自己会像心性"蜕化"的男人那样在"爱情"中如此表现([182—183],页137—138)。

接下来卢梭又回到了"我们小圈子"这个话题:

> 我们小圈子在我们中间倒还保留着某些古代的风尚的意象。在自己的圈子里,男人没必要把自己的思想降低到女人能理解的水平,把理性打扮得温文尔雅,可以无拘无束地谈论重大和严肃的事情,不惧怕被人嘲笑。他们敢于谈论祖国和美德,不担心被讥笑为陈词滥调。他们敢于做自己(être soi-même),不

去适应饶舌者的准则。（[184]，页139）

显然，这个"我们的小圈子"与前面说的"我们的小圈子"不同，卢梭在谈论两类不同品质的小圈子。其实在任何时代，都存在两类品质不同的"小圈子"。

我们值得再次回顾自第三部分以来的线索："组织良好的国家"要"长治久安"，离不了一个身为城邦卫士的"小团体"或"小圈子"。随后卢梭让我们看到，如今这个"小圈子"的品质蜕变成了"女性的附庸"，在那里"施行统治"的"感觉和推理的腔调"如何女性化，似乎类似今天所谓的"圣母"心态。所谓"把自己的思想降低到女人能理解的水平"不过是一种比喻，意为"我们"都成了"普世价值"的"饶舌者"。

通过"至于说到我自己"（pour moi），卢梭引入了另类城邦卫士"圈子"，看来卢梭把自己也归为这类"圈子"中人。由于这个"圈子"还"保留着某些古代的风尚的意象"（quelque image des mœurs antiques），卢梭立场鲜明地让自己站在了古代的城邦卫士一边。与古人同一阵营意味着，不会"把自己的思想降低到女人能理解的水平"。这何尝不是告诫任何时代的"我们"不要自觉自愿地成了"女性的附庸"，臣服于女性化的"感觉和推理腔调"。

尤其重要的是,这个"我们小圈子"作为**古典式的**城邦卫士"敢于谈论祖国和美德",而非像如今的"我们"那样,要么不敢坦然地公开谈论祖国和美德,**害怕被贴上"派别"的标签**,要么讥笑谈论祖国和美德是缺乏"独立之精神,自由之人格"。

读到这里,我们大概已经领略到,在这封公开信中,所谓"我们"的含义何其含糊又何其明晰。如何理解"我们",首先要看文本的具体语境,但最为重要的是,我们自己愿意让自己置身哪个parmi nous[在我们中间]。这让笔者想起柏拉图的《普罗塔戈拉》中那些尾随在不同思想哲人身后的跟随者们,选择跟随智术师普罗塔戈拉,还是智慧的苏格拉底,端赖"我们"凭靠各自天性的抉择。[1]

随后,卢梭又开始重复两性话题,他大谈男女在两性关系中的表现。换言之,在这个(以及此前的好些)自然段里,卢梭让"谈论重大和严肃的事情"(discours graves et sérieux)与谈情说爱的事情交织在一起。毫无疑问,如此笔法是卢梭有意为之,现在我们必须问:这

---

[1] 参见《普罗塔戈拉》314e2—316a3,施特劳斯疏,刘小枫译,前揭,页28—31。

是为什么呢？

我们值得回想前面那个显得有些突兀的自然段，卢梭在那里突然说：

> 要是您再问我，若废除掉小圈子会有什么坏处……不，先生，哲学家不应该提出这样的问题。这是女人或年轻人谈论的话题，他们会把我们这个小圈子看作一伙卫士……这一次，尽管是我自己写信给您，我也是为人民而写的，而且毫无疑问看起来就是如此……（［175］，页132）

经过差不多10个自然段后再来回味这段话，我们会想到什么？首先，废除掉城邦卫士这个"小圈子"的呼声，在今天越来越高。诡异的是，这是原本属于哲学"小圈子"成员的**公民哲学家**们在呼吁。第二，卢梭宣称自己也是"在为人民写作"。这同样让我们会感到费解，因为，卢梭接下来讲的是城邦卫士的政治品质这一"重大和严肃的事情"。"人民"会关心这样的问题吗？"女人或年轻人"才会谈论"废除掉小圈子"这样的问题。

卢梭引出古典式的城邦卫士与新派"小圈子"的对比后，我们才明白过来：所谓"为人民写作"不是指写给"人民"看,而是指"为了人民"的福祉和风尚而写作。卢梭对达朗贝尔说,"这是你强制我〔这么做〕的"(〔175〕,页132)。这话的含义是:你们这帮"小圈子"的"蜕变"迫使我不得不站出来"谈论重大和严肃的事情",而且"敢于谈论祖国和美德","不惧怕被人嘲笑"——在今天则应该说不惧怕遭人谩骂和帖标签。

读到这里,卢梭在这一部分开始时说到日内瓦的防御时用的"卫戍部队"一词的真实含义才昭然若揭。以"我们小圈子在我们中间倒还保留着某些古代的风尚的意象"这个句子开头的那个自然段,卢梭说过真正的男人应该怎样对待女人后这样结尾:

> 说到底,这些正派而又纯洁的建制聚合起来的一切,能够把朋友、公民、士兵形塑成正派而又纯洁的人,并因此而更好地适宜于自由的人民。(〔184〕,页140)

这话难道不可以理解为卢梭对公民社会的看法?倘若如此,那么,由于"正派而又纯洁的建制"(ces honnêtes et innocentes institutions)明显指古典式的城邦卫士"圈子"。我们可以有把握认为,在卢梭看来,这个"圈子"应该是共和国的中坚,在基督教时代过去之后,将由他们来承担"形塑"(former)"自由的人民"(un peuple libre)的责任。

两种类型的城邦卫士

由此来看接下来的三个自然段,也就容易理解了。初看起来,这三个自然段显得十分费解,因为卢梭在这里猛烈抨击所谓"女人社会"(les sociétés des femmes),似乎他是在攻击沙龙女性。其实,我们应该想起,在"小圈子"话题刚刚出现时,卢梭说到日内瓦的"小圈子"的名称叫作"社会"。此后这个语词就在行文中消失了,直到这里才重新出现。

现在我们能够看出来,所谓"女性社会"并非真的指向沙龙女性圈,而是指"女性化"的城邦卫士"小圈子"。因此,我们看到,卢梭指斥这些"女人社会"是传播社会流言和制造社会舆论的主要源头。在卢梭看来,这类"女性化的"城邦卫士的政治品质极为恶劣,其表征是虚假、精细、阴暗和造作([185],页140)。

接下来他还把这种"小圈子"称为"严厉的旁观者"(ces sévère observatrices),并与古罗马的"检察官"比较,有意思的是卢梭用了"她们"(elles)来指称这类人,这让我们能够更好地理解某种公民社会中的精英知识分子"圈子"的形象:这些女人气十足的"严厉的旁观者"以批评政府为志业,显得是在为社会主持公道。然而,这些长舌妇式的阴阳怪气的碎语,只不过是些对社会毫无建设性的意见。

卢梭敏锐地指出,正因为人们"惧怕"(la crainte)这类"严厉的旁观者",公民社会才出现了太多"公共丑闻"(scandales publics)。卢梭甚至说,"卑鄙的告密者代替了有自我牺牲精神的公民",我们不禁感到惊诧([186],页140)。因为,这话听起来离当今西方社会的现实太像了:卢梭多像是对我们的时代发言!

针对这种共和状况,卢梭作为古典式的城邦卫士"小圈子"的成员不仅沉着镇静,而且大义凛然,他说:

> 对于女人社会里流传的那些闲言碎语大可不必惊慌。让她们去诽谤别人吧,愿意说多少就说多少,但总有一天会说到她们自己头上去的。真正败坏了的女人不能长久维持这种生活方式,不论她们如何喜欢诽谤,她们总想和男人一起诽谤。([187],页141)

一旦把这里的"女人社会"读作新派"小圈子",那么,这些言辞就不难理解。毕竟卢梭并不认为,作为新派"小圈子"的"女人社会"成员的天性有多坏。毋宁说,她们天性平平,属庸常之辈,最大的问题在于,她们在天性上有别的*道德缺陷*。

卢梭紧接着就说,"男人圈子"(les cercles d'hommes)固然也有自身的"欠缺",但人世却离不了这种人,因为他们绝不"混淆[自然的]善和恶"(melange de bien et de mal),这意味着要区分最为基本的正确和错误([188],页142)。反过来看,"女人社会"成员的道德缺陷就是*不辨自然的善恶*。

有意思的是,无论是说到"女人社会"还是"男人圈子"时,卢梭用的都是复数形式,这再次表明卢梭并非仅仅在谈论日内瓦的政治现实,莫若说他在谈论当时的伦敦和巴黎等大城市,这些启蒙风潮中的西欧城市有着各色各式的"圈子"及"女人社会"。

值得注意到,卢梭在对比两种不同的*自发组织*时,分别用了"社会"和"小圈子"这两个不同的语词,这是为什么?接下来的一个很短的自然段也许能够提供解释:

> 同一个国家的公民们,同一个城市的居民们都不是隐士;他们不能总是独居且分散地生活;即便有可

能做到，也不应该去强迫他们这样做。只有最为胆怯的专制（despotisme）才会在看到七、八个人聚在一起便吓得要死，总是害怕他们在翻来覆去谈论自己的苦难。（［189］，页143）

由于这里出现了"隐士"（des anachorètes）这个语词，难免让人想到狄德罗对卢梭的那句让他耿耿于怀的批评。也许为了避嫌，卢梭没有用"孤独"这个语词，而是用"独居且分散地生活"（vivre seuls et séparés）这个表达式。卢梭在回忆洛夏岱尔的山民共同体时，用了同一个表达式。

如果我们可以把这段话看作对狄德罗的回答，那么，所谓"女人社会"与"小圈子"的名称差异也就不难理解了。狄德罗强调"社会"，卢梭则强调"独居且分散地生活"，但这不等于与世隔绝，而是为了更好地观察人世，这是一个古典式城邦卫士的身位。相反地，狄德罗虽然强调不要脱离"社会"，却让自己堕落为女性化"感觉和推理的腔调"的塑造者。

如果我们的识读没有错，那么，我们可以把这段言辞理解为一种提示，正如前面那个从字面上看针对达朗贝尔的"您"的言辞（第175自然段），就是一种提示。换言之，卢梭接下来要推心置腹地对狄德罗表达自己对

他的启蒙"小圈子"的看法，因为，狄德罗毕竟是巴黎启蒙知识人圈子的头领。卢梭说，

> 在像我们这样的城市里，能把那些个别人聚起来的所有交往形式中，小圈子无疑最可靠、最为合理、最正派、最不危险，因为它既不想也不会偷偷摸摸，它是公开的、得到许可的，而且循规蹈矩绝不乱来。（［190］，页143）

这段话更像是卢梭对狄德罗的巴黎圈子的一种期待，至少，启蒙友人的小圈子在当时并非秘密组织。但它是否"最可靠、最为合理、最正派、最不危险"，是否"循规蹈矩，绝不乱来"则另当别论了。与我们的想法不同的是，他所谓的"最不危险"指的不是这种"圈子"自身受到当朝审察机构的盯梢，卢梭更多考虑的是这种"圈子"会对公民社会本身带来何种"危险"。他紧接着就说：

> 不难证明，那里仍然可能在各种不同的情形下滋生出流弊，或者甚至产生更大的流弊。在破坏一种现成的习俗之前，应该好好权衡一下：拿什么去代替它！假如有谁能提出建议，而它实行起来不会

引起任何流弊,就让这提议通过,然后随即解散圈子。祝您成功!([190],页143)

卢梭先说可能"滋生"(naîtraient)流弊,然后说可能"制造"(produiraient)流弊,前一种情形是这种"圈子"与生俱来的"流弊",后一种情形是这种"圈子"人为制造的"流弊",从而是更大的"流弊"。什么"流弊"?狂热地一门心思要"破坏一种现成的习俗"(détruire un usage établi)!

这不是卢梭对狄德罗说的推心置腹的话吗?卢梭仿佛在告诉昔日挚友:我为什么会退出你们的启蒙"圈子"隐居乡下?并非我们之间的友情有变,仅仅是因为你主导的圈子毫无审慎,一门心思搞启蒙,毫不考虑不计后果的代价是什么。你深思熟虑过拿什么来代替自然的政治正确吗?

卢梭接着说:

所有的无节制都是不良习气,尤其是那种让我们丧失我们最为高贵的才能的无节制。([191],页143)

这里连续两次出现"我们"一词,真是语重心长。

五 公民社会的道德难题

令人困惑的是，卢梭突然转向酗酒问题，大谈酗酒的人如何无节制：饮酒前，他们大都平易近人、亲切和气，而且"差不多全是善良、正直、有正义感、诚实、勇敢而且正派的人"。卢梭几乎把所有的自然美德都用来描述这些人饮酒之前的状态，唯独没有提到节制。这无疑是在提醒这些人太不节制，他们身上那些自然美德会随着酗酒而全部丧失。

卢梭表面上谈饮酒没有节制的害处，实际上指向启蒙"圈子"的思想缺乏节制。卢梭在注释中提到了柏拉图《法义》中的一个例子，以此说明"在清醒状态下打坏主意"，远比在醉酒状态下干坏事更坏（［191］注1，页144）。卢梭对启蒙精神的批判，不是从某种哲学观念出发，而是从常识道德或政治的道德常识出发。我们看到他接下来说：

> 做头脑清醒和老实的人，不单单是对自己好，对社会也好。因为，凡道德上的坏（mal en morale），在政治上就更坏（mal encore en politique）。可说教者止于个体的恶（mal personnel），而地方官员又只看到［恶的］公共后果，前者关心的只是人所不能达到的道德完善，而后者又只关心可能达到的国家福祉。（［192］，页144—145）

在这个段落里，卢梭随后又比较了年轻人酗酒与老年人酗酒的差异，其含义显得费解。但如果我们想到如下两个相关点，那么，要理解这段言辞至少会容易得多。首先，我们应该再回想起前文那句看似针对达朗贝尔的话：

> 要是您再问我，若废除掉小圈子会有什么坏处……不，先生，哲学家不应该提出这样的问题。这是女人或年轻人谈论的话题，他们会把我们这个小圈子看作一伙卫士……（［175］，页132）

卢梭实际上想说的是，真正的哲学家圈子本应与"女人和年轻人"隔离，但是时代的风习变了，女人与年轻人反而成了这些圈子中的焦点人物。要么这些圈子不是真正的哲人圈子；要么"女人和年轻人"为了败坏哲人圈子而加入，目的是取消这些将他们隔离在外的哲人圈子。对于这类不适宜进入哲学的灵魂类型，卢梭故意对他们说：祝您成功！

故而，关于"女人"话题，卢梭通过谈论"女人社会"来呼应；关于"年轻人"话题，卢梭通过谈论"饮酒"来呼应。无论"女人"话题还是"年轻人"话题，实际上都是寓意修辞，即寓指巴黎的启蒙"圈子"的政治道德品质。

第二，我们应该想起柏拉图《王制》的开篇，那里首先出现老年人与年轻人的对比。这意味着，在讨论城邦卫士的教育问题之前，必须考虑一个**常识性问题**：年轻人的自然特征是，他们有**自己变坏和被人带坏**的可能性，但是对于老年人来说，这两种可能性都太迟了。

由此来看卢梭的下面这段话，也就不难理解了：

> 酒对年轻人的诱惑力没那么大，也没那么容易影响他们；热血使他们产生别的欲望。在只靠激情点燃一切的年纪，理性刚萌发就变质了，一个尚未被驯服的人、在受法律约束之前就已经不受管教。但是，让半凝固的血液找到有助于激活它的东西，让一种良性饮料代替那已失去的精神。当一个老年人滥饮这种甜蜜的药剂时，他已经是在执行自己对祖国的天职，他被夺去的只是自己废弃的余生。当然，他可能在犯错：因为在他离世以前就不再当公民了。（［192］，页145）

卢梭在注释中引用了柏拉图《法义》中的例子，表明他对这部古典要著下过功夫，而且服膺其中的道理。卢梭讲这类常识隐含着对自己的启蒙友人的**劝诫**：你们没有意识到"道德上的坏"的**政治后果**，或者反过来说，政治上的坏会导致可怕的道德之坏：启蒙哲人的根本问题是无视政治常识和道德常识。因此，紧接上面这段话，卢梭几乎用痛斥的口吻说：

> 但是，另一个甚至还没开始成为公民；相反，他让自己一下子成了公敌（l'ennemi public），经他的同伴的引诱，让自己败坏的道德成为榜样并产生影响，重要的是，为了使他的行为具有权威性，他没少去散播有害的道德（la morale pernicieuse）。（［192］，页145—146）

此处值得回忆起，卢梭此前在［78］段中曾引用贺拉斯的名句，那位受到庇拉引诱的稚气少年男子，他全然"不知风的反复无信"，受到虚假爱情幻象引诱的年轻人正在为自己招来灭顶之灾。这些虚幻爱情如同海伦的忘忧"药酒"，基尔克的幻术，让有为青年丧失自我，忘却了现实责任，忘却了人之为人的职责和担当。

可见，就饮酒是帮助老年人恢复活力的药剂而言，年轻人并不需要这类外在的刺激，因为他们正处于朝气勃勃，热情洋溢的年岁。一旦年轻人的激情受到坏人的撩拨，就会走向极端。可悲的是，这些年轻人构成的知识人"圈子"却不清楚自己的道德品质已经败坏,还以为自己在为公民社会树立榜样:正如在第78段中,卢梭提到的那个被引诱得失去自我的青年还以为自己是"一名智者"。

卢梭随后就说,"游戏的激情(la passion du jeu)滋生更危险的流弊"([193],页146)。从言辞表面看,这似乎与启蒙知识人"圈子"没什么关系,其实,卢梭在告诉狄德罗,他精心营造的"圈子"鱼龙混杂,泥沙俱下,什么人都有。因为卢梭接下来就说:即便"小圈子"有"自己的缺点",仍然值得保留,"因为,这些缺点不属于小圈子,而属于构成小圈子的那些人"([194],页146)。

卢梭以此结束了他关于"小圈子"的话题,我们已经看到,他要揭示的事情实在过于严峻和重大,因为这事关城邦卫士这种灵魂类型的败坏。我们不难设想,要把这个严峻的道理讲给巴黎的启蒙"小圈子"听,还要让他们多少有所理解,不仅很难也很危险。正因为如此,卢梭的修辞不得不看似絮叨,而且离题很远。

尽管如此,卢梭在结束关于"小圈子"的话题时仍然说了两句语重心长的话。第一句话是:尽管没有任何缺点的"完善"的"社会生活"只会是一种"空想"(chimère),但我们还是要"按照人的天性和社会制度"寻找尽可能更好的社会生活（［194］，页146）。

第二句话是对启蒙"小圈子"的呼吁："请想想，守卫良风美俗比终止坏风俗要容易得多。"这里出现的"守卫"（garder）一词呼应了前面出现的"一伙卫士"（corp de garde）一词，尤其呼应了第三部分开始时说到的"卫戍部队"（garnison）。现在我们已经清楚，卢梭在那里说"我们自己来守卫我们的大门"（garder nous-mêmes nos portes），指守卫共和国公民社会的道德风尚大门。

至此，卢梭对巴黎的启蒙"圈子"上演的启蒙戏剧的批判，最终落脚在城邦卫士的论题上，而我们知道，这也是柏拉图《王制》的基本主题。

教育年轻人为何是公民社会的核心问题

卢梭随后回到了"剧院"话题：若日内瓦引进"戏剧"，仅需两年时间，"一切都会乱套"。现在我们能够理解，所谓"戏剧"寓指巴黎的启蒙"圈子"搞的启蒙戏剧，而"乱套"的含义则与今天所谓"动乱"（bouleversement）是一个意思：社会组织解体，男女道德堕落，纯洁的古风习俗被奢华之风取代（［195］，页147）。只不过我们切莫把这里说的"日内瓦"仅仅理解为实际的日内瓦,毋宁说,它寓指所有的传统政治体。

卢梭紧接着就明确说道:

> 不必遮掩,这些意图是正直的,但风尚趋于败坏已然明显可见,而且我们现在已能追踪我们担心其境遇(le sort)的那些人民的长远轨迹"。([196],页147)

卢梭所担心的"人民"(des mêmes peuples)是复数形式,可见他关怀的是欧洲的"天下",而非仅仅是自己的出生地日内瓦。卢梭还说,自己最为忧虑的是年轻人的教育:

> 人们向我担保,年轻人的教育普遍来讲比以前好得太多;然而,这不大可能得到证实,除非它教育出较好的公民。([196],页147)

这段话有两点值得注意:首先,卢梭在这里强调了"我";第二,卢梭强调,共和国的未来最为重要的问题是如何教育年轻人成为"较好的公民"(meilleurs citoyens)。这不是在预示后来《爱弥儿》的主题吗?换言之,年轻人的教育问题才是卢梭的公民哲学问题的核心。

这个问题绝不能用一个国家搞普及教育的程度来衡量，更不能用"升学率"及其"就业率"来衡量。谁要用诸如此类的数字来向卢梭证明，一个共和国的教育水平如何如何好，他作为一个城邦卫士会感到可笑。如果卢梭生活在今天，那么，他绝不会认为，美国如此发达、如此普及、如此之多的大学教育能够证明美国的道德风尚没有趋于败坏。布鲁姆的《封闭美国精神》与其说表明了他是施特劳斯的学生，不如说证明了他是卢梭的学生。[①]

卢梭接下来说的是"儿童"教育，这与《爱弥儿》从儿童教育说起没有什么不同。令人费解的是，卢梭在这里仅仅讲到孩子粘恋母亲太久的恶果，或母亲让儿子"成天待在身边"的恶果：这些恋母的儿子们追仿的是"自然没有赋予他们"的女人的妩媚（［196］，页148）。

若我们还没有即刻忘记卢梭在前面关于"女人社会"的那些说法，我们就能体会到，卢梭在这里关心的并不是我们意义上的普及教育，毋宁说，他关心的是"城邦卫士"的教育：在共和时代，如何培育出有公民

---

① 参见布卢姆，《美国精神的封闭》，战旭英译，冯克利校，南京：译林出版社，2011。

政治德性的城邦卫士,才是公民社会的首要严峻和重大的问题。这反过来有助于我们理解,《爱弥儿》并非是写给母亲们看的"育儿指南",它实际上是在讨论公民社会的"城邦卫士"乃至立法者如何可能的问题。①

事实上,如果我们对《爱弥儿》多少有些熟悉的话,那么我们就不难看到,卢梭在接下来的两个篇幅不长的自然段所讲的东西,已经预示了《爱弥儿》的核心要点([197—198],页149)。我们必须注意到卢梭此处结尾的两句话:

> 一旦丢掉了那种我们已经获得的风尚,我们就不能夸耀在保守我们的自由。([198],页149)

"保守"(conserver)这个语词与"我们的自由"连接在一起,听起来就像是如今所谓"保守的自由主义"。问题在于,这里的"我们"指谁?从前面的文脉来看,它只会指卢梭所说的古典式的"我们小圈子"。从而,"我们的自由"(notre liberté)就绝不会是如今我们所说的那种保守自由主义的"自由",更不可能是

---

① 参见刘小枫,《〈爱弥儿〉如何"论教育":或卢梭如何论教育"想象的学生"》,见氏著,《比较古典学发凡》,前揭,页132—160。

公民自由主义的"自由"。莫若说,施特劳斯的《什么是自由教育》和《自由教育与责任》才准确地解释了这里所说的"我们的自由"。[①]显然,施特劳斯所阐述的道理既不是保守的自由主义,也不是公民自由主义,而是"古典式的自由主义"。

2 财富不平等与道德秩序的倾覆

随后,卢梭又重提演员的话题。我们已经见识过他回到日内瓦的话题或回到"戏剧"的话题,结果我们看到,他谈的都是痛批启蒙戏剧的话题。这次他真的会回到"演员"话题?

我们不妨再回忆一下卢梭讨论演员的位置:首次讨论演员的位置在第128自然段(页98):卢梭用了9个自然段考察演员的总体德性,结论是:"若想不腐蚀其余的人,演员应当比其他人有更高尚的情操"([136],页106)。随后卢梭第一次中断了对演员德性的讨论,相隔20个自然段([137—156],页106—119)后,卢梭

---

① 参见施特劳斯,《古今自由主义》,叶然等译,上海:华东师范大学出版社,2019,页1—33;义疏参见刘小枫,《以美为鉴:注意美国立国原则的是非未定之争》,北京:华夏出版社,2017,页153—160;162—210。

回到了演员德性的问题，用5个自然段（［157—161］，页119—122）严厉批评女演员腐化堕落的生活作风，正如我们已经看到的那样，他实际上谈的是启蒙哲学家的德性品质问题。

经过前面关于城邦卫士"小圈子"的长段讨论，我们可以预料得到，卢梭不可能回到戏剧演员的问题上来。果然，他这样说道：虽然"他们假定会成功"而我认为不可能，但若他们真的成功的话，那么，

> 我发现这种成功将会冲击我们的制度，它不会间接地冲击我们的风尚，还会直接打碎那种应该支配一个国家的不同部分的平衡，没有这种平衡，整体无法保持稳定。（［199］，页150）

卢梭虽然说要回到"我们的演员"问题，但这里并没有出现"演出"这个语词，现有的中译本添加"演出"二字是想当然。卢梭的说法让我们清楚看到，他说的是启蒙戏剧的*政治行为*会有何结果。

绝妙的是，卢梭说回到"我们的演员"后马上就改为"他们假定会成功"。换言之，卢梭马上把"他们"从"我们"中区分出来。狄德罗如果敏感的话，那他一定能品味出其中的含义。

卢梭认为"他们假定会成功"的这一预测绝不可能成为现实。然而，卢梭错了。历史证明"他们假定会成功"现在真的成了我们生活的现实：不仅"冲击［了］我们的风尚"，还"打碎［了］那种应该支配一个国家的不同部分的平衡"。正因为如此，我们才会面临种种所谓"后现代"问题。

尽管如此，为了更好地认识我们今天的处境，我们确实应该认真看看卢梭怎样预判巴黎的启蒙"小圈子"获得成功的后果。

卢梭说，他接下来仅仅会谈一些对大多数人最有说服力的例子，即国家的经济秩序问题。

> 在我所能举出的许多原因之中，我只选择对大多数人最有说服力的一个，因为它将自己限制在考察利益和金钱之上，对于俗众而言，他们如此看重这些，远甚于道德产生的后果，因为他们既看不到道德后果的来源，也看不到它对国家命运的影响。（［200］，页150）

"俗众"（vulgaire）这个语词很刺眼，因为，它在这里是"绝大多数人"（plus grand nombre）的同义词。我们知道，在这封公开信之前写就的《论不平等》和之后的《社会契约论》中,卢梭虽然对多数人与少数人的区分相当严厉,但又似乎有意掩盖这种区分。这里的"大多数"让我们联想到卢梭在这里说到的剧院后排座位(la parterre)的观众,这些普通民众对于事物没有正确的判断能力,容易被激情控制。

从表面上看,卢梭在这里说起了"演戏"与"税收"的关系,但他实际上谈的还是第三部分伊始就提及的商业化生活方式带来的财富分配"不成比例"的问题:演戏固然会让国家增加税收,但实际上不仅无助于政府的税入,而且税收的"分配绝不是按收入多少的比例来分摊"([201],页150)。

卢梭借用剧院的座位等级来展示商业化生活方式中的经济不平等:头等包厢与后座的票价悬殊,展示了社会阶层的极大的贫富差异。

> 在这种情况下,谁的酬报越少,他付出的就越多,而谁酬报越多,付出的就越少。我看不出这方面有什么崇高的正义(grande justice)可言。([201],页151)

对于商业化生活方式带来的大问题,卢梭首先关切的是经济不平等。所以,卢梭在这里下了一个注,揭示剧院对政治社会结构的模仿：富有观众与贫困观众在同一场合出现，引发了穷人对富有阶层生活的无比艳羡，而民众内心对财富和特权的欲望被激发出来且无限膨胀，以至于他们渴望向富有奋力靠近。但是，剧院的前排有限——这意味着社会资源有限，轻率地许以不切实际的目标和幻想，会使得社会陷入重重危机。剧院看似正义，实质上是社会不平等状况的集中展示：观众通过座位的远近分区就能轻易地辨识出阶级等级的严格区隔，从而对自身处境产生怀疑和不满，这等于捅了政治社会的马蜂窝。

卢梭预见到直到今天仍然让任何一个国家都会感到头疼的贫富两极分化问题。王子野先生译作"富有的观众"和"贫穷的观众"，其实原文语词并非如此，卢梭直截了当地用"富人"（riche）和"贫人"（pauvre）。可见，这封公开信以《论剧院》为题，太容易让人误读卢梭的真实意图，以至于迄今人们还没有把《论剧院》看作卢梭的**政治哲学要著**。反之，卢梭直到临逝前还在修改这部作品，可见他寄寓了多少切合时代的深切政治思考。

卢梭在这里下的第二个注释颇能让我们看清他的意图所在：

这就是为什么博丹［所说］的那些"骗子们"（les imposteurs）和公共骗子（fripons publics）们总是垄断生活必需品的经营权，不知不觉地用饥饿来折磨人民，同时又不会让富人发牢骚。倘若对奢侈品征税，哪怕稍微征一点点税，一切都毁了。但是，只让那些有钱人大大地满意了，人民的死活又有什么关系？（［201］注2，页151）

卢梭在注释中引用了博丹（1530—1596）在《国是六书》（*les Six Livres de la République*）"论财政"一章中的话："正是骗子制定了这些税法"（第四卷第二章）。卢梭意在提醒立法者务必兼顾不同阶层的利益，使国家利益的天平不至于倾斜，影响政治共同体的稳定。这正是他在前文(［199］)提到的政治平衡术："应该支配一个国家的不同部分的平衡，没有这种平衡，整体无法保持稳定。"

接着，卢梭趁机问了一个修辞性的问题："谁迫使穷人进剧院？"他自问自答地说，首先，是"那些创建剧院的人"要"引诱"（la tentation）穷人。鉴于剧院老早就有，这里所谓的"那些创建剧院的人"就是隐喻，即狄德罗的启蒙"圈子"，他们"引诱"穷人不外乎要改变他们的道德品质。

第二个"迫使穷人进剧院"的不是某些人,而是"贫穷"(pauvreté)本身,它"迫使"穷人们"不间歇地劳动"。这次用的"迫使"(condamnant)一词与"谁迫使穷人进剧院"的"迫使"(force)不同,这意味着,"迫使"人劳动的力量有性质上的差别,不可同日而语。随后,卢梭说了一句深刻的话:

> 假如所有人都同样如此,穷人就不会把没有放松休息的劳动看作是不幸;而现在劳动的人却被剥夺了游手好闲者所能享受到的消遣(récréations),这难道不残酷吗?([202],页152)

劳动是人世生活的基本自然性质,"游手好闲"反倒不是。许多自然的美德都来自人的劳动,"游手好闲"反倒滋生许多不良习气。一旦贫富差距导致穷人将自己的辛勤劳动与富人的游手好闲对比,尤其是一刻不停地辛勤劳作的人看到那些游手好闲的人反而得享消遣时,心中自然会产生不平之意,于是劳动就会被看作是"不幸"(malheureux),其结果必然是人的自然美德的地基被铲除。

基于这样的认识,卢梭谈起了政治制度的比较问题:

五 公民社会的道德难题

在我看来,从这些新的思考中明显可以看出,这种有钱才能看的现代戏剧演出到处都助长财富不平等的增长,当然,在首都不像在我们这样的小城市那样明显,但确实是真实的。倘若我认同这种不平等在一定的范围之内存在有其优势的话,那么你也得同意它当有其界限,特别是在一个小国,一个共和国里尤其如此。([203],页152)

这里出现的"戏剧演出"有"现代的"(les spectacles modernes)这个限定词让我们看到,卢梭下笔极为精审。所谓"现代戏剧演出"与其说指实际的戏剧演出,不如说指现代哲学家们发表的那些鼓吹商业化生活方式的书籍:从洛克、孟德斯鸠、伏尔泰到休谟的论著乃至卢梭在《论不平等》中痛斥过的《蜜蜂的故事》。①在卢梭看来,这些"戏剧演出"无不是在助长财富不平等。

在一个君主制度中,所有的秩序都在君主与人

---

① 曼德维尔,《蜜蜂的寓言:私人的恶德,公众的利益》,肖聿译,北京:中国社会科学出版社,2002,页81—85;比较刘小枫,《设计共和》,前揭,"代序:壬辰年祭卢梭",页5。

民之间起调节作用。某个人从这一端跳到另一端，可以说无伤大雅——因为自会有人替代他。但是在民主制中，臣民与执政官都是同样的人，只是从不同方面而言。一旦少数人在财富上压倒了绝大多数人，国家就必然会灭亡或改变政体。无论是富人越富，还是穷人越穷，哪种形式下财富的差别都会增长；这种差别超过了一定限度，就会破坏我之前所说的平衡。（［203］，页152）

这些说法看起来算不上什么高论，但卢梭在说过商业化生活方式加剧贫富差距之后再这样讲，情形就不同了。因为，伴随商业化生活方式而来的还有民主制，这意味着，政治平等的诉求会让人们把劳动看作是"一种不幸"，这必然会改变对人世生活的基本性质的看法。

让我们回想一下，卢梭在前面结束关于"小圈子"的话题时说过：尽管寻找"完善"的"社会生活"只会是一种"空想"，但"我们"还是要"按照人的天性和社会制度"寻找尽可能更好的社会生活（［194］，页146）。我们不能说，启蒙哲学家不是在寻找尽可能更好的社会生活，因此卢梭在第二部分快结束时说，他们的"意图是正直的"（les intentions sont droites，［196］，页147）。但他们考虑到"人的天性"问题吗？或者说，他们考虑到劳动对人的自然道德的意义吗?

显然,这些问题属于"小圈子"中人应该考虑的问题。由于这个"圈子"自己的德性品质败坏了,他们才不会关注这样的问题。因此,在比较君主制、共和制和民主制时,他们考虑的仅仅是谁在掌握权力或多少人掌握权力,却不会考虑政体变革所带来的道德"秩序"紊乱的问题。

卢梭进一步指出:

> 在君主制度中,任何财产也不能把个人抬高到君王之上,但在民主制中,它能轻而易举地使财产主人驾于法律之上。由此,政府丧失了力量,富人成了真正的统治者。([204],页153)

在卢梭看来,财富分配的不平等必然会"动摇共和国"的基础,这是一种"自然趋势"(une pente naturelle),而启蒙"圈子"没有意识到自己在"加速""这一连续的进程",实在是"一种极大的不明智"(同上)。

为什么是"一种极大的不明智"?卢梭接下来就说:

> 假如建剧院本身对我们有害，那么，我们从即将上演的剧本中能否得到什么好处呢？就算那些专为人民而写的剧本可能为他们带来点好处，这些好处本身对我们却变成害处，因为，我们为了训导而给与的东西，在他们看来则是监察。（［205］，页153）

要理解这段话，我们首先得记住，这里所说的"建剧院"指搞启蒙教育，所谓"即将上演的剧本"（des pièces qu'on y représente）指启蒙教育的实际内容。

其次，我们需要辨识这里所说的"我们"指谁。别说顺着上一小节所讨论的"小圈子"问题来看，即便从眼下的文脉来看也十分清楚，所谓"我们"指古典式的城邦卫士。因此，卢梭说，启蒙作家"专为人民而写的剧本"为他们带来的好处，"对我们却变成害处"：城邦卫士丧失了"训导"（instruction）人民的法权。在后现代的今天，谁都容易看到，"人民"会把任何"训导"视为危害个人自由权利的"监察"（censure）。在这里，卢梭才让我们看到随商业化生活方式而来的民主政制的根本含义。

城邦卫士也需要培育，或者说，任何政体都存在培育自己的城邦卫士问题。因此，在卢梭看来，更为严重的问题是：在民主的共和政体中，城邦卫士的德性败坏会有灾难性的后果。

> 他们教我们干什么？难道要我们生活到他们中间去或者变成他们那样子吗？他们教我们去徒劳地颂扬权力和大人物。这对我们意味着什么？难道我们由此就会更伟大和更有权力吗？（［205］，页154）

谁是这里的"我们"很清楚，指应该受到培育的城邦卫士。谁是这里的"他们"呢？很可能指启蒙"圈子"中写剧本的那些人。这意味着，启蒙"圈子"上演的启蒙戏剧取得了教育城邦卫士的法权后，这类人的命运多半会是组成一个"女人社会"，虽然他们都是男人。

城邦卫士本来是"伟大"而且"有权力"的人，因为他们掌握"训导"人民的法权，就像中国古代的儒生那样，尽管他们不是君王。现在，或者说在民主的共和政体条件下，城邦卫士已经不再有社会法权，但启蒙戏剧却让"我们"以为自己"更伟大和更有权力"（plus grands ou plus puissants），因为"我们"中的大多数人已经被教育成了"头脑简单的人"（combien de courtauds）（［205］，页154）。

卢梭随后再次提到莫里哀和拉辛,从结构上看与第一部分的话题呼应。但为什么偏偏在这时呼应?在笔者看来,卢梭的意图很可能是要揭示启蒙戏剧的根本危害在于对城邦卫士应有的激情的危害。因为,卢梭说,他们的戏剧"在勇敢和美德的假面具之下也只能欺骗我所提到过的一部分年轻人"([206],页155)。

> 我知道,人要说没有激情就会变成怪物;戏剧表演的全部兴趣都在于表现激情。人的心灵不会同情与自己格格不入的那种激情,甚至也不会同情他本身虽有而却不愿在别人身上看到的那种激情。对人道以及对祖国的爱就是这样一种感情,对它的描写最能感动那些怀有这种感情的人。但是,当这两种激情都熄灭了的时候,代替它们的只留下一种特别意义上的爱情,因为它的诱惑力比其余激情的诱惑力更出于自然和更难于从心里驱赶出去。([206],页155)

这段言辞本身就充满激情,它让我们看到,卢梭表面上说的是莫里哀和拉辛的戏剧,其实寓指启蒙戏剧。这里的"我知道"(je sais)高调强调了卢梭自己作为城邦卫士的道德情感,因此他说,在他心中"对人道以及对祖国的爱"（l'amour de l'humanité, celui de la patrie）不会被爱情"肥皂剧"清洗掉。

接下来的说法更是话中有话：

> 最坏的人是这种人，他最为孤独（s'isole），最为专注自己的心灵本身。而最好的人是这种人，他把自己的深情（affections）平均地分给自己的所有同类。（［207］，页155—156）

这段话会让我们马上想到狄德罗对卢梭的批评，从而卢梭显得像是在再次回击狄德罗。果然，卢梭紧接着就说

> 在人世间，爱一个情妇已经比只爱自己一个人（s'aimer seul）要好得多。但无论谁温情地爱自己的父母、朋友、祖国和人类，都会因无节制的依恋而让自己降格（se dégrade），［因为］这种依恋会随即损害所有其余的感情，并不可避免地得到偏爱。（［207］，页156）

这段言辞很可能是在模仿狄德罗在《关于私生子的谈话》中的说法，但卢梭的模仿突显了一个矛盾：一

方面谴责"孤独，最为专注自己的心灵本身"，另一方面又质疑"爱自己的父母、朋友、祖国和人类"之类的所谓社会伦理感情。似乎，唯有爱一个女朋友才最为恰当：既没有自恋地"专注自己的心灵本身"，也没有"无节制地依恋"同类。于是，爱情成为唯一正确的情感样式。

我们很难确定卢梭是否对狄德罗的观点断章取义，但有一点可以确定，卢梭绝非出于个人利益回击狄德罗。因此，卢梭接下来对鼓吹"爱情"的抨击，不能从市井层面来理解，而应该理解为对人世间情感的**政治性**理解。否则，他不会接下来说：

> 日内瓦人在恬静的、冷淡的外表下隐藏着灵魂深处的热烈的感情，要点燃它很容易，遏制它却很难。（[207]，页156）

显然，卢梭在这里并非是在说实际的日内瓦人，而是以此作为世人的一个样本。换言之，卢梭关注的是狄德罗的《私生子》那类剧作会带来怎样政治教育的恶果。卢梭从未把狄德罗看作是如今所谓流俗的言情作家，而是把他看作城邦卫士一类人，毕竟他是巴黎启蒙"圈子"的领军人物。既然如此，他的剧作所讲述的爱

情故事应该有深刻的政治哲学品味才对。但让卢梭感到惊讶的是,情形并非如此。因此,卢梭接下来说:

> 爱情本身就戴着美德的面具以便出其不意;爱情用美德的狂热(enthousiasme)来保护自己,它汲取美德的力量,乔装美德的言辞,一旦过错被察觉还可重新来过!多少天生的好人受了这些假相的诱惑,逐渐由温柔而又高贵的有情人,像他们起初时那样,变成卑鄙的败坏者,没有风尚,不尊重夫妇之道,也不顾惜信誉和友谊的权利!([207],页157)

这段言辞可谓一箭双雕:一方面,卢梭回击了因自己的"索菲事件"引发的"圈子"内的风言风语,另一方面,而且是更重要的方面,他揭示了启蒙"圈子"中人尤其狄德罗本人的政治道德品质。换言之,这里表面上是在说爱情,实际上是在说败坏了的"爱欲":有情人(amants)这个语词用柏拉图《会饮》中的语汇来讲即"爱欲者"。狄德罗的启蒙剧作"用美德的狂热来保护自己",实际上是在"诱惑"那些"天生的好人"(hommes bien nés),让他们变成了"卑鄙的败坏者"(vils corrupteurs)。

笔者相信,布鲁姆正是读到这样的段落,他才忍不住要重新翻译《论剧院》。因为,他看到美国的大学教育正弥漫着狄德罗式的风格,即把"天生的好人"培养成只讲"个人自由的权利",不讲基本常识道德的"卑鄙的败坏者"。

布鲁姆一定不会忽略卢梭接下来的惊呼:

> 谁能悬崖勒马和抵制堕落,那真是福星高照!但是,在疾跑的途中有可能突然停步不前吗?([207],页157)

尽管如此,布鲁姆会想,难道"我们"就因此而不发声了吗?于是,他拿起笔写下了《封闭美国精神》。

卢梭在这一小节以财富不平等问题起头,以启蒙"圈子"中少数人的败坏结尾,颇显得有些怪异。但是,如果我们没有忘记上一小节的主题是城邦卫士的心性"蜕变",那么,我们就能够理解,卢梭的如此笔法的含义是:公民社会的根本问题与其说是经济不平等,不如说是少数人的败坏。

说到底,在卢梭看来,一切皆取决于对年轻人的教育。因此,进入最后一个小节时,卢梭一开始就强调了一个"真理"(vérité):

> 所有这些剧本即便对那些为他们而制作的人们

来说可能有益，对我们来说也会变得有害，即便我们以为靠这些剧作会获得趣味，因为这会是伪造的趣味（faux goût），缺少分寸感，缺少委婉，完全不合时宜地代替了我们健康的思想。（[208]，页157）

这里的"我们"指谁不言而喻，换言之，即便卢梭最为关切共和国公民社会的教育问题，那他也首先关切的是城邦卫士的教育。理解了这一意图，我们才能理解卢梭自《论科学和文艺》以来猛烈抨击"科学和文艺"的意图所在。

3 共和时代与未来的年轻人

现在我们进入到整部公开信的最后一节。顺着前面的文脉，我们能够设想卢梭最后需要做的是取代启蒙"圈子"的戏剧演出，针对时代的变迁拿出适宜古典式城邦卫士的戏剧演出。我们值得再次引用《法义》中雅典哲人说的那句话，因为它对我们理解这封公开信的结尾具有指导意义：

你们是诗人，我们也是同样事物的诗人。在最美的戏剧方面，我们是你们的竞技者和竞争对手，只有真正的礼法才能让这一演出自然天成地达至完满。（柏拉图，《法义》817b2—c1，刘小枫译文）。

在这里我们看到卢梭说：

> 我们将会有演员，但是，是什么样的呢？在这个二万四千人的城市里，一支好部队不会从天而降！因此，我们在一开始将只会有坏演员，而我们在一开始也将只会是坏审判官（mauvais juges）。试问究竟是我们形塑（formerons）他们，还是他们形塑我们？（［209］，页158）

说得何等清晰、何等坚定有力！现在我们已经熟悉卢梭的修辞：所谓"演员"指"小圈子"中人，亦即城邦卫士。但在这里，他把这个"圈子"改称为"一支好部队"（une bonne troupe）而非"戏班子"，可见他希望这个"小圈子"富有战斗精神。

注意卢梭问的是："我们形塑他们，还是他们形塑我们？"鉴于卢梭已经将"他们"从"我们"中区分出来，而"我们"指作为城邦卫士的"小圈子"，现在他能够提出这样的决定性问题：**谁教育谁？**

谁掌握教育的权力

商业化生活方式的历史趋势已经不可避免,也不可逆转。在这样的时代,首要问题是掌握教育少数年轻人的主导权。因此,谁"形塑"谁的问题针对的是如今所谓"精英教育"。

看来,卢梭期待出现一个"小圈子",即脱离启蒙"圈子"的"小圈子"。卢梭的言辞现在是要对他们说话(动词时态是将来时):由于时代的影响,尤其因为启蒙戏剧的频频上演,"我们"已经变得"人云亦云",对流行的新派思想"免去了审查","看表演多过看书"。

想想我们这个时代吧!尽管"我们"不学无术,却没有少以为自己是"行家",是"舞台裁判"(les arbitres théâtre)。如果"我们"勇于正视自身的处境,"我们"就应该领会到卢梭说的就是"我们"。但他最后鼓励"我们",只要"我们"手中还有"一件了不起的东西"即"保守那种自由"(conserver que la liberté),那么,"我们"就有救([209],页158)。

我们应该记得,卢梭在前文提到"保守我们的自由"的地方(比较[198],页149)。卢梭接下来就说：

> 我看克服这些困难只有一条出路。这就是：为了使我们切合我们的舞台上的戏剧，我们得亲自编写（nous les compositions nous-mêmes），而且在做演员之前，先做作家（auteurs）。（［210］，页158—159）

现在我们还能认为卢梭是在简单地反对戏剧吗？我们还会纠缠于那个被翻来覆去讨论的假问题吗？还会纠结为何卢梭自己是个剧作家却如此尖锐抨击戏剧演出和公开反对达朗贝尔的《日内瓦辞条》？

> 因为我们完全不需要展示所有种类的模仿，而是仅仅展示对高尚事物的模仿，而且是适宜自由人的高尚事物。（［210］，页158—159）

这里出现了"模仿"这个语词，我们能说卢梭不懂亚里士多德的《诗术》？这里出现了"自由人"（des hommes libres）这个语词，我们能说卢梭不是个"自由主义者"？问题在于，他是"守卫""高尚事物"（des choses honnêtes）的自由主义者，而我们作为自由主义者仅知道守卫个人权利。

卢梭提到了古希腊人的剧作,他说,即便像他们那样描写"祖国遭遇过的灾难和人民身上的缺点",在今天也会是"有益的教训"。这意味着,问题不在于是否描写"祖国遭遇过的灾难"乃至自己的"人民身上的缺点",而在于为了何种教育目的而描写。

因此,在一个长注中,卢梭罕见地引用了柏拉图《王制》(398a—398b5)中的一大段话,其中最后一句值得在这里照引:

> 而我们自己,从城邦利益出发,则会使用比他严肃但不如他那么有魅力的诗人和讲故事的人,让这样的人为我们模仿正直之士的语言,并且让这样的人按我们在一开头规定的那一些形式说他的故事,当时我们提出要教育城邦卫士。(王扬译文,[210],页159)

卢梭紧接着就拟作了一段**演说辞**,他以这样的呼吁开头:Ah, dignes citoyens! Vous futés des héros, sans doute[啊,可敬的公民们!毫无疑问,你们是英雄]。绝妙的是,卢梭随后就用"但是"的语式制造突转。这几句表演性的演说辞看似在*抬高*公民,实际上是在教育公民：如今是一个道德秩序颠倒的时代，因为你们的眼睛仅仅盯住"暴君""汤勺绅士们"（des gentilshommes de la cuiller，〔引按〕指贵族阶层）、"主教""伯爵"。

> 在我们这个爱开玩笑的时代，除了政权之外，什么都会嘲弄，只有在大国里才敢议论英雄主义，虽然只有在小国里才能找到它。（［210］，页159—160）

在后现代的今天，已经没有不会受到嘲弄的东西——包括"政权"，这就是公民社会的实现。为了揭示公民社会如何颠倒道德秩序，卢梭在这段拟作中下了三个注释，无不带喜剧色彩，尽管他显得是在勾勒一出历史的肃剧。

卢梭紧接着就说到喜剧。前面以雅典肃剧为参照的拟作，卢梭的言辞显得很喜剧，现在以雅典谐剧为参照，卢梭的言辞反倒显得严峻。他说，如今的喜剧成了"宗派、政党乃至个人报复的工具"，对"风尚最为一般的描绘"也"堕落"为嘲讽和"人身攻击"（personnalités）。在这种文化风气的带动下，公民个个变得"会说俏皮话"，共和国就离"不祥预兆"（mal augurer）不远了（［211］，页161）。

卢梭在这里提到了伏尔泰的两部**罗马历史剧**，奇怪的是，这两部剧作都是悲剧，而卢梭在这里说的却是喜剧现象。也许，卢梭想要用佯谬的修辞来表达一种深刻的反讽：启蒙作家的悲剧骨子里是喜剧，正如他们的喜剧骨子里是悲剧。

与启蒙"圈子"争夺年轻人

卢梭讲这些干什么呢？可以设想，他要让他所期待的少数"年轻人"对自己时代的文艺和学术**质地**保持警惕，因为"我们"置身于启蒙戏剧的时代。换言之，我们必须记住他在这一小节开始时提出的问题："究竟是我们形塑他们，还是他们形塑我们。"他接下来就说，"反复掂量这些思考"之后，还需要转到启蒙戏剧的**表演外观**上来。毕竟，"我们中的年轻人"（parmi notre jeunesse）很容易受这些"打扮和放荡的趣味"诱惑（［212］，页161）。

可以看到，在这段言辞里，"年轻人"一直是关键词，而我们值得回想这个语词第一次出现的**文本位置**（比较［40］，页40）。

令人深思的是，随后卢梭却说道：无论在哪里，

"法律都无力抑制事物的本性所滋生的歪风邪气"。这句话传递了某种来自古典政治哲学的经验，卢梭显得想要以此教育"我们中的年轻人"，不要过分信任法律的力量，而且要警惕自己身上可能因天性而自然滋生的不良倾向。

卢梭接下来用了颇长的一个自然段来描述演员成为公民社会的"榜样"之后会有怎样的结果：道德的"失序将由此开始"，而且会没完没了。因为，""女人、年轻人、富人和那些游手好闲的家伙无不乐于与演员为伍，无不想要躲过约束自己的法律"（［213］，页163）。

在公民社会形成之后的时代，戏剧演员在任何国家都受到追捧。但卢梭在这里说的所谓对"年轻人"有吸引力的"演员榜样"（l'exemple des comédiens），恐怕并非真的指戏剧演员。既然卢梭在前面已经用"演员"来寓指启蒙作家，那么，这里的双重修辞很可能是在告诫"我们中的年轻人"，对启蒙作家（被类比为"演员"）的作品（被类比为"表演"）要小心。如果把所谓"打扮和放荡的趣味"理解为后公民社会时代里层出不穷的后现代写作样式，那么，我们理解卢梭在这里的言辞就要容易得多。因为，卢梭恰恰在这个段落里说道：

> 哪个人敢于抵制这股急流？难道能靠一位正直的年老牧师？他的话没有人要听，一个轻浮的年轻人会把过来人的见识和凝重视为腐儒。（［213］，页163）

我们值得想起卢梭在《论科学和文艺》的"前言"中说的那句话：

> 我预见到，人们很难宽宥我敢于持有的一方。既然忤逆人们在今天热衷的一切，我只好等待普遍的非难……（《论科学和文艺》，第2自然段）

卢梭自己就是"敢于抵制这股急流"的那个人。他凭靠什么来"抵制"呢？可以看到，卢梭在这里对"我们中的年轻人"的告诫最终凭靠的是生活中的政治常识。凭常识来讲，"一个轻浮的年轻人"无论如何无法与一个"过来人的见识和凝重"（le sens et la gravité passeront）相提并论，但启蒙戏剧带来的文化风气却把"一个轻浮的年轻人"树立为公民社会的文化楷模。在卢梭眼里，这不过是一出历史喜剧。

在这个关节点上卢梭再次直接指向了达朗贝尔的

《日内瓦辞条》,言下之意,《日内瓦辞条》就是当今"这股急流"的表征。正因为如此,他不会坐视不管,听任巴黎的启蒙"圈子"误导年轻人:

> 先生,这些就是我从你的文章中得到思考,并提交给公众及您的问题,在我看来,在您的文章中,这些思考和问题全都不相干。倘若我的理由并非我所想象的那么有力,也就不太可能有充分的力量来撼动您的看法,但至少您应当同意,在日内瓦共和国这样的小国,除非有紧急而重大的事由,否则,所有革新之举(toutes innovations)都危险。([214],页164)

应该注意到,卢梭在这里说,他的"思考"和"问题"首先是提交给"公众",其次才是达朗贝尔(proposer au public et à vous)。这意味着,卢梭在乎的是《日内瓦辞条》或者说《百科全书》的"公共"影响,否则,他不会理会达朗贝尔。

再次与启蒙"圈子"正面交锋

《日内瓦辞条》虽然是针对日内瓦提出的"改革"建言,如我们在前面(比较第三章)已经析读过的那样,达朗贝尔的建言是为整个欧洲而提出的。因此,卢梭在这里提出的警告,绝非仅仅是为了"日内瓦共和国这样的小国"。他告诫达朗贝尔,在任何时候,搞政治革新都必须慎重,这样的警告显然与国家大小没关系,而是与政治生活本身有关系。因此,卢梭在这里虽然说的是日内瓦,实际上讲的是最为基本的政治常识([214],页164—165)。

最为明显的例证是,在随后的一个自然段里,卢梭提到,法兰西王国的马赛城"长期抵制一种表面上的革新",以"蔑视轻浮的娱乐"来"守卫"(garder)"自己的古老自由的高贵意象"(une image honorable de son ancienne liberté)。卢梭在这里把法兰西王国的马赛城说成是一种"典范"(exemple),同样是一种修辞,由此暗中取消了大国与小国的差异([215],页165)。这里出现的"守卫""古老自由的高贵意象"的表达式表明,卢梭抵制启蒙"革新"的理由与城市或国家无关,而是与政治体的道德品质相关。

达朗贝尔是科学家,自然科学讲究搞"试验",试验室里的失败无所谓，可以推倒重来。然而，卢梭对这种"试验方式"（manière d'essai）厉声反驳：难道在道德风尚方面人们也可以搞这样的"试验"？

> 我们的风尚、我们的趣味一旦败坏，根本就不可能恢复。（［216］，页166）

直到今天，人们仍然没有充分认识到自近代以来日益占支配地位的自然科学思维对政治思考的败坏作用。卢梭在这里虽然讲的是政治常识，却对我们具有警示意义：他要我们意识到，对于一个国家而言，风尚变得"不可救药"（irrémédiables）意味着什么。

> 怎么！难道这就意味着一个共和国中根本不能有演出吗？相反，在共和国里需要很多演出。（［217］，页166）

卢梭用了整整一个自然段来模仿达朗贝尔可能提出的反驳，以及他本人的回应。他让我们看到，这种反驳的根本理由是一种如今所谓的"共和主义"观点，即戏剧演出与共和国的形成相关：共和的"人民"需要有自己的"公共节日"（ces fêtes publiques）。这意味着,"人民"已经走出洞穴,进入了"一种节日的真实气氛"。

> 让我们不要接受一类高高在上的娱乐演出,这类表演把一小部分人情绪低落地关在一个黑暗的洞穴里,在洞穴里只让他们保持胆战心惊,沉默中静坐且无所作为的状态,给他们看的只有监狱,长矛,众兵士,奴役和不平等情形下的痛苦景象。([217],页166)

这段戏仿得反驳意味深长,因为出现了"人民"置身"黑暗的洞穴"(un antre obscur)与"你们应该聚集在天空之下"(sous le ciel qu'il faut vous rassembler)的对比,而我们知道,这是柏拉图《王制》中著名的"洞穴喻"中的对比。差异在于,在柏拉图笔下,仅仅是极少数热爱智慧者艰难地走出洞穴,来到"天空之下"。卢梭化用柏拉图的洞穴喻,以此反对人民被关在启蒙哲人重新打造的"剧院-洞穴"中,接受启蒙教育,除了让他们看到更为突出和刺目的不平等、奴役等"痛苦景象"(affligeantes images),进而制造更多的社会动乱和革命外,还能有什么呢?

然而,卢梭替代剧院娱乐的方案非常理想化,他要这些"一小部分人"走出洞穴来到"天空之下",让"这些观看者也要表演,观众同时也成为演员"([218],页167)。这样的广场演出使得每一个人既在观看,又在表演,他既是个体,又是整体演出的一部分,从而共同体将"团结得更为紧密"。

卢梭在《论剧院》中以谈论教会起头,现在看来,这意味着卢梭把教堂暗中比作柏拉图的"洞穴"。他意识到,启蒙戏剧的剧院即将历史地取代教堂的政治作用:教堂让人民置身洞穴之中,启蒙戏剧的剧院则要将一少部分人关在剧院-洞穴之中,接受虚假的教育。对此,后来柏克在《法国革命论》中有过一番类似的讨论:

> 剧院比起教堂来是一个更好的道德情操的学校,在那里人道的感情就这样被激扬起来。诗人们必须对付一群在人权学校尚未毕业的观众,并必须致力于内心的道德素质。因此就不敢炮制出一幕像是一场狂欢那样的胜利。[①]

我们大致能断定,"剧院中的静默的观众"与"教堂里静默的信徒"一样,他们在卢梭的笔下都可比作柏

---

① 柏克,《法国革命论》,前揭,页108。

拉图的"洞穴中的人"。他们生活于黑暗中,看到的是虚像,离真实(真理)总是相隔甚远。可是,柏克以为卢梭应该为法国大革命的节日式狂欢负责,因此说他有"严重的智障,尽管雄辩无比"。①尽管柏克的斥责相当刻薄,但是我们似乎很难替卢梭辩解,他的这一替代剧院的广场欢庆方案不会被人误读。

不过,卢梭自己随即用一个很短的自然段以反讽的笔法打击这种广场式的启蒙理想:

> 让太阳照耀着你们的纯洁无邪的演出吧,你们正在形塑你们自己,这是它最值得照亮的地方。([217],页167)

接下来,卢梭用了一个颇长的自然段具体反驳他所模仿的启蒙哲学家可能会有的反驳。这个自然段的主题是谈论"节日",而且对比了古希腊的节日,行文显得拉杂,要归纳卢梭的基本观点很难。然而,如果我们注意到卢梭在这里下了一个很长的注释的话,那么,情形

---

① 《柏克致无名氏》(1790年1月),见《书信集》第6卷,页78—81;又见柏克,《致国民议会一成员的信》(1791),转引自柏克,《法国革命论》,前揭,页115,译者注。

走向有道德的公民社会

这个长注在表述上清晰明了,条理分明,与正文形成明显对照。不仅如此,注释讲的是人世的日常生活秩序**以劳动为基础**,从而与正文中谈论的节日形成对比,即**劳动与节日**的对比。

下这个注释之前,卢梭在正文中说到:

> 我不需要回顾古希腊的运动会,我可以举出更接近现代的(plus modernes)例子,我恰好发现在我们中间它仍然存在。([219],页167)

卢梭向我们暗示,他的反驳的要害是古今对比,从而,对启蒙戏剧理想的反驳等于再度挑起古今之争。在注释中,卢梭陈述的是柏拉图式的政治哲学观点,笔者无法在此归纳或复述,因为这个注释(页167—168)所讲的政治道理实在太深刻,需要卢梭所期待的"我们"自己去悉心品读。

接下来卢梭突然说道:

> 冬季是朋友间常用于私下来往的时间,很少举行公共的节庆活动。但其中有一种活动照我看是不能取消的,我说的是为已达婚龄的男女青年组织舞会。([220],页169)

初看起来这个话题很奇怪,因为前面谈的是节日。但如果我们顺着上一个自然段的注释来看,情形就不同了。这里谈的仍然是日常:冬季"很少举行公共的节庆活动"这个说法等于勾销了"节日"话题。

卢梭以此为转折谈到了"为已达婚龄的男女青年组织舞会"。然而,随后的一句"男人和女人为了彼此而生"又明显把话题引向了"两性问题":人世生活中的恒久问题。换言之,上一个自然段的真正话题是注释中谈的"劳动",接下来谈男女婚嫁。无论劳动还是两性结合,毫无疑问都是人类生活的基础,从而也是思考立法问题的基础。

但卢梭为何用跳舞来引导这个话题?如果我们记得柏拉图的《法义》中相当重视舞蹈、音乐和合唱在立法中的重要性,视之为诠释立法者意图的工具,因为这三种娱乐方式都与灵魂的节奏一致,最理想的艺术方式就是将舞蹈、音乐与合唱融为一体,代表城邦最和谐、高贵与美好的秩序(《法义》802a5—802d5),那么,我们就值得推想，卢梭在暗中模仿《法义》中所讨论的立法问题。不仅如此，正如在谈劳动时，卢梭也谈到"娱乐"，谈男女婚嫁时谈到跳舞，凡此都是为了彰显人世生活中的另一面：无论劳动还是两性生活，无不与风尚相关。

在这里，最为突出的关键词是大写的"自然"（la Nature）。卢梭在这里写道：

> 所有伪宗教都悖逆自然，只有我们的宗教才遵循和调节自然，宣布了一种神圣的制度，而且适合于人。除了民事秩序的障碍之外，宗教不应该给婚姻添加福音书上没有规定的和所有好政府都会谴责的障碍。（［220］，页170）

这段言辞颇为含混，费人思量。首先，所谓"所有伪宗教"（toutes les fausses religions）指什么并不清楚，所谓"我们的宗教"从随后提到"福音书"来看指基督教，但显然并非只有基督教才"宣布了一种神圣的制度"（une institution divine）来规范两性的结合；第二，所谓"民事秩序的障碍（embarras de l'ordre civil）具体所指什么，也不清楚。尽管如此，有两个对立很明显：宗教与自然的对立以及"所有伪宗教"与"所有好政府"（tout bon gouvernement）的对立。卢梭在这里没有展开这个话题，不过，这个话题正是《爱弥儿》中著名的"萨瓦本堂助理神父的自白"谈论的大问题。倘若如此，卢梭在这里已经透露了他在思考**后基督教时代**或称**现代共和时代**的立法问题的着眼点：何谓"自然"以及何谓"好政府"，都是让人挠头的现代性问题。

果然，卢梭接下来以近乎小心翼翼的修辞说，"在一种永恒的强制施行统治的地方"，在"牧师的不得体的严厉"宣扬"一种让人不舒服的奴役"的地方，"最纯洁的欢乐"（la plus innocente gaieté）也会被视为"犯罪"。在这种情形下，"自然和理性"（在这里，"理性"与"自然"一样是大写：la Raison）必定会起来"拒不承认""无法容忍的暴政"。尤其是年轻人，他们不得不铤而走险，用私下男女幽会取代在"公共聚会场合"见面（［221］，页171）。

这段说法明显带有革命色彩，似乎风尚的改变是专制王权和基督教会的"专制"导致的结果，而这里出现的"牧师的不得体的严厉"表明，上一个自然段所说的"只有我们的宗教才遵循和调节自然，宣布了一种神圣的制度"云云，不过是一个幌子。如此看来，卢梭完全接受启蒙"革命"的前提，或者说承认商业化生活方式带来的政治变革不可避免。问题仅仅在于，"自然和理性"起来"拒不承认""无法容忍的暴政"之后,应该如何设计公民社会的秩序。如果"人民"只能生活在"洞穴",不可能被引领到"天空下面",那么,专制王权和基督教会的"专制"被推翻后,公民社会的立法问题就迫在眉睫。

> 至于说到我,既然我不仅不指责质朴的娱乐,相反还希望这种娱乐会获得公共授权(publiquement autorisés),那么,在庄严且定期的舞会的交替时,由于对所有已达婚龄的年轻人一律开放,我希望由议事会委派一名地方官员主持舞会。([222],页171)

这话看起来平常,其实未必。首先,卢梭在这里又突出强调了"我"——上次出现"至于说到我自己"是在直接指向达朗贝尔的地方([183],页138);第二,这里涉及的话题是,在新的政治秩序的条件下让娱乐保持"质朴"品质需要何种权威性的制度保障。换言之,这里涉及公民社会的具体立法问题。如果要说卢梭的公民社会构想与启蒙"圈子"的构想有什么不同,那么,他在这里借描述婚嫁舞会的例子让人们看到,他首先强调公民社会必须保守习传的良好风尚([222],页171—173)。

卢梭说，"我希望由议事会委派的一名地方官员"主持这样的舞会。卢梭在"地方官员"这个语词后面下了一个注，说明这样的职官来自"组成我们的国家"的各个"行业组织"（corps de métier）和"公共社会"（socieétés publiques）。卢梭以此表明，他所理解的国家是一个由公民社会组成的国家（［222］注1，页171）。

在卢梭看来，这种来自如今我们所说的"基层"的"地方官员"若能起到守护传统风尚的作用，就会是"很好的制度"，因为它能"形塑一条将人民与其首脑结合在一起的伟大纽带"（forme un des grands liens qui unissent le peuple à ses chefs）。如前所述，达朗贝尔在《日内瓦辞条》中曾经提到，加尔文与日内瓦的"地方官员们"（les magistrats）在1543年合作制订了一部基本法典，它成了日内瓦共和国的政治基础。达朗贝尔讽刺说，这部法典使得日内瓦的财富集聚在教会身上，用于主教的奢华与挥霍，阻碍了日内瓦的文艺、科技和商业的发展。作为回应，卢梭在《论剧院》也先后数次（参见［169］、［179］）提到地方官员在共和国的职能和作用，说明卢梭相当看重地方官员在维护社会风尚方面的重要性。

与此配套的是一套奖惩制度，即对风尚良好的年轻人给予奖励和社会荣誉。哪怕"朴实无华的美"（la beauté modeste）受到偏爱，得到未必是公平的评价，那也是好事情。因为，这种"美"不仅是"自然的馈赠"（un don de la Nature），而且卢梭预感到，这种自然的美会在商业文明的大潮下更容易"受到攻击"，因此需要在制度上给予支持和激励（［223］，页173）。

在为适婚男女所设计的舞会上，卢梭接续了在上一节没有处理完的问题：对女性德性的引导。引导日内瓦的青年女性追求真正值得效仿的榜样和真正值得追求的荣誉，而非剧场中贵妇人过分矫饰，造作的装束，遑论舞台上女演员的放荡淫佚之举。

因此，卢梭提出自己的设计方案，由政府组织适龄男女青年的舞会，引入类似体育竞技的形式，为德高望重的老年男女安排荣誉位置，由他们来监督年轻人的交往，而这些年老人也是年轻人效仿和渴慕的对象。通过舞会比赛的形式，选出"一位品行端庄、温文尔雅的青年女子"，由政府代表奖赠"花冠和舞会女王的称号"。这类娱乐活动的目的是引导和满足女性的自尊心和荣誉心，免得年轻女子被一些与自己身份不符的衣着和行为误导。在卢梭看来，女人身上的虚荣是最坏的激情，会将她们引向恶德，不去追求美好的德性，放纵浮夸、妒忌、自私、骄奢……

卢梭紧接着就说：

> 由此着眼来完善这个方案，在雅致和娱乐的气氛下，人们就能给这些节日带来一些有益的目标，从而使节日成为调节社会治安和良风美俗的重要手段。（［223］，页173）

卢梭绕了一个大圈后又回到了"节日"话题。由此可见，这个话题是他用来说明自己的立法构想的例子。不过，所谓"完善这个方案"（perfectionnant ce project）的"方案"究竟指什么，在这里仍然含糊不清：它指刚才讲的完善男女交往的方式呢，还是指达朗贝尔的建言？我们必须意识到，在卢梭看来，一场革命已经不可避免（比较［221］，页171）。他仅仅希望这场不可避免的革命不至于彻底荡涤既有的质朴风尚。

还值得注意到，卢梭虽然以"节日"为话题，主要谈的却是男女青年的结合（婚姻）。他在这里对未来的婚姻提出希望时，将婚姻的道德品质与公民社会的道德品质联系在一起：

> 这种婚姻已经不受门阀的约束，可以防止敌对帮派的产生，可以缓和过分的不平等状态，可以帮

助人们遵守宪法。这样组织起来的舞会与其说它像社会的集会，不如说它像大家庭的节日，而在欢快和娱乐的怀抱中产生出共和国的安定、团结和繁荣。（[223]，页174）

这段言辞让我们看到，卢梭谈论节日也好、年轻人的婚姻也罢，实际上都是在谈作为公民社会的共和国的立法。显然，他在这里仅仅提到在他看来最为重要的要点，即公民社会的道德品质。正因为如此，我们才说，《论剧院》是《爱弥儿》的导言，而《社会契约论》则是《爱弥儿》的附录。

在结束这个话题时，卢梭下了一个很长的注释，就长度而言，这个注释在整个公开信中算得上绝无仅有，而且还涉及他自己。卢梭兴许预感到，他将为自己提出公民社会的立法问题而承受很大的如今所谓"社会压力"乃至各种误解。历史证明，卢梭的预感没有错：由于他大胆为公民社会立法，自《爱弥儿》和《社会契约论》发表以来，迄今为止他都一直不断遭人误解。尽管如此，卢梭在这里已经为自己作了历史的自我申辩：

> 我不打算损害公共的善（bien du public）和真理来给自己还债。假如我的文章使我多少感到骄傲

（fierté），那只是由于支配这些文章的意图是纯洁的，是一种只有少数的作家才让我看到的大公无私的榜样，而想要模仿的也只是少数人。（[223]注1，页175）

卢梭在这里明确提到"意图"（d'intention），并强调了其道德品质；同样值得注意的是，他说到"榜样""模仿"和"少数作家"（le peu d'auteurs）。显然，这是在对少数人说：应该模仿哪个前人。由于卢梭模仿柏拉图，而我们"模仿"现代的大师，我们才不能理解卢梭的"意图"。这让笔者想起，施特劳斯生前发表的唯一一篇论卢梭的文章标题即"论卢梭的意图"。卢梭接下来还说：

读者，我自己可能弄错了，但不会故意让您弄错，您可以担心我会犯错，但不要怀疑我有什么坏心眼。对公共善的热爱是迫使我作公开演说的唯一热情。因此我懂得忘记自己，假如有人侮辱我，我由于害怕愤怒可能使我变得不义而保持沉默。（同上）

这段话真值得细细品味。首先，卢梭显得是在对单个的"您"(单数)说话,这个"您"是谁?只能是卢梭期待中的后世的某个年轻人。这个"您"可能出现在中国吗?

第二,卢梭在这里说到"公开演说",这等于在提示我们,他的这封公开信是一篇"公开演说",这为我们理解他的修辞具有极为重要的启发。

第三,卢梭在这里展现了自己的政治德性,即他具有道德上的勇气:看见学界的恶人劣行绝不袖手旁观,不惧怕诽谤、漫骂乃至诬陷。他在前面问道:"哪个人敢于抵制这股急流"([213],页163)。现在他让我们看到,他自己以身作则地"抵制这股"启蒙戏剧的急流,可谓知其不可为而为之。

斯巴达颂

在结束关于"节日"和年轻男女交往的话题(或关于公民社会立法问题)时,卢梭突然以日内瓦人的身份谈到对"外国人"(étrangers)的排斥:

> 说实话,由于许多重要的原因,我在这些不速之客身上看到的坏处远比好处多得多,我深信在日内瓦还没有来过这样的一个外国人,他不是给它带

来灾难而是带来幸福。（［224］，页175）

依据前面的阅读经验，我们能够体味出，所谓"日内瓦"或"外国人"无不是寓意修辞：日内瓦指任何一个政治共同体，而"外国人"则特指启蒙哲学家。果然，卢梭紧接着就直接指向达朗贝尔：

> 但是，先生，您知道吗？应当千方百计把什么人招引进来并使他们定居在我们的城市里？正是我们自己的日内瓦人……（［225］，页175）

在这个段落里，卢梭用反讽的修辞来揭示日内瓦人已经被带坏的景象，卢梭觉得"在他们中间我说出自己的名字很痛苦"。我们能够理解，卢梭在这里说的并非是实际的日内瓦人，而是任何一个已经被启蒙戏剧败坏了的政治共同体。至于"在他们中间我说出自己的名字很痛苦"的"我"则指卢梭期盼的那种少数人，他们会因自己的祖国同胞被启蒙戏剧教坏而痛心疾首。卢梭用演说风格修辞写道：

> 应当让灵魂深处的一个秘密的声音在大国的奢华和它们可悲的壮丽中不断地高喊："哎啊，

我年轻时代的竞技和节日在哪里？公民的和睦（la concorde des citoyens）在哪里？公共的友爱（la fraternité publicque）在哪里？纯粹的喜悦和真正的欢庆在哪里？和平、自由、公正和清白又在哪里？快把这一切再找回来吧。"（［225］，页176）

卢梭随后就说道：

这样，通过那些朴实无华的节庆，毫不浮华的娱乐活动，会使得我们不断地怀想那些公民们——斯巴达将会是我永不停止的引用典范，同时也是我们应该效仿的榜样。无论置身于雅典精美的艺术殿堂之中，还是在苏撒（Suse，［引按］波斯帝国首府）穷奢极欲的温柔乡里，厌倦的斯巴达人却渴望起他们的粗茶淡饭和累人的体力锻炼。正是在斯巴达，在勤恳劳作之余，充满了享乐和表演；正是在那里，最苦重的活（les plus travaux）被视为消遣（récréations）；稍事休息就会形成一个公共学习（instruction publique）；正是那里的公民们经常聚集一起，整个一生都致力于从事国家伟业的娱乐和竞技之上，除非遇上战争才能得到休息。（［226］，页177）

斯巴达生活方式与雅典生活方式的对比，是苏格拉底—柏拉图—色诺芬的古典政治哲学的一个主题，卢梭在这里力图恢复这个古典的话题，并把日内瓦比作雅典。既然"日内瓦"在这里寓指所有被启蒙戏剧败坏了的城邦，那么，斯巴达在这里同样是寓意用法。

问题在于，即便古典的斯巴达值得效仿，身处18世纪启蒙大潮包围之下的现代城邦已不可能再回到古典，重拾古人的生活方式和德性标准还可能吗？卢梭并非没有意识到这一点，否则他不会在这里说道：

> 但是，不论我怎样尊敬我的同胞们，我很知道他们与斯巴达人之间有多大的差距，我只建议他们学习斯巴达人的制度（institution），因为他们对这些还力所不及。（［227］，页178）

看来，卢梭对现代的公民社会是否能真的葆有古典的道德品质并不抱有太大的希望。尽管如此，他仍然希望自己的"同胞"能够尽可能地仿效斯巴达人的制度，这正是现代人与古人的实质性差距。这里的"同胞"可视为寓意性修辞，未必实指日内瓦人，毋宁说，所谓"同胞"指卢梭在前面所期待的与自己属于同类的城邦卫士。

倘若如此，这里的"力所不及"就指的是卢梭所期待的少数年轻人尚有待学习，因为，今人在古人的立法智慧面前"力所不及"，也就是他在前面那个关于自己的长注中直接称呼的"你"。不难设想，如果不是这个潜在的城邦卫士"圈子"尽力而为，那么，我们自己还有什么指望呢？或者说，我们不能指望自己，还能指望谁？

> 如果贤明的普鲁塔克已肩负起为这些习俗辩护的任务，那么我为什么要尾随其后再重复一遍呢？该说的都说了，得承认这些习俗只适合吕库戈斯的学生，只有他们俭朴和艰苦的生活方式，他们的淳朴而严苛的风尚，他们的灵魂中固有的坚强才能使这种演出在他们的双眼里如此纯洁，而它对任何一个不正派的人民来说都不能容忍。（同上）

这段演说辞对潜在的城邦卫士"圈子"言说。卢梭告诉我们，普鲁塔克是学习的榜样，任何时代都应该做普鲁塔克那样的学人。因为，普鲁塔克虽然生活在罗马帝国时代，他的目光始终紧紧盯住伟大的政治德性传统，而不会以"时代不同了""历史不可阻挡"之类的理由让自己变得丧失道德立场。

五 公民社会的道德难题

尤其值得注意：卢梭在这里说到"演出"。这让我们应该意识到，他在前面一路抨击启蒙戏剧的"演出"，但他没有否定"演出"本身的必要性：城邦卫士"圈子"必须"演出"，即必须写作和表演（发表作品）。正如卢梭在这里发表"公开演讲"，城邦卫士"圈子"必须去占领公共的舞台，而非听任启蒙"圈子"占据舞台。

由此我们可以理解接下来的一段演说辞：卢梭突然说到女性的裸体问题。在这个语境中，我们可以把这段言辞理解为对城邦卫士"圈子"的德性爱欲的激发：

> 感官的力量本身是薄弱且有限度的，只有加进想象才能使它们成为最具破坏性的力量；正是这个想象刻意激起欲望，使欲望的对象有比自然（la Nture）所赋予它的更大诱惑力（plus d'attraits），正是这个想象打开人的眼睛，使他看到丑恶，并非仅仅从观看的裸体上，还从衣服覆盖的地方。没有一件朴素衣裳的服装不被欲火正炽的眼光穿透。（［228］，页178—179）

这段演说辞读起来让我们会想到柏拉图笔下的那些"爱欲作品"，尤其是《会饮》和《斐德若》。从而，我们可以设想,这是卢梭在对他自己的"圈子"施教。

卢梭在这里宣告他的"公开演讲"到此结束,绝非偶然,而是经过精心设计,因为,他在这里最后强调的是"观看"(voir)!

> 我引斯巴达的节日活动作为模范,供我们这里的有心人去观看。不仅在举行节日的目的上,我发现就连简朴也值得推崇:不讲豪华,不奢华,不要任何的装备,充满爱国主义的潜在魅力,使他们如此迷人,他们富有自由人所特有的一种适度的尚武(martial convenable)精神。([229],页179—180)

谁是卢梭在这里所说的"我们这里的有心人"?我们愿意成为这样的"有心人"吗?这样的人"充满爱国主义的潜在魅力",我们有这样的"魅力"吗?这样的"有心人""富有自由人所特有的尚武精神",如今的我们有这种"适度的尚武精神"吗?

卢梭研究专家迈尔提醒我们,在卢梭"《对话录》的整体方案中,起决定性作用的动词是(voir),最后的词语是眼睛(yeux)"。据他统计在《对话录》中"看"(voir)这一个动词出现了500次,远远超过了

"做"（faire）和"能"（pouvoir）。①在这里，接下来卢梭就要导演一场广场合唱歌的戏，就此而言，他确实需要我们去认真地观看，因为在卢梭看来"亲眼所见与仔细阅读是一个硬币的两面"（[229]，页180）。

卢梭在"尚武精神"后面下了一个长注，与前面那个长注的篇幅相当，而且同样关涉自己（[229]注1，页180）。卢梭以此表明，他自己是这种"有心人"，至于我们是什么人，取决于我们的自我认识以及由此而来的自由抉择。

与前面那个长注不同，这次卢梭回忆了"自己还是孩子时"的一段经历：驻扎"圣乔尔维广场"的一团军人傍晚在广场联欢，年少的卢梭身临其中，亲身感受到一种"人民的快乐"（la joie publique）和"自然的真实情感"（les vrais sentiments de la Nature）。

这段"回忆"与其说是真实的回忆，不如说是一首卢梭撰写的"共和"颂诗。②他在模仿普鲁塔克，因为

---

① 见迈尔，《论哲学生活的幸福》，前揭，页33。
② 《社会契约论》的题词中有一段描述日内瓦共和国公民即兴娱乐的场景，显示出加尔文及其追随者所设计的政治制度很好地保存了日内瓦人的天性，史华慈在《卢梭在现代社会的回响》一文中有详尽的分析，"如果不是加尔文与其后继者在很久之前就为日内瓦创造了一部崇高的宪法的话，这种情形是不可想象的。正是这种宪法本身才使得公意的这种自发的、热情洋溢的表达成为可能"。参见卢梭，《社会契约论》，前揭，页215。

他接下来就转述了普鲁塔克的一段记叙,以此来为自己的"回忆"作注:正文和注释之间的关系颠倒过来。

卢梭记叙的"回忆"没有说人们当时唱的是什么,现在他通过引用普鲁塔克《吕库戈斯传》(21.3)中的诗句来填充。我们由此更为清楚地看到这首"共和之歌"的内在韵味:老人—青年—儿童依次出场,长幼有序:

> 年老的这一组最先出场跳舞,唱着下面的歌词:
>
> 我们的往昔曾经是,
> 年轻的,骁勇的和大胆的
>
> 跟随他们之后的是成人组,轮到他们唱歌时,按着节拍,举着他们的武器:
>
> 我们今天正是如此,
> 我们面对任何的考验。
>
> 其后来的是儿童们,他们竭尽全力地唱着答歌:
>
> 我们将很快如此,

> 我们很快会超过你们所有人。（［229］，页181）

这种合唱歌背后隐含的是极具18世纪特征的进步观念，而且与柏拉图《法义》中合唱歌的次序相反：在《法义》中，老人代表着传统和权威，而在《论剧院》中老年人则是注定被超越的过去。卢梭的合唱歌隐含着一个进步、再超越、再进步的循环往复。[①]它显示了卢梭的某种信念，对未来的人性可完善性的信念。

整部《论剧院》的开头与结束在结构上如此对应：以哀婉动人的序曲起首，以雄壮的广场合唱歌作结。要理解卢梭本人对改革社会的雄心，我们仍需返回到卢梭在第218段下的注：

> 当一个人想去抢占别人的位置时，一切就会乱了套，只有热爱自己的事业，才能把它做好。国家的状况要取得稳定就必须使所有的人各得其所，各

[①] 年轻人与老人的互补出于这样的一个事实，对法律和正义的研究需要以其他的观察和信息为指导。年龄的混合建立在一种忧伤的基础上：如果议事会是城邦的"头"，那么这个头应配备健康和有力的肢体。所以在知觉上一年不如一年的老人必须让年轻人也列席于议事会中。卡斯特-布舒奇，《〈法义〉导读》，谭立铸译，北京：华夏出版社，2006，页97注释。

安其位。（［218］，页168）

可见，卢梭并不鼓动革命，反倒拒斥会导致社会动荡的激进改革方案。他确信自己能设计出完美的政治方案，而他针对启蒙弊端所开出的政治"药方"也未必真的应该对法国大革命的惊涛骇浪负责。①

最后的恳请

卢梭并没有用这首"共和之歌"来收笔。他最后对达朗贝尔说：

> 我无意去教训那些比我聪明的人。我只是说了为安慰我国的年轻人（la jeunesse de mon pays）所必须说的话，因为他们失掉了祖国曾为它付出很高代价的娱乐。（［230］，页282）

所谓"聪明人"显然指狄德罗及其启蒙"圈子"，卢梭以此告诉我们，这篇"公开演说"不是说给他们听

---

① 耶利内克，《人权与公民权利宣言：现代宪政史上的一大贡献》，钟云龙译，北京：中国政法大学，2012，页4—5。

的，我们才是这篇演说的听众。这启发我们意识到，应该为自己国家的"年轻人"写作，而非与同时代的启蒙"圈子"争辩。

我们现在也能够懂得，这里出现的"祖国"其实指卢梭心目中的*德性之邦*，那里有梭伦、吕库戈斯、苏格拉底、柏拉图和普鲁塔克。卢梭告诉达朗贝尔，他只会与这些先贤为伍。

随后，卢梭转过头来对自己国家的年轻人说：

> 我勉励这些幸福的年轻人倾听您的论文中最后结论的召唤。但愿这个年轻人认识到并配得上自己的命！但愿他常常能感到踏实的幸福比那些毁掉他的虚幻享乐不知宝贵多少！但愿他能把从自己祖辈手中接过来的美德、自由、和平传给后代！（同上）

还记得［78］段中那个无名的年轻人吗？卢梭曾忧心他沉迷在虚假的爱情中，受到坏人的引诱招致灭顶之灾。在结尾时，卢梭对这个差一点失去自我的年轻人仍给予了最殷切的期盼。同时，卢梭也懂得，在启蒙戏剧的时代，最终的选择仍然在这个年轻人自己。也许，我们得到《爱弥儿》中去观看他的命运了。

"这些幸福的年轻人"(cette heureuse jeunesse)用的是复数,这意味着,卢梭期盼的是一个有古典德性的"小圈子"。所谓"自己的命"(son sort)用的是单数,而且用的不是"命运"(destin),这意味着,所谓"幸福"指每一个这样的年轻人认识到自己的"天命"是传承优异的政治德性,而且"配得上"(mériter)这样的德性。

这才是"踏实的幸福"(le solide bonheur),我们得说,"踏实"这个语词用得何其准确!不,应该说卢梭在他的这篇"公共演说"中都用词准确,让我们回味无穷。

余 论 卢梭的人民主权论中的立法者

1962年,施特劳斯在研讨课上带领学生读卢梭时说,要把卢梭的《论不平等》与柏拉图《王制》第十卷临近结尾的一段(611b—d)对起来读。[①]

按照施特劳斯的指引,笔者在这个地方看到苏格拉底对格劳孔说,要认识人的灵魂太难,因为,"它自身中充满了大量花样、特性和差别",而这一切都是由于灵魂"为了自身利益"的缘故。接下来苏格拉底以海神格劳科斯来比喻世人的灵魂:海水和暴风雨改变了这个神的外表和形状,人的灵魂同样如此(《王制》611d1—d7)。

---

① 参见 Leo Strauss, *Seminar on Rousseau: A Course given in the Autumn quarter*, The University of Chicago, 1962, p. 8.

随后,苏格拉底这样来总结他即将结束的与格劳孔和阿得曼托斯的对话:

> 我们在这一讨论中已经把其他一切反对意见排除干净,并没有摆出正义的报酬和名声,如同你们针对赫西俄德和荷马说的那样,但我们发现,对于灵魂,正义本身就是一种最好的东西,而灵魂必须做符合正义的事,不管它能有居吉斯的戒指还是不能,或除了这种戒指外,还能有哈得斯的头盔?(《王制》612a8—b5,王扬译本,页381)

这段话让笔者想到一个问题:在卢梭的诸多要著中,《论剧院》究竟占据何种位置?

我们知道,卢梭最激发争议的著作是《论不平等》和《社会契约论》。施特劳斯在《自然权利与历史》中论析的也是这两部著作,但他在课堂上却让学生注意苏格拉底所关切的认识人的灵魂的"大量花样、特性和差别"问题。而在苏格拉底那里,对这一问题的考察与诗人的作品相关。换言之,在诗人笔下,人的灵魂的"大量花样、特性和差别"更为显著。因此,我们可以把卢梭的《论剧院》视为他探究人的灵魂的"大量花样、特性和差别"的作品,从而更值得引起我们的关注。《论不平等》的基本主题之一是：自然人的灵魂历经文明历史的风雨吹打后出现的变形，改变了人的原初天性。因此，必须设计出一种政治制度来管束人的灵魂。

卢梭并非从"人天然地是政治动物"（亚里士多德语）这一古典政治哲学的基本命题出发，而是从假设的原始自然人出发。但我们不能认为，这是卢梭背离古典政治智慧的证明。毋宁说，卢梭为了对付霍布斯和洛克的自然状态说，才接受了原始自然人这一政治哲学的推论前提。既然如此，卢梭也就只能从历史而不是从自然中找到正义的标准，而这种标准会因时代和环境的变化而变化。

由此来看，《论剧院》对于理解《社会契约论》和《爱弥儿》极为重要，它在《论不平等》与《社会契约论》之间建立了桥梁。换言之，卢梭对人的灵魂的理解并非真的是从自然状态出发，而是从政治状态出发。《论不平等》对自然状态的追溯，基于维柯式的民俗研究。因此，如笔者在本书开始时提出的那样，"论剧院"应该理解为"论政治"或"论洞穴"。

启蒙知识人意图将普世性的政治伦理引入政治生活，在卢梭看来，这表明他的启蒙友人忘了，人世的自然状态其实就是政治状态，即由习俗伦理包裹起来的状态。伏尔泰－达朗贝尔的剧院建议表明，这类哲人头脑过于简单,看不到"剧院"政治只会释放普通人的盲目激情。

敏锐的卢梭洞察到,随着新科学和追求"奢侈"的商业化文明的兴起,传统的政治道德已经不再可能约束人的激情。用今天的话来讲,民主政治的趋势不可阻挡,政治共同体不再以追求高贵为尚,恰如悲剧塑造的高贵英雄离人世太远了,不可能成为生活于城邦的市民的楷模。为了应对启蒙之后的政治共同体样式,必须重新设计政治制度。在《社会契约论》中,卢梭提出了自己的方案,而《爱弥儿》则力图塑造实现这一方案的立法者。

就此而言,没有深入理解《论剧院》,也就很难真正理解卢梭写作《社会契约论》和《爱弥儿》的良苦用心。

在笔者看来,《论剧院》是卢梭不信任启蒙激情的证明。他与自己的启蒙友人大不相同,在面对现代政治问题时候,他追随古典政治哲人,没有忘记人的灵魂的"大量花样、特性和差别"是亘古不变的政治现实,从而提醒自己的启蒙友人应该小心翼翼地疏导人的灵魂中有害的激情。

倘若如此,我们值得重审卢梭在《社会契约论》中提出的立法者问题。

1743年,年仅31岁的卢梭开始构思一部讨论人类政治制度的大著，他拟定的书名是《政治制度论》（*Institutions politiques*）。据《忏悔录》所述，当时卢梭尚籍籍无名，不过是法国驻威尼斯大使的首席秘书，却立志要探讨"对人类幸福有用，尤其是对吾国幸福有用的真理"（《忏悔录》，页500）。有研究者推测，卢梭很可能在威尼斯读到过意大利思想家维柯的《新科学》第三版，这激发了他探究人类新政制的抱负。①

尽管这部构思中的政治制度论最终没有成稿，其主要观点除了用于《社会契约论》外，其余大部归入了卢梭的四部与政治制度相关的作品：分别是《政治经济论》（《百科全书》辞条）、《科西嘉宪制规划》《关于波兰政体的思考》和《论出自社会状态的战争状态》。这一系列关于政治制度的作品的核心问题是：究竟什么是人类社会最好的生活方式？何种政治制度有利于陶铸"富有德性、开明、有智慧"的人民？对卢梭来说，最好的生活方式与人民的德性分不开。

换言之，卢梭在最佳政制的问题上与古典政治哲人属于同一阵营，他质疑启蒙的原因也在于此：启蒙是否有益于人民德性的美好。在他看来，启蒙知识人所追求

---

① 见维柯，《新科学》，朱光潜译，附录"作者生平活动和著作年表（1668—1744）"，陈兆福编，北京：商务印书馆，1989/1997，页723。

的文明社会可能反倒会败坏人民的德性。卢梭相信,人民的德性莫不与人类的政治制度密切相关。正如他后来在追忆这一"政治制度"写作计划的最初构思时所说:

> 我发现,一切都从根本上与政治相联系;不管你怎么做,任何一国的人民都只能是他们政府的性质将他们造成的那样……(《忏悔录》,页500)

如果从塑造有德性的人民这一古典政治哲学的命题出发来看待卢梭在《社会契约论》中关于主权者与立法者的论述,会出现一个颇值得探究的问题。一直以来,人民主权论是卢梭身上最广为人知的标签,或者说卢梭的民主政制设计的核心环节。然而,这一标签在卢梭的《社会契约论》中受到来自文本自身的质疑,因为,在作者的修辞中,人民作为主权者能否拥有**立法权**实际上成问题。在主权能否转让的问题上,卢梭和霍布斯显得一致,与格劳修斯和普芬道夫形成对立;但在主权者与立法权的关系上,卢梭又显得与霍布斯尖锐对立。

对于现代民主理论而言,人民主权和立法权是自由民主政体设计方案的**核心**。但是,在民主理论的经典作家那里,关于两者的关系问题又有着极为复杂的内在分歧。笔者将从主权者与立法者的关系问题入手检讨卢梭的民主政制理论，以便我们更好地理解自由民主政制的内在困难。

1 哲人与民主政制即临的时代

《社会契约论》是一部哲人之作，然而，卢梭写给谁看呢？他讲的立法道理要说给谁听？提出这一问题是因为，卢梭在《社会契约论》扉页强调了自己的公民身份，他的作品凡署名"日内瓦公民"的大都与讨论政治制度相关。但是，对于这部明确以principes du politique［政治诸原理］为题的著作当是写给哲人看的，卢梭为何反倒强调自己的公民身份？或者说，《社会契约论》是写给"公民们"看的，但"公民们"是谁，他们会对这样的书感兴趣吗？即便有兴趣，他们有能力思考其中的问题吗？

更令人感兴趣的是，卢梭为何强调作者的双重身份？既然作者强调了，我们就得思考，哲人与日内瓦公民在卢梭身上是什么关系？它意味着哲学与现实政治的具有何种时代特征的张力？

我们首先得记住卢梭自己的说法：这部为他赢得自由民主理论设计师声名的著作不过是他的《爱弥儿》的附录。在《爱弥儿》第五卷的"游历"段落，卢梭的确曾给出过《社会契约论》的梗概（《爱弥儿》，页705—717）。当时，爱弥儿的导师正计划带领他外出游历，去见识各国人民的习性、生活方式和法律制度，以便比较各国政治制度的优劣，最终获得有关最佳政制的知识。

然而，年轻的爱弥儿正陷于对索菲的热恋。如何说服这个热恋智慧的年轻人节制炽热的爱欲，重新返回洞穴，去见识并思考关涉人世的政治制度的那些重大而严肃的问题呢？在展示"社会契约论"的梗概之前，卢梭笔下的爱弥儿导师承认：

> 为了阐明这些重大问题，最大困难在于让某个个别人有兴趣讨论并回答这两个问题：这跟我有什么关系？以及我要怎么做？（《爱弥儿》，页704）

可见，爱弥儿导师面临的问题是：由于爱弥儿在天性上是个热爱智慧者，他对政治事务没有自然的兴趣和热情，但眼下紧迫的政治状况又需要他对政治事务应该有兴趣和热情。何种政治状况显得紧迫？卢梭在《爱弥儿》中已经相当清楚地表明：民主政制即将在整个欧洲取代君主政制。这种政治状况之所以显得紧迫，并非因为政体更迭难免出现动乱，而是因为，何为最佳政制的问题再次提上议事日程。

因此,爱弥儿的导师要求爱弥儿这样的热爱智慧者应该关切政治制度和各国立法的问题。文中的"某个个别人"(un particulier)指爱弥儿这样的热恋智慧者,换言之,爱弥儿的导师希望爱弥儿成为未来民主时代的"立法者"。因而,他以《社会契约论》草案启发爱弥儿有探讨这些严肃而重大的问题的抱负。

在《社会契约论》第一卷,卢梭开篇就提出了自己探讨政治学诸原理的正当性:

> 我并未证明我的论题的重要性,就着手探讨本题,人们要问我,我是一位君主(prince)还是一位立法者(législateur),才来论述政治呢?(《社会契约论》,页3)

这难道不有点儿像爱弥儿在说话?换言之,写作《社会契约论》的卢梭显得是爱弥儿的导师教育出来的"某个个别人",在紧迫的政治状态中,他不得不关切政制问题。可是,"人们或许要问"的修辞性问句又表明了一个时代难题:**谁有权利关切政制问题?**显然,这个难题来自晚近由启蒙哲人掀起的民主思潮:有权利关切政制问题的应该是"公民"——用我们的话说,"人民当家做主"的时代来临了。卢梭的这句开篇之言表达了这一启蒙思想的诉求：仅仅由君主或传统的立法者掌控政治的时代将一去不复，有权利"论述政治"的是共和国的"公民"。因此，卢梭对这个修辞性问题的回答是：

> 生为一个自由国家的公民并且是主权者的一个成员，不管我的呼声（ma voix）在诸种公共事务中的影响多么微弱，对公共事务的投票权（le droit d'y voter）就足以使我有义务去研究它们。（《社会契约论》，页3—4）

卢梭为自己探讨政治学原理提供的合法性证明是：他是共和国的公民！公民是共和国的主权者，主权者有立法的权利。由此，我们在《社会契约论》的开篇就看到了两个重要的民主政治原则：首先，公民是共和国的主权者；第二，作为主权者的公民有权利和义务关心本国政治。如果我们没有忘记爱弥儿的导师对爱弥儿提出的那个要求，那么，卢梭在这里的回答表明，自己虽然仅有热爱智慧的热忱，但作为共和国的公民，他有权利也有义务关心政治。由此，公民在《社会契约论》开篇就顺利地与主权者联系起来，成为卢梭民主政治法则的关键词，也是卢梭民主政治理论最重要的支撑点。然而，问题并非如表面呈现的那样简单，在我们易于下判断的地方，往往暗藏玄机。

尽管卢梭在《社会契约论》的开篇没有强调自己热爱智慧的偏好，但我们知道，他不仅仅是一名"自由国家的公民"，他还是一位哲人。晚年的卢梭用《遐思录》来证明，自己的天生热情是热爱智慧。可以说，卢梭在《社会契约论》开篇宣称自己因为是公民而有权利和义务关心政制原理，实际上隐瞒了他自己的哲人身份，或者说隐瞒了哲人也应该有权利和义务关心政制原理。这一隐瞒兴许表明，卢梭意识到，在民主政制即将来临的时代，即便哲人要关心政制原理问题，也必须先得有民主政制原理意义上的"公民"身份。

换言之，《社会契约论》作为哲人之作必须首先具有赞同民主政制的外观，必须主张：凡共和国的公民都有立法的权利和义务。可是，作为哲人卢梭心里清楚，每个公民有权利关切政制问题，不等于他们**有意愿**和**有能力**关切这样的问题。关切这样的问题不仅取决于个人意愿，显然还取决于个人德性。大多数公民对"政治学原理"和"立法"问题不感兴趣，甚至觉得与自己不相干，因为常人不会有兴趣去了解这类问题，遑论深入探讨。有鉴于此，传统的教诲都直接要求常人应该如何守法，而非教诲他们思考应该如何立法。

一方面卢梭隐瞒了自己的哲人身份，另一方面，卢梭却强调了自己作为公民即作为民主政制的主权者享有绝对权力和具有立法权。换言之，卢梭的公民身份表明他有权利参与共和国的立法。在《爱弥儿》中，导师丝毫没有担心全体公民是否有兴趣关切立法问题，他心里清楚，普通公民并不具备立法智慧。因此，他担心的是，有智慧德性的"某个个别人"是否有兴趣关切立法问题。这样一来，卢梭在《社会契约论》这部讨论自由民主制度设计的大书中关于人民主权的论述就面临一个问题：哲人与人民主权的关系是怎样的。

我们将会看到，这个问题体现在《社会契约论》中关于**主权者与立法者**之关系的含混修辞中。面对这样的修辞乃至谋篇，我们不得不问：卢梭难道仅仅是个表面上的人民主权论者？他是否认为：即便在自由民主的政体里，作为主权者的人民只能是**名义上的**立法者，实际的立法者当是少数拥有立法智慧的哲人？

笔者注意到，在《社会契约论》卷二第四章"论主权权力的界限"中，当卢梭提到**公民权利与主权权利**的区分时，他欲盖弥彰地加了一个注：

> 细心的读者们，我请求你们不要急于责备我在这里的自相矛盾。由于语言的匮乏，我在这些术

语上没能避免这种矛盾，不过，你们稍待一下。
（《社会契约论》，页38，注1）

卢梭有意提醒读者，他此处已改变了关于主权者的定义。如果对比第一卷第六章即"论法律"一章，卢梭在那里将主权者与公民视为两个可以互换的术语，那么，此处分别讨论两者在权利上的差异，意味着主权者与公民之间出现了切割：主权者与公民的政治权利并非一致，首要的立法权并非天然地归属公民。尤其在立法权归属个人（或少数人）还是全体人民的问题上，人民主权论与君主主权论至少在论证逻辑上必然产生尖锐分歧。

既然卢梭要证成主权者是公民，那么，与主权者密不可分的立法权当然属于共和国的全体公民。然而，卢梭自认为是柏拉图在启蒙时代的学生，他怎么会甘心认同人性无差论？倘若不认同，卢梭式的立法者又如何在自由民主政体中安顿自身？他如何调和柏拉图式的立法者与人民主权论之间的尖锐冲突？如何一步步将主权在君转向主权在民，同时又保留柏拉图-卢梭式的立法者身位？这些问题的答案并非显而易见。《社会契约论》的开篇仅仅让我们看到，卢梭将自己的立法者身份隐匿在公民之中，仿佛他仅仅是全体公民中的普通一员而已。

2 何谓"人民主权"

《社会契约论》共分四卷,每卷下分若干章节,且有标题,每卷却没有标题。通常认为,卷一的主题是人类如何从自然状态过渡到社会状态,第二卷的主题是社会状态的立法问题,第三卷的主题是何谓最佳政制,最后一卷的主题是最佳政制如何保持。我们需要关注的"论主权者"和"论立法者"这两个关键章节分别位于第一卷和第二卷,而且都是第七章。这未必一定是巧合,也有可能是卢梭在谋篇上的别有用心。[①]

因为,人民主权论中的核心观点即"主权者必然拥有立法权"这一广为人知的主张,被作者刻意一分为二,分别置入两卷并放在相同序号的章节中来讨论,似乎在提示读者对勘。这是否意味着,"主权者"与"立法者"并非可以简单地画等号,或者"主权者"未必"必然拥有立法权"呢?

第一卷第七章虽以"论主权者"为题,但在这一章并没有关于"主权者"的定义,定义在前一章"论社会公约"中已经给出。卢梭在这里论证的是,人民主权

[①] 参见迈尔,《政治哲学与启示宗教的挑战》,余明锋译,北京:华夏出版社,2014,页128—206。

来自从自然状态到社会状态的过渡。按照卢梭的设想，人类第一次缔结契约是基于自然状态中人人都面临毁灭险境。为了不至于被毁灭，每个人出于自我保存的需要集合起来，以集体的力量去"克服生存的阻力"，寻找一种能把全部个体的力量结合起来的形式：这种结合形式既能"卫护和保障每个结合者的人身和财富"，又能"使得每一个与全体相联合的个人又只不过是在服从其本人，并且仍然像以往一样地自由"（《社会契约论》，页19）。由此可见，"主权"在卢梭那里首先是一个集体概念，即所谓的"人民主权"。

确定"主权"是建国契约的首要条款，或者说"社会契约论要解决的根本问题"。卢梭明确地指出，为了缔结契约，每个人必须放弃"自然的自由（liberté naturelle）"以换取"约定的自由（liberté conventionnelle）"，但没有放弃"自由"本身。卢梭并没有马上明确地解释，何谓"自然的自由"、何谓"约定的自由"。无论如何，在社会契约的形式下，"每个结合者及其自身的一切权利全部都转让给共同体"（《社会契约论》，页19）（communauté）。

由于每个结合者都毫无保留地转让自己的自由，联合体与组成部分之间不存在利益分歧，整体与部分完美地结合在一起。促成这种完美联合体得以实现的前提是，其中每一个体的全部权力都置于"公意的绝对指导之下（la suprême direction de la voloté générale）"，且每一个体都是共同体"不可分割的一部分"（《社会契约论》，页20）。一旦这些条件成熟，全体成员的结合行为必然产生一个"道德的和集体的团体"（un corps moral et collectif），从而每个参与订约的个人的全部权利由共同体所代表。由于这个共同体的成员数目等于大会的选票，凡参与订立契约的每个成员都是主权者：

> 这一个由全部其他人结合形成的公共人格，以前称之为城邦。现在则称为共和国或政治体（corps politique）；当它是被动时，它的成员就称它国家；当它是主动时，就称它为主权者（souverain）；以之和它的同类相比较时，则称它为政权（puissance）。至于结合者，他们集体地就称为人民（peuple）；个别地，作为主权权威的参与者，就叫作公民（citoyens），作为国家法律的服从者，就叫作臣民（sujets）。（《社会契约论》，页21）

自然状态中的人基于社会契约产生一个"道德的与集体的共同体"后，自然人就进入了政治状态（état civil）。全体主权者拥有共同体的至高权威，主权者的权威则来自每个主权结合者将自身的一切权利转让给共同体。当共同体在行使国家行为时,它就是一个主权者。换言之,主权者并非某个具体个人,而是由构成主权者的全体成员结合形成的personne publique［公共人格］。

卢梭的主权论最让人诟病的地方在于,他似乎仅承认作为一个道德的且集体的人格的主权,不承认主权归于某个人或某一些人,从而削弱了所谓"个人权利"。其实,情形未必如此。让我们不妨比较一下霍布斯的主权论。霍布斯在《利维坦》中给"主权者"下的定义是:

> 用一个定义来说,这就是一大群人相互订立信约,每人都对它的行为授权,以便使它能按其认为有利于大家的和平与共同防卫的方式运用全体的力量和手段的一个人格。承当这一人格的人就称为主权者,并被说成是具有主权,其余每一个人都是他的臣民。[①]

对比卢梭的*主权者*定义,两者最大的分歧点在于:承担这一公共人格的是"某一个人"还是"全体个

---

① 霍布斯,《利维坦》,黎思复、黎廷弼译,北京:商务印书馆,1997,页132。

人"。卢梭为什么不同意霍布斯认为公共人格的承担者是某一个人？显然，在卢梭看来，这样的话仍然是在为君主主权论提供合法性。显然，就"主权者"定义而言，卢梭的民主思想色彩要比霍布斯浓得多。然而，我们追踪的问题线索仍然是，卢梭如何调和古今之争的尖锐冲突点，如果他承认古典的人性差异论，他何以能同时主张极端的平等和自由？他又是如何在民主政制设计方案中抹平（掩盖）这一尖锐的冲突？可以说，这是卢梭在主权者问题上极力要论证的难题之一。

3　主权者权威的来源

卢梭在《社会契约论》中用了三章（第一卷第二章至第五章）篇幅来论证，父子关系、主奴关系并不适用于类比共同体中主权者与臣民之间的关系，并逐一批驳了格劳修斯、霍布斯和博丹等人的君主主权学说。

首先，卢梭说，就家庭而言，儿子对父亲的绝对服从基于父爱，亲情之爱是儿子转让自身及其全部权利获得的报偿。然则，推及到一个国家，首领与人民之间并不存在类似父爱的感情，相应地，人民缺乏转让自己全部权利的基础。倘若人民并不情愿转让自身及其全部权利，那么，最强者的强力能否迫使人民转让其全部权利呢?

卢梭实际上是问,基于自然天赋的不平等建立的自然权威能否合法地转化为政治共同体的主权权威?这是卢梭作为古典哲人的学生在现代启蒙处境中提出的要害性问题。

卢梭首先质疑的是,最强者能否把自己的强力转化为权利,把人们迫于强力的服从转化成义务。在"论最强者的权利"一章中,卢梭说到,最强者最初运用自然强力迫使他人服从的状态无法持续。因为,人们服从最强者是基于害怕惩罚,而非自愿地服从,一旦当初迫使他们服从的强力终止后,且当他们发现不服从并不会受到惩罚时,这类迫于强力的服从就会停止。相应地,最强者的权威也会消失。卢梭迫使他的论战对手承认这个结论:"强力并不构成权利,而人们只是对合法的权力才有服从的义务。"(《社会契约论》,页10)不过,如果最强者的强力不能自动转化为权利,从自然的不平等也就推导不出政治的不平等。于是,卢梭宣称,必须承认"任何人对于自己的同类都没有任何自然的权威"(同上)。

随后,卢梭对主权权威的合法性来源追问到这一步:倘若自然法并不为主权者的权威提供合法性,那么,共同体成员之间的建国契约能否成为合法权威的基础。正是在论证这个问题时,卢梭引入了**主奴关系**的讨论。在卢梭看来,主奴关系与主权者与臣民的关系最接近,但也最容易混淆。通过分析奴隶制的合法性来源,卢梭试图回答格劳修斯所提出的问题:

> 如果一个个人可以转让自己的自由,使自己成为某个主人的奴隶,为什么全体人民就不可能转让他们的自由,使自己成为某个国王的臣民呢?(《社会契约论》,页10)

卢梭反驳说,个人之所以出卖自身自由是基于生存需要。一个人作另一个人的奴隶,是因为主人可以替他扫清生存上的障碍,可以供养他的生活。这种诉求符合人类自我保存的自然需要。但是,在现实政治社会中,国王非但不能供养他的臣民,反而要臣民的供养,既然如此,卢梭问道,"全体人民为什么要出卖自己呢?"(《社会契约论》,页10)

随后,卢梭以不点名的方式设想霍布斯对他的观点提出反驳:"专制主可以为他的臣民确保太平",所以全体人民要出卖自己(《社会契约论》,页11)。霍布斯在《利维坦》中谈到,获得主权有两种方式:一种是凭靠自然强力,比如家长对子孙的统治,或是战争状态中战胜者对于战败者的统治；另一种则是基于人与人之间的约定。借助约定，人们"自愿地服从一个人或一个集体，相信他可以保护自己来抵抗所有其他的人"。霍布斯把第一种获得主权的方式称为"以力取得的国家"，把后一种主权方式称之为"政治的国家，或按约建立的国家"（《利维坦》，页132）。

卢梭质疑第一种获取主权的方式，在他看来，战争状态中不可能出现全体人民为求自保而转让自己的权利的情况。因为，一方面，战争的出现多半基于统治者的嗜欲和好战，国家的太平只是战争间歇时的假象，和平状态并不会持久，统治者的坏德性使得国家随时有重新陷入战争状态的危险；另一方面，即便转让自身的全部权利能够换得个体的生存，这种失去自由的太平不过是一种监狱里的太平。卢梭甚至把失去自由换得太平的人民比喻为拘囿在独目巨人洞穴里的奥德修斯与他的战友们，在竭力筹谋反抗之前，每个人只能束手等待轮流被巨人吞吃的悲惨命运。

卢梭从分析奴隶制的两个来源着手，批驳格劳秀斯从奴役状态中为专制主义提取合法来源的观点。格劳修斯在《战争与和平法》第3卷第7章提出，由于征服者有杀死被征服者的权利，从而被征服者为赎取生命就出卖自由，这就是奴隶制的另一个来源。

但是，卢梭认为，生活在自然状态中的静默、孤独且完整的自然人之间，由于缺乏足够的物质联系，在私有财产出现之前，人与人之间没可能构成战争状态。战争状态既不可能出现在财产权确定之前的自然状态，也不可能出现在法律权威治下的政治状态。由此他推导出，既然战争状态不可能在个人与个人之间产生，只能出现在国与国之间，战争就不可能催生出任何政制的基础。何况，人们得承认"战争决不能产生不是为战争目的所必需的任何权利"（《社会契约论》，页15）。即便是基于最强者权利原则的征服权——第三章已经论证过最强者的权利推导不出主权者的权威，战争既没有赋予战胜者屠杀被征服者的权利，也无法为战胜者奴役被征服者的权利提供法理基础。

卢梭提出的理由是，只有当敌人不愿转化为奴隶时，战胜者才有杀死他的权利；一旦敌人同意转化为奴隶，那么战胜者就同时失去剥夺战俘生命的权利。换言之，处于战争状态中的战败者用自由换取的生命仍然属于他自己。因为，在他放弃对抗战胜者的同时，他的生命就自然获得保存，并不需要通过出卖自由来换取生命："使人以自然的自由为代价来赎取他人并没有任何权利的生命，那就是一场不公平的交易。"（《社会契约论》，页15）值得注意的是，卢梭在这里非常强调

"自然的自由",与后来转入"约定的自由"相呼应。

然而,卢梭此处的论证显得相当勉强,霍布斯首先会这样反驳他:

> 如果一个臣民在战争中被俘,或是其人身或生存手段处于敌人的警诫监视之下,他以臣服于战胜者为条件而获得自己的生命时,他是有自由接受这种条件的;接受之后,他就成了俘获者的臣民,因为除此以外,他再也没有其他方法保全自己的生命。(《利维坦》,页172)

霍布斯这里明确指出,尽管出于保全生命,被俘者在生命与自由之间只能二选一,但是被俘者在接受出卖自己权利换取生命的时候仍有接受或不接受的自由。卢梭与霍布斯论争的焦点在于,最强者的强力能否合法转化成**主权权威**。从而,在奴隶制的问题上,二人显出尖锐的对立。卢梭意识到此处的反驳并不充分,所以他马上从奴隶制度的来源问题返回到对最强者权利的分析,并再次重申第三章的观点:出于强力压迫的服从并不能推导出奴隶对主人负有任何义务。征服者以战俘的生命换取其全部权利,这种不公正的交易引发的后果是,征服者与被征服者之间一直处于永不停止的战争状态,两者之间的约定也是战争的后果,双方获得的不是权利与义务,而是压迫与暂时的服从。

卢梭随后在"论总需追溯到一个最初的约定"一章中指出,即便他接受以上他所反驳的一切论点,仍然没有办法解决专制主义的难题:如何使得最强者的强力合法地转化为国家的主权权威。由于双方缺乏公共的好(bien public),一个人对一群人的统治不过是主人对奴隶的统治,主人与奴隶的结合只能是一个集体而非政治共同体。

卢梭对霍布斯的家长制论的批驳旨在维护"自然的平等"权利,对格劳秀斯的奴役状态论的批驳旨在维护"自然的自由"权利。这意味着,进入社会状态之后,公民仍然在相当程度上保有自然的"平等"和"自由"的权利,从而宣示了人民民主论的关键要核。卢梭如此激烈地反驳君主主权论,显然旨在为他接下来论述民主政制的政治原理铺平道路。卢梭的论证逻辑是,既然最强者的权利推导不出君主制的主权权威,那么君主主权的合法性就没有正当性,君主政体就缺乏法理依据。建立在全体成员的共同约定之上的人民主权则由于公意而有了充分的法理依据:

我们每个人都以其自身及其全部的力量共同置

于公意的绝对领导之下,并且我们在共同体中接纳每一个成员作为全体之不可分割的一部分。(《社会契约论》,页20)

通过回顾《社会契约论》中关于主权者权威的合法性论证过程,可以看到卢梭如何在批驳君主主权学说的过程中一步步确立人民主权的合法性,如何从主权在君过渡到主权在民。在这种转化的过程中,公意成为民主主权与君主主权最重要的区分标志,也是卢梭批判君主政制最主要、最有利的武器。

4 "公意"的悖论

在公意的基础上,卢梭重新解释了人民主权学说中的"主权不可转让"和"主权不可分割",[1]并且他把主权牢牢地固定在人民共同体的全体成员共同意志

---

[1] 绝大多数研究者承认,卢梭的"主权不可分割"及"主权不可转让"的观点实际上取自孟德斯鸠关于主权分割的说法,与格劳修斯、普芬道夫的主权理论针锋相对。后者认为,主权可因不同功能和对象而被分割。在这一点上,卢梭认同霍布斯关于主权绝对完整的观点,只不过他同时拒绝霍布斯的主权不可分割论被用来支撑君主主权。参见卢梭, *Du contrat social*, Ronald Grimsley ed., p.125, note 4。

之上。然而，紧接着在《社会契约论》第二卷第二章即"论主权不可分割"一章，卢梭下了一个非常奇怪的注释：

> 意志要成为公意，并不永远需要它是全体一致的，但必须是全部票数都计算在内；任何形式的例外都会破坏它的普遍性（généralité）。（《社会契约论》，页33）

这同样意味着，公意并非总是共同体成员全体意志的一致表达，然而它必须经过全体成员投票表决获得形式上的确认。反之，即便经过全体成员投票表决确认过的公意，也未必体现所有成员的意志（比较《社会契约论》4.1—2）。这意味着，公意并不总是全体普遍一致的意志，恰恰相反，它在绝大多数情况下仅仅是部分人的意志。但是，这种意志一旦通过全体投票表决的形式得到确认，它就能称之为公意，而且"这种意志一经宣示就成为一种主权行为（un acte de souveraineté），并且构成法律"（《社会契约论》，页33）。

我们看到卢梭在这里仅仅是强调公意的普遍性，却不在意它究竟是实质上的普遍性，抑或仅仅是形式上的普遍性。如果是这样的话，卢梭就为人民主权论留下了一个马基雅维利式的暗道。①透过这个暗道，我们也许可以窥见卢梭的民主政制设计方案中暗地里留下的古典哲学的印迹。

在完成公意为人民主权提供正当性的论证之后，卢梭马上抛出这样的问题：公意是否可能犯错误？借助这个问题，卢梭把读者带入了民主政制设计方案的关键地带，而重新修正公意的意涵正是卢梭黏合人民主权论与古典人性论的重要环节。

卢梭在第二卷开篇就讨论人民主权的两大根本原则："主权不可转让"与"主权不可分割"，随后他在第三章马上转向公意的问题，专章讨论"公意是否可能错误"。卢梭的谋篇引导我们思考这样的问题：倘若公意是人民主权合法性的来源和基础，是主权者权威的唯一支撑点，那么，要证成人民主权的合法性，必然得接受"公意永远是公正的，而且永远以公共利益为依归"的结论（《社会契约论》，页35）。然而，作为公意的来源，人民的考虑是否也"永远有着同样的公正"？（《社会契约论》，页36）卢梭明确地拒绝了这一推论，他提醒民主政制的设计者们：

---

① 参看《社会契约论》卷1：章1、章6；卷2：章6；卷3：章6；卷4：章6、章2。

> 人总想自己好（bien），但人并不总能看见好。人民绝不可能被败坏，但人民往往会上当受骗，而唯有这个时候，人民才好像想要不好的东西。（《社会契约论》，页35）

卢梭在此明确地表达了一种古典人性观，这为他在接下来的第七、八、九章中，连续三章以"论人民"为题讨论作为建国质料的人民实体，以及与之密切相关的民主时代立法者的问题做了铺垫。然而令人错愕的是，卢梭这段表面上肯定，实质上质疑公意的陈述却使他被视作了极权主义的先驱。[①]极权论解释者忽略了卢梭在同一章中对于公意与众意的区分，而民主论的解释则忽略了卢梭在《社会契约论》中多处表达过对人民实体的质疑，以及对民意的不信任。换言之，他们都忽略了卢梭作为一个启蒙时代的民主思想家还有着古典政治哲学的一面。

但是，我们也看到，卢梭的人民主权论如果停留在这一点上，他就仍然无法完成古典人性论与现代民主政制方案对接的任务，也就是前文提到的，他所面临的民主政制方案的内在难题：如何在同质化的民主社会中处理卓越的问题，如何处理人性的自然差异问题。落实到

---

① 参见马斯特，《卢梭的政治哲学》，前揭，注2，页423。

现实政治层面就是,谁是民主时代的立法者?

5 立法权与立法者

通过《社会契约论》第一卷对主权者的论述,卢梭将主权者与公民画上等号,使人民主权论牢固地建立在全体成员之化身的主权者的基础上,在第一卷结束时,他已经让自己的读者接受了如下结论:

> 主权既然不外是公意的运用,所以就永远不能转让;并且主权者既然只不过是一个集体的存在,所以就只能由他自己来代表自己;权力可以转移,但意志却不可以转移。(《社会契约论》,页31)

在此,公民与主权者成了两个可以互换的概念。在"怎样维持主权权威(续)"这一章中,卢梭明确表示,

> 因为,政治体的本质就在于服从与自由二者的一致,臣民与主权者这两个名词乃是同一意义的相关语,这两种观念就结合为公民这一名称。(《社会契约论》,页118)

进而，卢梭又将主权者与立法者这一概念绑在了一起：一方面，人民主权的特征是不可转让和不可分割；另一方面，主权者的最首要权利便是立法权。如此一来，一旦我们接受了人民主权"不可转让"和"不可分割"的观点，就会自然而然地认为，人民主权说中的主权者必然是立法者。然而，在第二卷的"论立法者"一章，卢梭却让我们质疑这个显而易见的答案，细心读者的疑虑显然是卢梭巧妙的谋篇布局所致。

在论述立法者之前，卢梭首先讨论volonté générale［公意］问题，显然，公意对人民主权的立法权而言至关重要，既是社会契约的神圣性之所在，也是社会契约得以缔结的核心环节。如迈尔所说，

> 卢梭把公意用作为一个契约的铰链和一个政治体的核心规定，这个契约将个体联结为公民，这个政治体将每一个组成部分视为整体不可分割的部分。①

迈尔也提醒读者，卢梭并没有将公意与众意看作相互对立的概念。既然如此，卢梭质疑公意到底在多大程

---

① 迈尔，《政治哲学与启示宗教的挑战》，前揭，页143。

度上能体现政治共同体的共同意志，多少会让我们觉得突兀。

卢梭甚至认为，这种共同的意志未必一定"永远公正"，"永远以公共利益为依归"。《社会契约论》共辟两章来讨论公意问题，分别是第二卷第三章"公意是否可能错误"和第四卷第一章"论公意不可摧毁"，全书最重要的论题"论立法者"以及有关政府形式的讨论被框在中间。从文本表面的修辞来看，我们可以说，立法者与公意的关系对于理解《社会契约论》全书意义重大。

在讨论公意时，卢梭首先解析的是与公意相当接近又互有冲突的volonté de tous［众意］概念。卢梭告诉我们，即便我们相信公意在理念上"永远公正，而且永远以公共利益为依归"（《社会契约论》，页35），也不能由此推断人民的考虑必然正确。因为，人民没有预见性，容易被欺骗，往往得靠谎言才能让人民接受他们应该接受却又不愿意要的东西（同上）。从而，公意与众意不是一回事。卢梭甚至说，除了历史上至少有过一次完全一致之外，[①]实际上，公意与众意差别非常大，因为"公意着眼于公共利益，而众意则着眼于私人利益。

---

① 见《社会契约论》卷1：章5、章6；卷4：章2。

众意是个人意志（volonté particulière）的总和"（《社会契约论》，页35）。

另一方面，卢梭又不认为公意与众意是一对相互对立的概念。他举例说，相对于一个集团而言，其全体成员的意志是公意，但这个集团的公意相对于整个国家而言则是众意。换言之，某个阶级成员的公意，相对于政治共同体而言只能是众意。一个国家有多少阶级，有多少派别就有多少众意，共同体要时刻警惕某个派别（集团）过于庞大，否则这个派别的众意就会威胁公意。

这时，卢梭说到，从整个政治共同体的层面考虑，如何调和这些众意使之转化为公意，并体现在立法上，便是立法者的任务，这考验的是立法者的**制作技艺**。按照此前关于主权者权利的描述，只有全体人民才是主权者，且由于主权"不可转让"和"不可分割"，作为主权者的首要权利的立法权就只能归全体人民所有。然而，拥有立法权的全体人民这个集体性的概念在这里已然被"众意"概念暗中瓦解：全体人民没法自己调和众意使之同化为公意，需要一个立法者。这个立法者是谁？又是怎样的一个人？卢梭承认，人民主权中的立法权从法理上讲应该归于人民，然而，他却又以质问的口吻说：

谁给政治体必要的预见力来事先就想出这些行为并加以公布呢？或者，在必要时又是怎样来宣告这些行为的呢？一群并不知道自己应该要些什么东西的盲目民众（une multitude aveugle）——因为他们对什么东西对他们好，知之甚少——又怎么能亲自执行像立法体系这样一桩重大而又困难的事业呢？人民永远是愿望自己幸福的，但是人民自己却并不能永远都看得出什么是幸福。公意永远是正确的（droite），但是，那引导着公意的判断却并不永远都明智（éclairer）。（《社会契约论》，页48）

在这段说法中，卢梭不动声色地把"人民"等同于"盲目民众"。与此相应的是，"引导着公意的判断却并不永远都明智"，这无异于说，所谓"公意永远是正确的"不过是个幌子。反过来看，可以肯定的是，在卢梭看来，立法者的德性首先是"明智"，"人民"或"盲目的群众"恰恰缺乏这种德性。可以说，这就是卢梭人民主权说中的首要理论难题，也是他力图为民主政制设计方案要解决的关键难题。

为此，卢梭在"论法律"一章便描述了立法任务的艰巨性，随后就提出，民主政制的成败首先取决于有这样一个立法者，他承担着指导某些个别人（les particuliers）和公众（le public）的任务，即"使个人能以自己的意愿服从自己的理性，公众学会认识自己所愿望的事物"（《社会契约论》，页49）。这里令人费解的是：为何卢梭要把"某些个人"与"公众"区分开？"人民"或"盲目的群众"概念不是已经抹去了这个区分吗？何以卢梭又会说到，那些公共启蒙（des lumières publiques）导致了社会体（le corps social）中的理智与意志的结合？为什么这里突然出现"启蒙"这个语词，与拥有主权的"人民"或"盲目的群众"是什么关系？

其实，在此之前的两个自然段的位置，卢梭非常突兀地提到过"君王"（prince），而且显得不经意地将君王算作主权者这个集体概念中的一员：

> 我们无须再问应该由谁来制订法律，因为法律乃公意的行为；我们既无须问君主是否超乎法律之上，因为君主也是国家的成员。（《社会契约论》，页47）

"君主"显然是个人，而且是有"明智"德性的个人，否则就该称为僭主。似乎是有意要解释这个古怪的说法，卢梭随后宣称，那些"凡是实施法治的国家——

无论其行政形式如何——我都称之为共和国"（《社会契约论》，页48）。他的理由是，公共利益（l'intérêt public）和公共事物在这些国家里居统治地位，因而"一切合法的政府都是共和制的"（同上）。卢梭承诺会在讨论政府形式的时候具体阐明这个令人费解的说法，不过，他给这句话下注说：

> 我理解这一名词（译注：指"共和制"）不仅指一种贵族制或者一种民主制，而且是一般地指一切被公意，也就是被法律所指导的政府。政府要成其合法的，就绝不能与主权者混为一谈，而只能是主权者的执行人（le ministre），这样，君主制（la monarchie）本身也还是共和政体（république）。（同上）

这个注释太诡异了：孟德斯鸠明确把君主制排除在共和政体（要么贵族制，要么民主制）之外，卢梭却竟然说"君主制本身也还是共和制"，尽管他这个令人惊讶的说法藏在注释这样的不起眼的地方。

其实，在第三卷"政府总论"一章中，卢梭已经有意模糊"君王"（prince）与"行政官"（magistrat）的区别，将两者都视为主权者与臣民之间的中间体，差异仅仅在于：是个人抑或团体负责掌控这个中间体（《社会契约论》，页73）。细心体味卢梭这段说法的前后文脉，我们大致可以理解，卢梭在讨论立法者的任务——同时指导公众以及需要与公众结合的个人——时所说的个人，应该是指君主或行政官。因而，卢梭宣称"必须要有一个立法者"（《社会契约论》，页49），很可能指这个在主权者之中存在的特殊个体。

《社会契约论》第二卷第七章"论立法者"用了12个段落来讨论立法者的问题。[①] 卢梭首先明确指出，为了实现"发现那些适宜于诸民族的最好的社会规则"，共同体需要"诸神（des dieux）"般的立法者。这种夸张的修辞再度提高了作为个人的立法者的身位：从"明智"上升到"诸神"的"至高智慧"：

> 需要一种能够洞察人类的全部感情而又不受任何感情所支配的至高智性（une intelligence supérieure）。它与我们的人性没有任何关系，但又能认识人性深处；它自身的幸福虽与我们无

[①] 《社会契约论》第三卷讨论"论君主制"的篇幅最长，用了17个自然段。讨论"贵族制"用了10个自然段，讨论"民主制"只用了8个自然段。

关，然而又很愿意关怀我们的幸福；最后，在时世的推移里，这种智慧照顾到长远的光荣，它在这个世纪里工作，却在另一个世纪里享受回报。这简直需要诸神来为人类制定法律。(《社会契约论》，页49—50)

这一段关于立法者的描述很容易让人想到柏拉图式的真正哲人。倘若如此，卢梭心目中理想的立法者就应该是回到洞穴的哲人，他在人世间*犹如一个神*，因为他虽活在人世间，却不受人类情感的绊扯，能洞察人性的幽暗之处却丝毫不受玷污，具有至高的智慧，却能关切人世生活，有穿越时光的预见性。不过，卢梭没有告诉他的读者，这样一位神明般的*理想立法者*从何而来，但显然不会是来自原始社会的自然人。

接着，卢梭提到*卡里古拉*（Caligula），这位公元37—41年在位的罗马皇帝在《社会契约论》中算第二次出场。第一次他现身在第一卷"论原始社会"一章讨论牧羊人与羊群品质对比的地方。在那里，卢梭质问格劳修斯："究竟是全人类属于某一百人，还是那一百人属于全人类。"(《社会契约论》，页6)在他看来，格劳修斯、霍布斯这些主张君主主权的理论家只关心这一百人的利益，依照他们的主张，"全人类被分成了一群群的牛羊"(《社会契约论》,页7),看护人类的那些首领们不过是出于吃掉他们的目的。不过,卢梭随即化用斐洛(Philo)所记载的卡里古拉的话:

> 正如牧羊人的品质高于羊群的品质,作为人民首领的人类牧人,其品质也就同样地高于人民的品质。(《社会契约论》,页7)①

从牧羊人与羊群的类比中,这位罗马皇帝得出结论说"君王都是神明(des dieux),或者说,人民都是牲畜(des betês)"(《社会契约论》,页7)。对于这样的结论,卢梭居然没有反驳,甚至没有表示愤慨,仅仅轻描淡写地提到,格劳修斯和霍布斯的理论不过是卡里古拉的推论的再现。不仅如此,卢梭将这一观点的源头追溯至亚里士多德,并引用了《政治学》卷一第一章的著名说法:"人根本不是天然平等的,而是有些人天生

---

① 据斐洛记载,这位罗马皇帝的原话是:"必须记住我——统治着全人类最高贵的羊群的——有着不同于羊群的品质,我比他们的出身更高贵,更神圣。"见 *Du contrat social*, Ronald Grimsley ed., 前揭, p106, 注1。

做奴隶，另一些人天生统治。"（同上）[①]

如果我们没有忘记卢梭之前对霍布斯和格劳修斯的批评，我们难免会感到震惊：卢梭竟然没有否认亚里士多德的话！他仅仅批评亚里士多德"把结果当成原因"（prenait l'effet pour la cause），同时他又在卷二第七章"论立法者"中承认：

> 为了使一个新生的民族能够爱好健全的政治准则并遵循国家利益的根本规律，就必须把结果变成原因。（Il faud rait quel'effet pût devenir la cause）（《社会契约论》，页53）

即便在这里，矛盾已然显而易见。一方面，卢梭否认存在天然的奴隶；另一方面，他又说，最早的奴隶是由于强力压迫所致，怯懦使得最初的奴隶永远是奴隶——这种说法本身就自相矛盾：难道怯懦不是天生的么？有的人天生怯懦，有的人天生有强力，难道不是恰好在为亚里士多德做证？如果卢梭承认永远有天生怯懦

[①] 在卷四"论投票权"一章中，卢梭表达了与此处相似的观点："每一个人生来是自由的，并且是自己的主人。所以，任何别人在任何可能的借口之下，都不能不得他本人的认可就役使他。断言奴隶的儿子生来就是奴隶，就等于断言他生来就不是人。"（《社会契约论》，页135）

一类人，就表示他暗中认同，人性有自然差异，从而也就有自然的不平等。

凡此笔法表明，卢梭清楚地知道，如果民主政制方案的基石是共同体全体成员同质的平等和自由，那么，民主社会必然建立在抹平人与人之间自然德性的差别的基础上，从而不可能"使一个新生的民族能够爱好健全的政治准则"。

如施米特所说，就国内政治层面而言，民主制只有以平等原则为基础，这种民主式的平等"是一切其他形式的平等的先决条件"，"全体国民被预设为平等的，只是由于这个原因，他们才必须享有平等的选举权、平等的表决权等等"。可是，作为一个政治性概念，民主制的平等又必然涉及区分，否则就不成为一种政体的基础。①

我们知道，柏拉图反对民主制的理由之一是：民主制真正的缺陷在于假定共同体全体成员在德性上毫无差别，无视人与人之间的自然德性差异。卢梭自称是柏拉图的现代学生，他又怎么会看不到民主政制这

---

① 施米特，《宪法学说》（修订译本），刘锋译，上海：上海人民出版社，2016，页228；比较D. Bates, "Rousseau and Schmitt: Sovereigns and Dictators", H. Rosenblatt / P.Schweigert编，*Thinking with Rousseau: from Machiavelli to Schmitt*，前揭，p. 276—294。

一与生俱来的内在缺陷呢？

然而，卢梭看到——正如我们也已经看到——的是：自从霍布斯，尤其洛克和孟德斯鸠让自然状态和自然权利成为衡量政制的依据之后，君主制在历史上必然寿终正寝，或者说，民主制一定会被"盲目的群众"信奉为最佳政制。可以设想，聪明的卢梭看到这一不可逆转的历史趋势之后，他不得不也从自然状态论出发来设计民主政制，但是，"为了使一个新生的人民能够爱好健全的政治准则并遵循国家利益的根本规律"，卢梭又深知，必须设法为民主政制的立法者找到一个合适的身位，并为立法者提供一个身份的正当性。

我们已经看到，卢梭以罗马皇帝卡里古拉的推论为文本线索，将第一卷的"原始社会"与第二卷的"论立法者"联系起来。不仅如此，卢梭还让古典大哲柏拉图为卡里古拉作证："卡里古拉**根据事实所做的推论**"，柏拉图"**在《政治家》中以同样的推论**"从权利的角度来规定他所寻求的政治家或君王（柏拉图，《政治家》，261d6）。换言之，卢梭提醒头脑清醒、明智的少数读者，"人民"即"盲目的群众"这一判断是古已有之的政治常识。倘若接受"君主是牧人，民众是羊群"的推论就得承认，从自然状态推导出来的主权者就未必必然是立法者。既然如此，我们就可以说，卢梭表面上鼓吹人民主权说，实际上知道，人民主权没可能等于"必然拥有立法权"。

6　谁是民主政制的立法者

如果前文的观察没有错，卢梭面临的问题就是：如何在主张人民主权的前提下找到或培育出能够为"健全的政治准则"立法的立法者。

即便按照牧人与羊群的古老比喻，牧人的德性天然地有高于羊群的德性品质，也不等于牧人是立法者。或者说，即便在民主政治的前提下，牧人尽管来自人民主权者成员，从而在法理上天然拥有立法权，但由于他是主权者中的一员，他必然带有私意诉求。在第三卷"论君主国"一章中，卢梭说，"就连最好的国王也都想能够为所欲为"（《社会契约论》，页90），这话在我们听来意思似乎是，天下没有好国王——其实，他的意思同样可能是：连国王都如此，何况"盲目的群众"。如果君主们都"偏爱那条对于自己最为直接有利的准则"（《社会契约论》，页91），人民更是如此。这无异于说，即便在君主制的前提下，仍然需要有为"健全的政治准则"立法的立法者：

如果说一个伟大的君王是罕见的人物，那么一个伟大的立法者又该怎样呢？前者只需要遵循他人设计的模型。一个是发明机器的工程师，另一个不过是安装机器和开动机器的工匠。（《社会契约论》，页5）

卢梭在这里虽然说的是君主制，含义指向的却是民主制。换言之，君主制尚且要求君主有优异的德性，民主政制的"行政官"（magistrat）就更是如此。然而，由于民主政制以德性平等为前提，要打造"行政官"的德性就更为困难。把立法者与君王或"行政官"比作工程师和工匠，后者只是前者设计制作模型的操作者、治国理念的践行者，前者则是后者的导师、教育者、塑造者。由此我们想到了，卢梭为何说，《社会契约论》不过是《爱弥儿》的附录。

问题仍然在于：立法者是谁？卢梭说，这种人"敢于为一国人民进行创制"，能洞察人性的幽微，而且"有把握改变人性"（《社会契约论》，页50）。

前面我们已经看到，卢梭的立法者看起来是个哲人，他的任务是将一个个孤独、完整而独立的个体打造成共同体的一部分，使得进入共同体的个体"从整体中获得生命和存在"，每一个体都与整体中的其他个体紧密结合在一起,以社会生命取代自然生命。这意味着,自然状态向公民状态的转化,需要立法者的设计,或者说,人民主权者其实需要立法者来塑造。因此卢梭说,立法所能"达到的最高的完美程度",是使得"整体所获得的力量等于或者优于全体个人的天然力量的总和"(《社会契约论》,页51)。

在卢梭看来,能够实现这一完美的立法目标的立法者应"在一切方面都是国家中的一个非凡人物"(同上)。这样一来,卢梭的立法者在共同体内就不可能有主权者的身份,毋宁说,主权者身份得由这位立法者来塑造。因此,卢梭说,这位立法者的职务十分特殊:

> 这一职务绝不是行政(magistrature),也绝不是主权(souveraineté)。这一职务缔造了共和国,但是又决不在共和国的组织之内;它是一种独特的、超然的职能,与人类的帝国(l'empire humain)毫无共同之处。因为,号令人的人如果不应该号令法律的话,那么号令法律的人也就不应该号令人;否则,他的法律受到他的激情(passions)支配,便只能经常地贯彻他自己的不公正。他个人的意见则有害于他自己事业的神圣性,也就只能永远不能避免。(《社会契约论》,页51—52)

卢梭要求民主共和国的立法者既不在共同体之内，又关切共同体的幸福，既不是主权者成员，却又为共同体创制法律，既不能号令共同体成员或参与共同体利益的分割，又懂得什么是共同体的公共利益。倘若如此，除了哲人，谁还能具有这种"独特而超然的职能"呢？

卢梭让我们会想到柏拉图的《法义》，在那里，与两位长老讨论立法问题的是一位"异乡"来的哲人。这是否意味着，无论君主制、贵族制还是民主制，其实，立法者都一样得是哲人：毕竟，立法者从事的是一项"超乎人力之上的事业"。

问题在于，霍布斯、洛克、孟德斯鸠难道不是这样的哲人？卢梭为什么要写《社会契约论》和《爱弥儿》？卢梭真正想要教育的对象是谁？未来的人民共和国的君主或人民？按照我们的观察，卢梭写《社会契约论》和《爱弥儿》八成是为了教育霍布斯、洛克、孟德斯鸠这样的哲人，因为，启蒙哲人虽然力图为商业化民主政制立法，却是正在从事错误的立法。

锐目的施米特看到：

> 如果民主制的实质——对卢梭来说，就是德性——荡然无存了，即便所有的决定都取得了全体一致，那也毫无用处。一百个具有奴性倾向的人的

意志即便取得了全体一致，也不会产生自由意志；一千个对政治漠不关心的人的非政治意志加在一起，并不能产生应受重视的政治意志。①

施米特看到卢梭的民主政治方案的难题在于，在同质化的民主政制里，如何从一千个对"政治漠不关心"的人中拣选并教育极少数的卓越者，使他们拥有立法者的智慧和德性，并且能最终拥有合法的立法权。

毋庸讳言，卢梭关于主权在民的论证必然面临一个古典政治哲学的挑战，而他本人则服膺于这个传统，同时他又是启蒙时代坚定的追随者。在这个意义上，卢梭的难题对我们中国人而言其实有着相当重要的现实意义。

这同时还意味着，我们若想回答卢梭的难题，就不得不揭开卢梭的面具。卢梭同时代的论敌曾咬牙切齿地谩骂他"是一个戴着面具的怪物，骗不了任何人"，②

---

① 施米特，《宪法学说》（修订译本），前揭，页333—334。
② Friedrich Melchior Baron von Grimm,, *Correspondance littéraire*, ed. Jean Maurice Tourneux, 16 vols. Paris: Garnier, 1877—82, January 1, 1766, 6: 457—58., 转引自Robert Zaretsky, John T. Scott, The philosopher's Quarrel: *Rousseau, Hume, and the Limits of Human Understanding*, Grand Rapids: Integrated Publishing Solutions, 2009, p.71.

尽管如此,直到今天,我们离看清面具下的卢梭真面目仍有着一段漫长的距离。

跋

15年前（2004年），我考入中国人民大学文学院文艺学专业念博士，导师刘小枫教授建议我研究卢梭的《论剧院》。在写博士论文的过程中，我逐渐体会到，导师让我研读这个文本，并非因为我当时的专业是文艺学。

完成博士论文（2007年）后，虽然不断有朋友催促，我始终没有将论文付梓。我相信施特劳斯说得有道理：要透彻理解卢梭必须先读柏拉图。接下来的博士后研究，我选择了柏拉图的《吕西斯》。这篇短制对话的主题是热爱智慧与友谊，而《论剧院》正是哲人卢梭写给友人的公开信。

研读柏拉图又把我引向了荷马，因为，荷马的诗作是柏拉图的写作艺术的源头。浸润荷马之后再回头整理当年的博士论文，心里踏实了许多。尤值一提的是，2013年刘小枫老师的《设计共和：施特劳斯〈论卢梭的意图〉绎读》一书出版，不仅标志着中国学界研究卢梭的最高水准，更是重新打开了我研读卢梭的视野和进路。2012年春季学期，刘小枫老师还开设了讲解《论科学和文艺》的本科生大课，他的讲稿《卢梭与我们》（未刊稿）对我重新释读《论剧院》有直接启发。跟随高人去思考严肃而重大的问题是学人最高的模仿，在这个意义上，本书可谓模仿之作。

感谢北京大学人文社会科学研究院的邀访学者项目，他们给予一名普通学者的尊重和理解，让我感念。这个春天，我有了一段相对完整的时间"重新从头开始"（施特劳斯语），改写12年前的旧稿，清除博士论文写作时所要求的"八股"语式和格式，增补晚近出版的卢梭新译本和研究文献。

这本小书是笔者初涉卢梭思想的起点，也是对自己以往向学经历的纪念。

2019年6月

于北大静园二院210室

附录一

"启蒙戏剧"年表

说明

卢梭生平和主要著作编年有陈若尘编译的年表(见卢梭《爱弥儿》中译本附录)和特鲁松的《卢梭传》(李平沤、何三雅译)以及登特的《卢梭》中译本所附年表,L. Damrosch的 *Jean-Jacques Rousseau: Restless Genius*(New York,2005)所附年表则反映了晚近英语学界的卢梭研究成果。

狄德罗生平和主要著作编年见弗朗斯《狄德罗》中译本所附年表;伏尔泰生平和主要著作编年见伏尔泰《路易十四时代》中译本所附刘玉珍、陈兆福编写的年表以及波莫《伏尔泰》中译本所附年表。

本年表将卢梭、伏尔泰、狄德罗三人的生平和主要著作编年合编，以呈现18世纪中期上演的这出"启蒙戏剧"的历史面目，便于读者对比三人的人生风采。

1694年　11月，伏尔泰出生在巴黎一个富裕的中产阶级家庭，先后在巴黎耶稣会和路易大帝中学接受教育。

1712年　6月，卢梭出生在日内瓦城的一个钟表匠家庭，母亲在10天后离世。

1713年　狄德罗出生于巴黎东南面150里的朗格尔小城，父亲是剪刀匠，但家境富裕。

1713年　时年19岁的伏尔泰因在一个沙龙中的放纵行为而引起轰动。

1715年　路易十四驾崩，伏尔泰加工他的第一部剧作《俄狄浦斯王》（1718年上演，获得巨大成功），并开始写作《亨利亚德》。

1722年　卢梭的父亲因与人纠纷逃往里昂避难，10岁的卢梭寄宿舅舅家，不久跟一位乡村教士在乡下生活，学习识字读书。

1723年　路易十五继位；狄德罗进耶稣会中学，接受古典语文教育，学习古希腊罗马经典作品。

1725年　卢梭跟随雕刻匠当学徒。

9月，伏尔泰出席路易十五婚礼，婚礼庆典期间上演了三部伏尔泰的剧作。

1726年 卢梭父亲在Nyon镇再婚；卢梭继续做学徒。

狄德罗由当地的大主教亲手剃度成为修士，因其父母希望儿子今后担任神职。

1728年 卢梭外出流浪，遇到住在安纳西（Annecy）的华伦夫人；前往萨伏依王国首府图林（Turin），在那里改宗天主教。

狄德罗以优异成绩中学毕业，拒绝为担任神职而进神学院，赴巴黎入德尔古公学深造，学习修辞学和哲学，对数学和物理学兴趣很大。

1729年 卢梭跟从华伦夫人学习音乐，但不久外出漫游。

1730年 12月，伏尔泰的《布鲁图斯》上演，获得成功。

1732年 9月，狄德罗获得索邦学院艺术硕士学位。

1733年 卢梭回到华伦夫人身边，并开始伴侣关系。

1734年 5月，伏尔泰因《哲学书简》遭检控而逃往洛林。

1736年 1月，伏尔泰的《阿吉尔》首演。

1738年　卢梭写作《华伦夫人的果园》,次年出版。

1739年　11月,伏尔泰的《路易十四时代》前几章出版后遭查禁。

1740年　卢梭到里昂做家庭教师,开始写歌剧。

1741年　奥地利因继位问题引发战争;伏尔泰的悲剧作品《盲信或先知穆罕穆德》在里尔(Lille)上演。

1742年　未进过学堂自学成才的卢梭前往巴黎,指望成为音乐家;经瑞士同乡介绍与狄德罗在巴黎的一家咖啡馆结识,当时狄德罗正在翻译英国人斯塔尼安的三卷本《希腊史》。

1月,卢梭的《论现代音乐》(*La Dissertation sur la musique moderne*)在巴黎出版。

2月,伏尔泰的剧作《梅洛普》上演成功,但他竞选法兰西院士落败。

5月,卢梭着手写歌剧《风流的缪斯》(*Les Muses galantes*),1745年7月9日完稿。

自1733年毕业后,狄德罗在巴黎混迹10年,做过律师事务、传教士秘书、国王秘书、家庭教师等。这年11月,狄德罗不顾父亲反对,与安娜秘密结婚。

1743年　卢梭作为法国驻威尼斯大使的秘书前往

意大利，开始思考政治制度问题，时年31岁。

1744年 卢梭因与大使发生争执返回巴黎，与狄德罗建立起紧密关系，此时狄德罗已经是一个巴黎知识人小圈子的中心人物（主要成员有达朗贝尔、孔狄亚克、赫尔巴赫、格里姆等）；*达朗贝尔给伏尔泰写信表达崇敬，从此两人开始书信往来。*

1745年 3月，伏尔泰被国王任命为王室史官；*卢梭（33岁）给伏尔泰写信，从此两人开始书信往来，12月拜见伏尔泰（51岁）。*

卢梭结识黛莱丝，发展为情人关系；修订拉莫作曲、伏尔泰作词的歌剧《拉米尔的节日》，12月上演。

狄德罗翻译沙夫茨伯里的《道德哲学原理》完成，附有导言和详细注解；受邀翻译英国皇家学会会员钱伯斯的《百科全书》，后因专利之争告吹。

1746年 卢梭的第一个孩子出世，随即被送到育婴堂；*狄德罗协助翻译洛克《人类理解研究》。*

7月，*狄德罗发表《哲学随想录》*，随即遭高等法院查禁；不久，狄德罗又写成《哲学随想录增补录》（1770才刊布）。年底，狄德罗与达朗贝尔决定把翻译《百科全书》改为自己编撰。写成《怀疑论者的漫步》（生前未能出版）。

达朗贝尔写成《试论风的一般起因》，寄给伏尔泰指教。

伏尔泰当选法兰西院士。

1747年　秋天，卢梭写成喜剧《冒失的婚约》（*l'Engagement téméraire*）。

狄德罗和达朗贝尔着手组织编写《百科全书》。

1748年　孟德斯鸠发表《法的精神》。

狄德罗写成《关于各种数学命题的论文》（五篇），匿名发表小说《泄密的珠宝》；自1743年开始着手翻译的《医学通用辞典》全部出齐（共6卷，原英文本3卷）

10月，伏尔泰撞见自己的情人夏特莱夫人在圣-朗贝尔的怀抱里。

1749年　年初，卢梭为《百科全书》撰写音乐方面的辞条，三个月后交稿。

伏尔泰主动与狄德罗（36岁）联系。

年初，狄德罗出版《拉莫音乐学说的解释》，4月，因发表《供明眼人参考的谈盲人的信》被捕，囚于巴黎郊外冉森城堡的地窖，管理监狱的是伏尔泰的情人夏特莱夫人的丈夫夏特莱侯爵；在弥尔顿《失乐园》的空白页上写下《百科全书》大纲。

9月底以后，卢梭每周去冉森城堡探望狄德罗两三次。

1750年 7月9日，应征论文《论科学与艺术的复兴是否有助于敦风化俗？》得奖；年底在日内瓦出版单行本；与格里姆相识并随即过从甚密。

1751年 3月，狄德罗被普鲁士皇家科学院接纳为院士。

秋天，卢梭写成《答波兰国王兼洛林公爵对〈论科学和文艺〉的驳难》。

10月，《百科全书》卷一（字母A条目）出版，署名"一个文人团体"，读者踊跃预定后续各卷。

狄德罗出版《论聋哑人书简》。

1752年 10月28日，卢梭的喜剧《乡村占卜师》（*Le devin du village*）在丹枫白露上演，获得成功；写成《关于法国音乐的信》（*Lettre sur la Musique Française*），1753年11月出版。

《百科全书》卷二（字母B—C条目）出版，卷首有狄德罗写的"序言"，遭到巴黎神学院和宗教当局强烈谴责，路易十五的情妇蓬帕杜夫人为了打击耶稣会则表态支持《百科全书》。

1753年 卢梭写成《论语言的起源》（*Essay sur l'origine des langues*），但去世后才出版。

伏尔泰在普鲁士宫廷与弗里德里希二世闹僵，离开柏林。

秋季，《百科全书》出版禁令解除，《百科全书》卷三（字母C条目续）出版。

1754年　　卢梭写成《论人类不平等的起源和基础》（第二届第戎科学院有奖征文，未能获奖），次年在阿姆斯特丹出版（将"题献"寄给了日内瓦议会），随即引发批评。

狄德罗发表《关于解释自然的随想》，结识女友索菲·沃兰（1716—1774），友情持续20年之久。

《百科全书》卷四（字母C—D条目）出版。

12月，伏尔泰应日内瓦牧师邀请到日内瓦定居。

1755年　　2月，孟德斯鸠逝世，狄德罗参加葬礼。

《百科全书》卷五（字母D—E条目）出版，有卢梭撰写的《论政治经济学》（1758年单行本出版），伏尔泰首次撰写的3个条目，卷首则有达朗贝尔撰写的孟德斯鸠颂辞；亚当·斯密在《爱丁堡评论》撰文介绍《百科全书》。

伏尔泰买下日内瓦附近沃州（Vaud）一处房产。

8月，伏尔泰的《中国孤儿》在巴黎上演，女演员第一次在舞台上不穿紧腰宽摆裙。

11月1日（万圣节），里斯本发生大地震，震后大火，引发欧洲各国恐慌，宗教人士把地震原因归咎于新派思想者，伏尔泰写长诗《里斯本的灾难》，并开始与《百科全书》圈子合作。

1756年　　5月，"七年战争"爆发，英国向法国开战。

8月18日，**卢梭**写《关于预定的通信》（*Lettre sur la Providence*）反驳伏尔泰的诗《里斯本的灾难》；着手写《新爱洛绮丝》。

8月，**达朗贝尔**到日内瓦拜访伏尔泰，待了5周，返回后撰写《日内瓦辞条》。

10月，卢梭和狄德罗因格里姆的女友埃皮奈夫人事件而生龃龉。

11月，伏尔泰向法国军方推荐战车。

《百科全书》第6卷（E字头和部分F字头条目）出版，其中有伏尔泰撰写的15个条目。

1757年　　4月，狄德罗与索菲的恋情被索菲的母亲当场发现。

卢梭偶遇乌德托夫人，激发他着手写《朱莉，或新爱洛伊丝》；为《百科全书》撰写辞条："感觉主义伦理学，或贤者的唯物主义"（*La Morale Sensitive, ou le materialism de sage*），未完成。

10月，《百科全书》卷七（F—G条目）出版，包括达朗贝尔撰写的《日内瓦辞条》，卷首有**狄德罗**撰写的《告订户》。

狄德罗出版"严肃喜剧"《私生子》(附《与波尔多的谈话》)。

11月,达朗贝尔的《日内瓦辞条》在日内瓦引起公愤,伏尔泰被指责为这篇文章的幕后指使。12月9日,日内瓦议会任命9人委员会处理《日内瓦辞条》事件。

1758年　2月,日内瓦牧师发表谴责《日内瓦辞条》的声明;《百科全书》的死对头**弗勒龙**在其主编的《文学年鉴》上猛烈抨击"百科全书派"。

月底,卢梭动笔撰写《致达朗贝尔先生论剧院的信》

3月,卢梭写成《致达朗贝尔先生论剧院的信》(10月20日在阿姆斯特丹出版),被视为与"百科全书派"决裂。随后,达朗贝尔、霍尔巴赫等人退出编辑部,不少撰稿人也纷纷自动脱离关系。狄德罗致信伏尔泰,表示坚持编辑《百科全书》,战斗到底。

7—8月,伏尔泰写作《老实人》,打算在日内瓦城外买地。

9月,卢梭完成《新爱洛漪丝》;开始写作《爱弥儿,或论教育》。

11月,狄德罗发表《家长》(*Le père*)和《论戏剧诗》。

伏尔泰的《老实人》出版；伏尔泰在日内瓦附近莱蒙湖北岸的费尔内（Ferney）镇购置产业，投资建制表厂、织袜厂。

1759年　卢梭完成《爱弥儿，或论教育》，开始写作《社会契约论》。

2月，巴黎高等法院判《百科全书》以及爱尔维修的《论精神》、伏尔泰的《咏自然规律》等8种书为禁书，全部没收焚毁，《百科全书》被迫暂停出版。

10月，巴黎出现反启蒙哲学家的"反哲学家敌人"运动。

1760年　5月，帕里索讽刺启蒙哲学家的喜剧《哲人党》（*Philosophers*）在巴黎上演，讽刺"百科全书派"主将狄德罗、爱尔维修等，但刻意避开达朗贝尔和伏尔泰。

6月，伏尔泰出版《老实人》，间接回复卢梭在1756年的致信；卢梭写信给伏尔泰断交："我根本不喜欢您，先生……"

《新爱洛漪丝》取名《阿尔卑斯山麓小城两位相恋居民的信札》（*Lettre de deux amants, habitants d'une petit ville au pied des Alpes*）在巴黎出版，大获欢迎；1756年编订的《圣·皮埃尔永久和平方案摘要》（*Extrait du projet de paix perpétuelle de Saint-Pierre*）出版。

9月，伏尔泰因《基督教对话》一书控告日内瓦议会。10月，伏尔泰在住地上演戏剧，牧师再次检控伏尔泰。

狄德罗写成小说《修女》；狄德罗的《家长》在马赛剧院首演，后在法兰西剧院上演，伏尔泰写信给狄德罗致以热烈祝贺。

1761年 卢梭向卢森堡夫人求助寻找他遗弃的孩子；写作《致马勒塞尔布的四封信》（去世后出版）；《社会契约论》在阿姆斯特丹出版；写作神话剧《皮格马利隆》（*Pygmalion*）。

伏尔泰以假名发表评《新爱洛漪丝》的信，准备出版高乃依全集。

距日内瓦仅三里的费尔奈镇建成一座剧院。

1762年 年初，《爱弥儿》出版，因同时遭巴黎和日内瓦当局通缉，卢梭出逃，辗转各地。伏尔泰向7地发信邀卢梭到他家避风，但公开表示自己与两书的出版无关。巴黎大主教博蒙发布教令谴责《爱弥儿》中的"信仰自白"。

在路易十五的情人蓬帕杜夫人支持下，《百科全书》恢复出版，狄德罗着手写《拉莫的侄儿》。

1763年 3月，卢梭发表《日内瓦公民卢梭致巴黎大主教博蒙的信》（*J.-J.Rousseau, citoyen de Genève,* à Christophe de Beautmont），简称《致博蒙书》。出版《山中书信》（*Lettres écrites de la montagne*）驳斥论敌特鲁祥（F.Tronchin）的《乡村来信》（*Lettres écrites de la campagne*）。4—5月，卢梭取得洛夏岱尔公民权，放弃日内瓦公民权。

卢梭写成《科西嘉宪制规划》（生前未刊，1867年首版）；卢梭着手写回忆录。《山中书信》在海牙被公开烧毁；伏尔泰匿名发表反击卢梭的小册子《一个公民的感触》（*Le Sentiment des citoyens*）。

伏尔泰的全部悲剧作品在巴黎不再受欢迎。

卢梭着手编写《植物学术语词典》；《忏悔录》前六章完稿。

狄德罗开始陆续出版《百科全书》"图册"。

1765年　卢梭出版《音乐辞典》（为《百科全书》写的条目的重新编写）。

达朗贝尔写成小册子《耶稣会士的覆亡》交伏尔泰帮忙出版；《百科全书》后十卷在瑞士洛夏岱尔秘密印刷，同时发行，轰动欧洲。

狄德罗写成《论绘画》，不久译成德文，受到莱辛、席勒和歌德的热捧。

1766年　巴黎的主教团宣布《百科全书》和卢梭的《爱弥儿》及《社会契约论》有罪。

1月初，卢梭与休谟前往英格兰；10月，卢梭与休谟发生争执；卢梭从公共视野中消失，卢梭患病成为公共话题；科西嘉的政治领袖保利（P. Paoli）推行教育改革与共和理念。

1767年 日内瓦被围困；狄德罗与时年45岁的德·莫夫人坠入热恋。

5月，卢梭从英格兰返回巴黎，年底移居瑞士，次年与黛莱丝结婚。

1769年 卢梭的《英雄所需要的道德》（*Discourse on the Virtue a Hero Mose Needs*）完稿；着手写作《忏悔录》第二部分（后六章）。

狄德罗发表《达朗贝尔的梦》（*Râve de d'Alembert*），雕塑家乌东为狄德罗塑像。

1770年 2月26日，卢梭写信给圣日耳曼先生（M.de Saint-Germain），带自传性质；年中途径里昂返回巴黎；12月《忏悔录》第一编（后六章）完稿。

狄德罗写成《关于物质和运动的哲学原理》《自然宗教充实论》。

霍尔巴赫和狄德罗的无神论宣传让伏尔泰不安，他撰文反驳霍尔巴赫的《自然体系》

1771年 卢梭在沙龙宣读《忏悔录》；写《对波兰政府及其1772年4月改革计划的考察》，次年盗版流传,去世后才正式出版。

狄德罗的《私生子》在法兰西剧院上演。

1772年　卢梭着手写作《对话录:或卢梭评判让·雅克》(以下简称《对话录》)。

狄德罗编辑的《百科全书》大功告成:28卷全部出齐(文字版17卷,"图册"版11卷),狄德罗亲撰辞条达1269条,最长的辞条有140页。

达朗贝尔仍与伏尔泰保持密切联系。

伏尔泰与茹迪特小姐单独相处,引发巴黎人议论纷纷,伏尔泰却以此为荣。

1773年　卢梭创作歌剧《达夫尼和克露娥》(*Daphnis et Chloé*),但未完成;继续写作《对话录》。

罗马教宗克莱门十四世迫于压力,宣布裁撤耶稣会教团。

狄德罗在阿姆斯特丹出版五卷本文集,5月,应俄国女皇叶卡捷琳娜邀请访问俄国。

伏尔泰希望返回巴黎定居。

1774年　3月,路易十五驾崩。

卢梭着手编纂《实用植物词典》(*Dictionnaire des termes en usage en botanique*);继续写作《对话录》。

伏尔泰的友人杜尔哥出任法国财政总监。

卢梭的《对话录》完稿；写作《对话录》的导言《这部作品的主题和形式》（*Du sujet et de la forme de cet écrit*）；神话剧《皮格马利隆》在法兰西歌剧院上演大获成功。

伏尔泰的剧作《索福尼斯伯》在巴黎首演，遭观众用口哨喝倒彩。

狄德罗在彼得堡向俄国女皇进言新政，女皇置若罔闻；8月，狄德罗返回巴黎，着手写《生理学基础》。

1775年　　2月24日，卢梭想把《对话录》手稿放到巴黎圣母院祭台，因圣坛栅栏门关闭未成；着手写《〈对话录〉跋》（*Histoire du précédent écrit*）；着手写作《忏悔录》补篇《孤独漫步者遐思录》（*Rêveries du promeneur Solitaire*），直至去世未完，1782年出版。

1776年　　狄德罗致信俄国女皇，指责她没有信守诺言；出版商建议续编《百科全书》"补编"，狄德罗拒绝，由哈勒和孔多塞接手。

1778年　　2月，伏尔泰返回巴黎，300多人等候拜访；3月，伏尔泰出席法兰西学院大会，当选院长。

4月12日，卢梭着手写《第十次散步》（*La Dixième promenade*）。

5月，伏尔泰去世，政府不准落葬巴黎，被友人秘密安葬于香槟省的一座修道院。达朗贝尔建议法兰西学院悬赏征求悼词。

7月2日，**卢梭**病逝，据说临终前饱受病痛折磨，逝后谣传四起：死于服毒自杀或他杀或"深陷忧郁、心灵破碎"，不一而足；医师鉴定死于中风。

里尔丹侯爵在其世袭领地白杨岛为卢梭修建墓地，秋天落成，朝拜者从此络绎不绝。

狄德罗写成《论塞涅卡》。

1780年 卢梭的未刊剧作《达夫尼和克露娥》出版。

1781年 卢梭的未刊作《我的生平苦难的慰藉》(*Les Consolation des Misères de ma vie*) 出版。

狄德罗完成自1770年动笔的《好人还是坏人》。

1782年 第一个《卢梭全集》出版，Moultou / Du Peyrou ed., *Œuvres Completes*, 47vol, Geneva（小开本）。

狄德罗在《论克劳狄乌斯和尼禄王朝》中赞美美国革命。

1783年 达朗贝尔去世。

1784年 狄德罗去世，临终前正在翻译贺拉斯、维吉尔的作品。

1794年 卢梭的遗体移入先贤祠。

1805年 卢梭的未刊作《植物学》(*La Botanique*

de J.-J.Rousseau）出版（中译本：卢梭，《植物学通信》，熊姣译，北京大学出版社，2011）。

1861年　　卢梭的《未刊著作书信汇编》（*Extraits des œuvres et Correspondance inédits de J.-J.Rousseau*）出版。

卢梭全集

1959—1995：B.Gagnebin, M. Raymonded., *Œuvres Complètes*, Paris, Gallimard, Bibliotheque de la Pléiade.

：M. Leborqueed., *Œuvres Completes*, Paris, Seuil.

1967—1971：J. Fabre, M. Launayed., *Œuvres Complètes*, ed., Paris, Le Seuil, coll. I'Intégrale.

1965—1995：R.A.Leighed., *Correstpondance Complètes de J.-J.Rousseau*, I—XIV, Genève: Institutet Musée Voltaire,1965—1971, XV—LI, Oxford,Voltaire Foundation,1971—1995.

1995：Jean Rousset ed., *Œuvres Complètes*, Paris: Gallimard, Bibliothèque de la Pléiad.

附录二

《论剧院》研究文献编年

Tanguy L'Aminot整理了自《论剧院》发表以来的研究文献(含法、英、美、德、日等语种,2005年7月更新,http://rousseaustudies.free.fr/),笔者选录了其中的法语和英语文献,并增补了J. Vailoot编本(页322)和M. Buffat编本(页238)中提到的文献。

18世纪

1758年卢梭发表《论剧院》后,随即引发启蒙阵营与日内瓦加尔文教派之间的激烈论争,论争焦点集中在如何评价戏剧,文章多具论战性质,可见当时的论争颇为热烈。

1 Alembert, Jean Le Rond d', *Lettre de M. d'Alembert*

à M. J.-J.Rousseau, citoyen de Genève, Amsterdam: Marc Michel Rey 1760, p66.

2 Avignon, Louis Chambeau, *Apologie du théâtre*, 1763, t. 2.

3 Béthiay de Mezières, Eugène Eléonore de, *Critique d'un livre contre les spectacles intitulé J.-J. Rousseau., citoyen de Genève, à M. d'Alembert*, Amsterdam, P., Lambert & Duchesne, 1760,XX, p92.

4 Brown, Rousseau, *Lettres critiques d'un voyageur anglais sur l'article* Genève *du dictionnaire de l'Encyclopédie et sur la lettre de M. d'Alembert à M. Rousseau,* publiées avec une préface par ROUSSEAU Brown, ministre anglais à Utrecht. Utrecht, 1761.

5 Coyer, Gabriel François, *Discours sur la Satyre contre les philosophes, représentée par une troupe qu'un poëte philosophe fait vivre, & approuvée par un académicien qui a des philosophes pour collègues*, A Athènes,chez le libraire anti-Philosophes, 1760, p.91.

6 Dancourt, L.H., *L.H. Dancourt, arlequin de Berlin à M. J.-J. ROUSSEAU, citoyen de Genève*, Berlin et Amsterdam, J.H. Schneider, 1760, p.304.

7 Irail, Simon Augustin, *Querelles littéraires, ou*

mémoires pour servir à l'histoire des révolutions de la république des lettres, depuis Homère jusqu'à nos jours, P. Durand, 1761, t. 2, pp.394—420.

8 La Tour, Bertrand de, *Réflexions morales, politiques, historiques et littéraires sur le théâtre*, Avignon, Marc Chave, 1763—1778, t. 7, pp.42—70.

9 Le Bœuf, Jean Joseph, *citoyen de Marseille, à son ami sur l'atrocité des paradoxes du contemptible J.-J. Rousseau* s.l., 1760, p.128.

10 Marmontel, Jean François, *Apologie du théâtre, ou analyse de la lettre de M. ROUSSEAU, citoyen de Genève, à M. d'Alembert, au sujet des spectacles*, in La Haye, (*Contes moraux*, 1761, t.2, pp.211—389.1762, t2, pp.160—269; La Haye, 1764, vol.2, en 1., T.2, pp.162—171.

11 Nolivos Saint-Cyr, Paul Antoine, *Tableau du siècle. Par un auteur connu*, Genève, 1760, XXIV, p.227.

12 *Observations sur deux articles*, in *Journal Encyclopédique*, s.l., 1762, p.36.

13 Secousse, Jean François Robert, *Lettre d'un curé de diocèse de *** à M**** [Marmontel] *sur son extrait critique de la lettre de M. ROUSSEAU à M. d'Alembert*, France, 1760, p.38.

14 Vernet, Jacob, *Lettres critiques* ［*1 et 2*］*d'un voyageur anglais sur l'article* Genève, *du dictionnaire encyclopédique et sur la lettre de M. d'Alembert à M. ROUSSEAU*,Utrecht, s.d.［1761］, p.62, 1766.

19世纪

法国爆发大革命以及随后的拿破仑战争之后，整个欧洲陷入持续的政治动乱，学人的注意力转向了新的政治现实，少有人关注卢梭的《论剧院》引发的话题，T. L'Aminot仅收罗到3条文献。这并不等于卢梭不再是热门话题，事实上，在整个19世纪，涉及卢梭的文献很多，只不过人们还没有充分认识到《论剧院》具有的重要性。

1 Barrault, Emile, *Aux artistes. Du passé et de l'avenir des beaux-art*s,（*Doctrine de Saint-Simon*）, P. A. Mesnier, 1830.

2 Lemaître, Jules，*J.-J. Rousseau et le théâtre*, in *Impressions de théâtre. 6ᵉ série*, P., Lecène Oudin, 1892.

3 Schoeder, H., *J.-J. Rousseau's Brief über die Schauspiele*, Berlin, 1894.

20世纪

20世纪以来，虽然欧洲经历了两次大战，随着学界对卢梭的兴趣骤增，《论剧院》也重新进入研究者的视野。各种新研究方法的出现，也推动了《论剧院》的研究。1997年，Melissa Butler编辑出版的文集《卢梭的艺术和政治文集：〈致达朗贝尔的信〉》（*Rousseau On Arts and Politics: autour de la Lettre à d'Alembert*）反映了20世纪的《论剧院》研究的总体进展。

1 Euren, S.F, *Rousseau et le Misanthrope de Molière*, in *Romansk Filologi Tillägnade*, Upsala, 1901, pp.75—81.

2 Bourquin, Louis, *La controverse sur la comédie au XVIIIe s. et la Lettre à d'Alembert*, in *Revue d'histoire littéraire de la France*, 1919, pp.43—86, 555—576, 1920, pp.548—569, 1921, pp.549—574.

3 Ayers, Eleanor Hall, *Histoire de l'impression et de la publication de la Lettre à d'Alembert de J.-J. Rousseau*, in *Modern Language Association of America*, 37, 3, NewYork, 1922, pp.527—565.

4 Kunz-Aubert, Ulysse, *Spectacles d'autrefois(A Genève au XVIIIe s.)*, Genève, 1923, p.108.

5 M.Moffat, Margaret, *La Controverse sur la moralité du théâtre d'après la Lettre à d'Alembert*, 1930, p.427.

6 Feugère, Anatole, "Pourquoi Rousseau a-t-il remanié la préface de la Lettre à d'Alembert?", in *Annales J.-J. Rousseau:*20, 1931, pp.127—162.

7 Muller, "Rousseau, D'un théâtre à Genève", in *Arts et théâtre*, Genève, 1932.

8 Von der Muhl, Emanuel, *Rousseau et les réformateurs du théâtre*, Modern Language Notes, 55, 1940, pp.161—169.

9 Bassis, Henri, Une falsification réactionnaire: *J.-J. Rousseau et les spectacles, Europe*, 1950.

10 N.Pappas, John, *Rousseau and d'Alembert*, Publications of The Modern languages Association of America, 1960.

11 Bloom, Allan, *Politics and the Arts. Letter to M. D'Alembert by J.-J. Rousseau*, Glencoe, Illinois: The Free Press,1960.

12 Hirsch, Pierre, "Le mythe des Montagnons", in *Revue Neuchâteloise*, 19, 1962.

13 Hebraud, Raymonde, "Remarques sur la Lettre à d'Alember", in *Annales publiées*, 8, 1972 (l'Université de

Toulouse-Le Mirail), pp.143—168.

14 Barras, Maurice, *The Stage Controversy in France from Corneille to Rousseau*, NewYork : Institute of French Studies, 1933; NewYork : Phaeton Press, 1973.

15 Cardy, Michael, *Rousseau's "irréconcialiable ennemi"*, Marmontel, (*Studies on Voltaire and the eighteenth-century*), 87, 1972, pp. 217—234.

16 Wagener, Angela Monica, *Molière and the Age of Enlightenment*（博士论文）, Columbia University, 1968. Edition sous le même titre: Oxford, Voltaire Foundation, 1973 (Studies on Voltaire 112), chapitre 5.

17 Hamilton, James Francis, "Molière and Rousseau: the confrontation of Art and Politics", in *Molière and the Commonwealth of Letters. Patrimony and Posterity*, Roger Johnson Jr ed., Editha Neumann et Guy T. Trail, Jackson, University Press of Mississippi, 1975, pp.100—108.

18 Brooks, Richard A., "Rousseau's antifeminism in the Lettre à d'Alembert and Emile", in *Literature and History in the Age of Ideas*, Charles G.S. Williams ed., in *George Rousseau Havens, Essays on the French Enlightenment*, Ohio State University Press, 1975, pp.209—227.

19 Bonnet, Jean-Claude, "J.-J. Rousseau et les spectacles, Le Cahier de l'Odéon, 1978", in *Etudes J.-J. R*, 1987, pp.125—138; and in *L'Avant-scène théâtre*, 636,1978, pp.4—6.

20 Bonnet, Jean-Claude, "L'héroïsme de la valeur", in *Poétique,* 40, 1979, pp. 388—394.

21 Sgard, Jean, "Les spectacles ou des limites de la tolérance", in *Voltaire, Rousseau et la tolérance*, Amsterdam: Presses Universitaire de Lille, 1980, pp.81—95.

22 Block, C. Joël, "La Lettre à d'Alembert sur les spectacles: production textuelle et corruption des mœurs", in *J.-J. Rousseau et la société du XVIIIe s*, Ottawa, 1981, pp.151—156.

23 Gouhier, Henri, "La Lettre sur les spectacles", in *Rousseau et Voltaire: portraits dans deux miroirs*, Vrin, 1983, pp.109—126.

24 Kanounova, F.Z.; Lebedeva,O.B., *La Lettre de Rousseau à d'Alembert perçue* par V.A. Joukovki, Russkaâ Literatura, Léningrad,1982, pp.58—68.

25 Roulet, Alfred, Genève et le théâtre : hier et aujourd'hui, *Alliance culturelle romande*, Chêne-Bourg, 1983, pp.119—122.

26 Coleman, Patrick Joseph: *Rousseau's Ethical Theatre*: *la Lettre à d'Alembert*, 美国耶鲁大学博士论文, 1976, p.239.

——*Rousseau's Political Imagination: Rule and Representation in the Lettre à d'Alembert*, Genève, Droz, 1984.

27 Marshall, David, "Rousseau and the State of Theater", in *Representations,* 13, 1986 winter, pp.84—114.

28 Rousset, Jean, "Les destinataires superposés de la Lettre à d'Alembert", in *Le Lecteur intime*, P., Corti, 1986.

29 Knee, Philip, "Agir sur les cœurs: spectacle et duplicité chez Rousseau", in *Philosophiques*, Montréal, 1987 Fall, pp.299—327.

30 Leoni, Sylviane, "Les masques de la censure dans la Lettre à d'Alembert", in *Atti del XVI Convegno della Società Universitaria per gli Studi di Lingua e Letteratura Francese*, Fasano, Schena Ed., 1991, pp.203—216.

31 May, Gita, "Rousseau's Letter to d'Alembert on the Theatre and Revolutionary Aesthetics", in *J.-J. Rousseau and the Revolution*, Jean Roy ed., Ottawa, Pensée libre 3, 1991, pp.199—207.

32 Mason, John Hope, "The Lettre à d'Alembert

and its Place in Rousseau's Thought", in *Rousseau and the eighteenth century Essays in memory of Rousseau.* Leigh, Marian Hobson ed., Oxford,Voltaire Foundation, 1992, pp.251—269.

33 Deneys-Tunney, Anne, "Féminité et théâtralité dans la Lettre à d'Alembert sur les spectacles de J.-J. Rousseau", in *Théâtralité et genres littéraires*, Poitiers, A. Larrue ed., 1996, pp.115—131.

34 Butler, Melissa ed., *Rousseau on Arts and Politics: autour de la Lettre à d'Alembert*, Ottawa: Pensée libre, 1997, p.141—150.

35 Cook, Alexandra, "*Roussseau's 'Spectacle de la Nature' as counterpoint to the Théâtre du Monde' a consideration of the Lettre à d'Alembert from the standpoint of Rousseau's botanical enterprise,*" in *Rousseau on Arts and Politics*: *autour de la Lettre à d'Alembert*, Melissa Butler ed., Ottawa: Pensée libre, 1997, pp. 25—32.

36 Jensen, Pamela, "The philanthrope: the place of religion in the Letter to d'Alembert", in *Rousseau on Arts and Politics*: *autour de la Lettre à d'Alembert*, Melissa Butler ed., Ottawa: Pensée libre, 1997, pp.151—159。

37 Johnston, Guillemette, "Théâtre ou pédagogie? :

Aspects de la fonction de représentation dans la Lettre à M. d'Alembert et l'Emile de Rousseau", in *Rousseau on Arts and Politics*: *autour de la Lettre à d'Alembert*, Melissa Butler ed., Ottawa: Pensée libre, 1997, pp.53—66.

38 Patrick Day, "J.-J. Rousseau's Lettre à d'Alembert sur les spectacles: a philosophical aberration or a moral imperative? " in *Rousseau on Arts and Politics*: *autour de la Lettre à d'Alembert*, Melissa Butler ed., Ottawa: Pensée libre, 1997, pp.141—150.

39 Kukla, Rebecca, "Performing nature in the Letter to M. d'Alember", in *Rousseau on Arts and Politics*: *autour de la Lettre à d'Alembert*, Melissa Butler ed., Ottawa, pp.53—66.

40 MacAdam, Jim, "Can democratic freedom justify censorship? " in *Rousseau on Arts and Politics*: *autour de la Lettre à d'Alembert*, Melissa Butler ed., Ottawa: Pensée libre, 1997, pp.119—129.

41 Mall, Laurence, "La théâtralisation généralisée dans Emile et la Lettre à d'Alembert de Roisseau", in *Rousseau on Arts and Politics*: *autour de la Lettre à d'Alembert*, Melissa Butler ed., Ottawa: Pensée libre, 1997, pp.43—51.

42 Morgenstern, Mira, "The theater in everyday life", in *Rousseau on Arts and Politics: autour de la Lettre à d'Alembert*, Melissa Butler ed., Ottawa: Pensée libre, 1997, pp.33—42.

43 Mostefai, Ourida, "La Lettre à d'Alembert, troisième 'Discours' de Rousseau?" in *Rousseau on Arts and Politics: autour de la Lettre à d'Alembert*, Melissa Butler ed., Ottawa: Pensée libre, 1997, pp.161—170.

44 O'Dea, Michael, "Rousseau et la sexualité des femmes: l'Emile et la Lettre à d'Alembert", in *Rousseau on Arts and Politics: autour de la Lettre à d'Alembert*, Melissa Butler ed., Ottawa: Pensée libre, 1997, pp.279—284.

45 Roosevelt, Grace G., "Mass Media and the end of innocence: Rousseau's warnings in Emile and in the Letter to d'Alembert on the Theater", in *Rousseau on Arts and Politics: autour de la Lettre à d'Alembert*, Melissa Butler ed. Ottawa: Pensée libre, 1997, pp.171—180.

46 Rosenberg, Aubrey, "Rousseau's Lettre à d'Alembert : the Montagnons revisited", in *Rousseau on Arts and Politics: autour de la Lettre à d'Alembert*, Ottawa: Pensée libre, 1997, Melissa Butler ed., pp.13—21.

47 Scott, John, "The Play of the Passions: Music,

Mores and Rousseau's Lettre à d'Alembert", in *Rousseau on Arts and Politics: autour de la Lettre à d'Alember*, Melissa Butler ed. Ottawa: Pensée libre, 1997, pp. 77—89.

48 Trachtenberg, Zev, "Theater as an economic institution. A aspect of Rousseau's rhetoric in the Lettre to d'Alembert", in *Rousseau on Arts and Politics: autour de la Lettre à d'Alembert*, Melissa Butler ed., Ottawa: Pensée libre, 1997, pp.131—140.

49 Weiss, Penny, "Letter to M. Rousseau on the theatrics of gender", in *Rousseau on Arts and Politics: autour de la Lettre à d'Alembert*, Melissa Butler ed., Ottawa: Pensée libre, 1997, pp. 101—108.

21世纪

进入21世纪以来，截自笔者撰写博士论文收集文献时的2004年，短短4年间就有14条《论剧院》的研究文献，可见，研读《论剧院》的学者在增长，尽管专著仍不多见。

1 Hoffmann, Paul, *D'Alembert et Marmontel, lecteurs de la Lettre à d'Alembert sur les spectacles*, Travaux

de linguistique et de littérature publiés par le Centre de philologie et de littératures romanes de l'Université de Strasbourg, 1976, pp.71—77; Repris dans son livre *Corps et coeur dans la pensée des Lumières*, Strasbourg, Presses Universitaires de Strasbourg, 2000, p. 352.

2 Sato, Junji, *La Représentation et la communauté: les sphères publique et privée dans La Lettre à d'Alembert*, Tokyo: The University of Tokyo Graduate School of Humanities and Sociology Dissertation Library, 2000.

3 Guénard, Florent, *Rousseau et d'Alembert: le théâtre, les lois, les mœurs*, in *Corpus*:38, premier semestre 2001, pp.133—155.

4 Gurwirth, M., "The 'Article Genève' Quarrel and the Reticence of French Enlightenment Discourse on Women in the Public Realm", in *Studies on Voltaire and the Eighteenth Century*, 2001:12.

5 Kawaï, Kiyotaka, *Politique et culture dans le Discours sur les sciences et les arts et dans la Lettre à d'Alembert dans J.-J. Rousseau: politique et nation*, René Pomeau, Tanguy L'Aminot, Alexandre Stroev et Robert Thiéry ed., Champion, 2001, pp.823—829.

6 Cladis, Mark S., "Rousseau and the Redemptive

Mountain Village: the Way of Family, Work, Community and Love", in *Interpretation*, New York, 29, 1, Fall 2001.

7 Lavocat, Françoise, "Danser à Sparte. Danse et utopie au siècle des Lumières", in Caroline Jacot-Grapa, Nicole Jacques-Lefèvre, Yannick Séité and Carine Trévisan ed., *Le Travail des Lumières. Pour Georges Benrekassa*, Champion, 2002, pp.93—112.

8 Rosenblatt, Helena, "On the'Misogyny' of J.-J. Rousseau: The Letter to d'Alembert in His Context", in *French Historical Studies*, 2002, winter, 25:1, pp.91—114.

9 Costelloe, Timothy M, "The Theater of Morals: Culture and Community in Rousseau's Lettre à d'Alembert", in *Eighteenth-Century Life*, 2003, winter, 27:1, pp. 52—71.

10 Forman-Barzilai, F. "The Emergence of Contextialism in Rousseau's Political Thought: the Case of Parisian theatre in the Lettre à d'Alember", in *History of Political Thought*, 2003:3, pp.435—469.

11 Marc Buffat ed., *Lettre à d'Alembert*, GF Flammarion, 2003.

12 Mostefai, Ourida, "Le Citoyen de Genève et la République des Lettres", in N.Y., Bern, *Etude de*

la controverse autour de la Lettre à d'Alembert *de J.-J. ROUSSEAU*, Peter Lang, 2003, p.168.

13 Escola, Marc, "Rousseau, juge d'Alceste. Généalogie d'un malentendu", in *Le malentendu. Généalogie du geste herméneutique*, B. Clément et M. Escola ed. Presses Universitaires de France, 2003.

14 Jean-Pierre Montier, *Lettre à d'Alembert, ou Jean-Jacques contre la société du spectacle*, Mis en ligne le 14 janvier, 2003.

图书在版编目（CIP）数据

卢梭的面具：《论剧院》与启蒙戏剧/贺方婴著.
—成都：四川人民出版社，2020.4
ISBN 978-7-220-11856-2

Ⅰ.①卢… Ⅱ.①贺… Ⅲ.①启蒙运动—研究
Ⅳ.①K565.3

中国版本图书馆CIP数据核字(2020)第067872号

LUSUO DE MIANJU: LUN JUYUAN YU QIMENG XIJU

卢梭的面具：《论剧院》与启蒙戏剧

贺方婴　著

出版人	黄立新
策划统筹	封　龙
责任编辑	封　龙　冯　珺
封面设计	张　科
版式设计	戴雨虹
责任印制	周　奇
出版发行	四川人民出版社（成都槐树街2号）
网　　址	http://www.scpph.com
E-mail	scrmcbs@sina.com
新浪微博	@四川人民出版社
微信公众号	四川人民出版社
发行部业务电话	（028）86259624　86259453
防盗版举报电话	（028）86259624
照　　排	四川胜翔数码印务设计有限公司
印　　刷	成都东江印务有限公司
成品尺寸	130mm×210mm
印　　张	22
字　　数	340千
版　　次	2020年4月第1版
印　　次	2020年4月第1次印刷
书　　号	ISBN 978-7-220-11856-2
定　　价	88.00元

■版权所有·侵权必究

本书若出现印装质量问题，请与我社发行部联系调换
电话：（028）86259453